建设工程
案例解析
及
实务问题答疑

马 俊 辛 瑞 主 编
梁家珲 陈 浩 执行主编

JIANSHE GONGCHENG
ANLI JIEXI JI
SHIWU WENTI DAYI

法律出版社 LAW PRESS · CHINA
北京

图书在版编目(CIP)数据

建设工程案例解析及实务问题答疑 / 马俊，辛瑞主编. -- 北京 : 法律出版社，2024
ISBN 978-7-5197-8310-5

Ⅰ. ①建… Ⅱ. ①马… ②辛… Ⅲ. ①建筑法-中国-问题解答 Ⅳ. ①D922.297.5

中国国家版本馆 CIP 数据核字(2023)第 172677 号

建设工程案例解析及实务问题答疑
JIANSHE GONGCHENG ANLI JIEXI JI SHIWU WENTI DAYI

马 俊 辛 瑞 主编

策划编辑 林 蕊 周 洁
责任编辑 林 蕊 周 洁
装帧设计 贾丹丹

出版发行 法律出版社
编辑统筹 司法实务出版分社
责任校对 李慧艳
责任印制 胡晓雅
经　　销 新华书店

开本 710 毫米×1000 毫米 1/16
印张 27.5 **字数** 379 千
版本 2024 年 8 月第 1 版
印次 2024 年 8 月第 1 次印刷
印刷 北京中科印刷有限公司

地址:北京市丰台区莲花池西里 7 号(100073)
网址:www.lawpress.com.cn
投稿邮箱:info@lawpress.com.cn
举报盗版邮箱:jbwq@lawpress.com.cn

销售电话:010-83938349
客服电话:010-83938350
咨询电话:010-63939796

书号:ISBN 978-7-5197-8310-5 **定价**:98.00 元

凡购买本社图书,如有印装错误,我社负责退换。电话:010-83938349

本书编委会

序一 Foreword

建筑业作为国民经济重要支柱产业之一,承载着基础建设、促进就业、改善民生等多重使命,与国民经济的发展和人民生活的改善紧密相关。然而,建设工程涵盖工程勘察、设计、施工、监理、工程质量验收、工程交付等诸多环节,基础事实复杂、法律关系交织,导致建设工程合同纠纷案件呈现复杂疑难案件多、专业性强、涉社会民生等特征,给建筑行业的健康发展以及司法实践都带来很大压力和挑战。

面对这样的挑战,我们不仅需要扎实的理论基础,更需要丰富的实践经验和灵活的应对能力。《建设工程案例解析及实务问题答疑》正是为了满足这一需求而诞生的。建设工程作为大成律师事务所的传统领域,具有深厚的专业积淀与丰富的实践经验,形成了专业化特色品牌,在业内有广泛的认可度和影响力。北京大成(太原)律师事务所集结众多优秀专业律师编写本书,对每一个章节进行了精心撰写和深入剖析,为读者提供了一本全面、深入、系统的学习和参考用书。通读本书,我也清晰地感知到,这些年在马俊主任的带领下,在全体大成太原同仁的共同努力下,大成太原专业化建设和人力资源提升都有长足进步,不仅在大成内部而且在整个行业都处于领先地位。

本书在编排上,设置了【案例解析】和【实务问题答疑】上下两个篇章。上篇精选了建设工程领域的多个典型案例,涵盖了工程质量、工程量及工程结算、优先受偿权、工程招投标等多个方面。通过阅读对这些案例中关键问题的深入解析,读者不仅能够更好地理解建设工程的实际操作和管理流程,还能从中汲取经验和教训,为未来的工作提供有力参考。下篇则设置了详尽的答疑环节,针对建设工程实务中常见的疑难问题,结合相关法律法规、行业标准和实践案例经验,进行了详细的答疑解惑,梳理出解决之道。

通读《建设工程案例解析及实务问题答疑》后,我认为它是一本凝聚着专业知识和实践经验的必备实务用书。本书实务操作性强、条文可视程度高、案例丰富且关联度高,在理论与实践的高度结合下,读者不仅能够系统地学习建设工程领域的理论知识和实践经验,更能够将所学知识灵活应用于实际工作中。

最后,我希望《建设工程案例解析及实务问题答疑》能够成为您工作中的得力助手,为您在建设工程领域的发展提供支持和帮助,以期共同促进建筑行业的持续良性发展,为建筑行业经济回暖、改进、提升,提供良好的法治化营商环境。

袁华之

2024 年 3 月

序二 Foreword

从实务痛点提炼业务知识点的一部佳作

说起来，市面上各种建工案件的专业书，这些年林林总总也看了不少，但真正留下较深印象的并不多。对于此类书籍，我的阅读观一向深受陶渊明影响："好读书，不求甚解。"更何况，我历来认为，法律实务书籍无非或提供动态信息，或增强既有印象，或填补认知空白，故泛泛翻阅，知其大概，了解出处，有个印象，也就完成了它们的历史使命，可以上架归类、以待备查了。

收到马俊律师发来的书稿清样，我亦作如是观，准备随手翻翻，掌握大致轮廓，来个囫囵吞枣。没想到翻着翻着，就被枣核吸引住了（必须申明，绝非被噎住了），不知不觉通读全书。我放下手中的平板电脑，揉揉发酸的眼眶时，才注意到，窗外已是晨光熹微。这种一气呵成的阅读体验，真是久违了。

相较同类书籍，本书的编排看似清奇简明，却颇能击中我的需求。用一句话概括就是，从实务痛点提炼业务知识点。展开来说，这涉及建工案件中逻辑递进的三个问题：第一，有哪些实务痛点？第二，提炼了哪些业务知识点？第三，作者是如何进行提炼的？显然，这三个问题，是一向注重实用、好用、管用的法律人最为关心的。而从对这三个问题的设计与解答，更可看出作者的法律思维已隐然成形。

关于第一个问题，建工类案件虽然包罗万象，但作者不贪大求洋，既不追求高头讲章，也不要求面面俱到，而是一切从实务出发，牢牢抓住痛点不放，全书以痛点为中心，唯痛点是问，非痛点不论。这个突出特征，我称其为"痛点论"。

本书上篇中，作者将建工案件中的痛点，集中划分为八大类，包括实际施工人、工程质量问题、工程量及工程结算、优先受偿权、工程招投标、工程"擅自使用”、管辖和其他。这八大类的痛点归纳，当然并非作者首创，但作者独具匠心的是，在每一大类痛点项下，只选取争议最大、最具代表性的个案进行分析，既高度聚焦，又点到为止，很有点“小荷才露尖尖角”的余韵，让读者在极有限的时间里，通过对典型案例的研读，迅速进入实务前沿，了解最新的审判动态。即便是不做或很少做建工案件的法律人，也能凭借基本的法律素养，做到“一览众山小”。万一有客户或同行咨询，有此书在手，足以让他们心中有数，面无惧色，因为立足于经典，就不怕非典；立足于最难，就不怕更难。

比如，在“实际施工人”项下，作者仅列出实务中最集中的三大痛点：(1)“借用资质”的实际施工人能否直接向发包人主张工程款；(2)实际施工人直接起诉发包人主张工程款案件中如何分配举证责任；(3)实际施工人能否主张按上游合同的约定结算工程价款。而在“管辖”项下，作者仅列出实务中问题最集中的两大痛点：(1)实际施工人向发包人主张工程款是否受发包方和承包方合同中仲裁管辖条件的约束；(2)建设工程多份施工合同中争议解决冲突的处理。这种问题导向型的编排好处是，每个痛点类别的实际切口很小，但实务关注度极高，仅仅是提问本身就十分吸引人，令读者急欲一窥究竟，再配之以精品案例，可谓“一把钥匙开一把锁”。随着阅读的推进，将这样的小切口一个个并连起来，不期然就有了“一串钥匙开一串锁”的通透感。这种化整为零的同时，又实现零的突破的巧妙写法，极大地减轻了读者的阅读负担，却丝毫不减损读者的阅读收获，足见作者的别出心裁。

关于第二个问题，建工类案件虽然千变万化，但万变不离其宗，这里的“宗”，在法律人的眼里，其实就是“规”。当下盛行的请求权基础论，很大程度上就是指具体的法律规定。不过，综观全书可以看出，作者视野中的“宗”或“规”相当宽泛，包括但绝不限于一般意义上的法条，还涵盖行政法规、国办文件、部委规章、地方性法规、政府批文、示范文本、司法解释、会议纪要，以及各地高院的内部规定（绝不能小看这些“地方粮票”，虽然流通性欠佳，但往往杀伤力更大，很多情况下比“全国粮票”更好使）。因此，作者无论是分析案件，还是疑难解答，无不做到言必有据，规自各方。更重要的是，作者不仅将上述“宗”或

"规"视为请求权基础的直接依据,更自觉将其提炼为"业务知识点",扬弃了以案说法的常规模式,以直接问答的穿透方式,跃升至以法说法的更高层面,体现出从思维个别到思维一般的范式迁移,极大地提升了本书的知识品位。这个突出特征在本书下篇尤其明显,我称其为"知识点论"。

一提到知识点,不少人就会联想到教科书,似乎只有在那里,作为学科基石的知识点才正当存在、森然并立。这种理解过于窄化了,知识点没有那么神圣,也没有那么庄严。作为知识体系的基础内容或必备规则,举凡对司法现象、司法问题、司法规则的规律性认识和总结,其实都是知识点。我注意到,最高人民法院主办的《人民司法》杂志,以及最高人民法院民一庭编写出版的《民事审判指导与参考》丛书,都设有信箱专栏,前者名为"司法信箱",后者名为"民事审判信箱",两个栏目长盛不衰,还曾多次结集出版。信箱每次刊登两三个实务问题,均以研究组名义作答。脱离了具体案情的限制,结合抽离出的法律问题,从法律规范角度予以回答,实质上是对知识点的理解与再造,是真正的授人以渔,而非简单的授人以鱼。本书下篇以"问题答疑"的方式汇集,与最高人民法院的信箱专栏有异曲同工之妙,而以律师之力穷尽各种"宗"与"规",单刀直入径行"问题答疑",无疑还需要有更大的学术勇气和知识底气,仅此就足见作者的胆与识。

关于第三个问题,我注意到,作者从实务痛点中提炼业务知识点,态度是开放的,思维是灵动的,过程是衡平的,鲜有一般法律人若隐若现、过于规整的匠气,而带有个性鲜明的方法论和认识论,这在律师群体中是不多见的。这个突出特征,我称其为"模块论"。

本书收入大量观点对立的类案,从最高人民法院到基层法院,极富思维张力。面对形形色色的各类裁判,作者不唯上、不唯书、只唯实,即便是主流司法观点,也并不盲从,而是在仔细比较鉴别的前提下,依据自身理解,提出一家之言,这当然是难能可贵的。但我更感兴趣的是,作者由此彰显的模块化思维,与业内有识之士不谋而合,这种认知能力才是最珍贵的,同时也是最稀缺的。

从司法界到学术界,一直以来都有一种声音,虽非洪钟大吕,却也发人深省，那就是，法学不是数学，不仅没有唯一正确的答案，甚至也没有绝对的对与错；起决定作用的，是整体打包的模块思维，而非利益至上的单线思维。如果习惯了非黑即白的二元对立，对于这种似乎缺乏确定性的模块思维，无疑是难解其味的，然而这正是法律的精妙所在，因为最高境界的思维，恰恰是摒弃了非此即彼的“灰度思维”。换言之，检验一个人思维能力的高低，无非就是看他的头脑中同时存在两种相反的想法，还维持正常行事的能力。或者用罗翔教授的话说，一个人成熟的标志，是脑海中同时存在两种看似对立的观点。打个不见得恰当的比喻，这有点儿像电路，有正极，也有负极，才能构成完整的回路。

不同观点的对立，固然体现法律思维的不确定性，但也只是相对的不确定，完全没有规范依据的问题，才是绝对的不确定。对此类实务叩问的深度思考，以及如何从痛点到知识点盘旋而上的运动轨迹，这种不俗的内在功力，才是法律人的核心竞争力。试举一例，承包人转让其工程款债权，优先受偿权是否随之转让？作者开宗明义即承认，目前并没有明确的法律予以规定，但从最新的最高人民法院判例可以得知，现有法律并未明确工程价款优先受偿权具有人身专属性，因此优先受偿权可以作为工程价款的从权利，工程款债权转让给他人的，优先受偿权应随之转让。这样的例子，在书中比比皆是。由此可见，作者构建自己知识谱系的路径是，以问题为经，以判例为纬，搭路架桥，从容摆渡。

美国学者布莱恩·阿瑟在其名著《技术的本质：技术是什么，它是如何进化的》中指出，任何新的技术都是在现有技术的基础上发展起来的，将技术进行功能性分组，可以大大简化设计过程，这是技术模块化的首要原因。技术的组合和递归特征，将彻底改变我们对技术本质的认识。我不知道马俊律师是否读过这本书，但其从实务痛点到业务知识点的抽绎与编织能力，显然与布氏的真传相去不远。或许，这就是道生万物、万物归一的知识的共相吧。至于能否体会到这一层，这就是对读者诸君的别样考验了。

是为序。

朱兰春

2024 年 4 月

目录 Contents

上篇 案例解析

下篇　实务问题答疑

上篇

案例解析

第一章　实际施工人

一、“借用资质”的实际施工人能否直接向发包人主张工程款

“实际施工人”的概念首次出现是在最高人民法院2004年颁布的《最高人民法院关于审理建设工程施工合同纠纷案件适用法律问题的解释》中，旨在描述无效合同中实际承揽工程干活但不符合法定资质的施工企业、非法人单位、农民工个人等，包括：转包合同的承包人；违法分包合同的承包人；缺乏相应资质而借用有资质企业名义与他人签订合同的单位或个人。通俗来讲，实际施工人就是在上述违法情形中实际完成施工义务的单位或个人，由于其在实际施工过程中最终投入资金、人工、材料、机械设备，为妥善解决其中存在的农民工工资、实际施工人权益保护等问题，现行法律规定：“实际施工人以发包人为被告主张权利的，人民法院应当追加转包人或者违法分包人为本案第三人，在查明发包人欠付转包人或者违法分包人建设工程价款的数额后，判决发包人在欠付建设工程价款范围内对实际施工人承担责任。”虽然该规定赋予了实际施工人突破合同相对性、直接向发包人主张工程款的权利，但由于该条中并未明确包含“借用资质”的情形，所以在适用中，“借用资质”的实际施工人能否直接向发包人主张工程款引起了较大的争议。

典型案例

施工人A与B公司、第三人C公司建设工程施工合同纠纷案

1. 案件基本事实

2018年5月18日，B公司与C公司签订《建设工程施工合同》一份，约定由C公司对B公司某工程进行施工。2018年6月5日，C公司与A签订《企业工程项目责任承包合同》一份，约定上述工程全部由A承包经营，并约定与工程相关的各项材料、人工等费用均由A承担，后A实际组织施工。工程于2018年12月26日完成竣工验收、2019年8月1日进行竣工结算，2020年7月28日经第三方造价公司结算审核，审定工程款为1,991,013.14元，但之后B公司始终未能付清全部工程款。由于C公司未能及时向B公司主张工程款，A无奈只能以实际施工人身份直接起诉B公司。

2. 争议焦点

合议庭认为本案争议焦点有3个：

(1)施工人A是不是实际施工人。

(2)施工人A与C公司之间的关系如何认定；是转包关系还是借用资质关系。

(3)施工人A是否有权向B公司主张案涉工程款。

3. 法院观点

一审法院认为：经庭审查明，在被告B公司与第三人C公司签订合同过程中，原告A作为第三人C公司的委托代理人参与合同的签订，在案涉工程的施工、验收、结算过程中，也是作为第三人C公司的代表在相关文件签字。关于原告A是否是实际施工人的问题，第三人C公司在庭审中予以否认，主张双方是内部承包；对B公司来说，A只是第三人的委托代理人，履行的是第三人的授权行为。被告B公司则认为，原告A主张自己是案涉工程的实际施工人，应提供在履行合同过程中提供资金、材料及劳动力，并对工程进行施工建设或组织施工建设的相关证据。针对自己的主张，原告A提供的施工资料等证据，只能证

明其受第三人C公司委托参与了施工，没有提供其提供资金、材料及劳动力并组织施工建设的相关具体证据。

综上所述，原告没有充分证据证明其为案涉工程的实际施工人，原告请求被告支付工程款的诉讼请求缺乏事实及法律依据。

法律分析

1. 如何认定"实际施工人"

在实际施工人直接起诉发包人的案件中，由于实际施工人与发包人并不存在直接的合同关系，发包人在抗辩时通常会对实际施工人的身份质疑，如何认定"实际施工人"进而成为此类案件首要的争议焦点问题。通常人民法院在对实际施工人身份进行认定时，会从以下几个方面进行综合考虑和认定：(1)是否有挂靠("借用资质")、违法分包和非法转包的合同协议；(2)该实际施工人是不是项目设备租赁和材料采购的实施主体，是否组织项目劳务分包等内容；(3)工程款如何拨付：承包人是否会在收到发包人支付的工程款并扣除相应的费用后，将工程款转到实际施工人的账户、实际施工人是否为工程项目收款账户的实际控制人甚至发包人直接把工程款转入实际施工人账户；(4)工程项目中是否存在一定的管理费。

而在该典型案例中，施工人A除提供该《企业工程项目责任承包合同》外，还向法院提交了自身掌握的《建设工程施工合同》、工程竣工验收单、施工图纸及会审记录、结算审核报告等施工资料，也提交了向被告B公司员工报送结算文件的聊天记录等证据。关于工程款的收付情况，第三人C公司也在庭审中自认扣除相应管理费后已经转给了A。所以一审法院对于原告没有充分证据证明其为案涉工程的实际施工人的认定，我们并不认同。

首先，在建设工程活动中，承包方为掩盖非法转包、出借资质等事实，通常都会让实际施工人以委托代理人、项目负责人等身份参与合同签订、工程验收和结算等施工活动。这正是实际施工人作为对建设工程实际施工或组织施工的一方，在参与施工活动时，最直接、最明显的表现，也是为何实际施工人能够掌握合同、施工及验收、结算资料。而一审法院却仅凭原告A提供的相应合同、验收及结算资料中，原告A在委托代理人、项目负责人处签字这一外在形式，便认为原告A是第三人公司的委托代理人或代表，明显错误地理解了这一外在形式反映的原告A实际上是实际施工人的内在事实，事实认定错误。此外，众所周知，如果A是第三人C公司的委托代理人或代表，A需有第三人公司出具的授权委托书或者需为第三人公司员工，与第三人存在劳动关系，但在庭审中，虽然被告及第三人均辩称原告A是第三人C公司的委托代理人，其签字是履行授权行为，但其并未提供任何的授权、劳动合同、工资发放证明等任何证据，第三人在庭审中也明确表示与原告A之间没有签订劳动合同，也未发放工资。

其次，关于原告A是否实际投入了资金、材料及劳动力进行工程施工。除上述《企业工程项目责任承包合同》中有明确约定外，在庭审中，第三人公司也认可是原告A实际履行了合同约定的全部施工义务，并最终实际投入资金、材料和劳力进行了工程施工。而且原告A也向法庭提供了施工过程中形成的《建设工程施工合同》、施工意向书、图纸会审纪要、现场签证单、开工报告、竣工报告、竣工验收证明书、工程结算审核报告等全部施工资料；与之相反的是，第三人及被告并未提供任何第三人组织施工的证据。

综上所述，我们认为上述施工组织、资金投入、工程款收付以及原告A参与施工、竣工验收、结算等程序的事实和证据已经足以证明是原告A实际履行了全部施工义务，其就是案涉工程项目的实际施工人。

2. 依《企业工程项目责任承包合同》，施工人A与C公司之间到底是转包关系还是借用资质的关系

在实践中，建设工程转包和借用资质签订合同（“挂靠”）两种行为的隐蔽性较强，施工行为交叉，并不容易区分，《建筑工程施工发包与承包违法行为认定查处管理办法》第8条、第10条关于转包、挂靠情形的规定和列举也是如此。所以诉讼中一方提出实际施工人与承包人系借用资质关系的，除应有证据证明外，法院亦会从以下角度进行区分：(1)二者发生的时间。转包行为通常发生在转包人取得承包权之后，而挂靠一般是在被挂靠人订立合同之前或同时就形成借用资质的意思表示。从本质上讲,被挂靠人的“名”“实”分离才是形成挂靠的根本原因。(2)二者涉及的工程范围不同。转包既可能是将工程整体转包,也可能是肢解后另行分包,而挂靠是挂靠人以被挂靠人的名义承包整体的工程。(3)挂靠人以借用资质的行为承接到工程后,还可能发生转包等情形,而承包人将工程转包之后,却不具备再挂靠的基础。

就本案而言,虽然B公司在庭审中认为施工人A有借用资质签订合同、组织施工的情形,施工人A与C公司是挂靠关系。但上述《企业工程项目责任承包合同》载明,是C公司在承包案涉工程后,才通过内部承包方式将全部工程转给A实际组织施工,而且从该承包合同中关于项目管理、工程结算等约定也可以看出,C公司并非完全不参与案涉工程项目的管理案涉工程的核算、结算、财务管理也并非施工人A可独立完成,而需受到C公司的约束和管理。此外,现有证据也并未显示施工人A有参与承揽工程的相关事实,与挂靠中实际施工人须有实际承揽工程的行为,包括但不限于参与投标、订立合同、办理有关施工手续,从事施工等活动的表现也不相符。上述情形均表明,施工人A与C公司间并不属于借用资质的挂靠关系,案涉工程是C公司作为有资质的建设施工企业,在承接案涉工程后,通过名义上的内部承包方式变相将全部工程转给A施工,双方是典型的工程转包关系。

3. 假如施工人A与C公司属于借用资质的情形,施工人A能否直接向B公司主张工程款

关于借用资质情形下的实际施工人能否向发包人主张权利的问题,司法实践中一直存在不同的意见,以最高人民法院为代表的主要司法裁判观点如下。

(1)肯定型。

在(2018)最高法民再265号案中,法院认为,迪旻公司与中建公司属于挂靠关系。就金花公司和中建公司而言,迪旻公司是涉案工程的实际施工人,根据原《最高人民法院关于审理建设工程施工合同纠纷案件适用法律问题的解释》第26条的规定,实际施工人迪旻公司有权向发包人金花公司主张工程款,金花公司应当在其欠付工程款的范围内向迪旻公司承担支付责任。

在(2019)最高法民再329号案中,实际施工人借用被挂靠方的资质与发包人签订建设工程施工合同,因被挂靠方与发包人之间无订立合同的真实意思表示,双方之间不存在实质性的法律关系,故实际施工人依据原《最高人民法院关于审理建设工程施工合同纠纷案件适用法律问题的解释》第26条的规定,要求被挂靠方承担支付工程款的责任,人民法院不应支持。但实际施工人与发包人在订立和履行施工合同的过程中,形成事实上的法律关系,实际施工人有权直接向发包人主张工程款。

在(2019)最高法民终353号案中,法院认为,该案现有证据足以证明中勤青海分公司未履行施工义务,只是名义上的合同主体,云天公司明知郑某平挂靠中勤青海分公司实际施工的事实。本案建设工程施工合同由云天公司与郑某平实际履行,故双方形成事实上的权利义务关系。郑某平借用中勤青海分公司名义签订的《框架协议》《补充协议》《建设工程施工合同》,依照原《最高人民法院关于审理建设工程施工合同纠纷案件适用法律问题的解释》第1条的规定,应认定为无效。原《合同法》第58条规定了合同无效的法律后果,即合同当事人负有返还财产、折价补偿、赔偿损失等义务。本案郑某平作为垫资施工方,其投入的材料、劳务已物化为案涉工程,其价值已通过鉴定确定,云天公司应以向郑某平支付工程款的方式,完成合同无效后的返还财产义务。云天公司提出工程质量抗辩,但未能提交证据证明,亦未申请工程质量鉴定,视为该公司认可工程质量。郑某平对云天公司享有债权请求权,有权直接请求云天公司支付工程款。

在(2019)最高法民终1350号案中,在处理无资质的企业或个人挂靠有资质的建筑企业承揽工程时,应进一步审查合同相对人是否善意、在签订协议时是否知道挂靠事实来作出相应认定。如果相对人不知晓挂靠事实,有理由相信承包人就是被挂靠人,则应优先保护善意相对人,双方所签订协议直接约束善意相对人和被挂靠人,此时挂靠人和被挂靠人之间可能形成违法转包关系,实际施工人可就案涉工程价款请求承包人和发包人承担相应的民事责任;如果相对人在签订协议时知道挂靠事实,即相对人与挂靠人、被挂靠人通谋作出虚假意思表示，则挂靠人和发包人之间可能直接形成事实上的合同权利义务关系，挂靠人可直接向发包人主张权利。即无论属于上述何种情形，均不能仅以存在挂靠关系而简单否定挂靠人享有的工程价款请求权。

在(2020)最高法民终1269号案中，南通四建公司虽然与岚世纪公司签订《建设工程施工合同》及《补充协议》，实际是将其施工资质出借给黄某荣用于案涉工程的施工，南通四建公司并无签订、履行合同的真实意思表示；黄某荣借用南通四建公司的资质承揽案涉工程，是案涉工程的实际施工人。因此，原审依据原《最高人民法院关于审理建设工程施工合同纠纷案件适用法律问题的解释》第2条“建设工程施工合同无效，但建设工程经竣工验收合格，承包人请求参照合同约定支付工程价款的，应予支持”的规定，准许黄某荣以自己的名义向岚世纪公司主张相应施工价款并无不当。

(2)否定型。

在(2017)最高法民申3613号案中，法院认为在挂靠施工情形中，存在两个不同性质、不同内容的法律关系：一是建设工程法律关系，二是挂靠法律关系，根据合同相对性原则，各方的权利义务关系应当根据相关合同分别处理。二审判决根据上述建邦地基公司认可的事实，认定建设工程法律关系的合同当事人为中冶集团公司和博川岩土公司，并无不当。建邦地基公司并未提供证据证明其与中冶集团公司形成了事实上的建设工程施工合同关系，因此，即便认定建邦地基公司为案涉工程的实际施工人，其亦无权突破合同相对性，直接向非合同相对方中冶集团公司主张建设工程合同权利。至于建邦地基公司与博川岩土公司之间的内部权利义务关系，双方仍可另寻法律途径解决。原《最高人民法院关于审理建设工程施工合同纠纷案件适用法律问题的解释》第26条适用于建设工程非法转包和违法分包情况，不适用于挂靠情形。

在(2018)最高法民终391号案中，法院认为，即使沈某付系挂靠的实际施工人，相关司法解释并未明确规定挂靠的实际施工人有权向发包人主张权利，且在该案中承包人已经向发包人主张权利的情况下，其诉请不应得到支持。

上述最高人民法院司法裁判支持借用资质实际施工人直接向发包人主张

权利的观点可总结为:(1)借用资质的实际施工人有权依照司法解释规定向发包人主张权利。(2)被挂靠人只是名义上的承包人,并未实际履行合同,挂靠人因其实际施工,与发包人形成了事实上的施工合同关系。(3)如发包人对挂靠不知情,则挂靠人与被挂靠人之间可能构成违法转包关系,实际施工人可就案涉工程价款请求承包人和发包人承担相应的民事责任;如发包人对挂靠明知或应知,则挂靠人与发包人形成了事实上的施工合同关系,挂靠人作为事实上的承包人可以直接向发包人主张权利。

上述最高人民法院司法裁判不支持借用资质实际施工人直接向发包人主张权利的观点可总结为:(1)在该情形下,存在发包人与被挂靠人之间的建设工程法律关系和挂靠人与被挂靠人之间的挂靠法律关系,根据合同相对性原则,各方的权利义务关系应当根据相关合同分别处理。挂靠人无权突破合同相对性。(2)从文义解释的角度出发,挂靠情形不属于原《最高人民法院关于审理建设工程施工合同纠纷案件适用法律问题的解释》第 26 条规定的有权向发包人主张权利的实际施工人范畴。

此外,2022 年 1 月 7 日发布的《最高人民法院民事审判第一庭 2021 年第 20 次专业法官会议纪要》对此问题的阐释为:(1)可以突破合同相对性原则请求发包人在欠付工程款范围内承担责任的实际施工人不包括借用资质及多层转包和违法分包关系中的实际施工人。(2)在发包人知道或应当知道系借用资质的实际施工人进行施工的情况下,发包人与借用资质的实际施工人之间形成事实上的建设工程施工合同关系;在建设工程经验收合格的情况下,借用资质的实际施工人有权请求发包人参照合同关于工程价款的约定折价补偿。

就此处讨论的典型案例而言,即使施工人 A 与第三人 C 公司属于借用资质的情形,首先,对该实际施工人突破合同相对性向发包人主张权利的规定的理解和适用,不能仅从文义上出发。实际施工人是通过筹集资金、组织人员机械、支付农民工工资或劳务报酬等实际从事工程项目建设的主体,包括挂靠、转包、违法分包、肢解分包等情形下的自然人、法人或其他组织,有别于承包人、施工班组、农民工个体等。“实际施工人”的概念从 2004 年一经提出,就包含了“借用资质”这一类型，这一规定及精神在此后的原《最高人民法院关于审理建设工程施工合同纠纷案件适用法律问题的解释》第26条第2款、原《最高人民法院关于审理建设工程施工合同纠纷案件适用法律问题的解释（二）》第24条，以及2021年最新施行的《最高人民法院关于审理建设工程施工合同纠纷案件适用法律问题的解释（一）》第1条、第43条一直得以沿用。从法律法规体系解释的角度出发，尽管该条规定并没有明确针对借用资质的实际施工人问题，但是鉴于借用资质的情况下实际施工人同发包人存在的联系更为紧密，因此赋予实际施工人直接向发包人主张工程款是法律解释中“举重以明轻”的当然结果，因此实际施工人请求发包人承担责任的诉权应包括借用资质情形下的实际施工人。

其次，在庭前举证答辩期间，B公司向人民法院提交的证据目录显示，其认为施工人A与C公司之间系挂靠关系，所以施工人A不能直接向其主张工程款。若施工人A与C公司确系挂靠关系，B公司的该答辩意见也明确显示，其对该挂靠的事实是明知的，在此情形下，该建设工程施工合同无效，但施工人A作为案涉工程实际施工人，案涉建设工程施工合同实际由B公司与施工人A履行，故双方形成事实上的合同权利义务关系，在工程已经竣工验收合格且经过审计结算的情形下，实际施工人A亦有权向B公司主张支付工程款。

实务指南

1. 发包人单位要着重予以检查与监督，杜绝存在实际施工人的现象。

由于实际施工人与工程挂靠、违法分包、非法转包密不可分，由此引发的工程质量纠纷、工程结算纠纷、工程付款纠纷层出不穷，从而衍生出“拖欠工程款”“拖欠农民工资”等社会顽疾。因此在建设工程实施过程中，发包人一定要检查与监督，杜绝存在实际施工人的现象。例如，（1）严格执行工程建设法定程序和发包制度。建设单位应严格执行工程建设的法定程序，依法必须招标项目，不得违法发包；不得将工程发包给不具有相应资质的施工人；不得将工程肢解发包；不得违规指定分包及指定采购。（2）加强对承包人分包行为的管控。对于承包人的分包行为，应当严格管控，未经建设单位同意，不得分包；建议建设单位要求承包人将分包合同进行备案，监督承包人及分包人的合同履行。(3)保证合理工期和造价。建设单位应当科学合理确定工程建设的周期和造价，严禁盲目压缩成本、缩短工期，赶进度，简化工序等。保证承包人在合理期限内，提供充足施工人员。(4)加强对承包人农民工劳动用工实名制管理及工资发放的监督。建议建设单位要求承包人落实农民工用工实名制，将农民工合同及花名册等交由建设单位备案管理；要求承包人对农民工缴纳相应社会保险；监督承包人向农民工支付工资行为；支付工程款及结算款时，要求承包人提供农民工工资支付完毕证明；要求承包人提供农民工工资支付担保，开设农民工工资支付专用账户。(5)推行分包单位农民工工资委托总包单位代发制度。根据《保障农民工工资支付条例》的规定，在工程建设领域推行分包单位农民工工资委托施工总承包单位代发制度。要求分包单位按月考核农民工工作量并编制工资支付表，经农民工本人确认后，交施工总承包单位，由施工总承包单位通过农民工工资专用账户直接将工资支付到农民工本人账户。如此，减少因分包单位克扣工资导致的欠薪风险。(6)推行施工过程结算并及时竣工结算。建议建设单位与承包人约定施工过程结算周期、工程进度款结算办法，在施工过程中及时根据约定向承包人支付过程结算款，保障分包单位或农民工及时收到款项。对于工程的竣工结算，建设单位应当及时根据合同约定与承包人进行结算，避免因未及时结算及付款产生的实际施工人直接起诉要求支付工程款的情形。

2. 作为实际施工人应注意保留、收集实际组织施工的相关证据，便于必要时主张权利。

实践中，实际施工人大多存在没有书面协议等情形，很可能因无法证明自身主体问题面临败诉风险。为此，建议实际施工人在实际施工过程中，应当注意保留收集实际组织施工的相关证据，如案涉工程项目的施工记录、工程签证单、领款单、工程请款单、月进度款支付申请单、材料报验单、工程验收单等施工过程中产生的凭证材料，以及材料购买、工资发放等记录、凭证。以便发生诉讼时，尽量能够证明自身施工人身份，最大限度维护自身合法权益。

3. 借用资质的实际施工人在主张工程款时应根据自身情形合理选择诉讼策略。

鉴于司法实践中对借用资质的实际施工人向发包人主张权利存在不同观点，该实际施工人还可视情况选择以下诉讼路径：(1)代位权诉讼。依据《民法典》第535条及《最高人民法院关于审理建设工程施工合同纠纷案件适用法律问题的解释(一)》第44条的相关规定，借用资质的实际施工人可向人民法院请求以自己的名义代位行使债务人对相对人的权利，以此主张工程款。(2)合同无效返还。借用资质所签订的合同为无效合同，合同无效后，挂靠人为实体义务的履行者、权利最终享有者，被挂靠人不直接履行合同约定的义务，挂靠型实际施工人与发包人存在事实权利义务关系。因施工人将劳务和建筑材料物化在建设工程上，在工程合格的前提下，根据不当得利的请求权基础实际施工人可以直接主张工程款[可参考(2019)最高法民终353号案例]。(3)依据委托合同关系主张。根据"受托人以自己的名义，在委托人的授权范围内与第三人订立的合同，第三人在订立合同时知道受托人与委托人之间的代理关系的，该合同直接约束委托人和第三人，但有确切证据证明该合同只约束受托人和第三人的除外"的规定，发包人在签订合同时知道挂靠事实，虽然签订施工合同的一方是出借资质方，但实际是受借用人的委托出借资质，出借人以自己名义签订合同，形成借用人系委托人、出借人系受托人的委托合同关系，依据委托合同约定，作为委托人的实际施工人可以直接主张工程款[可参考(2015)扬民终字第002139号案、(2019)浙11民终1348号案]。

参考依据

《最高人民法院关于审理建设工程施工合同纠纷案件适用法律问题的解释(一)》

第一条　建设工程施工合同具有下列情形之一的，应当依据民法典第一百五十三条第一款的规定，认定无效：

（一）承包人未取得建筑业企业资质或者超越资质等级的；

（二）没有资质的实际施工人借用有资质的建筑施工企业名义的；

（三）建设工程必须进行招标而未招标或者中标无效的。

承包人因转包、违法分包建设工程与他人签订的建设工程施工合同，应当依据民法典第一百五十三条第一款及第七百九十一条第二款、第三款的规定，认定无效。

第四十三条 实际施工人以转包人、违法分包人为被告起诉的，人民法院应当依法受理。

实际施工人以发包人为被告主张权利的，人民法院应当追加转包人或者违法分包人为本案第三人，在查明发包人欠付转包人或者违法分包人建设工程价款的数额后，判决发包人在欠付建设工程价款范围内对实际施工人承担责任。

第四十四条 实际施工人依据民法典第五百三十五条规定，以转包人或者违法分包人怠于向发包人行使到期债权或者与该债权有关的从权利，影响其到期债权实现，提起代位权诉讼的，人民法院应予支持。

《民法典》

第五百三十五条 因债务人怠于行使其债权或者与该债权有关的从权利，影响债权人的到期债权实现的，债权人可以向人民法院请求以自己的名义代位行使债务人对相对人的权利，但是该权利专属于债务人自身的除外。

代位权的行使范围以债权人的到期债权为限。债权人行使代位权的必要费用，由债务人负担。

相对人对债务人的抗辩，可以向债权人主张。

第七百九十三条 建设工程施工合同无效，但是建设工程经验收合格的，可以参照合同关于工程价款的约定折价补偿承包人。

建设工程施工合同无效，且建设工程经验收不合格的，按照以下情形处理：

（一）修复后的建设工程经验收合格的，发包人可以请求承包人承担修复费用；

（二）修复后的建设工程经验收不合格的，承包人无权请求参照合同关于工程价款的约定折价补偿。

发包人对因建设工程不合格造成的损失有过错的，应当承担相应的责任。

《建筑工程施工发包与承包违法行为认定查处管理办法》

第七条　本办法所称转包，是指承包单位承包工程后，不履行合同约定的责任和义务，将其承包的全部工程或者将其承包的全部工程肢解后以分包的名义分别转给其他单位或个人施工的行为。

第八条　存在下列情形之一的，应当认定为转包，但有证据证明属于挂靠或者其他违法行为的除外：

（一）承包单位将其承包的全部工程转给其他单位（包括母公司承接建筑工程后将所承接工程交由具有独立法人资格的子公司施工的情形）或个人施工的；

（二）承包单位将其承包的全部工程肢解以后，以分包的名义分别转给其他单位或个人施工的；

（三）施工总承包单位或专业承包单位未派驻项目负责人、技术负责人、质量管理负责人、安全管理负责人等主要管理人员，或派驻的项目负责人、技术负责人、质量管理负责人、安全管理负责人中一人及以上与施工单位没有订立劳动合同且没有建立劳动工资和社会养老保险关系，或派驻的项目负责人未对该工程的施工活动进行组织管理，又不能进行合理解释并提供相应证明的；

（四）合同约定由承包单位负责采购的主要建筑材料、构配件及工程设备或租赁的施工机械设备，由其他单位或个人采购、租赁，或施工单位不能提供有关采购、租赁合同及发票等证明，又不能进行合理解释并提供相应证明的；

（五）专业作业承包人承包的范围是承包单位承包的全部工程，专业作业承包人计取的是除上缴给承包单位"管理费"之外的全部工程价款的；

（六）承包单位通过采取合作、联营、个人承包等形式或名义，直接或变相将其承包的全部工程转给其他单位或个人施工的；

（七）专业工程的发包单位不是该工程的施工总承包或专业承包单位的，但建设单位依约作为发包单位的除外；

(八)专业作业的发包单位不是该工程承包单位的;

(九)施工合同主体之间没有工程款收付关系,或者承包单位收到款项后又将款项转拨给其他单位和个人,又不能进行合理解释并提供材料证明的。

两个以上的单位组成联合体承包工程,在联合体分工协议中约定或者在项目实际实施过程中,联合体一方不进行施工也未对施工活动进行组织管理的,并且向联合体其他方收取管理费或者其他类似费用的,视为联合体一方将承包的工程转包给联合体其他方。

第九条 本办法所称挂靠,是指单位或个人以其他有资质的施工单位的名义承揽工程的行为。

前款所称承揽工程,包括参与投标、订立合同、办理有关施工手续、从事施工等活动。

第十条 存在下列情形之一的,属于挂靠:

(一)没有资质的单位或个人借用其他施工单位的资质承揽工程的;

(二)有资质的施工单位相互借用资质承揽工程的,包括资质等级低的借用资质等级高的,资质等级高的借用资质等级低的,相同资质等级相互借用的;

(三)本办法第八条第一款第(三)至(九)项规定的情形,有证据证明属于挂靠的。

相关案例

1. 高邮市广缘工程建设有限公司(以下简称广缘公司)与扬州华厦建设发展有限公司(以下简称华厦公司)、扬州市邗江公道房地产开发公司(以下简称公道房地产公司)等建设工程施工合同纠纷案

审理法院:江苏省扬州市中级人民法院

案号:(2015)扬民终字第002139号

裁判观点:发包人公道房地产公司与挂靠人广缘公司之间成立建设工程施工合同关系。理由:挂靠协议与建设工程施工合同签订之时,公道房地产公司和华厦公司的法定代表人均为罗某玖,居某奎为项目的实际投资人,广缘公司为项目的实际施工人。因此,2007 年 7 月 4 日签订的《建设工程施工合同》之实质为,居某奎借用公道房地产公司名义投资开发,广缘公司借用华厦公司之名义施工建造,以规避法律法规对于房地产开发以及工程施工资质的相关强制性规定。在此情况下,公道房地产公司对于广缘公司挂靠华厦公司承揽工程的事实应系明知,对合同义务实际由广缘公司履行亦应明知。因华厦公司仅为名义上的合同相对方,关于其与广缘公司以及公道房地产公司之间的合同关系,可参照原《合同法》第 402 条关于委托人的介入权的规定,认定广缘公司已突破了其与华厦公司的内部约定,对外与公道房地产公司之间直接成立建设工程施工合同关系。据此,公道房地产公司应承担向广缘公司支付工程款的义务。

2. 浙江石练菊米有限公司(以下简称石练菊米公司)、王某通建设工程施工合同纠纷案

审理法院:浙江省丽水市中级人民法院

案号:(2019)浙 11 民终 1348 号

裁判观点:关于返还的主体,被告石练菊米公司虽辩称,案涉《建设工程施工合同》系浙江丽建公司与石练菊米公司所签,原告并非合同相对人,其无权主张相关权利。依照原《合同法》第 402 条之规定,受托人以自己的名义,在委托人的授权范围内与第三人订立的合同,第三人在订立合同时知道受托人与委托人之间的代理关系的,该合同直接约束委托人和第三人,但有确切证据证明该合同只约束受托人和第三人的除外。本案中,王某通无相应建筑资质,其委托浙江丽建公司与石练菊米公司签订《建设工程施工合同》,实际由其履行合同的权利和义务,原告王某通即为委托人,浙江丽建公司即为受托人。石练菊米公司在工程洽谈时明知王某通无资质,合同系由王某通委托浙江丽建公司签订,履约保证金亦为原告王某通交纳的,故该合同可直接约束王某通和石练菊米公司,王某通有权基于合同向发包人主张权利,故该款项应由被告石练菊米公司返还给原告王某通。原告还主张从 2015 年 8 月 6 日起按年利率 6% 计算资金占用期间的利息损失,符合法律规定,予以准许。

二、实际施工人直接起诉发包人主张工程价款案件中如何分配举证责任

在建设工程施工领域转包和违法分包的情况比较常见，在这种情况下必然会出现实际施工人。为了保护实际施工人的利益，《最高人民法院关于审理建设工程施工合同纠纷案件适用法律问题的解释(一)》第43条规定，实际施工人以转包人、违法分包人为被告起诉的，在查明发包人欠付转包人或者违法分包人建设工程价款的数额后，判决发包人在欠付建设工程价款范围内对实际施工人承担责任。因此，发包人是否欠付转包人或违法分包人工程款成了发包人是否承担责任的最核心的因素。鉴于实际施工人与发包人之间并没有直接的合同关系，无法实际掌握上游合同的结算情况，必然增加了其举证的难度。那么欠付工程款的数额的举证责任到底应由谁承担？

典型案例

A公司(发包人)与自然人B(承包人)、C(实际施工人)建设工程施工合同纠纷案

1. 案件基本事实

被告A公司系住宅小区二期的建设单位，被告B借用某公司的资质实际进行施工。2014年4月28日，被告B以该某公司名义与原告C签订劳务分包合同书，后原告工队进场施工，于2014年9月将二期二标段18#、21#楼、地下车库土建主体结构工程施工完成。2014年12月20日，被告B雇用的现场施工技术员进行面积合算，并出具二期二标段主体阶段付款依据一份，其中载明了原告工队的施工面积，根据该面积计算可知原告应得工程款为676.64478万元，被告B支付原告部分工程款，尚欠原告工程款197.40678万元。后C向人民法院起诉请求被告B支付原告工程欠款，并要求被告A公司承担连带清偿支付

责任。

庭审中法院查明,被告A公司与某公司签订的施工合同总价为2314万元,A公司已支付B 2161.84万元。

2. 争议焦点

被告A公司是否应承担连带清偿支付责任。

3. 法院观点

一审法院认为:依照原《最高人民法院关于审理建设工程施工合同纠纷案件适用法律问题的解释》第26条的规定,发包人只在欠付工程价款范围内对实际施工人承担责任。故对原告C请求被告A公司承担连带清偿支付责任,应予支持。依照原《最高人民法院关于审理建设工程施工合同纠纷案件适用法律问题的解释》第26条第2款的规定,判决被告B于本判决生效后立即支付原告C工程款197.40678万元;被告A公司对上述款项在欠付工程价款范围内承担清偿责任;驳回原告C的其他诉讼请求。

判决后,原告C、被告A公司均不服,提起上诉。C上诉称一审法院的判决未确定发包人承担清偿责任的数额。A公司上诉称原判认定事实不清,A公司已经超额支付B工程款,一审判决在欠付工程款范围内承担清偿责任错误;且新提供2020年12月21日B与A公司的结算书证据一份,主张其中合同价为2314万元,扣除未做工程及代缴税金429.5万元,应付价款为1884.5万元,已付金额2161.8万元,超付金额277.3万元。

二审法院认为:经二审法院现场查看,案涉工程确实存在未做工程:室外工程、强、弱电、消防工程等。二审认为,关于A公司是否欠付B工程款以及欠付数额的问题。《最高人民法院关于审理建设工程施工合同纠纷案件适用法律问题的解释(一)》第43条规定,实际施工人以转包人、违法分包人为被告起诉的,在查明发包人欠付转包人或者违法分包人建设工程价款的数额后,判决发包人在欠付建设工程价款范围内对实际施工人承担责任。本案中,A公司提供的其与B的结算单显示,合同总价款为2314万元,未做工程313.5万元,扣税金116万元,应付价款为1884.5万元,而已付金额2161.8万元,超付工程款。C不予认可,但也未提供其他结算单、判决书等可以证明A公司对B还存在应付而未付工程款的证据予以反驳。根据《最高人民法院关于适用〈中华人民共和国民事诉讼法〉的解释》第90条的规定,当事人对自己提出的诉讼请求所依据的事实或者反驳对方诉讼请求所依据的事实,应当提供证据加以证明。C主张A公司欠付B工程款,并应在欠付数额内承担清偿责任,但是其提供的证据仅能证明合同价款为2314万元,经二审法院核实确实存在合同内未做工程,而发包人A公司已就工程价款与B达成结算协议,C主张A公司应在欠付工程价款范围内承担责任,但其提供的证据不足,导致应付工程价款不清,难以查清是否存在欠付工程价款及数额,依法承担举证不力的后果。故其主张确认A公司具体欠付数额,并对B的债务承担连带责任的诉讼请求无法得到支持。

法律分析

该典型案例在法院内部的案件评查等环节中,就二审改判是否适当,产生了较大争议,主要的争议点就在于:谁应当对发包人欠付工程价款的数额承担举证责任。对此笔者综合分析如下。

1. 发包人在欠付工程价款范围内向实际施工人承担责任的司法解释条文沿革

随着我国城镇化进程不断加速,建筑业作为典型的劳动密集型产业,吸收了大量农民工就业。由于当时法治尚不健全,加上农民工文化程度不高、法治意识不强等原因,全国各地频繁出现因农民工讨薪引发的社会事件,引起了各级政府的高度重视,解决农民工工资拖欠问题成为摆在各部门面前的一项重要政治任务。

由于建设工程领域转包和违法分包十分普遍,承包人与发包人订立建设工程施工合同后,往往又将建设工程转包或者违法分包给第三人即实际施工人,有的承包人将工程转包收取一定的管理费用后,对工程结算怠于主张权利,而实际施工人由于与发包人没有直接合同关系,又不能向发包人主张权利,这样导致实际施工人无法及时、足额取得工程款,直接影响了农民工工资的发放。

基于此种考虑,2004 年最高人民法院颁布的原《最高人民法院关于审理建设工程施工合同纠纷案件适用法律问题的解释》就在第 26 条中赋予了实际施工人突破合同的相对性直接向发包人主张价款的权利,目的在于在合同相对人因下落不明、破产、资信状况恶化等原因导致缺乏支付能力,实际施工人又投诉无门的情况下,为实际施工人提供的特殊救济途径,期望通过对实际施工人的保护,间接地保护农民工的合法权益。

2004 年司法解释第 26 条拓展了保护实际施工人权益的渠道,解决了转包人、违法分包人不积极向发包人主张权利导致的农民工利益受损问题,在司法审判层面为保护农民工利益起到了积极作用。但由于其在法律逻辑上存在先天不足,又缺乏明确的上位法依据,在司法实践的检验下,弊端凸显,存在滥用现象。比如,对实际施工人起诉发包人的前提不加以限制;在多层转包、违法分包情形下将与实际施工人无直接合同关系的转包人、违法分包人也视为"发包人";在判决主文中对"欠付工程款范围"不加以明确等。其中,发包人"欠付工程款范围"不明确是比较典型的问题。由于 2004 年司法解释的文字表述本身不够明确,对法院追加转包人、违法分包人也未做强制性要求,加上查明发包人欠付工程价款的数额难度较大,部分案件在未查明发包人欠付转包人、违法分包人工程价款具体数额的情况下,直接在判决书主文中作出"发包人在欠付工程款范围内承担责任"这样笼统的表述,导致实际施工人申请强制执行后,由于发包人向实际施工人承担责任的具体范围不明确,给执行工作带来很大困难。

为了解决上述问题,2018 年颁布的原《最高人民法院关于审理建设工程施工合同纠纷案件适用法律若干问题的解释(二)》第 24 条作出了一些调整,主要包括:为便于查明案件事实,要求法院依职权追加转包人或者违法分包人为第三人;要求法院在查明发包人欠付转包人或违法分包人工程款数额后,才能判决发包人在欠付数额内对实际施工人承担责任。这两点新的变化,使法院无法再回避"发包人欠付工程款数额"的查明问题,而"发包人欠付工程款数额"的举证责任分配就是这一问题的核心。

2. 观点分歧

(1)观点一:应由发包人对欠付工程价款数额承担举证责任。

该观点的主要理由为:实际施工人并非合同当事人,其客观上无法掌握和了解发包人与承包人之间的工程价款结算和支付情况,也无法获取相关证据,考虑到当事人举证能力,由实际施工人承担举证责任,不符合公平原则。

这一观点,在2018年司法解释颁布前很多最高人民法院的裁判文书中有体现。

如在(2019)最高法民再89号案中,法院认为,同兴创达公司与同兴建筑公司称,该两公司之间已结清案涉工程款。作为案涉工程发包方与承包方,同兴创达公司与同兴建筑公司之间工程款是否结清,涉及实际施工人的利益,故不能仅凭该两公司的主张认定案涉工程款已经结清,而应当根据当事人提供的证据依法予以认定。依据《最高人民法院关于适用〈中华人民共和国民事诉讼法〉的解释》第90条的规定,同兴创达公司与同兴建筑公司应当对其主张的该二公司之间已结清案涉工程款之事实负举证证明责任。原审程序中,除前述拟证明案涉1000万元股权已抵付的《人民调解协议书》外,同兴创达公司与同兴建筑公司并未举示其他证据证明其主张。再审中,同兴建筑公司承认其与同兴创达公司之间没有书面结算材料。案涉8,481,465.32元工程款为司法鉴定总价38,222,381.82元减去同兴建筑公司已付工程款19,740,916.5元及1000万元股权的差额,应当认定此差额为同兴创达公司另欠付同兴建筑公司的工程款。

又如在(2014)民申字第1132号案中,法院认为,该案工程的发包人和业主在一审中提交了其向作为承包人的公司支付工程款的凭据和单方所作的工程结算,主张其已超付工程款;而承包人根据发包人支付工程款的凭据和单方所作的工程结算,主张发包人还欠付工程款。根据《最高人民法院关于民事诉讼证据的若干规定》第2条的规定:"当事人对自己提出的诉讼请求所依据的事实或者反驳对方诉讼请求所依据的事实有责任提供证据加以证明。没有证据或者证据不足以证明当事人的事实主张的,由负有举证责任的当事人承担不利后果。"尽管发包人提供了其支付工程款的证据,但因其和承包人并未就案涉工程进行最终结算,故不能证明其不欠付承包人工程款。在发包人无证据证明其不欠付承包人工程款的情况下,二审法院适用原《最高人民法院关于审理建设工程施工合同纠纷案件适用法律问题的解释》第26条第2款的规定,判决发包人在欠付工程款范围内对张某才等159人承担支付工程款的责任,并无不当。

(2)观点二:应由实际施工人对欠付工程价款数额承担举证责任。

该观点的主要理由为:"谁主张,谁举证"是举证责任分配的原则性规定,举证责任倒置则应有明确的法律规定,而对于发包人欠付工程款这一问题,目前并无举证责任倒置的相关规定。因此,实际施工人作为主张权利的一方,应当承担举证责任。

在2018年司法解释出台后,最高人民法院不少裁判即持此观点。

如在(2019)最高法民终92号案中,关于榆平建管处(发包人)在本案中应否承担付款责任。法院认为,原《最高人民法院关于审理建设工程施工合同纠纷案件适用法律问题的解释》第26条第2款规定,实际施工人以发包人为被告主张权利的,人民法院可以追加转包人或者违法分包人为本案当事人。发包人只在欠付工程价款范围内对实际施工人承担责任。原《最高人民法院关于审理建设工程施工合同纠纷案件适用法律问题的解释(二)》第24条规定,实际施工人以发包人为被告主张权利的,人民法院应当追加转包人或者违法分包人为本案第三人,在查明发包人欠付转包人或者违法分包人建设工程价款的数额后,判决发包人在欠付建设工程价款范围内对实际施工人承担责任。该案中,因榆平建管处与驻马店公路公司尚未结算,是否欠付工程款、欠付多少工程款尚不清楚,该案尚不具备判决榆平建管处在多少金额范围内承担向王某如、韩某军支付工程款的条件。王某如、韩某军对榆平建管处与驻马店公路公司之间尚未结算不持异议,王某如、韩某军亦未举证证明榆平建管处欠付驻马店公路公司工程款具体数额,一审法院由此未判决榆平建管处在本案中承担责任,并无不当。

又如在(2019)最高法民申788案中,关于明峰公司是否应当承担连带责任的问题,明峰公司是案涉工程的发包方,将工程发包给向某平,并未与胥某强、王某直接建立合同关系。胥某强、王某作为实际施工人向发包人明峰公司主张权利，明峰公司仅在欠付其合同相对方向某平工程款的范围内对实际施工人承担责任。赵某英、胥某、王某作为主张权利一方，负有举证证明明峰公司存在欠付工程款的责任，但其未能举示相应证据，其要求明峰公司承担连带责任无事实和法律依据，原审法院不予支持该请求适用法律并无不当。

3. 观点评析

笔者认为，观点一存在一定的问题。

要查明发包人欠付转包人、违法分包人工程价款的具体数额，需要查明两个事实：一是发包人的应付款，二是发包人的已付款。发包人作为付款义务主体，根据民事诉讼证据规则的规定，其当然对已付款数额负有举证责任；但应付款数额的确定，有赖于发包人与转包人、违法分包人之间的工程价款结算，而工程价款结算是一个复杂的过程，除计量、计价这两个专业性问题外，还牵涉工程质量、工期、违约责任、利息计算、损失赔偿等各方面因素，也与合同约定的付款时间、付款条件、付款方式等息息相关，发包人与转包人、违法分包人之间往往需要经过多轮博弈，故很多案件直至一审庭审过程中都尚未完成结算，发包人应付款数额无法确定。此时如果仍将举证责任“一刀切”地分配给发包人，对发包人也是不公平的，因为发包人也不具备证明应付款数额的举证能力。

从案件审理实务的角度来看，将举证责任分配给发包人，案件审理难度将大幅增加，影响审判效率。举例来说，原告是无资质的劳务分包情形下的实际施工人，其起诉主张违法分包人欠付其工程款100万元，要求发包人在欠付工程价款范围内承担责任；而发包人与承包人之间签订的施工总承包合同标的额为1亿元，计价模式为工程量清单计价，合同尚未履行完毕，双方也未进行结算。

在这类案件中，首先，查明违法分包人欠付实际施工人的工程款，因标的额较小，案件审理难度不大；但因为要查明发包人与违法分包人之间的欠付工程款数额，导致法官为了解决原告100万元的诉讼请求，就要审理发包人与违法分包人之间1亿元的结算争议，使案件的审理难度成倍增加，也严重影响案件的审理效率。其次,这样做侵犯了发包人与承包人之间对结算价格的意思自治。工程价款结算是一个复杂的、多方面因素共同发挥作用的博弈过程,应尊重发承包双方的意思自治。如果把举证责任分配给发包人,相当于法院倒逼发包人在本次诉讼中必须完成与承包人的工程结算,否则就要承担付款责任,这侵犯了发包人自行与承包人进行价款结算的自由。

第二种观点也存在问题。

如前所述,工程价款的结算是一个复杂的、多方面因素共同发挥作用的博弈过程,发包人与转包人、违法分包人未完成结算的原因很复杂,有的是结算的客观条件尚未成就,有的是发包人与转包人、违法分包人对于工程价款数额还存在争议,还有的是发包人主观上具有拖延结算的故意。如果不加区分,以发包人与转包人、违法分包人尚未完成结算为由直接驳回实际施工人的诉讼请求,那么将大大限缩实际施工人依据《最高人民法院关于审理建设工程施工合同纠纷案件适用法律问题的解释(一)》第 43 条向发包人主张权利的适用范围,导致司法解释的制定目的落空,不利于保护农民工的合法权益。

4. 笔者观点

笔者认为,对于发包人欠付工程款数额举证责任分配的问题,应区分行为意义上的证明责任和结果意义上的证明责任。

(1)行为意义上的证明责任。行为意义上的证明责任指的是当事人对所主张的事实负有提供证据证明责任。具体到前述典型案例中,原告 C 作为劳务分包的实际施工人,其应对违法分包人 B 应付其的工程款数额承担行为意义上的证明责任;B 作为违法分包人,应对其已付给 C 的工程款数额及发包人应付给 B 的工程款数额承担行为意义上的证明责任;A 公司作为发包人,应对其已付给 B 的工程款数额承担行为意义上的举证责任。

行为意义上的举证责任可以随一方当事人举证程度的变化,可以数次反复,因此它是一种动态的举证责任,根据当事人提供证据证明力的强弱而在当事人之间移位,它围绕着法官对案件事实的判断与确信,而不断地在当事人双方之间转移,因此它是一种可以在当事人之间互相转移的举证责任。该案中,A

公司向B的付款数额尚未达到合同约定价,因该事实的存在导致举证责任向A公司发生了转移;但A公司提供的结算单以及二审法院的现场踏勘,可以证明合同内部分工程存在甩项,因此合同价并不当然等于应付款,A公司与B签订的结算单证明A公司并不欠付B工程款,此时举证责任再次发生转移;C对A公司与B签订的结算单不予认可,应由C对结算单存在无效、可撤销等效力瑕疵提供证据,但C未能提供相应证据。

(2)结果意义上的证明责任。结果意义上的证明责任指的是当事实处于真伪不明时,主张该事实的人承担不利诉讼后果的责任。在各方当事人都已经履行了行为意义上的举证责任后,本案发包人是否欠付B工程款及具体数额仍难以查清,此时依据"谁主张,谁举证"的证明责任一般分配规则,原告C主张的发包人A公司仍欠付B工程款这一事实真伪不明,应按照《最高人民法院关于适用〈中华人民共和国民事诉讼法〉的解释》第108条第2款的规定,认定该待证事实不存在,由C承担结果意义上的举证责任。

笔者认为,对于发包人欠付工程款数额这一问题的查明,应当围绕发包人是否与违法分包人、转包人进行了工程款的结算这一核心,结合案件三种具体情况进行举证责任的分配。

(1)第一种情况:发承包双方已进行了工程价款结算。这种情况下,由于发包人的应付款数额已经确定,应由作为付款义务人的发包人举证证明其已付清工程款,而发包人对此具备相应的举证能力,实际施工人不具备相应举证能力,故应由发包人承担行为意义上的举证责任。如其不能提供相应证据或证据不足,则由发包人承担结果意义上的举证责任。

(2)第二种情况:发承包双方未进行结算,且发包人也不存在故意拖延结算等情形。这种情况下,由于发包人应付款数额无法确定,而工程价款的结算需要发承包双方的协商一致,此时发包人并不具备证明自己不欠付工程价款的举证能力,如果发包人是否欠付工程款及具体数额无法查清,仍应由作为原告的实际施工人承担结果意义上的举证责任。

(3)第三种情况:发承包双方未进行结算,但根据现有证据可以确认发包人欠付进度款的数额或者可以确认发包人欠付工程价款的数额必然大于实际施工人所主张的数额。在部分案件中，虽然发承包双方未进行竣工结算，但根据合同约定，可以查明发包人欠付承包人预付款、进度款的数额，则发包人至少应在欠付预付款、进度款的范围内对实际施工人承担责任；或者虽然无法查明发包人欠付的具体数额，但可以肯定该欠付数额必然大于实际施工人所主张的数额，也可以判令发包人对实际施工人所主张的数额承担支付责任。

实务指南

实务中以下几个问题易引发争议：(1)发包人提供了与承包人之间的结算协议，承包人对该结算协议无异议，而实际施工人对该结算协议有异议，该结算协议能否采信；(2)承包人拒不到庭应诉或公告送达后缺席审理，该协议的真实性及是否为双方真实意思表示法庭无法核实，实际施工人亦不认可，该结算协议能否采信；(3)实际施工人主张对发承包双方之间的应付款进行造价鉴定是否应当准许。

笔者认为，针对第一个问题，结算协议作为私文书证，在协议双方当事人的签章均为真实，协议双方对协议内容均无异议的情况下，该结算协议应作为认定案件事实的依据。实际施工人如有异议，其应当提供足以反驳该结算协议的相反证据；实际施工人不能提供反驳证据而是申请造价鉴定的，根据《最高人民法院关于审理建设工程施工合同纠纷案件适用法律问题的解释(一)》第 29 条之规定，对其鉴定申请不应准许。

针对第二个问题，如实际施工人对结算协议的真实性提出异议，发包人应举证证明该结算协议的真实性，如发包人不能举证，该结算协议不能作为认定案件事实的依据；如发包人已举证证明该结算协议上的签章均为真实，则该结算协议可采信。

针对第三个问题，在工程价款尚不具备结算条件的情况下如工程尚未验收、合同约定的结算条件尚未成就等情形下，应尊重发、承包人对结算价格的意思自治，法院不应为了支持实际施工人的诉请而运用司法权力干预发承包双方的价款结算自由。但从最高人民法院的多个判例来看,实务中有部分法院按照实际施工人的申请启动了造价鉴定申请,并据此作出判决。对此笔者认为,如果发承包双方合同约定的结算条件已经成就,但在超出合同约定的结算期限后双方仍未能形成结算,而未能形成结算的原因是承包人怠于行使权利或发包人故意拖延结算的,为保护实际施工人合法权益,可依照其申请启动工程造价鉴定。

参考依据

《最高人民法院关于审理建设工程施工合同纠纷案件适用法律问题的解释(一)》

第二十六条 当事人对欠付工程价款利息计付标准有约定的,按照约定处理。没有约定的,按照同期同类贷款利率或者同期贷款市场报价利率计息。

第四十三条 实际施工人以转包人、违法分包人为被告起诉的,人民法院应当依法受理。

实际施工人以发包人为被告主张权利的,人民法院应当追加转包人或者违法分包人为本案第三人,在查明发包人欠付转包人或者违法分包人建设工程价款的数额后,判决发包人在欠付建设工程价款范围内对实际施工人承担责任。

《民事诉讼法》

第六十七条 当事人对自己提出的主张,有责任提供证据。

当事人及其诉讼代理人因客观原因不能自行收集的证据,或者人民法院认为审理案件需要的证据,人民法院应当调查收集。

人民法院应当按照法定程序,全面地、客观地审查核实证据。

《最高人民法院关于适用〈中华人民共和国民事诉讼法〉的解释》

第九十条 当事人对自己提出的诉讼请求所依据的事实或者反驳对方诉讼请求所依据的事实,应当提供证据加以证明,但法律另有规定的除外。

在作出判决前,当事人未能提供证据或者证据不足以证明其事实主张的,由负有举证证明责任的当事人承担不利的后果。

第九十一条　人民法院应当依照下列原则确定举证证明责任的承担，但法律另有规定的除外：

（一）主张法律关系存在的当事人，应当对产生该法律关系的基本事实承担举证证明责任；

（二）主张法律关系变更、消灭或者权利受到妨害的当事人，应当对该法律关系变更、消灭或者权利受到妨害的基本事实承担举证证明责任。

第一百零五条　人民法院应当按照法定程序，全面、客观地审核证据，依照法律规定，运用逻辑推理和日常生活经验法则，对证据有无证明力和证明力大小进行判断，并公开判断的理由和结果。

第一百零八条　对负有举证证明责任的当事人提供的证据，人民法院经审查并结合相关事实，确信待证事实的存在具有高度可能性的，应当认定该事实存在。

对一方当事人为反驳负有举证证明责任的当事人所主张事实而提供的证据，人民法院经审查并结合相关事实，认为待证事实真伪不明的，应当认定该事实不存在。

法律对于待证事实所应达到的证明标准另有规定的，从其规定。

相关案例

张某才等159人、甘肃利兴建筑工程有限公司（以下简称利兴公司）与甘肃民盛房地产开发有限公司（以下简称民盛公司）劳务合同纠纷案

审理法院：最高人民法院

案号：（2014）民申字第1132号

裁判观点：民盛公司作为本案工程的发包人和业主，在一审中提交了其向利兴公司支付工程款的凭据和单方所作的工程结算，主张其已超付工程款；而利兴公司根据民盛公司支付工程款的凭据和单方所作的工程结算，主张民盛公司还欠付工程款。根据《最高人民法院关于民事诉讼证据的若干规定》（2008年）第2条的规定："当事人对自己提出的诉讼请求所依据的事实或者反驳对方诉讼请求所依据的事实有责任提供证据加以证明。没有证据或者证据不足以证明当事人的事实主张的,由负有举证责任的当事人承担不利后果。”尽管民盛公司提供了其支付工程款的证据,但因其和利兴公司并未就案涉工程进行最终结算,故不能证明其不欠付利兴公司工程款。在民盛公司无证据证明其不欠付利兴公司工程款的情况下,二审法院适用原《最高人民法院关于审理建设工程施工合同纠纷案件适用法律问题的解释》第 26 条第 2 款的规定,判决民盛公司在欠付工程款范围内对张某才等 159 人承担支付工程款的责任,并无不当。

三、实际施工人能否主张按上游合同的约定结算工程价款

在建设工程施工合同纠纷案件中,经常存在实际施工人与其直接前手未签订书面合同,双方对工程价款如何约定各执一词但均无法提供相应证据或提供的证据均不足以达到“高度可能性”的证明标准,案件事实真伪不明的情况。在此情形下,实际施工人能否主张按上游合同的约定结算工程价款呢?实务中对该问题又该如何处理?笔者将从审判实践出发,对典型案例进行总结和评析,希望有助于在建设工程法律实务中,促进对此类争议问题达成共识,提升处理此类案件的审判质效指标。

典型案例

A 村委会(发包人)与 B(承包人)及 C(实际施工人)建设工程施工合同纠纷案

1. 案件基本事实

A 村委会与自然人 B 就村内的旱厕改造工程签订《旱厕改造合同》,约定由 B 以每座厕所 3000 元的价格改造村内 64 座旱厕,工程总价 192,000 元。合同

签订后,B 未经村委同意将涉案工程交由自然人 C 施工承建,C 组织人员、垫付资金、采购材料进场施工。涉案工程经验收工程质量合格,已交付并投入使用。A 村委会支付 C 部分工人工资 40,000 元,支付 B 工程款 30,000 元。后因工程欠款,C 将 A 村委会、B 诉至法院,请求依法判决被告 B 向原告支付剩余工程款 152,000 元及相应利息,并要求被告 A 村委会在欠付工程款的范围内承担连带任。

庭审中 B 辩称其以 1800 元的单价转包给了原告,但双方并无书面协议。被告 A 村委会辩称,村委会与 B 签订了合同,当时并不认识原告,但施工时原告一直在工地,原告与 B 之间是什么关系村委会不知情。

2. 争议焦点

实际施工人 C 能否主张按照 A 村委会与 B 之间的合同约定结算工程价款。

3. 法院观点

一审法院认为:被告 B 未经村委同意将涉案工程转包给原告,合同无效,但是涉案工程经验收工程质量合格,已交付并投入使用,原告作为实际施工人请求按照合同约定支付工程价款,应予支持。发包人被告村民委员会只在欠付工程款的范围内承担责任。被告 B 称以每间厕所 1800 元的价格转包给了原告,无证据支持,原告也不认可,且 B 完全未施工却主张获取工程价款的 40%,违反法律规定,故不予采纳。一审法院判决如下:被告 B 支付原告 C 剩余工程款 152,000 元及利息,被告 A 村委会在欠付工程款的范围内承担责任。

二审中,上诉人 B 申请对涉案厕所的造价进行鉴定。双方一致同意从法院专家库中选取具有工程造价鉴定资质的专家对厕所造价出具专家意见。二审法院选取的造价工程师出具了专家意见,载明:依据 2018 年山西省建设工程计价依据《建筑工程预算定额》《建筑工程费用定额》《装饰工程预算定额》,10 间旱厕造价金额为 26,142.07 元,1 间旱厕的评估造价为 2614.21 元。

二审法院认为:上诉人 B 从 A 村委会承包旱厕改造工程后,又转包给被上诉人 C 施工,违反法律强制性规定,双方之间的转包合同无效,但涉案旱厕已经投入使用,被上诉人可参照合同约定请求上诉人进行折价补偿。上诉人与被上诉人对于转包工程价款陈述不一,且均未提供书面合同。依照原《合同法》第

62 条的规定，当事人就有关合同内容约定不明确，又无法达成补充协议，对于价款不明确的，按照订立合同时履行地的市场价格履行。经造价工程师评估，一座厕所的造价为 2614.21 元，64 座共计价 167，309 元。上诉人应支付被上诉人工程价款 167，309 元，扣除村委代付 40，000 元，欠付 127，309 元。A 村委会作为发包人，应在欠付上诉人工程款 122，000 元范围内承担责任。

法律分析

1. 司法实务中的裁判观点

（1）原告提供的证据不足以证明其主张，应承担举证不能的不利后果；被告对工程价款的主张构成自认，按照被告主张的价款数额判决被告支付。

笔者认为该观点并不可取：①建设工程施工合同的履行过程是施工人将其投入的人力、物力、资金物化为发包人土地上的建设工程实体，且工程造价的确定具有其专业性和复杂性，属于超出日常经验和常识范畴的专门性问题，仅因原告提供的现有证据不足以证明工程造价的准确数额，即认定其举证不利并对其主张全不采纳，不利于维护施工人的合法权益，也无法实现案结事了。②根据《最高人民法院关于民事诉讼证据的若干规定》第 3 条的规定，自认是指一方当事人陈述的“于己不利的事实”或者对“于己不利的事实”明确表示承认。在承包人所主张的价款数额显著低于实际施工人主张的情况下，承包人对工程价款数额的陈述属于有利于己的陈述，不应适用自认的规定，法官不受承包人该主张的约束，仍应继续履行查明案件事实的职责。

（2）承包人将工程转包赚取差价系违法行为，根据《建设工程质量管理条例》第 62 条的规定，其违法所得应予没收，故对承包人的主张不予支持；工程全部由实际施工人投入资金并组织施工，其要求按照按承包人与发包人之间的合同约定结算工程价款具有合理性，支付工程价款应予支持。

笔者认为该观点亦不可取：①根据《民法典》第 793 条的规定，实际施工人与承包人之间的施工合同因转包而无效后，实际施工人和承包人均有权要求参照合同关于工程价款的约定对实际施工人进行折价补偿，因此承包人主张参照其与实际施工人之间关于工程价款的约定折价补偿应予支持，至于承包人是否有“违法所得”及是否应当予以没收，属于行政主管机关的职权范畴，不属于应在民事诉讼中处理的问题。②《最高人民法院关于审理建设工程施工合同纠纷案件适用法律问题的解释(一)》第43条虽然规定了实际施工人可以突破合同相对性直接向发包人主张权利，但该规定仅用于解决发包人是否应承担责任的问题，对于转包人应付实际施工人工程价款数额的认定，仍应参照转包人与实际施工人之间的施工合同，而不能突破合同相对性参照转包人与发包人之间的施工合同。③参照转包人与发包人之间的施工合同将使实际施工人从无效合同中获取超出合同有效时的利益，导致双方利益失衡。虽然双方均无法提供书面施工合同，但从建设工程市场交易惯例和日常生活经验来看，承包人承揽工程后，不大可能将工程以高于或等于其承包合同的价格转包给实际施工人，通常转包合同价格是要低于上游合同价格的，因为承包人需要就工程质量、工期、施工安全等向发包人负责并承担相应风险，承包人向发包人开具发票还会产生相应的税费。从笔者遇到的案件来看，几乎没有双方对工程价款未做约定的情况，绝大多数都是双方对工程价款如何约定存在争议，这种情况下参照转包人与发包人之间的合同判令转包人向实际施工人支付工程价款，将导致实际施工人获取额外利益且导致双方利益失衡。最高人民法院民一庭2022年第22次法官会议讨论认为，在合同无效的情况下，参照建设工程施工合同关于工程价款的约定折价补偿承包人可以确保双方当事人均不能从无效合同中获得超出合同有效时的利益。《民法典》第793条第1款虽然使用了“可以参照”的表述，但如果工程建设未发生大规模设计改变，或者合同中有关工程价款的约定不存在严重违背当事人真实意思等情况，人民法院在具体裁判中，不宜任意将“可以参照”理解为可以参照、也可以不参照。[①]

① 参见最高人民法院民一庭:《建设工程施工合同无效但工程竣工并交付使用的，应当依法参照合同关于工程价款的约定计算折价补偿款》，载微信公众号“最高人民法院民一庭”2022年7月13日，https://mp.weixin.qq.com/s/JOQZUesCS9Qlvkqt_lkpZA。

2. 笔者观点:适用《民法典》填补合同漏洞规则

就本案而言,笔者认为,在双方当事人未签订书面合同,又均无有效证据能够还原口头约定的情况下,应按双方工程价款没有约定或约定不明来处理,即此时出现了合同漏洞,应运用《民法典》中关于填补合同漏洞的规则来处理,具体如下。

(1)按《民法典》第510条填补合同漏洞。

《民法典》第510条规定:合同生效后,当事人就质量、价款或者报酬、履行地点等内容没有约定或者约定不明确的,可以协议补充;不能达成补充协议的,按照合同相关条款或者交易习惯确定。该条规定明确了填补合同漏洞的两个途径,即"按补充协议确定"和"按合同相关条款或交易习惯"确定。

①按补充协议确定。

在诉讼中,法官可以向双方当事人适当公开心证,引导双方当事人对工程价款争议采用协商一致的方式确认。例如,在发包人与承包人合同价格基础上下浮一定比例结算价款。补充协议可以是对全部价款的确认,也可以是对部分价款的确认,还可以是对工程价款结算方式和计价依据的确认。例如,本案二审过程中,在法官主导下,双方当事人达成如下补充协议:第一,工程价款按照现行的2018年山西省建设工程计价依据进行结算;第二,为加快案件审理进度和节省鉴定费用,双方同意不再进行造价鉴定,而是选取法院专家库中的造价工程师出具专家意见并受其约束;第三,由于施工的64座旱厕规格、做法、所用材料基本一致,只对一座旱厕的造价出具专家意见,以减少现场勘查工作量,节省时间和费用。

②从合同履行过程中查找细节。

根据《最高人民法院关于民事诉讼证据若干问题的规定》第2条第1款的规定,人民法院应当向当事人说明举证的要求及法律后果,促使当事人在合理期限内积极、全面、正确、诚实地完成举证。根据该条文,法官负有举证责任分配和举证不能法律后果的释明职责,在当事人提供的现有证据均不足以证明各自主张,无法还原口头约定内容时,法官应向双方当事人尤其是负有举证责任的当事人(通常为施工方)进行释明,促使其穷尽举证义务,尽量提供合同签订和履行过程中能够反映工程价款如何约定的证据,如微信聊天记录、通话录音、短信、收付款记录等,便于法官查明工程价款的计价标准、方法。

③按交易习惯确定。

原《最高人民法院关于适用〈中华人民共和国合同法〉若干问题的解释(二)》第7条对交易习惯做了解释:下列情形,不违反法律、行政法规强制性规定的,人民法院可以认定为合同法所称"交易习惯":i. 在交易行为当地或者某一领域、某一行业通常采用并为交易对方订立合同时所知道或者应当知道的做法;ii. 当事人双方经常使用的习惯做法。例如,在建设工程行业,转包合同价格不会高于且通常都低于承包人与发包人合同的价格,即属于上述第i类型的交易习惯。又如,实际施工人与转包人此前曾多次达成施工合同,结算方式为在承包人和发包人合同价格的基础上下浮5%,即属于上述第ii类型的交易习惯。

关于交易习惯的证明,主要是习惯是否存在、习惯的具体内容,当事人主张适用习惯的,应当承担举证责任。

需要注意的是,交易习惯可以填补合同漏洞的前提是"不违反法律、行政法规强制性规定"。例如,一方主张将本地区、本行业转包、违法分包、挂靠等违法情形下收取管理费的市场行情作为交易习惯的,不应支持。

(2)按《民法典》第511条填补合同漏洞。

《民法典》第511条规定:"当事人就有关合同内容约定不明确,依据前条规定仍不能确定的,适用下列规定:……(二)价款或者报酬不明确的,按照订立合同时履行地的市场价格履行;依法应当执行政府定价或者政府指导价的,依照规定履行……"

①建设工程造价领域不存在政府定价或政府指导价。

有观点认为,建设工程造价不属于应当执行政府定价或政府指导价的价格类型,应按照合同订立时履行地的市场价格确定。[①]

① 参见周利明:《合同漏洞情形下工程造价确定方法》,载微信公众号"天同诉讼圈"2021年7月22日,https://mp.weixin.qq.com/s/mUSzRD7IO1xMW2isreHdkQ。

②建设工程造价的市场价格。

本案中,B 申请鉴定事项为涉案工程的“市场价格”。二审法官经与造价工程师沟通,得到答复称“市场价格”概念不明,无法作为造价依据,建议按照定额 + 信息价的方式出具专家意见。

首先,关于定额。工程定额,是指在规定工作条件下,完成合格的单位建筑安装产品,所需用的劳动力、材料、机具、设备以及有关费用的数量标准。按其组成内容,还可分为劳动定额(工时定额或产量定量)、材料消耗定额、施工设备使用定额、费用定额等。它不仅给出数量标准,还应同时规定相应的工作内容、技术条件以及安全、质量等要求。

根据《最高人民法院关于审理建设工程施工合同纠纷案件适用法律问题的解释(一)》第 19 条的规定,因设计变更导致建设工程的工程量或者质量标准发生变化,当事人对该部分工程价款不能协商一致的,可以参照签订建设工程施工合同时当地建设行政主管部门发布的计价方法或者计价标准结算工程价款。此处的“当地建设行政主管部门发布的计价方法或者计价标准”就是指工程定额。虽然上述条文文义上看仅适用于设计变更部分,但其背后的逻辑是:设计变更部分不属于原合同价格所包含的范围,如合同对设计变更部分的计价标准和依据没有约定或约定不明,在当事人无法协商一致的情况下,对设计变更部分可按照合同漏洞填补规则来处理,即按照定额计价。

其次,关于信息价。信息价,是指由政府造价管理部门定期发布(一般每月更新一次),反映建筑人工、材料设备、机械等在特定时间段内的综合价格,作为区域内工程计价的参考一种价格。

造价站公布的信息价,主要是针对常规建筑材料和机械设备,并非所有的建筑材料都有信息价,尤其是一些特殊材料。在信息价缺失的情况下,可以采用以下方式:以施工人采购价格确定(须提供完整的采购记录如合同、发票、付款凭证等);鉴定人询价确定;采用甲供料的,以甲方购买价计入造价、扣除签约合同价的方式计入造价(此处需要注意税费、管理费、价差负担等问题)。①

需要注意的是,承包人在与发包人签订合同时,由于发包人的强势地位,双方通常不会按照定额+信息价的价格签约,而是要在此基础上乘以一定的下浮率。因此,如果直接按照定额+信息价作为实际施工人的工程价款结算依据,则可能出现转包价格高于上游价格的问题。为避免出现承包人"倒贴钱"的现象,还应当结合发包人与承包人所签合同价格的下浮率,具体可参考投标价与招标控制价之间的比例,或施工图预算报价与定额+信息价与之间的比例。

实务指南

双方当事人均无法提供书面施工合同,对工程价款的约定各执一词时,应按照以下方式处理:

1. 合理分配举证责任,并向双方当事人尤其是对工程价款负有举证责任的一方(通常为施工人)做出适当释明,促使双方穷尽举证能力,协助法官尽力查明工程价款如何约定的事实。

2. 依据现有证据确实无法查明工程价款如何约定的,视为双方对工程价款未做约定或约定不明,可以按照《民法典》第510条、第511条和《最高人民法院关于审理建设工程施工合同纠纷案件适用法律问题的解释(一)》第19条的规定填补合同漏洞。

3. 工程定额、信息价可以作为填补合同漏洞时适用的最重要的计价依据和标准。

4. 作为实际施工人,在未签订书面合同的情形下,要尽量保留施工过程中的微信聊天记录、通话录音、短信、收付款记录等,便于法官查明工程价款的计价标准、方法。

---

① 参见周利明:《合同漏洞情形下工程造价确定方法》,载微信公众号"天同诉讼圈"2021年7月22日,https://mp.weixin.qq.com/s/mUSzRD7IO1xMW2isreHdkQ。

参考依据

《最高人民法院关于审理建设工程施工合同纠纷案件适用法律问题的解释(一)》

第一条 建设工程施工合同具有下列情形之一的,应当依据民法典第一百五十三条第一款的规定,认定无效:

(一)承包人未取得建筑业企业资质或者超越资质等级的;

(二)没有资质的实际施工人借用有资质的建筑施工企业名义的;

(三)建设工程必须进行招标而未招标或者中标无效的。

承包人因转包、违法分包建设工程与他人签订的建设工程施工合同,应当依据民法典第一百五十三条第一款及第七百九十一条第二款、第三款的规定,认定无效。

第十九条 当事人对建设工程的计价标准或者计价方法有约定的,按照约定结算工程价款。

因设计变更导致建设工程的工程量或者质量标准发生变化,当事人对该部分工程价款不能协商一致的,可以参照签订建设工程施工合同时当地建设行政主管部门发布的计价方法或者计价标准结算工程价款。

建设工程施工合同有效,但建设工程经竣工验收不合格的,依照民法典第五百七十七条规定处理。

第三十二条 当事人对工程造价、质量、修复费用等专门性问题有争议,人民法院认为需要鉴定的,应当向负有举证责任的当事人释明。当事人经释明未申请鉴定,虽申请鉴定但未支付鉴定费用或者拒不提供相关材料的,应当承担举证不能的法律后果。

一审诉讼中负有举证责任的当事人未申请鉴定,虽申请鉴定但未支付鉴定费用或者拒不提供相关材料,二审诉讼中申请鉴定,人民法院认为确有必要的,应当依照民事诉讼法第一百七十条第一款第三项的规定处理。

第四十三条 实际施工人以转包人、违法分包人为被告起诉的,人民法院应当依法受理。

实际施工人以发包人为被告主张权利的，人民法院应当追加转包人或者违法分包人为本案第三人，在查明发包人欠付转包人或者违法分包人建设工程价款的数额后，判决发包人在欠付建设工程价款范围内对实际施工人承担责任。

《最高人民法院关于民事诉讼证据的若干规定》

第二条　人民法院应当向当事人说明举证的要求及法律后果，促使当事人在合理期限内积极、全面、正确、诚实地完成举证。

当事人因客观原因不能自行收集的证据，可申请人民法院调查收集。

第三条　在诉讼过程中，一方当事人陈述的于己不利的事实，或者对于己不利的事实明确表示承认的，另一方当事人无需举证证明。

在证据交换、询问、调查过程中，或者在起诉状、答辩状、代理词等书面材料中，当事人明确承认于己不利的事实的，适用前款规定。

《建设工程质量管理条例》

第六十二条　违反本条例规定，承包单位将承包的工程转包或者违法分包的，责令改正，没收违法所得，对勘察、设计单位处合同约定的勘察费、设计费25%以上50%以下的罚款；对施工单位处工程合同价款0.5%以上1%以下的罚款；可以责令停业整顿，降低资质等级；情节严重的，吊销资质证书。

工程监理单位转让工程监理业务的，责令改正，没收违法所得，处合同约定的监理酬金25%以上50%以下的罚款；可以责令停业整顿，降低资质等级；情节严重的，吊销资质证书。

《民法典》

第五百一十条　合同生效后，当事人就质量、价款或者报酬、履行地点等内容没有约定或者约定不明确的，可以协议补充；不能达成补充协议的，按照合同相关条款或者交易习惯确定。

第五百一十一条　当事人就有关合同内容约定不明确，依据前条规定仍不能确定的，适用下列规定：

（一）质量要求不明确的，按照强制性国家标准履行；没有强制性国家标准的，按照推荐性国家标准履行；没有推荐性国家标准的，按照行业标准履行；没有国家标准、行业标准的,按照通常标准或者符合合同目的的特定标准履行。

(二)价款或者报酬不明确的,按照订立合同时履行地的市场价格履行;依法应当执行政府定价或者政府指导价的,依照规定履行。

(三)履行地点不明确,给付货币的,在接受货币一方所在地履行;交付不动产的,在不动产所在地履行;其他标的,在履行义务一方所在地履行。

(四)履行期限不明确的,债务人可以随时履行,债权人也可以随时请求履行,但是应当给对方必要的准备时间。

(五)履行方式不明确的,按照有利于实现合同目的的方式履行。

(六)履行费用的负担不明确的,由履行义务一方负担;因债权人原因增加的履行费用,由债权人负担。

第七百九十三条 建设工程施工合同无效,但是建设工程经验收合格的,可以参照合同关于工程价款的约定折价补偿承包人。

建设工程施工合同无效,且建设工程经验收不合格的,按照以下情形处理:

(一)修复后的建设工程经验收合格的,发包人可以请求承包人承担修复费用;

(二)修复后的建设工程经验收不合格的,承包人无权请求参照合同关于工程价款的约定折价补偿。

发包人对因建设工程不合格造成的损失有过错的,应当承担相应的责任。

《民事诉讼法》

第七十九条 当事人可以就查明事实的专门性问题向人民法院申请鉴定。当事人申请鉴定的,由双方当事人协商确定具备资格的鉴定人;协商不成的,由人民法院指定。

当事人未申请鉴定,人民法院对专门性问题认为需要鉴定的,应当委托具备资格的鉴定人进行鉴定。

第二章　工程质量问题

一、保修期届满后，发包方如何主张质量索赔

建设工程的质量是保障人们生产、生活与人身和财产安全的大事，在建设工程领域也是最容易产生纠纷的部分。为明确质量责任划分，我国规定了建设工程的缺陷责任期和质量保修期，在缺陷责任期和保修期内出现质量问题的，应由承包方承担维修责任，那么期限届满后的质量问题，承包方是否当然免责？发包方又如何维护自身权益，主张质量索赔呢？笔者试从司法判例观点出发，探析保修期届满后，发包方进行质量索赔的方式。

典型案例

A房地产开发公司（发包人）与B建设公司（承包人）建设工程施工合同纠纷案

1. 案件基本事实

2004年10月15日，A房地产开发公司与B建设公司签订建设工程施工合同，约定由B建设公司承建A房地产开发公司发包的某项目全部土建工程。2005年7月20日涉案工程竣工验收。2009年，A房地产开发公司提起诉讼请求B建设公司赔偿屋面渗漏重作损失，但此时屋面渗漏保修期已届满。B建设公司抗辩称渗漏系因案涉房屋承租人修建路灯破坏防水层。在诉讼中，A房地

产开发公司申请对屋面渗漏的重作损失进行鉴定。法院依法委托某司法鉴定所及某设计院对上述事项进行鉴定,鉴定所鉴定意见为:屋面构造做法不符合原设计要求,屋面渗漏范围包括伸缩缝、部分落水管道、出屋面排气管及局部屋面板。设计院确定,因现有屋面板构造做法与原设计不符,局部修复方案不能保证屋面渗漏问题彻底有效解决,建议将原防水层全面铲除,重做屋面防水层,并出具了全面设计方案。该全面设计方案中包括B建设公司在实际施工中未施工工序,并在原设计方案伸缩缝部位增加了翻边。A房地产开发公司提起诉讼,请求判令被告赔偿因偷工减料,未按设计图纸施工,质量不合格,导致屋面广泛渗漏,该部分重作的损失,工程报价为3,335,092.99元。

2. 争议焦点

(1)保修期届满后,对屋面渗漏的质量问题,B建设公司作为施工单位是否应承担责任。

(2)对屋面渗漏的质量问题,B建设公司应如何承担责任,是重作还是支付整改费用。

3. 法院观点

(1)结合鉴定意见及现场情况,屋面广泛性渗漏客观存在,竣工验收合格证明及其他任何书面证明均不能对该客观事实形成有效对抗。本案中,双方当事人对涉案屋面所做的工序进行了明确约定,然而B建设公司在施工过程中,擅自减少多道工序,导致屋面渗漏,不符合合同约定,根据原《合同法》第107条、第281条之规定,因施工方原因致使工程质量不符合约定的,施工方理应承担无偿修理、返工、改建或赔偿损失等违约责任。

B建设公司依据《建设工程质量管理条例》认为其只应承担保修责任而不应重作的问题,不能成立。因为该条例是管理性规范,而本案系因交付的屋面本身不符合合同约定,且已对A房地产开发公司形成仅保修无法救济的损害,故本案裁判的基本依据为原《民法通则》《合同法》等基本法律而非该条例,根据法律位阶关系,该条例在本案中只作参考。本案中,屋面渗漏质量问题的赔偿责任应按“谁造成,谁承担”的原则处理,这是符合法律的公平原则的。

(2)因现有施工与原设计不符,存在质量隐患,局部修复不能保证彻底解决问题。因此,全面设计方案宜为解决本案屋面渗漏的修复方案。鉴于诉讼双方目前已失去良好的合作关系,故A房地产开发公司可委托第三方参照全面设计方案对屋面缺陷予以整改,并由B建设公司承担整改费用。

法律分析

1. 划分质量责任时,首先要区分缺陷责任期与保修期,审查该部分工程是否超过全部保修期限

承包方在缺陷责任期与保修期都负有维修义务,但缺陷责任期制度与保修期制度并非同一种法律制度。缺陷责任期,是指承包人按照合同约定承担缺陷修复义务,且发包方预留质量保证金的期限,常与质量保证金相对应。缺陷责任期修复范围通常为质量不符合工程建设强制性标准、设计文件的缺陷,以及不符合合同约定的质量问题。保修期,是指承包人按照合同约定对工程承担保修责任的期限,《建设工程质量管理条例》规定了建设工程主体结构等部分的最低保修期限,当事人可以另行约定保修期限,以约定的保修期限为准,但不得低于法定保修期限。不同分部工程的保修期也可以不同,承包人须按合同约定,在工程质量保修书确定的保修范围与期限内出现的质量问题承担保修责任。两期均是从工程竣工验收合格之日起计算,缺陷责任期具体期限可约定,但时间较短,一般为1年,最长不超过2年,而保修期较长,不低于法定期限前提下可自行约定。因此,在实践中缺陷责任期满,发包方需退还质量保证金给承包人,但承包人的保修义务不必然消灭,仍需承担保修期内的保修义务。保修期满后,承包人保修义务消灭。

综上所述,如果仅约定质量保修期,应注意不能遗漏约定工程中所包括的各个项目的保修期。若合同中对没有法定最低保修期限的项目未约定保修期,发包人则面临承包人对此类项目不需要承担维修义务的风险。如果同时约定两种期限,应注意在合同中明确区分二者的定义和期限,出现质量问题后,审查该部分工程是否超过全部期限。

2. 通过鉴定确定质量问题发生在缺陷责任期或质量保修期内，而当时未处理完成或在保修期届满后才发现，发包人可以主张承包人承担质量责任

在实践中，建设工程保修期内，经常存在承包人多次修理未能解决的缺陷，后因各种原因，发包人签署了竣工验收报告或擅自使用建筑物，最终导致直至保修期届满缺陷仍未修复的情况。此时，承包人仍应承担工程质量责任。

在(2020)川01民终4579号案中，法院认为，对于施工过程中出现的质量问题和经竣工验收不合格的建设工程，施工单位负有无条件返修的义务，不受所谓的保修期限的限制。而对于经竣工验收合格或者视为竣工验收合格的工程，在质量保修期限内出现的属于保修范围内的工程质量问题，施工单位负保修的义务。该案中，根据《会议纪要》的明确记载，质量问题是在施工过程中已经出现而非在工程移交后的质保期限内才出现的，故不属于工程质量保修的问题，更不存在所谓的质保期限已经经过的问题。

工程竣工交付使用后保修制度的设立，就是因为验收合格交付使用的工程只是相对合格，建筑物需要有一个物理或化学的反应期和平稳过渡期，才能发现施工期间尚存的质量问题。因此，施工单位修理保修期间发生的质量问题，实际是全面履行施工合同的继续，是应尽交付质量合格工程义务的继续。如果工程本身经鉴定存在质量不合格，只是因为验收时没有发现，即使超过保修期，施工单位也应当承担责任。

3. 保修期届满后，承包方虽不承担维修责任，但若质量确不合格，仍应承担一般的民事责任，即瑕疵担保责任

瑕疵担保责任原系买卖合同中的一项制度，是指债务人对其提出的给付应担保其权利完整和物的质量合格。如果债务人违反此种义务，则应负瑕疵担保责任。有观点认为，施工单位承担的保修责任实际上是对建设工程质量的瑕疵担保责任。但笔者认为，瑕疵担保责任与保修责任存在差别。第一，归责原则不同。标的物不符合国家规定或合同约定的质量标准，即为有瑕疵，则出卖人必须承担瑕疵担保责任，因此属于无过错责任。而在质量保修期内有关经济责任承担的原则是：施工单位未按国家有关规范、标准和设计要求施工，造成的质量缺陷,由施工单位负责返修并承担经济责任;由于设计方面的原因造成的质量缺陷,由设计单位承担经济责任,可由施工单位负责维修,其费用按有关规定通过建设单位向设计单位索赔,不足部分由建设单位负责;因使用单位使用不当造成的损坏问题,由使用单位自行负责;因地震、洪水、台风等不可抗拒原因造成的损坏问题,施工单位、设计单位不承担经济责任。可见,施工单位对于保修期内的经济责任属于过错责任。[①] 无过错责任与过错责任相对应,目的在于平衡出卖人与买受人的利益和风险。第二,相应质量缺陷发生的时间不同。买卖合同中,物的瑕疵担保责任的构成要件之一即为标的物的瑕疵须于风险转于买受人时也已存在。同样地,对于建设工程施工合同来说,工程质量瑕疵在工程交付时存在也是工程质量瑕疵担保责任的构成要件之一。[②] 在(2014)商民二终字第300号案中,法院认为:"施工单位未按工程设计图纸施工,该工程质量在工程交付之前即已存在,施工单位应承担瑕疵担保责任。该瑕疵担保责任并不受保修期限的影响。"在(2017)京02民终9329号案中,法院也认为:"对于合同履行中已经存在的质量问题,并不因超过保修期免除施工方的相关责任。本案中,虽然涉案工程已经过保修期,但不能免除中航公司的瑕疵担保责任。"第三,受限制的期间不同。承包人的保修责任受质量保修期的限制,超过质量保修期的,承包人不再承担保修义务;而瑕疵担保责任受质量异议期的限制,超过质量异议期的,承包人不再承担瑕疵担保责任。有观点认为,在建设工程施工合同中缺陷责任期相当于发承包双方就工程质量缺陷约定的检验期间,缺陷责任期经过,则产生瑕疵担保责任免除的法律效果。但依据《民法典》第621条第3款的规定:"出卖人知道或者应当知道提供的标的物不符合约定的,买受人不受前两款规定的通知时间的限制。"换言之,承包人明知或应知所交付的工程存在质量缺陷的,发包人向其主张责任不受通知时间的限制。

根据《建筑法》第52条第1款的规定:"建筑工程勘察、设计、施工的质量必

① 参见国务院法制局农林城建司等编著:《〈中华人民共和国建筑法〉释义》,中国建筑工业出版社1997年版,第130页。

② 参见崔建远主编:《合同法》,法律出版社2010年版,第389页。

须符合国家有关建筑工程安全标准的要求，具体管理办法由国务院规定。”《建设工程质量管理条例》第3条规定：“建设单位、勘察单位、设计单位、施工单位、工程监理单位依法对建设工程质量负责。”《房屋建筑工程质量保修办法》第3条规定：“本办法所称房屋建筑工程质量保修，是指对房屋建筑工程竣工验收后在保修期限内出现的质量缺陷，予以修复。本办法所称质量缺陷，是指房屋建筑工程的质量不符合工程建设强制性标准以及合同的约定。”据此可见，各类工程建设责任主体对于工程质量不符合工程建设强制性标准以及合同的约定应承担责任，笔者认为该责任在保修期届满前体现为保修责任，保修期届满后该责任为瑕疵担保责任。

在(2020)京民终405号案中，法院针对质量保修期届满后承包人责任承担问题进行了较为详细的论述：“本院认为，质量保修期满免除的只是施工人的保修责任，但并不免除其应负的其他法律责任。主要理由包括：1. ……施工人质量瑕疵担保责任是一种基本民事责任，非经当事人特别约定或者法律特别规定，并不能任意限制或者免除。2. 国家通过……行政法规、部门规章设立建设工程质量保修制度……不是为了减轻或者限制施工人的法律责任。3. 建设工程质量保修责任与施工人质量瑕疵担保责任在条件和内容上存在明显区别……两种责任相互独立，虽可能竞合，但并不彼此排斥。4. 按照第一种观点，则对《建筑法》第七十四条……和第八十条……的规定难以作出合理解释，除非该两条设立的责任也都限定在质量保修期内，但这明显不符合条文语义和立法目的。”据此，二审法院认为，案涉工程存在诸多质量问题，一审法院仅以保修期满为由驳回发包人诉求存在错误。同样类似观点的案例还有(2017)最高法民终175号案、(2022)京民申908号案。

综上所述，瑕疵担保责任与保修责任是不同的责任，保修期届满免除保修责任，但承包人不因此免除瑕疵担保责任。笔者认为，发包方主张承担瑕疵担保责任应符合以下条件：第一，保修期届满出现的质量问题属于不符合国家规定或合同约定的瑕疵；第二，该瑕疵在工程交付时业已存在；第三，承包人在交付工程时明知或应知存在质量缺陷。

4. 在合理使用期间内因施工质量存在缺陷造成损害，发包人可主张承包人承担损害赔偿责任

工程质量责任有违约责任和侵权责任之分。依据《民法典》第801条的规定："因施工人的原因致使建设工程质量不符合约定的，发包人有权请求施工人在合理期限内无偿修理或者返工、改建。经过修理或者返工、改建后，造成逾期交付的，施工人应当承担违约责任。"其第802条规定："因承包人的原因致使建设工程在合理使用期限内造成人身损害和财产损失的，承包人应当承担赔偿责任。"《建设工程质量管理条例》第39条第2款规定，"建设工程承包单位在向建设单位提交工程竣工验收报告时，应当向建设单位出具质量保修书"；其第41条规定："建设工程在保修范围和保修期限内发生质量问题的，施工单位应当履行保修义务，并对造成的损失承担赔偿责任。"《房屋建筑工程质量保修办法》第13条规定："保修费用由质量缺陷的责任方承担。"从上述对工程质量责任的规定可以看出，工程质量责任的违约责任与赔偿责任分开的。在施工期间依据合同约定和竣工验收交付后依据工程质量保修协议书约定（或合同中约定的保修条款），承包方对工程的维修行为属于其应履行的合同义务，若质量出现问题承担的是违约责任。质量保修期届满后，承包方虽不再承担保修责任，但仍需承担质量不合格造成的侵权损害赔偿责任。

最高人民法院民法典贯彻实施工作领导小组在出版的《中华人民共和国民法典合同编理解与适用（三）》中同样认为，在缺陷责任期、保修期内，由承包人原因造成质量缺陷，出现质量问题，造成发包人支出的维修费用超出保证金的或因维修而导致发包人不能正常营业等其他损失，发包人可按合同约定向承包人进行索赔。即使承包人维修并承担相应费用，也不免除其对发包人损失的赔偿责任。承包人不仅要为其瑕疵给付承担赔偿责任，还要为其加害给付承担赔偿责任。因承包人的原因致使建设工程质量不合格，导致建设工程在合理使用期限内造成人身和财产损害的，承包人应当承担损害赔偿责任。

在（2021）京民终339号案中，对于已修复部分的维修损失，因已无法鉴定，法院难以采纳意见，最终没有支持请求。但是对于未修复部分的维修损失，结合鉴定结论、同时考虑鉴定机构作出鉴定的时间距完成工程时间较长,市场价格、部分数据估算存在工艺方式不同的差价等因素及实际情况,法院酌定支持了该部分质量维修损失费用。

因此,如果其他民事责任不适合适用,或者承包人在承担其他民事责任后,发包人仍有损失,发包人还有权请求承包人承担赔偿损失的责任。民事责任中,赔偿损失具有兜底作用,保修期届满,承包方虽不需要承担保修责任,但因质量缺陷导致人身或财产损害的,仍应承担侵权责任。

实务指南

1. 签订合同时,应注意区分缺陷责任期和质量保修期,明确约定不同期限内双方的权利义务。

在诉讼过程中,划分质量责任时,如双方无约定,并且无法形成一致意见,需要进行司法鉴定,而质量司法鉴定需要进行工程质量检测鉴定、修复方案设计、修复费用评估等环节,因此质量纠纷诉讼通常耗时长、成本高,为避免诉累、减少诉讼中可能发生的不确定事件影响,发包人在签订合同时,要明确区分需承担质量责任的期限及期限内的权利义务,要尽量细化建设质量要求中的相关标准。

2. 合同履行和竣工验收过程中,加强质量监管。

在履行合同过程中,发包人要加强对内部承包人、分包工程承包人及实际施工人工程质量的监管,防止因擅自转包、违法分包等造成的质量问题,加强对工程建设的管理,对于重要的、建成后不易暴露问题的节点予以关注,在使用过程中关注保修期限,必要时可提出延长缺陷责任期、保修期,以及时向承包人主张权利。在验收时,要做好竣工验收及竣工后试验程序,检查工程是否符合法定强制性标准的同时,全面关注是否符合合同约定的标准。若发包人接收工程之后,在使用过程中发现工程存在承包人原因导致的质量缺陷,且已过保修期,则应当分析该质量缺陷产生的阶段。

3. 出现质量问题时,及时通知承包人,遵循法定程序进行质量索赔。

首先,无论是在缺陷责任期内还是在质量保修期内,如工程质量出现问题,发包人应通知承包人进行维修；当承包人拒绝履行保修义务时，建议发包人对出现的质量问题及时形成并留存书面的记录文件，如可以通过拍照、录像的方式对质量问题处进行记录，记录完毕后，在通知的函件中将该部分照片内容一并作为附件提供。其次，及时留存与承包人沟通的过程文件，证明对于保修期内出现的质量问题，发包人已经及时按照约定向承包人发出通知，同时对于往来函件的邮寄凭证及签收记录进行留存。最后，在选择第三方维修单位时，应当保留第三方维修单位出具的维修方案、报价函、施工合同、支付凭证以及维修处前后对比的记录文件。对于上述三方面的资料的留存，有利于建设单位维护自身合法权利。否则，根据相关法律规定，发包人将可能因为未履行通知义务而丧失索赔的权利，或在索赔过程中承担较重的举证责任。

综上所述，目前司法实践中对于质量责任及保修责任概念界定、质量保修期届满后承包人应如何承担责任的问题尚无准确定论，仍待进一步厘清。但随着我国工程质量法规的日益完善以及实践发展的不断检验，理论及实务界对于该问题的理解将逐渐深入，法院裁判的标准和尺度理应最终趋向统一。笔者此处对于许多问题的讨论还是初步的，旨在提供一个解决问题的基本思路。在具体的建设工程质量纠纷案件中，还需依据现有法律法规的规定，并结合案件事实、当事人所掌握证据、当事人过错程度，以及所在地区司法政策、裁判倾向进行具体个案分析。

参考依据

《民法典》

第六百二十一条 当事人约定检验期限的，买受人应当在检验期限内将标的物的数量或者质量不符合约定的情形通知出卖人。买受人怠于通知的，视为标的物的数量或者质量符合约定。

当事人没有约定检验期限的，买受人应当在发现或者应当发现标的物的数量或者质量不符合约定的合理期限内通知出卖人。买受人在合理期限内未通知或者自收到标的物之日起二年内未通知出卖人的，视为标的物的数量或者质量符合约定；但是，对标的物有质量保证期的，适用质量保证期，不适用该二年的规定。

出卖人知道或者应当知道提供的标的物不符合约定的，买受人不受前两款规定的通知时间的限制。

第八百零一条 因施工人的原因致使建设工程质量不符合约定的，发包人有权请求施工人在合理期限内无偿修理或者返工、改建。经过修理或者返工、改建后，造成逾期交付的，施工人应当承担违约责任。

第八百零二条 因承包人的原因致使建设工程在合理使用期限内造成人身损害和财产损失的，承包人应当承担赔偿责任。

《建筑法》

第五十二条第一款 建筑工程勘察、设计、施工的质量必须符合国家有关建筑工程安全标准的要求，具体管理办法由国务院规定。

《建设工程质量管理条例》

第三条 建设单位、勘察单位、设计单位、施工单位、工程监理单位依法对建设工程质量负责。

第三十九条第二款 建设工程承包单位在向建设单位提交工程竣工验收报告时，应当向建设单位出具质量保修书。质量保修书中应当明确建设工程的保修范围、保修期限和保修责任等。

第四十一条 建设工程在保修范围和保修期限内发生质量问题的，施工单位应当履行保修义务，并对造成的损失承担赔偿责任。

《房屋建筑工程质量保修办法》

第三条 本办法所称房屋建筑工程质量保修，是指对房屋建筑工程竣工验收后在保修期限内出现的质量缺陷，予以修复。本办法所称质量缺陷，是指房屋建筑工程的质量不符合工程建设强制性标准以及合同的约定。

第十三条 保修费用由质量缺陷的责任方承担。

相关案例

1. 江苏省第一建筑安装集团股份有限公司、唐山市昌隆房地产开发有限公司建设工程施工合同纠纷案

审理法院:最高人民法院

案号:(2017)最高法民终175号

裁判观点:案涉工程鉴定机构在进行现场勘验时发现楼梯间与不采暖走道及住宅间的隔墙保温层厚度达不到设计要求,且该质量问题并非业主使用造成的,而是江苏一建在施工过程中未按图纸施工所致,因此应由江苏一建承担质量责任。一审判决认为,昌隆公司要求江苏一建对存在质量问题部分进行整改并对该部分工程款1,972,553.25元暂不处理,待江苏一建整改合格之后双方另行结算并无不当。

2. 北京万柳钧越体育投资有限公司与中国建筑土木建设有限公司建设工程施工合同纠纷案

审理法院:北京市高级人民法院

案号:(2022)京民申908号

裁判观点:涉案修复方案是考虑到本案实际状况,综合考虑得出的一种建议性修复方案,可以作为审理案件的参考,在实际修复中,生效判决认定出具的修复方案不需要鉴定机关另行具备设计资质,鉴定中出现的形式上的问题不影响结论,并无不当。万柳公司主张按照原合同全面修复及基于该方案出具造价鉴定意见,依据不足。两审法院酌情确定的数额并无不妥。

二、未完工程中,工程存在质量问题的举证责任认定

《民法典》第806条第3款规定,“合同解除后,已经完成的建设工程质量合格的,发包人应当按照约定支付相应的工程价款;已经完成的建设工程质量不

合格的，参照本法第七百九十三条的规定处理”。该条规定了施工合同解除后发包人支付工程款的条件是已完工程质量合格，但“已完工程质量合格”一概是由承包人举证还是“质量不合格”概由发包人举证？还是举证责任在发承包人之间合理分配？本节结合典型案例，从现有法律规定以及举证责任的基本理论，对未完工程中质量问题的举证责任进行分析。

典型案例

A房地产开发公司与B建设公司建设工程施工合同纠纷案

1. 案件基本事实

2013年8月14日，发包方A房地产开发公司与承包方B建设公司签订了《河北省建设工程施工合同》，2014年1月17日上述合同在建设部门备案。在备案合同之前，双方还签订了一份《唐山某项目主体及配套建设工程施工合同》，且早于招投标之前B建设公司便已经进场施工。

合同签订后，B建设公司完成了大部分主体工程和部分装饰工程，尚未进行竣工验收，因A房地产开发公司未按约定支付进度款，B建设公司停止施工，2016年9月7日B建设公司被强制退场。后B建设公司向法院起诉主张工程款本金、利息、违约金、赔偿损失等。发包方认为应由承包方B建设公司证明工程质量合格，一审法院应向承包方B建设公司释明其应当承担工程质量的举证责任而不是违法向发包方A房地产开发公司释明对质量缺陷的抗辩应提起反诉并申请质量鉴定。此外，案涉合同无效后，一审判决损失全部由A房地产开发公司承担有失公允。

审理过程中，双方对案涉工程已完成工程量价款、已付款、各项损失进行了协商，并确定A房地产开发公司欠付B建设公司工程款114,950,364.32元，各项损失共计1307万元，不再计算后续利息和其他损失。A房地产开发公司表示如果B建设公司配合对其所施工工程进行分项验收合格，并且1307万元包含所有的损失，则同意认可上述工程款及损失数额。

2. 争议焦点

(1)案涉已完工程质量的举证责任是B建设公司还是A房地产开发公司承担,A房地产开发公司是否应当支付剩余工程款。

(2)合同无效的情况下,造成的损失如何承担。

(3)B建设公司是否对案涉工程享有优先受偿权。

3. 法院观点

(1)关于案涉工程质量举证证明责任是否在B建设公司,A房地产开发公司是否应当支付剩余工程款问题。B建设公司在一审期间提交15份节点验收证明文件,均有监理公司签字或盖章确认,已完成初步举证证明责任。A房地产开发公司虽主张案涉工程质量不合格,但在一审诉讼中未提供证据证明,一审判决未支持其主张并无不当。

(2)关于合同无效的情况下,双方是否应当分担违约金等各项损失问题。双方签订的两份施工合同因违反《招标投标法》而无效,但在一审审理过程中,双方对案涉工程已完成工程量价款、已付款、各项损失进行协商,确定A房地产开发公司欠付B建设公司各项违约金、损失、利息等共计1307万元,并不再计算后续利息和其他损失。该1307万元是双方协商确定的损失金额,系双方对自身权利的处分,A房地产开发公司主张B建设公司应当分担该部分损失,缺乏合同依据,二审法院不予支持。

(3)关于B建设公司对案涉工程是否享有优先受偿权问题。双方合同约定工程竣工日期为2014年12月,B建设公司于2015年5月提起诉讼,符合原《最高人民法院关于建设工程价款优先受偿权问题的批复》第4条的规定;一审判决以欠付工程款为B建设公司享有优先受偿权的数额,未将A房地产开发公司应支付的违约金等损失纳入优先受偿权的范围,符合原《合同法》第286条以及原《最高人民法院关于建设工程价款优先受偿权问题的批复》第3条的规定,适用法律正确。虽然A房地产开发公司主张已交付全款或者大部分购房款的购房户权利可以对抗B建设公司的优先受偿权,但上述购房户在本案审理过程中并未主张权利,且该问题可以在执行程序中解决,对此二审法院不予审理。

法律分析

1. 关于未完工程中,对已完工程的质量的举证责任问题

一审法院认为,争议焦点在于未完工程未经竣工验收的情况下如何确保工程质量。一审庭审中A房地产开发公司对B建设公司主张的已完工程量价款、各项损失没有争议,只是提出如果工程存在质量问题,则工程价款应予扣减,但是未提出本案工程存在质量问题的相关证据,也没有就质量问题提出反诉,一审法院根据案件实际情况,依据双方认可的质量保证金为5%,暂扣质量保证金至B建设公司配合A房地产开发公司对本案工程进行阶段性验收后,另行主张。故在扣除质保金后,将工程款、损失、利息等按照双方认可的金额予以支持。

A房地产开发公司对此不服,在上诉状中主张:一审判决违反法律规定,错误认定A房地产开发公司为案涉工程质量合格的举证责任主体。(1)关于工程质量的举证责任问题。B建设公司作为工程的承包方,应当按照《建筑法》第55条和第58条的规定以及双方实际履行合同的约定,对其“产品”即已完工程施工质量是否合格承担举证责任,尤其是在监理公司证明涉案工程存在质量问题的情况下,人民法院更应当依据《最高人民法院关于民事诉讼证据的若干规定》(2008年)第7条的规定,向B建设公司释明其应当承担工程施工质量的举证责任,而不是违法向A房地产开发公司释明提起反诉并申请质量鉴定。在B建设公司未申请鉴定的情况下,一审法院应当依据《民事诉讼法》的相关规定依职权委托鉴定,以判断涉案已完工程施工质量是否合格,进而裁判B建设公司诉请给付工程款是否符合原《最高人民法院关于审理建设工程施工合同纠纷案件适用法律问题的解释》第2条、第3条和第10条第1款的规定。(2)根据原《最高人民法院关于审理建设工程施工合同纠纷案件适用法律问题的解释》第2条、第3条并参照第10条第1款的规定,在施工合同无效且未完工的情形下,只有已完工程质量合格,承包人才有权诉请发包人支付工程价款。在无任何客观证据证明涉案工程质量合格的情况下,一审法院判决A房地产开发公司支付工程款明显违背司法解释规定,同时为工程后续施工带来障碍和安全隐患,乃至影响购房业主和回迁户的切身利益。

最高人民法院二审认为,关于案涉工程质量举证证明责任是否在B建设公司,A房地产开发公司是否应当支付剩余工程款问题,B建设公司在一审期间提交15份节点验收证明文件,均有监理公司签字或盖章确认,已完成了已完工程质量合格的初步举证证明责任。A房地产开发公司虽主张案涉工程质量不合格,但在一审诉讼中未提供证据证明,一审判决未支持其主张并无不当。

从最高人民法院的上述判决可以看出,承包人就已完工程诉请主张工程款的案件中,应先由承包人就已完工程质量合格提供初步证据,发包人提出质量异议抗辩的,根据“谁主张,谁举证”的原则,应由其提供足以推翻已完工程质量合格的相关证据。因此在未完工程中,初步证明工程质量合格的举证责任在施工方,证明质量存在缺陷的举证责任在发包方。

2. 关于合同无效的情况下,造成的损失如何承担

一审法院认为,本案所涉工程为商品住宅建设项目,依照《招标投标法》第3条第1款第1项、原《工程建设项目招标范围和规模标准规定》第3条第5项的规定,涉案工程属于必须进行招标的工程建设项目。而本案B建设公司与A房地产开发公司通过招投标于2013年8月14日签订《河北省建设工程施工合同》并备案,但在招投标之前双方已签订《唐山某项目主体及配套建设工程施工合同》,且于招投标前进场施工,违反了《招标投标法》的相关规定,故两份施工合同均因违反法律强制性规定而无效。两份合同虽然无效,但在案件审理过程中,双方对案涉工程已完成工程量价款、已付款、各项损失进行了协商,并确定A房地产开发公司欠付B建设公司工程款114,950,364.32元,各项损失共计1307万元,不再计算后续利息和其他损失。故直接以A房地产开发公司认可的损失1307万元赔偿B建设公司各项违约金、损失、利息等,欠付工程款不再计算利息。

A房地产开发公司不服,在上诉中认为合同无效造成的损失1307万元,应根据原《合同法》第58条的规定,当事人各承担50%。此外,A房地产开发公司在一审过程中为促成和解,并以已完工程阶段性验收合格且B建设公司复工为前提条件，才认可 B 建设公司提出的各项损失 1307 万元。一审法院违背《最高人民法院关于民事诉讼证据的若干规定》(2008 年)第 67 条“在诉讼中，当事人为达成调解协议或者和解的目的作出妥协所涉及的对案件事实的认可，不得在其后的诉讼中作为对其不利的证据”之规定，判决 A 房地产开发公司支付 B 建设公司损失 1307 万元是错误的。

最高人民法院二审认为，该 1307 万元是双方协商确定的损失金额，包括各项违约金、损失、利息等。系上诉人、被上诉人双方对自身权利的处分，A 房地产开发公司主张 B 建设公司应当分担该部分损失，缺乏合同依据，不予支持。

3. 关于 B 建设公司是否对案涉工程享有优先受偿权

一审法院认为，B 建设公司主张对所建工程享有优先受偿权，符合原《合同法》第 286 条及相关司法解释的规定，予以支持。A 房地产开发公司不服，上诉时主张，一审判决涉案工程价款享有优先受偿权违反法律规定，理由是：其一，原《合同法》第 286 条和原《最高人民法院关于建设工程价款优先受偿权问题的批复》规定的工程价款优先受偿权所针对的是有效工程施工合同且工程竣工验收合格，但涉案施工合同无效且施工质量待定的未完工程，一审判决 B 建设公司享有优先受偿权于法无据。其二，涉案工程已由购房户交付房款，一审法院未就工程款优先受偿权问题充分组织举证，也未作为案件审查的焦点问题，错误判决 B 建设公司享有优先受偿权。

最高人民法院二审认为，一审判决以欠付工程款为 B 建设公司享有优先受偿权的数额，未将 A 房地产开发公司应支付的违约金等损失纳入优先受偿权的范围，符合原《合同法》第 286 条以及原《最高人民法院关于建设工程价款优先受偿权问题的批复》第 3 条的规定，适用法律正确，法院予以维持。虽然 A 房地产开发公司主张已交付全款或者大部分购房款的购房户权利可以对抗 B 建设公司的优先受偿权，但上述购房户在本案审理过程中并未主张权利，且该问题可以在执行程序中解决，对此法院不予审理。

4. 未完工程质量问题的举证责任分析

对未完工程中“已完工程的质量合格”的举证责任，司法实务中通常有三种观点。

(1)发包人初步证明质量不合格,将“工程质量合格”的举证责任分配给承包人。

承包人请求工程价款,应就符合工程款支付条件进行举证,而工程质量合格就是工程款支付条件之一,因此,应由承包人对工程质量合格进行举证。最高人民法院的观点是,原则上应由承包人对其已施工工程质量合格承担举证责任,但并非发包人一旦提出建设工程存在质量问题,就需要承包人申请鉴定。而是应先由发包人对建设工程质量存在问题提出初步证据,包括证明工程存在渗水、裂缝等表面瑕疵或经鉴定存在质量问题后,再由承包人提出证据证明其施工的工程质量合格。究其观点,虽其表述原则上将举证责任分配给承包人,但仍要求由发包人先就工程存在质量问题提供初步证据,包括通过鉴定方式予以证明。

(2)推定已完工程质量合格,“质量不合格”的举证责任分配给发包人。

未完工程往往发生在施工合同无效后合同终止履行或者解除有效施工合同的情形下,无论哪种情况,尚不具备竣工验收条件。即使具备竣工验收条件,也应由发包人组织验收。此时,除非发包人有证据证明已完工程质量不合格,否则应视为或者推定工程质量合格,发包人应支付工程款。最高人民法院在(2016)最高法民申160号案的裁判观点中,以及部分地方高院裁判意见如《浙江省高级人民法院民事审判第一庭关于审理建设工程施工合同纠纷案件若干疑难问题的解答》第8条,则明确倾向于此种情形下应由发包人就工程质量不合格承担举证责任。如最高人民法院在(2016)最高法民申1272号案中认为:原《最高人民法院关于审理建设工程施工合同纠纷案件适用法律问题的解释》第10条第1款规定,“建设工程施工合同解除后,已经完成的建设工程质量合格的,发包人应当按照约定支付相应的工程价款”。据此,在案涉合同解除后,首钢公司(承包人)有权就已完工的工程主张工程款。按照“谁主张,谁举证”的原则,若新澳洋公司(发包人)对工程质量提出异议,其应承担相应的举证责任,而非由首钢公司(承包人)就工程质量合格承担举证责任。故对新澳洋公司

(发包人)有关原判决错误适用法律分配举证责任的主张,法院不予支持。

根据最高人民法院的这一裁判观点,可以看出其在适用原《最高人民法院关于审理建设工程施工合同纠纷案件适用法律问题的解释》第10条第1款的规定时,并没有将"工程质量合格"的举证责任分配给承包人,而是推定"已完工程合格";只有在发包人对"工程质量合格"提出异议时,才由发包人对自己不应支付工程款的抗辩主张进行举证,若其不能就工程质量不合格的主张进行举证,则由其承担举证不能的不利后果即发包人应支付工程款。

笔者认为,首先,从实体上讲,《建筑法》第58条规定,建筑施工企业对工程的施工质量负责。《民法典》第799条规定,建设工程竣工后,发包人应当根据施工图纸及说明书、国家颁发的施工验收规范和质量检验标准及时进行验收。验收合格的,发包人应当按照约定支付价款,并接收该建设工程。该条明确规定了工程验收合格是发包人支付工程价款的条件;反之,如果工程质量不合格,发包人有权拒付工程款。而承包人作为请求支付工程款而发起诉讼的一方,其对符合支付工程款的条件当然负有一定的举证义务。

其次,从程序上讲,《最高人民法院关于适用〈中华人民共和国民事诉讼法〉的解释》第90条规定:"当事人对自己提出的诉讼请求所依据的事实或者反驳对方诉讼请求所依据的事实,应当提供证据加以证明,但法律另有规定的除外。在作出判决前,当事人未能提供证据或者证据不足以证明其事实主张的,由负有举证证明责任的当事人承担不利的后果。"因此,承包人在主张自己的工程款时首先应证明已完工程质量合格。

此外,《最高人民法院关于民事诉讼证据的若干规定》(2008年)第7条"在法律没有具体规定,依本规定及其他司法解释无法确定举证责任承担时,人民法院可以根据公平原则和诚实信用原则,综合当事人举证能力等因素确定举证责任的承担"规定的法官对举证责任享有自由裁量权已经作废。也就是说,法官应严格依据法律规定来分配原、被告双方的举证责任,对举证责任的分配不再享有自由裁量权,否则判决就缺乏法律依据或者属于适用法律错误。因此,上述案例法官对举证责任分配中的自由裁量权体现了其在举证责任分配中的相对随意性,在现有实体法和程序法对举证责任明确均有明确规定的情况下,推定已完工程质量合格的观点明显欠妥。

(3)承包人初步证明已完工程质量合格,将"工程质量不合格"的举证责任分配给发包人。

该观点认为,承包人主张工程款,首先应由其提供初步证明已完工程质量合格的证据,如果发包人对质量提出异议,再由发包人举证提供证明其主张质量不合格的依据。最高人民法院民一庭《最高人民法院建设工程施工合同司法解释(二)理解与适用》①及最高人民法院部分案例中认为在承包人就已完工程诉请发包人支付工程款案件中,应先由承包人就已完工程质量合格提供初步证据,发包人提出质量异议抗辩后,应提供足以推翻已完工程质量合格的相关证据。

笔者更同意第3种观点。根据《民事诉讼法》举证责任的基本理论,举证责任具有双重含义,即行为意义的举证责任和结果意义的举证责任。行为意义的举证责任是诉讼过程中无条件出现的一种举证责任,其在外在形式上受到当事人主张的影响。凡有诉讼必有请求,而请求又须以主张为依托,只要当事人提出主张,即会发生提供证据的责任问题。行为意义的举证责任也是一种动态的举证责任,它随着双方当事人证据证明力的强弱变化在同一当事人身上可能发生多次,围绕法官或仲裁员对待证事实的信证程度的变化在当事人之间发生转移,类似观点在(2018)最高法民终629号案和(2017)最高法民申3773号案中也有体现。即应根据双方当事人的诉求、抗辩以及双方当事人证据证明力的强弱变化,在承、发包双方之间动态地分配举证责任。因此,在未完工程承包人诉请发包人支付工程款案件中,前文所述第1种观点"将证明质量不合格的初步举证责任分配给发包人",或第2种观点"推定工程质量合格,将证明工程质量不合格的举证责任全部分配给发包人"均不符合上述行为意义举证责任理论。第3种观点中,因承包人主张工程款,故"由承包人初证工程质量合格,发包人

① 参见最高人民法院民事审判第一庭编著:《最高人民法院建设工程施工合同司法解释(二)理解与适用》,人民法院出版社2019年版,第419页。

举证证明工程质量不合格”，更契合上述举证责任理论。

此外，在明确了初步举证责任的基础上，仍应区分不同情形下，举证责任在承、发包双方之间的动态变化。

如承包人能提供已完工程质量合格的初步证据，如已完工程中间验收、分部分项验收资料或者已完工程已经监理认定质量合格等证据，从而完成工程质量验收合格的初步举证义务。如果发包人未提出质量异议，法院应当释明，发包人确认质量无异议则认定发包人对已完工程质量认可。如发包人对质量有异议，则根据上述举证责任理论，关于已完工程质量问题的举证责任转移至发包人，发包人应提供存在质量问题的证据包括通过鉴定程序认定已完工程质量不合格。本部分讨论的案例中，B 建设公司在一审期间提交 15 份节点验收证明文件，均有监理公司签字或盖章确认，已完成工程质量合格的初步举证证明责任。举证责任就转移至发包人，A 房地产开发公司对其主张的案涉工程质量不合格应提供相应证据。在一审诉讼中不仅未提供证据证明，在一审法院已明确向其释明，对其提出的质量问题应提起反诉并申请质量鉴定的情况下，B 建设公司并未提反诉，也未申请鉴定。因此，B 建设公司没有完成进一步证明工程质量不合格的举证责任。因此 B 建设公司认为一审法院违反法律规定，错误认定 A 房地产开发公司为案涉质量合格的举证责任主体的上诉理由不能成立。

如果承包人无法提供已完工程质量合格的初步证据，且发包人提出质量异议，则应进一步结合工程状态、未完成过程验收的原因等区分举证责任。承包人如能举证证明系发包人或者监理等拒不组织验收，导致工程质量合格的付款条件无法成就，则发包人应承担工程质量不合格的举证责任；否则，如果发包人有证据证明，系因承包人拒不提供施工资料、拒不参与验收等，导致未能完成验收的，则承包人应就已完工程质量合格承担举证责任，并承担举证不能导致不具备支付工程款条件的后果。对此，在未完工程施工合同解除或者终止履行后，如承包人已确定不继续施工并退场，发包人首先应通知承包人要求提供施工资料，并对已完工程进行验收，以此才能在将来承包人主张工程款时，以承包人无法完成工程质量合格的初步举证责任，不具备支付工程款支付条件来对抗。当然这只是区分发承包方过错的问题，不排除最后进入诉讼程序中，发包人可能仍应对质量问题进行鉴定。

此外，在部分案件中，如果承包人虽未能提供工程质量合格的初步证据，但是在停工后发、承包双方对已完工程进行交接结算，交接和结算过程中发包人未对已完工程的质量提出异议，或者承包人撤场后发包人未组织质量验收便另行组织人员对案涉工程进行施工，均应视为发包人认可已完工程质量合格。如果在之后的诉讼或者仲裁中，发包人再对质量问题提出异议，则应由发包人就工程质量不合格提供相应证据，相应裁判观点可参见（2018）最高法民终1131号案、（2020）最高法民申2100号案。

实务指南

1. 未完工程中，承包人在起诉主张工程款前，应尽可能先收集工程质量合格的初步证据。比如，在施工过程中，应做好施工日志等记录；在合同解除之际，应做好现场工作面的记录，以拍照录像等方式留痕，为工程质量合格以及可能的工程质量鉴定留下有效证据。

2. 承包人应在施工中，应加强和监理单位的沟通、联系，如果合同即将解除或已经解除，则应提前向监理单位调取有关工程质量的证明文件，为后续主张工程款做好充分准备。

3. 在诉讼过程中，如遇发包人对工程质量提出异议，在已提供质量合格的初步证据后，应明确质量不合格的举证责任由发包人承担。承包人也应提醒法官向发包人释明，应对工程质量问题进行举证或者提起质量鉴定，并提起反诉。

4. 对未完工程中，承包人撤场后，发包人应立即组织进行质量验收，或者收集工程存在质量问题的证据。退一步讲，发包人应在承包人退场后，及时固定承包人不提供施工资料、不配合进行验收的证据，以便将来承包人主张工程款时，有权以存在质量问题为由初步予以抗辩。如果要委托第三人继续施工，应在施工前将工程质量问题进行固定，而非擅自施工，免得给后续对质量提出异议造成障碍。

5. 在承包人对未完工程中主张工程价款时，关于已完工程质量问题举证责任的分配，发、承包一方均不能简单、机械、被动地认为只属于其中一方的责任，而忽视举证责任的动态变化。同理，在其他各类诉讼案件中，各方当事人均应尽可能充分举证，以助于庭审查明对己方有利的案件事实，否则，可能因对举证责任尤其是举证责任动态调整后的错误认识而使自己被动，避免己方最终承担举证不利的后果。

参考依据

《建筑法》

第五十八条 建筑施工企业对工程的施工质量负责。

建筑施工企业必须按照工程设计图纸和施工技术标准施工，不得偷工减料。工程设计的修改由原设计单位负责，建筑施工企业不得擅自修改工程设计。

《民法典》

第七百九十九条 建设工程竣工后，发包人应当根据施工图纸及说明书、国家颁发的施工验收规范和质量检验标准及时进行验收。验收合格的，发包人应当按照约定支付价款，并接收该建设工程。

建设工程竣工经验收合格后，方可交付使用；未经验收或者验收不合格的，不得交付使用。

第八百零六条第三款 合同解除后，已经完成的建设工程质量合格的，发包人应当按照约定支付相应的工程价款；已经完成的建设工程质量不合格的，参照本法第七百九十三条的规定处理。

《最高人民法院关于审理建设工程施工合同纠纷案件适用法律问题的解释（一）》

第十四条 建设工程未经竣工验收，发包人擅自使用后，又以使用部分质量不符合约定为由主张权利的，人民法院不予支持；但是承包人应当在建设工程的合理使用寿命内对地基基础工程和主体结构质量承担民事责任。

《最高人民法院关于适用〈中华人民共和国民事诉讼法〉的解释》

第九十条　当事人对自己提出的诉讼请求所依据的事实或者反驳对方诉讼请求所依据的事实,应当提供证据加以证明,但法律另有规定的除外。

在作出判决前,当事人未能提供证据或者证据不足以证明其事实主张的,由负有举证证明责任的当事人承担不利的后果。

《浙江省高级人民法院民事审判第一庭关于审理建设工程施工合同纠纷案件若干疑难问题的解答》

八、如何把握工程质量鉴定程序的启动?

要严格把握工程质量鉴定程序的启动。建设工程未经竣工验收,发包人亦未擅自提前使用,发包人对工程质量提出异议并提供了初步证据的,可以启动鉴定程序。

相关案例

1. 盘水市钟山区冬春贸易有限公司(以下简称冬春公司)与水城县建筑安装工程总公司(以下简称水城公司)、曹某树建设工程施工合同纠纷案

审理法院:最高人民法院

案号:(2016)最高法民申160号

裁判观点:根据原《最高人民法院关于审理建设工程施工合同纠纷案件适用法律问题的解释》第26条第2款的规定,发包人应在欠付工程价款范围内对实际施工人承担责任。原审查明,本案工程已经贵州业盛工程咨询有限公司审计,工程发包人冬春公司、承包人水城公司均于2013年10月12日在《结算编审确认表》上签字,认可工程款总价为16,450,413.58元,实际施工人曹某树对此也予以认可。冬春公司并未举证证明本案工程不合格,也并无证据推翻审计结果。结合鸿发公司已完成的工程量价款为250万元的事实,原审法院判决冬春公司向实际施工人曹某树支付剩余工程量价款,并无明显不当。

2. 吉林民融投资有限公司(以下简称民融公司)、中国建筑第六工程局有限公司(以下简称中建六局)建设工程施工合同纠纷案

审理法院:最高人民法院

案号:(2018)最高法民终 629 号

裁判观点:本案中,案涉工程整体未竣工,属于“烂尾工程”,客观上无法进行整体竣工验收。中建六局和吉林省工程建设监理有限责任公司于 2014 年 9 月 28 日共同对 2014 年已完工程质量签署《已完工程评定报告》,确定 2014 年已完工程符合设计及规范要求。民融公司虽未参与此次工程质量评定,但质量评定有发包方聘请并代表发包方利益的监理单位参与,故应当据此认定中建六局 2014 年的施工工程质量合格。民融公司虽抗辩主张《已完工程评定报告》未涵盖中建六局施工的全部工程,但其并未提出未经检测合格的具体工程内容及证据。据此,若民融公司日后有证据证明案涉工程存在地基基础工程和主体结构质量问题,其可另诉主张权利。据此,民融公司以工程存在质量问题为由拒付工程款,理据不足,法院不予支持。

3. 十堰市瑞昌房地产开发有限公司(以下简称瑞昌公司)、江苏扬州建工建设集团有限公司(以下简称扬州建工公司)建设工程施工合同纠纷案

审理法院:最高人民法院

案号:(2017)最高法民申 3773 号

裁判观点:经查,案涉工程扬州建工公司施工部分均经阶段性验收合格,未完工程已由瑞昌公司另行发包,因瑞昌公司并未提供证据证明案涉工程质量存在问题,根据原《最高人民法院关于审理建设工程施工合同纠纷案件适用法律问题的解释》第 2 条之规定,瑞昌公司应支付扬州建工公司已完工程价款。

4. 绥中鑫宏房地产开发有限公司(以下简称鑫宏公司)、二十二冶集团第一建设有限公司(以下简称二十二冶)建设工程施工合同纠纷案

审理法院:最高人民法院

案号:(2018)最高法民终 1131 号

裁判观点:2014 年二十二冶撤出施工现场时,鑫宏公司对二十二冶已完工工程未组织进行质量验收,即另行组织人员对涉案工程进行施工。本案一审中,鑫宏公司抗辩主张二十二冶施工部分存在质量问题,则依据“谁主张,谁举证”的举证责任分配原则,应由提出抗辩主张的鑫宏公司举证证明其所主张的事实。鑫宏公司在本案一审中举示的相关质量问题的证据,未经二十二冶、监理单位的共同确认或者经有资质的相关专业机构认定,不足以证明工程质量存在问题。鑫宏公司自行单独委托鉴定机构作出的工程质量鉴定报告,其鉴定资料未经二十二冶质证认可,且鉴定结论没有区分案涉工程的质量问题系工程续建单位二十二冶的施工原因所致,还是工程原施工单位的施工原因所致。因此,鑫宏公司举示的鉴定报告无论在证据形式上,还是在证据内容上,均不能证明二十二冶的施工工程存在质量问题,鑫宏公司应承担举证不能的不利后果。

5. 鄂尔多斯市日月轩房地产开发集团有限责任公司(以下简称日月轩房地产公司)、郝某刚建设工程施工合同纠纷案

审理法院:最高人民法院

案号:(2020)最高法民申2100号

裁判观点:郝某刚已经对案涉工程进行了施工,虽未完全完工,但就其已施工部分,郝某刚有权向日月轩房地产公司主张工程款,故日月轩房地产公司以案涉工程未经竣工验收为由主张不应支付工程款的理由不能成立。日月轩房地产公司主张工程存在影响竣工验收的质量问题,但并未提交质量鉴定报告等证据证明,并且在签订《调解协议书》时,郝某刚已经退场,但双方在协议书中对质量问题并未提及。即使存在裂缝等质量问题,在日月轩房地产公司支付工程款后,郝某刚对其施工部分仍然需要在保修期内承担保修责任,故不能因此抗辩不支付工程款。

第三章 工程量及工程结算

一、当事人对工程量存在争议时如何处理

随着房地产企业的蓬勃发展,建设工程纠纷越来越多。建设工程纠纷案件的标的额一般较大,动辄上亿元。引起建设工程纠纷的事由包括合同效力、工程质量、工期、工程量等。其中,争议主体因工程量产生争议较多。人民法院对工程量的认定,直接影响争议双方的切身利益,也极大影响了案件的处理结果。发包人和承包人作为合同的双方当事人,具有各自的经济利益,为了自身的业务发展需要,必然追求经济利益的最大化,故而在计算工程量时,双方往往都只强调对自身有利的情况,从而在工程量计算和确认上出现争议。

典型案例

A 公司与 B 公司建设工程施工合同纠纷案

1. 案件基本事实

2005 年 5 月 28 日,A 公司与 B 公司签订甲 1 公路沥青砼路面工程第十二标段《施工合同》,由 A 公司承包甲 1 公路十二标段沥青砼路面工程。合同签订后,A 公司于 2006 年 3 月完成全部工程建设,工程经业主及相关部门验收并已交付使用。

B 公司以"第十二标段项目部"作为甲方、A 公司作为乙方,双方签订《路面

工程确认单一》,确认从开工之日至2005年12月10日止所涉面层改性沥青SMA－16等工程量情况,所涉工程造价为26,000,582.30元。《路面工程确认单一》载有十二标项目部印章,冯某荣作为甲方代表签名确认。2006年5月13日,B公司以"第十二标段项目部"作为甲方、A公司作为乙方,双方签订《路面工程确认单二》,确认面层改性沥青SMA－16等工程量情况,所涉工程造价为5,131,861.76元。《路面工程确认单二》载有十二标项目部印章,冯某荣作为甲方代表签名确认,甲方签名处表明"中间计量数据",王某夫作为乙方代表签名确认。

2006年10月31日,A公司与B公司及十二标段项目部负责人员就工程款支付问题签订《付款协议书》,确认十二标段沥青路面工程结算总价32,084,944.06元,B公司十二标项目部已支付24,126,662.8元(其中直接支付A公司1280万元,B公司十二标项目部供应工程沥青材料抵扣工程款11,326,662.8元),至今尚欠工程款7,958,281.26元。上述付款协议签订后,A公司多次要求B公司十二标项目部按承诺付款时间付清工程款,但均遭拒绝。

另外,工程完工后A公司又额外完成路基下沉修补工程产生修补款234,299.47元,B公司十二标项目部亦拒绝支付。至今,对上述7,958,281.26元工程欠款以及234,299.47元路基下沉修补款,B公司十二标项目部仍未支付。因此,A公司提起诉讼。

2. 争议焦点

案涉工程并未经A公司、B公司双方的最终结算,A公司依据四份沥青工程量汇总表及《路面工程确认单一》《路面工程确认单二》主张已完成的工程量及相应工程结算款。该确认单能否作为工程量确认依据。

3. 法院观点

最高人民法院认为:根据原《建筑施工企业项目经理资质管理办法》第2条"本办法所称建筑施工企业项目经理(以下简称项目经理),是指受企业法定代表人委托对工程项目施工过程全面负责的项目管理者,是建筑施工企业法定代表人在工程项目上的代表人”以及第8条“项目经理在承担工程项目施工的管理过程中，应当按照建筑施工企业与建设单位签订的工程承包合同，与本企业法定代表人签订项目承包合同，并在企业法定代表人授权范围内，行使以下管理权力：（一）组织项目管理班子；（二）以企业法定代表人的代表身份处理与所承担的工程项目有关的外部关系，受委托签署有关合同；（三）指挥工程项目建设的生产经营活动，调配并管理进入工程项目的人力、资金、物资、机械设备等生产要素；（四）选择施工作业队伍；（五）进行合理的经济分配；（六）企业法定代表人授予的其他管理权力”的规定，项目经理是建筑企业法定代表人在工程项目上的代表人，是对工程施工项目过程全面负责的项目管理者。A公司基于对建筑行业工程承包普遍实行的项目经理负责制的理解以及其与B公司为主组建的第十二标段项目部在施工中所发生的大量业务往来，有理由相信该项目部有包括确认实际工程量在内的代理权利，故该项目部在案涉《路面工程确认单》上加盖公章以及有关项目经理签字等行为所产生的效力及于湖南建筑总公司。

《路面工程确认单》上虽有“中间计量数据”的记载，但这一表述不是既有的法律概念，其法律含义并不清楚、法律后果亦不确定，二审法院在B公司与A公司就工程量和工程价款有争议且未能最终协商结算的情况下，以双方在施工过程中达成，且有双方签字认可的《工程数量汇总表》与之印证的《路面工程确认单》作为确定实际工程量的结算依据，符合原《最高人民法院关于审理建设工程施工合同纠纷案件适用法律问题的解释》第19条“当事人对工程量有争议的，按照施工过程中形成的签证等书面文件确认”的规定。

最终，最高人民法院认为原审法院仅因为《路面工程确认单二》上有项目部甲方代表注明“中间计量数据”的文字，即排除了四份工程量汇总表及《路面工程确认单一》《路面工程确认单二》作为工程量依据的证据效力，属于适用法律不当，对此予以纠正。

法律分析

1. 签证主体对签证效力的影响

实践中,因工程量计算和确认出现纠纷的比例非常大,其中书面文件出具的主体是否具有确认权限而引发的效力问题也比较高发,实践中通常有以下几种情形:

(1)发包人代表、项目经理在授权范围内签署的工程量签证具有法律效力,应当被视为工程量变更的依据。

发包人代表,是指由发包人任命并派驻施工现场在发包人授权范围内行使发包人权利的人。发包人代表在授权范围内签发工程签证的,其签证行为造成的法律后果应由发包人承担。项目经理是接受承包人委托对工程施工全面负责的管理者,是承包人在施工工程项目上的代表,项目经理的职权由承包人通过工程承包合同授予,项目经理在职权范围内的签证为职务行为,具有法律效力,承包人应承担签证带来的法律后果。因此,在获得发承包方授权的情况下,发包人代表及项目经理签署的签证,应视为发承包方对签证内容表示认可,可以作为工程量变更的依据。

(2)在明确约定发包人代表、项目经理不具有代理权、不构成表见代理的情况下,发包人代表、项目经理签署的签证不具有法律效力。

在实际施工过程中,发包人代表及项目经理签署签证未经发包人授权或不符合合同约定的,二者所签署签证的效力并非全部无效。发包人代表、项目经理在实际施工中往往具有较大的权利,在对方当事人有理由相信其有代理权并能够举证证明的情况下,其签署行为构成表见代理,其所签署的签证也应当被认定为有效。但是在发承包方双方签署的合同或其他文件中明确表示发包人代表和项目经理不具有代理权时,仅有二者签署签证的行为不构成表见代理,不得作为工程量变更的依据。

(3)一般情况下,发承包方工作人员在没有授权的情况下签发的签证不具有法律效力。特殊情况下相对方有充分理由相信该员工有权签署签证、足以构成表见代理的,该员工签署的签证具有法律效力。

实践中往往会出现除发包人代表、项目经理之外的其他工作人员签署签证的情况，其他工作人员往往不具有代表发承包方的权利，其签署的签证一般不具有法律效力。在实际施工过程中，发承包方工作人员未经发承包方授权签署签证的行为并非全部无效，在一方有足够理由相信对方员工有权代理签署签证的情况下，应当认定该员工签署的签证是有效的。为保护善意第三人促进市场交易，表见代理制度解决了发承包双方对其工作人员没有授权或授权不明情况下行为效力的问题。基于表见代理制度法院认为对于未经授权但相对方有理由相信该员工有权进行签证、符合表见代理的条件的，该员工签发的签证具有法律效力。

例如，《北京市高级人民法院关于审理建设工程施工合同纠纷案件若干疑难问题的解答》第 8 条规定："施工合同履行过程中，承包人的项目经理以承包人名义在结算报告、签证文件上签字确认、加盖项目部章或者收取工程款、接受发包人供材等行为，原则上应当认定为职务行为或表见代理行为，对承包人具有约束力，但施工合同另有约定或承包人有证据证明相对方知道或应当知道项目经理没有代理权的除外。"

又如，《浙江省高级人民法院民事审判第一庭关于审理建设工程施工合同纠纷案件若干疑难问题的解答》第 11 条规定："要严格把握工程施工过程中相关材料的签证和确认。除法定代表人和约定明确授权的人员外，其他人员对工程量和价款等所作的签证、确认，不具有法律效力。没有约定明确授权的，法定代表人、项目经理、现场负责人的签证、确认具有法律效力；其他人员的签证、确认，对发包人不具有法律效力，除非承包人举证证明该人员确有相应权限。"

(4)监理人员仅具有签署技术签证的权利，其未经发包人同意擅自签署的工程量变更签证不具有法律效力。

我国《建筑法》第 32 条第 1 款规定，"建筑工程监理应当依照法律、行政法规及有关的技术标准、设计文件和建筑工程承包合同，对承包单位在施工质量、建设工期和建设资金使用等方面，代表建设单位实施监督"。由此可见，监理人员的职权范围法定且限于工程技术类别，监理具有对上述工程内容进行监督的义务，其所签署的此类技术签证是职务行为，该签证有效。但是，对于技术签证之外的其他签证，在没有合同明确授权或发包人同意的情况下，监理人单独签署的签证不应具有法律效力。工程量签证系发承包双方对施工合同部分内容的变更，直接影响到双方的利益，必须经过发承包方同意。监理人提出变更建议的，也必须在发包人同意变更后方可发出签证，监理人无权擅自发出变更指示。因此在未经发包人授权或同意的情况下，监理人擅自签发工程量签证的，该签证应当无效。

根据《北京市高级人民法院关于审理建设工程施工合同纠纷案件若干疑难问题的解答》第 10 条的规定："工程监理人员在监理过程中签字确认的签证文件，涉及工程量、工期及工程质量等事实的，原则上对发包人具有约束力，涉及工程价款洽商变更等经济决策的，原则上对发包人不具有约束力，但施工合同对监理人员的授权另有约定的除外。"

2. 通过现有证据均不能确认工程量，当事人也无法提供相关工程量材料进行鉴定时，其将面临的后果

在司法实践中，对工程造价有争议的，法院大多数情况下都委托具有相应资质的中介机构进行鉴定。应当注意的是，单方委托进行造价鉴定的，法院一般情况下都不会轻易确认其法律效力，除非对方当事人承认此鉴定结果。因此，为了节省时间和维权费用，如果在起诉前双方仍未能就工程价款额或计价方法达成一致意见的，可先向法院起诉，在举证期限内向法院申请造价鉴定。由法院委托的中介机构所出具的鉴定结论，通常就以其为判决依据。

（1）原则上，适用"谁主张，谁举证"的举证规则。

建设工程争议工程量纠纷当事人举证责任分配，原则上适用"谁主张，谁举证"的举证规则。《民事诉讼法》第 67 条第 1 款规定，"当事人对自己提出的主张，有责任提供证据"。《最高人民法院关于适用〈中华人民共和国民事诉讼法〉的解释》第 91 条规定，"人民法院应当依照下列原则确定举证证明责任的承担，但法律另有规定的除外：（一）主张法律关系存在的当事人，应当对产生该法律关系的基本事实承担举证证明责任;(二)主张法律关系变更、消灭或者权利受到妨害的当事人,应当对该法律关系变更、消灭或者权利受到妨害的基本事实承担举证证明责任”。

具体而言,发包人应当对实际工程量减少的事实承担举证责任。承包人应当对工程量增加的事实承担举证责任。如在(2021)甘民申706号案中,甘肃省高级人民法院认为:“对于工程款发生增加的事实,施工人李某应承担举证责任。李某在再审审查理由中提及其为泉湖公司项目经理,已说明其应对建设工程施工中合同约定与工程签证作为建设工程结算依据的重要性有所了解,现李某仅以其第一批收到的图纸无争议项目,第二批图纸含有争议项目主张存在增加工程量的事实,明显依据不足。鉴于李某未提供工程量发生增加并经发包人同意的相应证据,对此应承担举证不能的责任。”

(2)发包人、总承包人掌握工程量证据的,实际施工人、分包人只负有初步举证责任,发包人、总承包人拒绝提供或举证不能的应当承担不利的法律后果。

《最高人民法院关于适用〈中华人民共和国民事诉讼法〉的解释》第112条第1款规定,“书证在对方当事人控制之下的,承担举证证明责任的当事人可以在举证期限届满前书面申请人民法院责令对方当事人提交”。因此使用其他证据来证明工程量的,若工程量的相关证据由发包人、总承包人掌握,实际施工人、分包人只负有提供初步证据证明存在工程量变化的事实,由发包人、总承包人来承担相应的举证责任,否则后者应当承担不利的法律后果。

如在(2016)最高法民再284号案中,最高人民法院认为:“在冷某华已经举证初步证明工程量的情况下,作为掌握工程量证据的中铁十七局拒绝提供相关工程量的证据作为鉴定依据的,法院采信以冷某华提供的初步证据作为鉴定材料的鉴定意见并无不妥。根据《最高人民法院关于民事诉讼证据的若干规定》(2008年)第75条‘有证据证明一方当事人持有证据无正当理由拒不提供,如果对方当事人主张该证据的内容不利于证据持有人,可以推定该主张成立’之规定,作为总包人的中铁十七局,是实际掌握具体支付报告及其他工程施工工程量计量法律文件的主体。对于工程量和工程价款,发包人(业主)仅会与工程总包人中铁十七局进行工程量和工程价款的确认,湖南建工集团和冷某华作为分包人和实际施工人,不可能得到发包人与总承包人中铁十七局最终确认的工程量和工程价款的证据。因此,如果中铁十七局认为法院所调取的《关于申请第十七合同段第1－11期支付的报告》及其附件所计量的K17＋850－K19＋850段工程量与业主方最终确认的工程量不符,应当提供其与业主确认的工程量和工程价款。在冷某华已经举证初步证明工程量的情况下,作为掌握工程量证据的中铁十七局在本案诉讼过程中经法院释明之后仍然拒绝提供相关工程量的证据作为鉴定依据。在这种情况下,原审法院采信以冷某华提供的初步证据,并且以此作为鉴定材料提供给鉴定机构,并且最终采信该鉴定意见,并无不妥。"

实务指南

1. 发包人应注意在签订建设工程施工合同时明确工程量的相关信息、工程量变更的程序以及相关人员的授权范围。

为避免建设工程施工过程中可能存在的工程量争议纠纷,在签订建设工程施工合同时:一是注意对需要完成项目的工程范围和工程量相关信息进行明确约定。二是对于工程量的变更签证程序进行明确约定,如在合同中做如下约定:"本项目出现设计变更、工程量变更的,承包人应提出书面方案交由发包人确认,经发包人确认同意并在签证上加盖发包人公章后,工程量变更签证方为有效,变更方案方可实施。"三是注意明确包括发包人代表、项目经理、监理人员以及其他员工等有权签署签证的人员指定,以及授权的内容范围。由此可以在实际发生工程量争议时以有效签证作为工程量确认的依据直接使用。例如,在合同中做如下约定。

(1)"发包人代表/项目经理的职权仅为代为签收往来函件,代表发包人/承包人监控监理工作,对工程质量、进度、安全进行管理等。针对发包人/承包人提出的顺延工期的签证、设计变更的签证、工程量变更的签证,确认工程竣工验收的验收报告、确认工程进度款、结算款等工作必须由发包人书面授权的委托代理人签认并加盖发包人公章后方为有效。”

(2)“监理签证仅限于技术签证，不涉及工程造价、工程量的变更、工期等，有关工程造价、工程量的变更、工期延期的签证须经发包人同意并加盖公章后，方为有效。”

2. 承包人应注意在履行建设工程施工合同中及时留存有关工程量发生变化的资料。

大多数情况下，由于建设工程中的承包人受到交易地位的限制，签证的取得存在一定的现实困难或障碍。因此，承包人在履行建设工程施工合同过程中，应当注意及时留存有关工程量增加的相关资料，如发承包双方有关商议工程量方面的会谈所形成的纪要、工程施工图纸、工程洽商记录、工程通知资料等可以证明工程量发生实际变更的相关资料，以便在没有相关签证的情况下，通过适用《最高人民法院关于审理建设工程施工合同纠纷案件适用法律问题的解释(一)》第20条之规定，保护自己的合法利益。

参考依据

《最高人民法院关于审理建设工程施工合同纠纷案件适用法律问题的解释(一)》

第二十条 当事人对工程量有争议的，按照施工过程中形成的签证等书面文件确认。承包人能够证明发包人同意其施工，但未能提供签证文件证明工程量发生的，可以按照当事人提供的其他证据确认实际发生的工程量。

《民事诉讼法》

第六十七条第一款 当事人对自己提出的主张，有责任提供证据。

《最高人民法院关于适用〈中华人民共和国民事诉讼法〉的解释》

第九十一条 人民法院应当依照下列原则确定举证证明责任的承担，但法律另有规定的除外：

(一)主张法律关系存在的当事人，应当对产生该法律关系的基本事实承担举证证明责任；

（二）主张法律关系变更、消灭或者权利受到妨害的当事人，应当对该法律关系变更、消灭或者权利受到妨害的基本事实承担举证证明责任。

二、建设工程施工合同纠纷中，固定总价结算争议的处理

在司法实践中，关于建设工程价款结算的纠纷极为常见，也常是合同双方当事人诉争的常见争议焦点。“固定总价”是目前建设工程市场主流结算方式之一。所谓“固定总价”，俗称包干价合同，一般是指建设工程合同的当事人在合同中明确约定以施工图纸、已经标价工程量清单或预算书及有关条件进行施工合同价格的计算、调整和确认的建设工程合同。在司法实践中，“固定总价不予鉴定”是审理建设工程案件司法判例中的主流观点，但由于建设工程案件的错综复杂性，发承包双方在履行固定总价施工合同的过程中往往容易出现一些特殊情况致使最终一方不同意按照约定的总价进行结算。此种情形下的结算争议如何处理？是否一定不能启动司法鉴定程序？

典型案例

A公司与B公司建设工程施工合同纠纷案

1. 案件基本事实

2019年7月，A公司与B公司就某地办公楼、厂房、员工宿舍建设项目签订《建设工程施工合同》，约定B公司作为总承包单位就上述项目进行施工建设，合同约定以固定总价方式结算，并约定了施工技术标准、材料要求等。在施工过程中，施工图纸、技术标准及施工用料发生了部分变更。2021年3月，工程竣工验收完成，双方在结算时产生争议，B公司诉至人民法院主张根据实际施工情况结算工程价款。在诉讼过程中，B公司向人民法院提出申请，请求对案涉

工程造价进行司法鉴定。

2. 争议焦点

(1)案涉工程价款是否可以调整。

(2)B 公司鉴定申请是否应当准许。

3. 法院观点

(1)虽然双方当事人签订的建设工程施工合同系固定总价合同,工程价款在合同约定的范围内不作调整,但本案中,B 公司所进行的施工在双方合意下发生变更,与合同约定的施工内容不完全一致,就变更部分的工程价款不应按照原合同约定进行结算。

(2)虽根据原《最高人民法院关于审理建设工程施工合同纠纷案件适用法律问题的解释》第 22 条的规定,“当事人约定按照固定价结算工程价款,一方当事人请求对建设工程造价进行鉴定的,不予支持”。但鉴于本案中存在工程施工图纸、技术标准、施工用料变更的事实,准许对工程变更部分的造价进行司法鉴定。

案例分析

1. 对固定总价的理解

固定总价合同,是指合同当事人约定以施工图、已标价工程量清单或预算书及有关条件进行合同价格计算、调整和确认的价格,在约定的范围内不做调整。当事人约定以固定总价方式结算工程价款的合同,即为固定总价合同。固定总价合同一经签订,若合同约定的施工内容和条件不发生变化,计量与价款的部分风险一般均由承包人承担。合同签订后,包括但不限于投标时的报价失误、合同履行过程中的人材机生产要素价格上涨等风险,一般由承包人承担。

合同约定固定总价并不意味着工程价款一律不得调整,而是指在合同约定的范围内不做调整,固定总价只是指在合同约定的风险范围内不做调整。

2. 固定总价情况下,对工程结算有争议的,是否可以启动工程造价鉴定程序

(1)固定总价情况下,一般不准许司法鉴定。

《最高人民法院关于审理建设工程施工合同纠纷案件适用法律问题的解释

(一)》第28条规定,“当事人约定按照固定价结算工程价款,一方当事人请求对建设工程造价进行鉴定的,人民法院不予支持”。因此,从现行法律规定、司法解释及行政法规来看,固定总价的性质为双方当事人所约定的不可进行调整的价格,应当尊重双方当事人真实意思表示,同时从市场角度来看,固定总价也属于市场经济条件下的正常商业风险,故当事人在合同中约定固定价的,一方主张鉴定法院一般不予以支持。

(2)固定总价合同情况下,可以启动工程造价司法鉴定程序的例外情形有三类。

①第一类:对发生变更的工程量部分,当事人可以申请工程造价司法鉴定。

双方当事人在固定总价合同中明确约定了工程量,但由于各种因素导致工程量在合同履行过程中发生变化。该情形既可能属于约定工程量以内的变化,如在固定总价合同中约定施工范围为土建和安装工程,但因设计变更致使安装部分施工内容发生变化;也可能属于约定工程量范围以外的变化,如在固定总价合同中双方当事人约定的施工范围为土建和安装工程,然而在合同实际履行过程中发包人同时将市政工程、装修装饰工程进行发包,或是发包人将安装工程另行发包,仅同意承包人就土建工程进行施工。

在施工过程中,一旦工程量、施工用料、技术标准等重要施工事项发生变化,都可能致使固定总价合同所对应的关键性条件发生改变,此时不宜适用《最高人民法院关于审理建设工程施工合同纠纷案件适用法律问题的解释(一)》第28条的规定。最高人民法院认为,虽然双方当事人施工合同为固定总价合同,但施工过程中产生的工程设计变更、签证部分并不属于合同约定范畴。在能够对合同约定部分与施工设计变更部分进行区分的情况下,可根据公平原则对施工设计变更、签证部分的工程造价进行司法鉴定。

实践中,部分高级人民法院对于固定总价情况下出现工程量增减时的结算意见也与上述最高人民法院意见统一。《北京市高级人民法院关于审理建设工程施工合同纠纷案件若干疑难问题的解答》第11条规定:“建设工程施工合同约定工程价款实行固定总价结算,在实际履行过程中,因工程发生设计变更等原因导致实际工程量增减，当事人要求对工程价款予以调整的，应当严格掌握，合同对工程价款调整有约定的，依照其约定；没有约定或约定不明的，可以参照合同约定标准对工程量增减部分予以单独结算，无法参照约定标准结算的，可以参照施工地建设行政主管部门发布的计价方法或者计价标准结算。主张工程价款调整的当事人应当对合同约定施工的具体范围、实际工程量增减的原因、数量等事实承担举证责任。"《浙江省高级人民法院民事审判第一庭关于审理建设工程施工合同纠纷案件若干疑难问题的解答》第 12 条规定："建设工程施工合同采用固定总价包干方式，当事人以实际工程量存在增减为由要求调整的有约定的按约定处理。没有约定，总价包干范围明确的，可相应调整工程价款；总价包干范围约定不明的，主张调整的当事人应承担举证责任。"

②第二类：双方当事人订立的固定总价合同具有无效事由，且约定的工程价款缺乏事实基础并可能导致双方利益失衡的，可以申请工程造价司法鉴定。

尽管《民法典》第 793 条规定了施工合同无效但工程经验收合格的，应当参照合同约定折价补偿承包人，但适用此项法律规定的前提是工程全部完工并竣工验收合格。最高人民法院在（2019）最高法民申 2440 号案中认为，诉争合同被认定为无效合同，且工程并未全部完工，由于本案并未实现以固定总价确定工程造价的先决条件，故不能对施工范围以及工程量等基本事实进行确定，最高人民法院最终认定该无效施工合同所约定的固定总价缺乏事实基础并实际致使利益失衡。在此情形下，人民法院最终认为应通过司法鉴定程序据实结算工程价款。

③第三类：符合《民法典》第 533 条规定的情势变更情形的，可申请工程造价司法鉴定。

情势变更，是指合同成立并生效后，因不可预见或不可归责于合同双方当事人的原因，致使合同的基础发生动摇或丧失，继续履行合同显失公平，从而允许当事人变更或解除合同的情形。在固定总价合同中，即使双方当事人约定不将材料价格上涨、政策性调整作为调整合同价款的事由，但在实际履行过程中可能出现如原材料价格涨跌幅度已明显超出了当事人在订立合同时能够预测的正常风险范畴，继续履行合同将显失公平的情形。若双方当事人无法通过协商解决，可依照情势变更原则诉请人民法院对合同价款进行合理调整。

3. 未完工的工程，建设工程合同约定固定总价情况下如何结算

实务中，因一方当事人原因或其他客观及不可抗力原因导致工程最终未能完工的工程大量存在。在未最终完工的工程纠纷中，发包方与承包方约定固定总价的情况下，如何进行工程款的结算？对此，建设工程司法解释并未进行明确的规定，实践中也对此争论不休，但各地高级人民法院对此争议相继出台了指导意见进行裁判的统一。

《重庆市高级人民法院关于当前民事审判若干法律问题的指导意见》第15条规定：固定价合同的结算。建设工程合同中当事人约定按固定价结算，或者总价包干，或者单价包干的，承包人按照合同约定范围完工后，应当严格按照合同约定的固定价结算工程款。如果承包人中途退出，工程未完工，承包人主张按定额计算工程款，而发包人要求按定额计算工程款后比照包干价下浮一定比例的，应予支持。

《北京市高级人民法院关于审理建设工程施工合同纠纷案件若干疑难问题的解答》第13条规定：建设工程施工合同约定工程价款实行固定总价结算，承包人未完成工程施工，其要求发包人支付工程款，经审查承包人已施工的工程质量合格的，可以采用"按比例折算"的方式，即由鉴定机构在相应同一取费标准下分别计算出已完工程部分的价款和整个合同约定工程的总价款，两者对比计算出相应系数，再用合同约定的固定价乘以该系数确定发包人应付的工程款。

《山东省高级人民法院关于印发全省民事审判工作会议纪要的通知》第3条第3项规定：关于固定价格合同未履行完毕而解除的，工程价款如何结算的问题。对于建设工程施工合同约定按固定单价结算的，则应根据固定单价核算出已完工程的实际工程量，据实结算工程价款；如果建设工程施工合同约定按固定总价结算，则按照实际施工部分的工程量占全部的工程量的比例，再按照合同约定的固定价格计算出已完部分工程价款。

《四川省高级人民法院关于审理建设工程施工合同纠纷案件若干疑难问题的解答》第25条规定：约定工程价格实行固定总价结算的建设工程施工合同在未全部完成施工即终止履行，承包人已施工的工程质量合格，承包人要求发包人支付工程价款的，由双方协商确定已施工的工程价款，协商不成的，由鉴定机构根据工程设计图纸、施工图纸、施工签证、交接记录等资料以及现场勘驻结果对已完成工程量占合同工程量比例计算系数，再用合同约定的固定价款乘以该系数确定发包人应付的工程价款。

综上所述，从各地高院关于未完工工程的工程价款结算的指导意见来看，按照比例进行折算符合公平原则，成为各地法院实务中处理此类纠纷的通行做法。实际上，无论采取何种方式进行结算，最终还是要从公平合理的原则角度出发，在确保各方利益的基础上进行裁决。

实务指南

1. 双方当事人应根据工程项目的具体情况谨慎选择工程价款的结算方式。如果所涉工程规模较小、技术难度较低、工期较短，可以优先选择固定总价作为工程款的结算方式，但也要在合同中对工程量、技术标准、施工用料等变更情况下如何进行结算进行明确约定。尤其是在增加工作量的情况下，承包方一定要全程留痕并保留工作量已经完成和发包方或监理方确认的证据。

2. 签订《建设工程施工合同》时，须注意除约定根据施工图纸或工程量清单确定的工程款明确固定总价方式进行结算外，还需要明确和细化其他相关条款如停工、窝工等损失索赔、材料不合格扣款方式、质量问题的处理等，同时对争议解决、违约责任等条款也需要明确具体约定。

3. 在固定总价合同履行过程中，发承包双方应当妥善保存好工程量、工期变化的签证文件等。如双方签订的补充协议、工程联系单、会议纪要等，这些文件在司法鉴定程序中均可作为主张工程造价变更的证据材料。因此，发承包双方应在施工过程中做好证据固定及管理工作。

4. 发承包双方可在固定总价合同订立时事先约定好发生争议通过第三方

造价咨询机构出具造价咨询报告，并且约定以该机构的审核意见为结算依据，或者事前约定作为争议解决中的共同选定机构、各方均不得提出异议。

参考依据

《最高人民法院关于审理建设工程施工合同纠纷案件适用法律问题的解释(一)》

第二十八条　当事人约定按照固定价结算工程价款，一方当事人请求对建设工程造价进行鉴定的，人民法院不予支持。

相关案例

许昌市第二建设(集团)有限公司(以下简称许昌二建公司)、许昌卓越时代实业有限公司(以下简称卓越公司)建设工程施工合同纠纷案

审理法院：最高人民法院

案号：(2019)最高法民申2440号

裁判观点：经审查认为，许昌二建公司再审申请理由不能成立，理由如下：

(1)双方签订的两份《建设工程施工合同》因违反法律强制性规定而无效，许昌二建公司主张应以2012年12月27日签订的《建设工程施工合同》结算工程价款，依据不足。根据已查明的事实，许昌二建公司工作人员王某玉在2012年6月即开始以卓越公司的名义着手涉案项目工程的前期工作，并在卓越公司招标前就已经进入工地实际施工，表明双方在招投标之前即已定标，双方招投标属于明招暗定的串标行为，因此双方于2012年12月27日签订的《建设工程施工合同》属于无效合同。许昌二建公司与卓越公司2013年4月28日签订的《建设工程施工合同》属于应招投标但未招投标情况下签订，亦属无效合同。在双方当事人签订的多份建设工程施工合同均无效的情形下，应参照实际履行的合同作为结算建设工程价款的依据。许昌二建公司并未提供充分证据证明双方实际履行的是2012年12月27日签订的《建设工程施工合同》，因此二审判决对其提出的本案应当按照该份合同结算工程价款的主张不予支持并无不妥，许昌二建公司的相关再审申请理由不能成立。

(2)涉案司法鉴定意见书可以作为认定工程造价的依据。涉案两份《建设工程施工合同》均属于固定价款合同，其固定价款确定的依据是工程全部完工，工程未完工则无法适用固定价款方式计算。本案中，许昌二建公司并未将涉案工程施工完毕，因此本案不具备按该两份《建设工程施工合同》规定的固定总价计算工程造价的条件。此种情形下，一审法院启动鉴定程序并不违反原《最高人民法院关于审理建设工程施工合同纠纷案件适用法律问题的解释》第 22 条的规定，相应的工程价款按照据实结算进行鉴定，与实际完成工程量及对应的工程价款亦更为相符。涉案司法鉴定意见书系经法院委托有资质的鉴定机构作出，且经双方充分质证，可以作为认定涉案工程造价的证据使用。许昌二建公司主张鉴定人员未出庭接受询问，该司法鉴定意见书依法不应当作为合法有效的证据使用。经查，许昌二建公司在鉴定机构出具司法鉴定意见书初稿后，已就该初稿意见书提交书面意见，鉴定机构亦根据许昌二建公司的书面意见对工程造价进行了部分调整。此后，许昌二建公司并未再就司法鉴定意见书具体内容提出意见，也未要求鉴定人员出庭接受询问。因此，许昌二建公司的相关申请理由不能成立。

三、发包人在承包人递交的结算文件上盖章并送审，是否构成对送审价的认可

在建设工程合同纠纷案件中，发包人和承包人经常会在合同中约定最终结算金额以第三方审计结果为准，那么如果发包人在承包人递交的结算文件上盖章并送审，在第三方未能出具结果的情况下，发包人的盖章行为是否构成对送审价的认可？诉讼中是否需要对工程造价启动鉴定程序？对于这一系列问题，本节将分别予以阐述，希望能给大家提供这方面的启示或帮助。

典型案例

A公司(承包人)与B公司(发包人)建设工程施工合同纠纷案

1. 案件基本事实

2020年6月29日,原告A公司(承包人)与被告B公司(发包人)签订了《建设工程施工合同》,双方约定原告承包被告创新产业园区二期的6号地、7号地、8号地"M10毛石挡土墙"工程。合同签订后,原告开始施工,工程预算价为581,443.68元。2020年9月27日二期6号地M10毛石挡土墙工程竣工验收合格,10月26日二期7号地M10毛石挡土墙工程竣工验收合格,11月15日二期8号地M10毛石挡土墙工程竣工验收合格,原告A公司与被告B公司均在竣工报告盖章予以确认。

工程竣工后,经双方结算,共同确认工程价款为5,653,647.86元,并出具了工程结算书,原被告双方均在工程结算书上加盖有公司印章。合同履行期间,被告已支付工程款850,000元,尚欠4,803,647.86元未支付。2021年7月11日,被告未归还原告结算报告,原告工作人员李某遂到被告综合办公室取走了双方的结算资料。2021年9月15日,被告在原告起诉后向派出所报案,称原告窃取了被告的有关工程结算资料,现公安机关未作出处理结果。

2. 争议焦点

(1)双方实际履行的是哪一份合同。

(2)B公司在A公司报送的结算资料中盖章并送审的行为应如何认定。

3. 法院观点

一审法院认为:原《最高人民法院关于审理建设工程施工合同案件适用法律问题的解释(二)》第12条规定,当事人在诉讼前已经对建设工程价款结算达成协议,诉讼中一方当事人申请对工程造价进行鉴定的,人民法院不予准许。案涉工程已经竣工,并交付被告使用,双方在工程预算书、结算书均盖章,确认了案涉工程价款,被告应按照双方确认的工程价款支付原告。被告在原告工作人员李某取走结算资料后2个月后,原告起诉时才向派出所报案,证明被告早已知道原告取走了工程结算资料,且包括结算书在内的有关工程结算资料均有双方当事人盖章确认。被告称原告窃取了被告的有关工程核算资料,证据材料不具备证据效力,不予采信。判决如下:(1)被告B公司于本判决生效之日起30日内支付原告A公司剩余工程款4,816,447.86元及利息。(2)驳回原告的其他诉讼请求。

B公司不服一审判决,提起上诉。

B公司的上诉请求为:依法撤销一审判决,依法改判驳回A公司的诉讼请求。事实与理由:一审法院认定事实不清。第一,A公司提交的竣工资料和结算资料全部是从上诉人单位盗取的,是非法取得的。竣工验收和结算需要符合合同成立“要约—承诺”的要件,应当是双方合意的结果,在上诉人没有将资料交给被上诉人之前,被上诉人不得采用偷取的资料来证明验收合格及结算结果。第二,上诉人在接收A公司提交的竣工资料和结算资料上盖章,是拟报第三方审计的流程。盖章行为仅仅表示收到该资料。第三,上诉人在一审过程中已经出示了另外的6号地、7号地、8号地三份合同,证明除A公司所举的合同外,另有三份合同明确约定须有第三方审计进行结算,按审计结果作为结算依据。虽然该三份合同原件被盗走,但合同上均盖有骑缝章,一审法院未能对此进行认真核实调查。既然合同中约定有付款须经第三方审计机构进行审计,则未经审计之前付款条件不成就。

A公司辩称:请求驳回上诉请求,维持原判。第一,被上诉人所举证据合法有效,上诉人主张“被上诉人所有的证据均是非法取得”不成立。依据《建设工程价款结算暂行办法》第14条的规定,本案中承包人向发包人提交的《工程结算书》符合该规定的竣工结算流程及合同约定。上诉人至今未付款,也不退还结算资料,被上诉人为维护自身合法权益,从上诉人办公室取回竣工验收资料、《工程结算书》的行为合理合法,并未侵害上诉人合法权益或者违反法律禁止性规定。第二,上诉人应当按照《工程结算书》向被上诉人支付工程款。《工程结算书》是在工程完工后双方共同签订的,系双方最终的意思表示,上诉人应当根据结算书中的工程款金额向被上诉人支付款项。

二审法院查明,2020年6月29日,双方当事人签订《建设工程施工合同》约定A公司承包B公司创新产业园区二期的6号地、7号地、8号地“M10毛石挡土墙”工程。此后,双方又分别针对6号地、7号地、8号地“M10毛石挡土墙”工程签订了三份《建设工程施工合同》,三份合同均在第三条约定:工程价款以现行定额进行工程结算,以第三方审核结果让利10%作为最终的付款金额。A公司完工后分别针对6号地、7号地、8号地工程提交了竣工资料,其中竣工报告载明:“工程造价:以现行定额进行工程结算,以第三方审核结果让利10%作为最终的付款金额。”B公司收到了A公司递交的竣工资料后,在三份竣工报告建设单位审核意见处加盖公章,孟某在项目负责人处签字。B公司收到A公司提交的竣工资料及结算书后,曾与A公司共同到第三方机构处送交结算审核,后结算审核未完成。

二审法院认为:在案工程结算书不能作为认定本案工程价款的依据。被上诉人提交其与上诉人于2020年6月29日签订的《建设工程施工合同》,合同约定的承包范围为创新产业园区二期的6号地、7号地、8号地“M10毛石挡土墙”工程;上诉人则主张其与被上诉人实际履行的是此后针对三个地块“M10毛石挡土墙”工程分别签订的《建设工程施工合同》。双方当事人各自提交的合同区别在于对工程价款的约定。被上诉人提交的合同中约定“以实际工程量造价结算”,上诉人提交的合同则约定“以现行定额进行工程结算,以第三方审核结果让利10%作为最终的付款金额”。从被上诉人提交的竣工报告来看,其在制作竣工报告时明确写有工程造价“以现行定额进行工程结算,以第三方审核结果让利10%作为最终的付款金额”,与上诉人提交的合同内容一致,故双方当事人实际履行的合同应为上诉人提交的三份《建设工程施工合同》,即双方当事人约定案涉工程价款须经第三方结算审核后方能确定。被上诉人提交的工程结算书中虽加盖有上诉人公章,但二审中查明,双方当事人曾共同持加盖公章的竣工结算资料到第三方处进行结算审核,该行为表明被上诉人应当知道双方在结算书中加盖公章并非对结算金额认可。因此,本案的工程结算书并非双方当事人对工程结算协商一致的结果,也未经第三方审核,一审依据该结算书认定本案工程价款,与事实不符。

虽然双方当事人约定工程价款需经第三方审核后方能确定,但第三方审核并非确定工程价款的唯一途径,在案涉工程已经交付上诉人使用,上诉人又迟迟不按约定委托第三方审核结算的情况下,案涉工程价款可以通过工程造价鉴定等其他方式予以确认。一审直接以工程结算书认定工程价款不当,本案基本事实不清。二审裁定撤销原判,发回重审。

法律分析

1. 双方实际履行的合同如何认定

根据《最高人民法院关于民事诉讼证据的若干规定》第 90 条第 5 项的规定,无法与原件、原物核对的复制件不能单独作为认定案件事实的依据;但该规定第 88 条同时规定,审判人员对案件事实的全部证据,应当从各证据与案件事实的关联程度、各证据之间的联系等方面进行综合审查判断。根据上述规定,无法与原件核对的复印件不能作为认定案件事实的依据是指该复印件为单一证据的情形,即"孤证";在该复印件的内容可以与在案其他证据相互印证的情况下,复印件可以作为认定案件事实的依据。本案中,虽然 B 公司一审中提供的三份《建设工程施工合同》未能出示原件,但 B 公司提供的《建设工程施工合同》中载明的工程价款结算方式为"以现行定额进行工程结算,以第三方审核结果让利 10% 作为最终的付款金额",A 公司提交的竣工报告载明的工程造价确定方式为"以现行定额进行工程结算,以第三方审核结果让利 10% 作为最终的付款金额",二者内容一致,而竣工报告系 A 公司制作,对此 A 公司不能给出合理解释,故据此可以认定双方实际履行的是 B 公司提交的《建设工程施工合同》。

2. 发包人在承包人报送的结算资料中盖章并送审的行为应如何认定

根据双方合同约定,案涉工程价款须经第三方结算审核后方能确定。A 公司提交的工程结算书中虽加盖有 B 公司公章,但二审中查明,双方当事人曾共同持加盖公章的竣工结算资料到第三方处进行结算审核,该行为表明 B 公司在结算书中加盖公章的行为并非对 A 公司所报结算金额的认可，而 A 公司对此是明知的，故 A 公司提交的结算书不能视为双方之间已达成了工程价款结算协议，本案不应适用原《最高人民法院关于审理建设工程施工合同案件适用法律问题的解释（二）》第 12 条的规定。

3. 总承包人在收到分包人、实际施工人的结算资料后盖章并向发包人送审，是否构成对工程价款的认可

一种观点认为：总承包人对分包人、实际施工人提交的结算资料未经审核即盖章确认，总承包人应当预见到此种行为的风险，如果此后发包人的审核、审计结果与总承包人已确认的结果有差额，则总承包人应当承担相应责任。

另一种观点认为：《最高人民法院第五巡回法庭法官会议纪要》提出，在实际施工人主张工程价款时，转包人认可该结算资料的，应为明确意思表示。转包人将该结算资料转交发包人的行为，不能当然理解为对结算工程价款的认可。

笔者认为，对该问题的处理应注意区分两种情形：

（1）总承包人与分包人、实际施工人约定工程价款的结算以发包人审核、审计结果为依据。通常而言，因最终的审定价一般低于送审价，分包人、实际施工人为获取利润，其送审资料往往存在“水分”，但对总承包人来说，由于合同中约定以发包人的审核意见作为最终结算依据，而总承包人对于分包人、实际施工人高估冒算也有一定利益，大多不会对送审结算资料进行认真审核，而是直接盖章并向发包人送审。这种情况下，总承包人的盖章行为只是整个结算流程中的一个环节，其盖章行为只具有程序上的意义，而并非对送审价格的认可。

（2）总承包人与分包人、实际施工人未明确约定工程价款的结算以发包人审核、审计结果为依据。发包人与总承包人之间系施工总承包合同关系，总承包人与分包人、实际施工人之间系分包、转包合同关系，二者相互独立，在无明确约定时，分包、转包合同的结算与发包人的审核、审计无必然联系。如总承包人对送审价不加审查直接盖章确认，可能自行承担增加部分价款的风险。

4. 本典型案例中是否可以启动工程造价鉴定

本典型案例中，双方当事人在合同中约定了一种较为常见的结算方式即委托审价，也就是乙方在竣工验收合格后向甲方报送竣工结算文件，甲方委托第三方工程造价咨询公司对乙方送审结算文件进行审核，并以审价单位出具的审核意见作为工程价款结算依据。在合同不存在效力瑕疵的情况下，双方当事人的上述约定具有约束力。

对于一方当事人提供的审价意见，另一方当事人往往会提出异议，并要求启动工程造价鉴定。对于是否应启动造价鉴定，应注意从以下几方面进行审查、把握。

(1)双方当事人是否已共同确认审价意见。

如果双方当事人已对审价意见共同签章确认，或依据双方往来函件等可以认定双方已对审价意见达成合意，应视为双方当事人对工程价款达成了结算协议。根据《最高人民法院关于审理建设工程施工合同纠纷案件适用法律问题的解释(一)》第 29 条的规定，诉讼中一方当事人申请对工程造价进行鉴定的，人民法院不予准许。

(2)双方当事人是否共同委托审价。《建设工程价款结算暂行办法》第 18 条规定：工程造价咨询机构接受发包人或承包人的委托，编审工程竣工结算，应按合同约定和实际履约事项认真办理，出具的竣工结算报告经发、承包双方签字后生效。当事人一方对报告有异议的，可对工程结算中有异议部分，向有关部门申请咨询后协商处理，若不能达成一致，双方可按合同约定的争议或纠纷解决程序办理。

从以上规定可以看出，工程造价审核意见是工程造价咨询机构受发、承包人的委托，运用工程造价专业人员的专业知识和技能出具的工作成果，工程造价咨询机构与发、承包人之间是平等民事主体间的合同关系，且审价意见需经双方当事人签字后才对双方当事人具有约束力。

工程造价审核意见与人民法院委托鉴定机构出具的工程造价鉴定意见存在明显区别：①工程造价审核的委托人为当事人，其性质属于民事行为，而工程造价鉴定的委托人为人民法院，其性质属于人民法院为查明案件事实所进行的诉讼活动；②工程造价审核由工程造价咨询机构主导，而工程造价鉴定由人民法院主持；③工程造价审核意见需经双方当事人签字后才具有效力，工程造价鉴定意见无须双方当事人签字认可；④工程造价审核意见在证据类型上属于书证，工程造价鉴定意见则属于司法鉴定意见，其证明力要明显高于工程造价审核意见。综上所述，工程造价鉴定与工程造价审核在性质、程序、效力、证据类型等方面存在明显差异，工程造价审核意见不能代替工程造价鉴定意见，不能仅以双方共同委托工程造价咨询机构出具工程造价审核意见为由，即剥夺当事人申请鉴定的权利。《最高人民法院关于审理建设工程施工合同纠纷案件适用法律问题的解释（一）》第30条规定：当事人在诉讼前共同委托有关机构、人员对建设工程造价出具咨询意见，诉讼中一方当事人不认可该咨询意见申请鉴定的，人民法院应予准许。

但实务中，存在部分当事人为了拖延诉讼进程而申请造价鉴定。对此，《最高人民法院关于审理建设工程施工合同纠纷案件适用法律问题的解释（一）》第30条规定，如双方当事人已在与造价咨询机构签订的委托合同中明确约定或以其他方式明确表明受工程造价审核意见的约束，则人民法院对其造价鉴定申请不应准许。

（3）一方当事人单方委托审价的情形。

根据《最高人民法院关于民事诉讼证据的若干规定》第41条的规定，对于一方当事人就专门性问题自行委托有关机构或者人员出具的意见，另一方当事人有证据或者理由足以反驳并申请鉴定的，人民法院应予准许。一方当事人单方委托工程造价咨询机构出具的造价审核意见，即属于该条适用的对象。

实务中常出现的争议是：从条文文义来看，另一方当事人申请鉴定的前提是“有证据或者理由足以反驳”，如果另一方当事人仅以造价审核意见系单方委托出具，而无法提供足以反驳的相反证据或理由，法院是否会准许鉴定申请。

笔者认为，不宜轻易以当事人单方委托造价咨询机构出具的造价审核意见作为认定案件事实的依据，理由如下。

①工程造价审核的主要依据是施工合同、招标投标文件,补充协议、变更签证和现场签证等竣工结算资料,而当事人单方委托的造价审核所依据的上述资料可能是未经双方当事人确认的。

②在造价审核过程中,经常会遇到需要双方当事人协商解决和澄清的争议事项,而当事人单方委托的造价审核是依据单方意见处理的。

③根据《建设工程价款结算暂行办法》第 18 条的规定,造价审核意见需经双方当事人签字确认后才具有效力。

笔者认为,一方当事人仅以造价审核意见系单方委托出具为由申请鉴定的,法官宜根据《最高人民法院关于民事诉讼证据的若干规定》第 2 条、第 41 条的规定向当事人进行释明,要求其围绕造价咨询机构及其人员是否具备相应资质、咨询程序是否合法、咨询依据的资料是否真实、审价意见是否合理等提供证据并发表意见。只要当事人能证明另一方当事人自行委托有关机构或者人员出具的意见在上述某一个方面存在疑点,或者反驳理由具有正当性,该咨询意见就不具有可采性,如果当事人申请鉴定,人民法院应当予以鉴定。[①]

本案中,发包人 B 公司在接收承包人 A 公司递交的竣工结算文件后,长期未委托造价咨询机构进行审价。对此,可以依照《民法典》第 159 条的规定处理,工程价款可以通过工程造价鉴定等其他方式予以确认。

实务指南

1. 作为发包人来说,如果在合同中约定结算要经第三方机构审计,那么尽量不要故意拖延审计的时间。如果迟迟不出结果而最终需要诉讼来解决,那么法院很可能会启动工程造价司法鉴定程序,造成司法资源的浪费和诉讼成本的增加。

2. 合同中约定结算要经第三方机构审计时,对于承包人报送的结算资料,

① 参见最高人民法院民事审判第一庭编著:《最高人民法院新建设工程施工合同司法解释(一)理解与适用》,人民法院出版社 2021 年版,第 312 页。

发包人可先发送审计机构,出具审计结果,各审核方确认无误后再加盖发包人印章。

3. 如工程存在分包或者转包等情况,总承包人与分包人、实际施工人应约定工程价款的结算以发包人审核、审计结果为依据。如未有此约定,对于分包人或者实际施工人报送的结算资料,总承包人务必对该资料予以核查。

参考依据

《最高人民法院关于民事诉讼证据的若干规定》

第二条　人民法院应当向当事人说明举证的要求及法律后果,促使当事人在合理期限内积极、全面、正确、诚实地完成举证。

当事人因客观原因不能自行收集的证据,可申请人民法院调查收集。

第四十一条　对于一方当事人就专门性问题自行委托有关机构或者人员出具的意见,另一方当事人有证据或者理由足以反驳并申请鉴定的,人民法院应予准许。

第八十八条　审判人员对案件的全部证据,应当从各证据与案件事实的关联程度、各证据之间的联系等方面进行综合审查判断。

第九十条　下列证据不能单独作为认定案件事实的根据:

(一)当事人的陈述;

(二)无民事行为能力人或者限制民事行为能力人所作的与其年龄、智力状况或者精神健康状况不相当的证言;

(三)与一方当事人或者其代理人有利害关系的证人陈述的证言;

(四)存有疑点的视听资料、电子数据;

(五)无法与原件、原物核对的复制件、复制品。

《最高人民法院关于审理建设工程施工合同纠纷案件适用法律问题的解释(一)》

第二十九条　当事人在诉讼前已经对建设工程价款结算达成协议,诉讼中一方当事人申请对工程造价进行鉴定的,人民法院不予准许。

第三十条 当事人在诉讼前共同委托有关机构、人员对建设工程造价出具咨询意见，诉讼中一方当事人不认可该咨询意见申请鉴定的，人民法院应予准许，但双方当事人明确表示受该咨询意见约束的除外。

《建设工程价款结算暂行办法》

第十八条 工程造价咨询机构接受发包人或承包人委托，编审工程竣工结算，应按合同约定和实际履约事项认真办理，出具的竣工结算报告经发、承包双方签字后生效。当事人一方对报告有异议的，可对工程结算中有异议部分，向有关部门申请咨询后协商处理，若不能达成一致的，双方可按合同约定的争议或纠纷解决程序办理。

《民法典》

第一百五十九条 附条件的民事法律行为，当事人为自己的利益不正当地阻止条件成就的，视为条件已经成就；不正当地促成条件成就的，视为条件不成就。

四、建设工程施工合同纠纷中，财政审计结论能否作为结算依据

实务中，工程项目由政府投资或以政府投资为主时，发包单位往往会将政府审计约定为结算依据。“财政审计”一般是指审计机关对建设项目的预算执行情况和决算，对其他关系国家利益和公共利益的重大公共工程项目的资金管理使用和建设运营情况，进行审计监督，也就是通过审计的形式行使财政监管职能。但是，现实中常出现工程竣工后久拖不审或随意审减的情形，导致发包人与总承包人之间诉争频发，甚至引发总承包人与分包人之间的连环诉争。那么，对于政府投资工程，财政审计如何定性？审计结论能否作为结算依据？施工企业如何防范审计风险？

典型案例

A单位(发包人)与B公司(承包人)建设工程施工合同纠纷案

1. 案件基本事实

A单位某地全额财产拨款的公益类事业单位,B公司为某国企建设企业。2016年6月,B公司中标A单位发包的办公楼建设项目,双方签订《建设工程施工合同》,约定工程以审计部门出具的审计结论为结算依据。2018年7月,工程完工。2018年11月,A单位通过政府采购平台发布招标公告,选聘符合条件的公司对工程进行决算审计。C公司中标并对案涉工程造价进行了决算审计,2019年7月,C公司出具《工程造价审核意见书》,对工程造价的审核结论为2.95亿元,A单位与B公司根据该审核结论签订《工程结算审定表》。2019年11月,A单位当地审计局又委托D公司对工程造价再次进行了决算审计。2020年6月,D公司出具《工程造价决算审核报告书》,对工程造价的审核结论为2.72亿元,该地审计局遂依据此审核结论向A单位出具《审计意见书》。2021年1月,B公司将A单位起诉至人民法院,要求按照双方签订的《工程结算审定表》中2.95亿元金额支付工程款,A单位答辩认为案涉工程款结算依据应为审计局出具的《审计意见书》,要求按照2.72亿元结算工程款。

2. 争议焦点

(1)A单位与B公司根据C公司审核结论签订《工程结算审定表》是否视为达成了一致结算意见。

(2)审计局《审计意见书》能否作为案涉工程的结算依据。

3. 法院观点

(1)案涉合同并未明确约定审计部门特指该地审计局,A单位通过政府采购选用C公司对案涉工程进行结算审计后,与B签订《工程结算审定表》,可以视为双方已履行合同约定,达成一致的结算意见。

(2)审计局的审计行为系对A单位的行政监督行为,不能当然地视为其出具的审计意见可以作为案涉工程的结算依据。

法律分析

1. 在建设工程施工合同中，当事人能否约定以政府审计作为结算依据

对于施工合同能否约定以政府审计结论作为结算依据，现行法律和法规未予禁止，一般遵从如下原则：当事双方在合同中可以约定以财政审计结果作为工程款结算依据；合同中未约定以政府财政审计结果为结算依据的，一方当事人要求以财政审计结果作为工程款结算依据，一般不予支持；合同明确约定以财政审计结论作为工程款结算依据，一方当事人申请对涉案工程造价进行司法鉴定的，但无事实及法律依据的，一般不予支持。

根据《最高人民法院关于建设工程承包合同案件中双方当事人已确认的工程决算价款与审计部门审计的工程决算价款不一致时如何适用法律问题的电话答复意见》（〔2001〕民一他字第2号）的规定，“经研究认为，审计是国家对建设单位的一种行政监督，不影响建设单位与承建单位的合同效力。建设工程承包合同案件应以当事人的约定作为法院判决的依据。只有在合同明确约定以审计结论作为结算依据或者合同约定不明确、合同约定无效的情况下，才能将审计结论作为判决的依据”。

根据《最高人民法院关于人民法院在审理建设工程施工合同纠纷案件中如何认定财政评审中心出具的审核结论问题的答复》（〔2008〕民一他字第4号）的规定，“财政部门对财政投资的评定审核是国家对建设单位基本建设资金的监督管理，不影响建设单位与承建单位的合同效力及履行。但是，建设合同中明确约定以财政投资的审核结论作为结算依据的，审核结论应当作为结算的依据”。

2015年最高人民法院《全国民事审判工作会议纪要》第49条规定：依法有效的建设工程施工合同，双方当事人均应依约履行。除合同另有约定，当事人请求以审计机关作出的审计报告、财政评审机构作出的评审结论作为工程价款结算依据的，一般不予支持。

2. 合同约定以审计结论为结算依据，是否一定需要政府审计

《审计法》第18条规定，审计机关对本级各部门（含直属单位）和下级政府预算的执行情况和决算以及其他财政收支情况，进行审计监督。《审计法实施条例》第 2 条规定，审计法所称审计，是指审计机关依法独立检查被审计单位的会计凭证、会计账簿、财务会计报告以及其他与财政收支、财务收支有关的资料和资产，监督财政收支、财务收支真实、合法和效益的行为。

从上述规定可知，政府审计，是指政府审计部门，对被审计单位的财政、财务收支及其他经济活动的真实性、合法性和效益性，进行独立性的经济监督活动。从性质上来说，国家审计机关对工程建设单位进行审计是一种行政监督行为，其目的在于维护国家财政经济秩序，提高财政资金使用效益，防止建设项目中出现违法违规行为。

是否合同约定了以审计结论作为结算依据就一定需要政府审计？笔者认为，政府审计部门的审计本质仅是国家行使行政监管职能，不能干涉平等民事主体的民事法律行为，更不能作为工程结算价款的直接依据，除非当事人明确约定以政府审计部门的审计作为结算工程价款的依据。

正如本典型案例，既然 A 单位通过政府采购平台选聘了 C 公司对案涉工程进行决算审计，且在 C 公司出具审计报告后，双方已经就案涉工程价款盖章确认，就应当以结算审核定案表中的金额为准。即便 A 单位主张以财政审计结论为依据，也应当以双方合同明确约定按财政审计为结算依据为前提，而不能强行以 A 单位单方的意思表示作为直接依据。

此外，最高人民法院在(2012)民提字第 205 号案中认为，根据《审计法》的规定，国家审计机关对工程建设单位进行审计是一种行政监督行为，审计人与被审计人之间因国家审计发生的法律关系与本案当事人之间的民事法律关系性质不同。因此，在民事合同中，当事人对接受行政审计作为确定民事法律关系依据的约定，应当具体明确，而不能通过解释推定的方式，认为合同签订时，当事人已经同意接受国家机关的审计行为对民事法律关系的介入。

3. 审计结论长期未出具，承包方是否有权起诉要求发包人按照司法鉴定结论付款

《国务院办公厅关于促进建筑业持续健康发展的意见》(国办发〔2017〕19

号)中对于规范工程价款结算,明确提出:审计机关应依法加强对以政府投资为主的公共工程建设项目的审计监督,建设单位不得将未完成审计作为延期工程结算、拖欠工程款的理由。

最高人民法院在(2020)最高法民终630号案中认为,案涉工程的审计工作在联合体公司于2014年7月向发包方递交工程结算书起,超3年未作出审计结论,原审法院根据承包方的申请,委托进行造价鉴定,并无不当。

最高人民法院类似案例还有(2019)最高法民再56号案,详见本节后相关案例。

除最高人民法院外,《四川省高级人民法院关于审理建设工程施工合同纠纷案件若干疑难问题的解答》第17条对"政府审计部门审计结果能否作为合同结算依据"亦解答道:当事人在合同中明确约定工程价款以政府审计部门审计结果作为结算依据,并约定了审计时间,在合同约定的审计时间内非因承包人原因未作出审计结论,或虽未约定审计时间,经承包人催告,发包人未在合理期限内送交政府审计部门审计的,承包人主张按照双方签章确认的送审结算价结算工程价款的,可予支持。

综上所述,笔者认为,即便合同约定以政府审计结果为结算依据,但如果审计机构长期不作出审计结论,承包方在诉讼阶段可以申请工程造价司法鉴定,并请求人民法院以造价鉴定金额作为工程款结算依据。

实务指南

1. 谨慎约定"政府审计"条款。建设工程的承包人应当尽量避免在承包合同中直接与发包人约定"以审计部门的审计作为结算工程价款的依据"。在没有此约定内容情况下,未来承包人可以直接依据合同结算计价方式向发包人主张工程价款,以避免发包人以审计拖延结算或者是财政审计价过低而侵犯承包人合法权益等法律风险。施工企业在与发包人协商时,可依据全国人大常委会法工委、国务院和住建部相关规定,力争说服建设单位不轻易设置政府审计条款。若无法说服建设单位,也需要谨慎约定政府审计条款有关内容。

2. 承包方应积极配合审计工作，提交完整的工程资料，适时对审计意见提出异议。承包方提交的工程资料是审计单位在进行审计工作时的重要依据，为保障审计结论的客观性、完整性，承包方要重视提交资料的完整性，并积极配合审计单位推进审计工作。在发现审计单位对工程结算事项存在不真实、不客观意见时，承包方要注意向审计以书面方式提出异议并陈述理由。在审计意见出具后，如发现审计意见依然存在不真实、不客观情况，应在签收时注明异议事项。

3. 适时采用诉讼手段。为了缓解僵化适用"以审计为准"条款带来的利益失衡，即使施工合同明确约定了"以审计为准"，若因政府审计结论存在不合理、不客观、不真实的情形，或审计部门明确表示无法审计或拖而不审、久审不决的情形，承包人可以果断对发包人提起民事诉讼，申请法院进行实质审查，或者申请司法造价鉴定重新确认结算价，以此突破审计约定的桎梏。

参考依据

《最高人民法院关于建设工程承包合同案件中双方当事人已确认的工程决算价款与审计部门审计的工程决算价款与审计部门审计的工程决算价款不一致时如何适用法律问题的电话答复意见》

经研究认为，审计是国家对建设单位的一种行政监督，不影响建设单位与承建单位的合同效力。建设工程承包合同案件应以当事人的约定作为法院判决的依据。只有在合同明确约定以审计结论作为结算依据或者合同约定不明确、合同约定无效的情况下，才能将审计结论作为判决的依据。

《最高人民法院关于人民法院在审理建设工程施工合同纠纷案件中如何认定财政评审中心出具的审核结论问题的答复》

经研究，答复如下：财政部门对财政投资的评定审核是国家对建设单位基本建设资金的监督管理，不影响建设单位与承建单位的合同效力及履行。但是，建设合同中明确约定以财政投资的审核结论作为结算依据的，审核结论应当作为结算的依据。

《全国民事审判工作会议纪要》

49. 依法有效的建设工程施工合同,双方当事人均应依约履行。除合同另有约定,当事人请求以审计机关作出的审计报告、财政评审机构作出的评审结论作为工程价款结算依据的,一般不予支持。

《审计法》

第十八条 审计机关对本级各部门(含直属单位)和下级政府预算的执行情况和决算以及其他财政收支情况,进行审计监督。

《审计法实施条例》

第二条 审计法所称审计,是指审计机关依法独立检查被审计单位的会计凭证、会计账簿、财务会计报告以及其他与财政收支、财务收支有关的资料和资产,监督财政收支、财务收支真实、合法和效益的行为。

《国务院办公厅关于促进建筑业持续健康发展的意见》

(十)规范工程价款结算。审计机关应依法加强对以政府投资为主的公共工程建设项目的审计监督,建设单位不得将未完成审计作为延期工程结算、拖欠工程款的理由。未完成竣工结算的项目,有关部门不予办理产权登记。对长期拖欠工程款的单位不得批准新项目开工。严格执行工程预付款制度,及时按合同约定足额向承包单位支付预付款。通过工程款支付担保等经济、法律手段约束建设单位履约行为,预防拖欠工程款。

《四川省高级人民法院关于审理建设工程施工合同纠纷案件若干疑难问题的解答》

17. 政府审计部门审计结果能否作为合同结算依据?

政府投资的建设工程施工合同结算纠纷,发包人主张以政府审计部门审计结果作为工程造价结算依据的原则上不予支持,但当事人在合同中有明确约定的除外。

当事人在合同中明确约定工程价款以政府审计部门审计结果作为结算依据,并约定了审计时间,在合同约定的审计时间内非因承包人原因未作出审计结论,或虽未约定审计时间,经承包人催告,发包人未在合理期限内送交政府审计部门审计的，承包人主张按照双方签章确认的送审结算价结算工程价款的，可予支持。

政府审计部门审计结论明确部分项目已经超出政府投资项目，但合同明确约定属于施工内容的，承包人主张支付工程价款的，应予支持。

相关案例

1. 中铁十九局集团有限公司与重庆建工集团股份有限公司（以下简称重庆建工集团）建设工程合同纠纷案

审理法院：最高人民法院

案号：（2012）民提字第205号

裁判观点：关于分包合同是否约定了案涉工程应以国家审计机关的审计结论作为结算依据的问题。法院认为，分包合同中对合同最终结算价约定按照业主审计为准，系因该合同属于分包合同，其工程量与工程款的最终确定，需依赖合同之外的第三人即业主的最终确认。因此，对该约定的理解，应解释为工程最终结算价须通过专业的审查途径或方式，确定结算工程款的真实合理性，该结果须经业主认可，而不应解释为须在业主接受国家审计机关审计后，依据审计结果进行结算。根据审计法的规定，国家审计机关的审计系对工程建设单位的一种行政监督行为，审计人与被审计人之间因国家审计发生的法律关系与本案当事人之间的民事法律关系性质不同。因此，在民事合同中，当事人对接受行政审计作为确定民事法律关系依据的约定，应当具体明确，而不能通过解释推定的方式，认为合同签订时，当事人已经同意接受国家机关的审计行为对民事法律关系的介入。因此，重庆建工集团所持分包合同约定了以国家审计机关的审计结论作为结算依据的主张，缺乏事实和法律依据，不予采信。

2. 黄某忠、郴州市发展投资集团有限公司（以下简称郴投公司）建设工程施工合同纠纷案

审理法院：最高人民法院

案号：（2020）最高法民终630号

裁判观点：关于审计期限的问题。法院查明，《湖南省建设工程造价管理办法》（湖南省人民政府令第192号）第18条第2款规定，1亿元以上的工程项目，工程造价咨询机构应当于收到发包人交付的全部竣工结算文件之日起90日内完成审核。根据原审查明，2014年7月，联合体公司向郴投公司递交工程结算书。2014年1月7日，郴投公司向郴州市审计局出具《关于郴州市苏仙湖、王仙湖项目竣工结算报送审计的函》，请求郴州市审计局进行审计。2018年2月2日，郴州市审计局出具郴审报〔2018〕26号审计报告。从上述已查明的事实看，案涉工程的审计工作在联合体公司于2014年7月向郴投公司递交工程结算书起，超3年未作出审计结论，至本案黄某忠起诉时仍未作出，有违上述湖南省人民政府令第192号的相关规定。综合上述分析，无论是审计依据还是审计期限，郴审报〔2018〕26号审计报告均非按照合同约定及相关规定作出，原审未将审计报告作为本案结算依据，并无不当。

3. 湖南紫都城镇建设开发有限公司（以下简称紫都公司）、湖南业达建设有限公司（以下简称业达公司）建设工程施工合同纠纷案

审理法院：最高人民法院

案号：（2019）最高法民再56号

裁判观点：紫都公司与业达公司在《道路工程施工承包合同》中约定工程结算按现行长沙市政定额标准计取，工程最终造价及支付以财政、审计部门最后审计结果为最终结算依据。虽然紫都公司及官渡镇政府均主张工程造价应以财政、审计部门最后审计结果为最终结算依据，但在上述道路工程已使用近两年的情况下，紫都公司尚未向相关财政、审计部门提交工程建设资料，启动财政、审计部门审计。在本案审理过程中也无法提供审计结果，故一审法院根据业达公司的申请，依法委托湖南日升工程咨询有限公司对业达公司完成的工程进行造价鉴定，该鉴定机构作出湘日（2016基）鉴字111号《工程造价鉴定报告》，该鉴定报告可以作为认定涉案工程造价的依据。

五、建设工程备案合同与实际履行合同不一致，如何确定结算依据

建设工程“黑白合同”又称“阴阳合同”或“备案与非备案合同”。目前立法中并无“黑白合同”或“阴阳合同”这一法律术语。在司法实践中，“黑白合同”通常指发包方与承包方就同一工程项目，签订两份以上内容不一致的合同，其中一份一般为中标合同或备案所用合同，另外一份为实际履行的合同。在履行合同中，双方因产生争议和分歧无法达成一致意见，最终诉讼至法院。在双方均以有利于己方的建设工程施工合同向法院主张权利的情况下，如何准确认定建设工程施工合同的真实性及效力，如何判定结算工程价款的合同依据？

典型案例

某房地产开发公司与某民营建设公司建设工程施工合同纠纷案

1. 案件基本事实

A 公司为某地房地产开发公司，B 公司为某地民营建设公司。2019 年，A 公司就其开发建设的商业广场项目交由 B 公司承包施工，施工范围包含打桩、土建、装饰装修等，其余部分施工如外墙、水、电、暖、消防等，A 公司交由其他施工单位承包。2019 年 6 月，A 公司与 B 公司签订《项目建设工程施工合同》，就上述施工事项进行了约定，对工期约定为 2019 年 7 月至 2020 年 6 月，对工程价款约定为以实际施工量结算，按照定额标准下浮 8.5% 计价，合同签订后预付 1000 万元，工程进度款根据月进度支付至 80%，完工后付至 95%，剩余 5% 为质保金。合同签订后，A 公司依约支付进度款，B 公司遂开始入场施工。

A 公司项目当地住建部门要求此类施工合同必须备案后方可办理施工手续，2019 年 7 月，因双方 2019 年 6 月签订的合同名称不符合合同要求，同时为了各项施工手续及未来的验收手续办理方便，A 公司与 B 公司又签订一份《建设工程施工合同》，该合同中约定 B 公司承包项目全部施工，工期为 2019 年 10

月至2020年10月，工程价款为据工程量结算，未约定定额标准的下浮比例，工程进度款支付周期、质保期等未进行明确约定，均约定为“详见补充协议”。

2020年8月，工程施工完毕，A公司、B公司在工程款结算时产生争议，B公司依据备案的2019年7月签订的《建设工程施工合同》向人民法院提起诉讼，要求A公司支付工程款，A公司答辩认为双方结算应以2019年6月签订的《项目建设工程施工合同》作为结算依据。

2. 争议焦点

(1)双方实际履行的是哪份合同。

(2)本案工程款结算应当依据哪份合同。

3. 法院观点

(1)综合A公司、B公司前后签订的两份建设工程施工合同的约定情况和施工事实情况，双方实际履行的是2019年6月签订的《项目建设工程施工合同》。

(2)鉴于案涉工程并未经过招投标程序，本案工程款应以双方实际履行的《项目建设工程施工合同》作为结算依据。

法律分析

1. 存在多份施工合同，如何认定实际履行的合同

在司法实践中，在一个工程项目存在多份施工合同时，认定实际履行的合同，主要从合同约定事项的履行情况，如施工工期、施工范围、工程款付款事实等方面综合判断。以上述典型案例为例，人民法院在认定哪一份合同为实际履行的合同时，从以下方面进行了综合判断：

(1)合同内容。备案的《建设工程施工合同》对于施工事项的约定极不具体，尤其是对于工程款支付进度没有任何具体约定，仅以“详见补充协议”一笔带过，且双方未签订补充协议。反观双方实际履行的《项目建设工程施工合同》，合同中对于工程价款结算方式、工程进度款支付周期等核心事项均进行了明确约定。

(2)施工工期。《项目建设工程施工合同》约定工程施工时间为2019年7月,备案《建设工程施工合同》中约定开工时间为2019年10月,案涉工程的实际施工时间与《项目建设工程施工合同》的约定相吻合。

(3)工程施工范围。《项目建设工程施工合同》约定B公司的承包范围为打桩、土建、装置装修,其余由A公司分包,备案《建设工程施工合同》中约定B公司承包全部工程。事实上,B公司也确实仅施工了《项目建设工程施工合同》中约定的工程,剩余工程均由A公司分包。

(4)工程款支付及结算情况。《项目建设工程施工合同》中约定工程款预付进度款为1000万元,A公司也是如约支付此金额,而备案《建设工程施工合同》对此没有任何约定。

综合上述情况,人民法院认为,相较于《项目建设工程施工合同》的完备程度,备案的《建设工程施工合同》中存在多项重要事项约定不明确,且案涉工程的实际施工工期、施工范围、工程款支付情况均与《项目建设工程施工合同》约定事项相符。因此,人民法院最终认定《项目建设工程施工合同》为实际履行的合同。

2. 中标的备案合同与实际履行的合同约定不一致,应以哪份合同为结算依据

2002年3月,最高人民法院在原《最高人民法院关于审理建设工程施工合同纠纷案件适用法律问题的解释》起草工作中,就将"黑白合同"的效力规则问题作为研究对象向全国各级法院、人大常委会法工委、住建部、高校、专家学者等各方机构、群体广泛征求了意见。最终,原《最高人民法院关于审理建设工程施工合同纠纷案件适用法律问题的解释》第21条明确了如果承包方与发包方在中标合同之外另行签订了其他合同,在双方进行工程价款结算时,应当以备案的中标合同作为结算依据。随着建设工程实践的不断发展,原《最高人民法院关于审理建设工程施工合同纠纷案件适用法律问题的解释(二)》应运而生。其第1条在前述司法解释第21条的基础上不仅将中标合同作为结算工程价款的根据,而且将中标合同作为处理当事人关于工程质量、工程范围、工程工期等争议的根据。

2021年1月1日起施行的《最高人民法院关于审理建设工程施工合同纠纷案件适用法律问题的解释（一）》（法释〔2020〕25号）沿袭了原《最高人民法院关于审理建设工程施工合同纠纷案件适用法律问题的解释（二）》第1条的规定，在第2条第1款规定："招标人和中标人另行签订的建设工程施工合同约定的工程范围、建设工期、工程质量、工程价款等实质性内容，与中标合同不一致，一方当事人请求按照中标合同确定权利义务的，人民法院应予支持。"根据此规定，在经过招投标程序的建设工程中，如实际履行的合同与中标备案合同约定存在实质性内容不一致，应以中标合同作为结算依据。

3. 如何判断与中标合同"实质性内容不一致"

上文提到，当实际履行的合同与中标备案合同约定存在实质性内容不一致时，应以中标合同作为结算依据。那么，如何判断与中标备案合同存在实质性内容不一致，目前在司法实践中对合同实质性内容不一致认定，属于法官自由裁量的范畴，笔者通过分析、总结相关案例，总结出以下主要标准：

（1）是否足以对当事人的主要合同权利义务产生重大影响。

在司法实践中，认定两份合同是否存在实质性内容不一致时，应综合考虑合同差异是否在合理范围，是否足以对当事人的主要合同权利义务产生重大影响，如果不构成重大影响，则不能认定为存在实质性内容不一致。此外，另行签订合同不是为了取代中标备案合同，而是为了保障和推进中标备案合同履行的，如因工程多次停工，为了弥补停工损失，促进工程正常施工而对工程结算方式进行变更的或为了保证工程进度对违约责任进行变更的，也不能轻易认定为存在实质性内容不一致。

（2）实质性内容的变更是否造成工程质量标准降低。

在司法实践中，假如中标合同要求工程质量是"合格"，而后另行签订的合同要求工程质量为"优良"，导致提升工程价款，一般认定后合同系中标合同的补充，应属有效。反之，如果承包方与发包方在中标合同外另行签订的"黑合同"为达到降低工程款的目的而降低了工程质量标准约定，一般将被认定为合同条款发生了实质性变更从而无效。

(3)合同价款的变化幅度。

建设工程在招投标时,经各项专业程序,一般的工程范围、工程量基本已确定,即便存在误差,工程款也不应存在巨大差异。如果另行签订的合同中工程款较之中标合同产生巨大差异,一般将被认为存在实质性差异。

4. 未经招投标程序的备案合同与实际履行合同约定不一致,结算依据如何认定

从《最高人民法院关于审理建设工程施工合同纠纷案件适用法律问题的解释(一)》第2条内容上看,该条规定适用于当事人除经招投标程序签订的中标合同外,另行签订了与中标合同有实质性内容差异的合同时的效力认定,即中标合同效力优先。如工程不属于必须招标的工程项目,也未进行过招投标,司法实践中,大家普遍认为应以实际履行的合同作为结算依据。

《北京市高级人民法院关于审理建设工程施工合同纠纷案件若干疑难问题的解答》第15条第2款规定:法律、行政法规规定不是必须进行招标的建设工程,实际也未依法进行招投标,当事人将签订的建设工程施工合同在当地建设行政管理部门进行了备案,备案的合同与实际履行的合同实质性内容不一致的,应当以当事人实际履行的合同作为结算工程价款的依据。

《湖北省高级人民法院民事审判工作座谈会会议纪要》第35条第4款规定:工程不是必须招投标的项目,实际也未经过招投标程序,但按照建设行政主管部门的规定,将施工合同在相关行政管理部门予以登记备案,该备案合同内容与发包方和承包方另行签订的施工合同不一致的,以当事人实际履行合同作为结算工程款的依据。

实务指南

1. 做好投标前项目的审查工作。承包方在投标前需要对发包方的基本情况和项目本身的现场情况进行客观、全面、细致的了解。注意招投标文件所提供的相关图纸是否与现场吻合,所描述或说明的情况是否和现场一致,所提供的设计方案是否能确定实施,是否有遗漏项目现场应当实施的相关环节等。审查完毕后，应当项目条件进行初步评估，包括业主方的要求情况、施工难度等，提前了解可能存在的风险及制定防范的措施，并且对招投标过程中存在的文件全部予以留存，把招投标前的准备工作做细、做实。

2. 高度重视投标活动。承包方应认真研究《工程量清单》等招标文件确定总体工程量，得出总体支出情况，并通过保证质量、综合调整、合理计价的方式，最终定好投标价。承包方要意识到低报价并非决定中标的唯一渠道，应注重工程质量。因为一旦建筑工程出现质量问题，不但会损坏业主方的声誉，更会影响承包方的形象和声誉，还会受到有关部门的处罚，项目的直接责任人员和上级主管人员则有可能承担刑事责任。

3. 注重中标后的磋商，做好合同评审把关。承包方中标后，双方会就投标文件的内容展开磋商，要尽量对工程项目的名称、地址、工程内容、技术要求、施工方案、工程质量要求、工程工期、安全防护措施、双方权利义务、付款方式、违约责任、工程竣工结算、解决争议方式等内容加以明确，真实、清楚地以书面形式进行表述，避免使用容易引起歧义的字句书写投标文件。签订合同时，应当审查工程总承包合同内容是否跟中标文件内容一致，把好合同评审关，监督合同及时进行备案。应当遵照国家《建设工程施工合同（示范文本）》签订合同，保证条款的齐全、内容的完整，尽量减少苛刻的、单方面的约束性条款。要对专用条款中跟工程相关的一些具体要求和内容加以明确约定，尤其是要约定违约责任的限度，以防风险的扩大化。

4. 必须另行签订备案合同时，建议同时签订补充协议，确认实际履行的合同。目前我国已有部分地区如北京、四川等出台政策取消了建设工程施工合同的备案要求。如果必须备案，双方当事人在签订备案合同时，建议同时签订补充协议，确定双方实际履行的合同具体是哪一份，以免产生合同争议。

参考依据

《最高人民法院关于审理建设工程施工合同纠纷案件适用法律问题的解释（一）》

第二条第一款 招标人和中标人另行签订的建设工程施工合同约定的工

程范围、建设工期、工程质量、工程价款等实质性内容,与中标合同不一致,一方当事人请求按照中标合同确定权利义务的,人民法院应予支持。

《北京市高级人民法院关于审理建设工程施工合同纠纷案件若干疑难问题的解答》

15.“黑白合同”中如何结算工程价款?……法律、行政法规规定不是必须进行招标的建设工程,实际也未依法进行招投标,当事人将签订的建设工程施工合同在当地建设行政管理部门进行了备案,备案的合同与实际履行的合同实质性内容不一致的,应当以当事人实际履行的合同作为结算工程价款的依据。

《湖北省高级人民法院民事审判工作座谈会会议纪要》

35.……工程不是必须招投标的项目,实际也未经过招投标程序,但按照建设行政主管部门的规定,将施工合同在相关行政管理部门予以登记备案,该备案合同内容与发包方和承包方另行签订的施工合同不一致的,以当事人实际履行合同作为结算工程款的依据。

六、合同解除后对剩余工程施工存在争议、已完工程量无法确认的处理

建设工程施工合同解除后,由于多种原因致发包人与承包人对已完工程量的确认没有达成一致且亦未办理任何其他书面的手续,而发包人为了及时完工交付,可能将剩余工程交付第三人进行施工。在此之前发包人或者联系承包人配合确认已完工程量,或者采取必要措施对已完工程量进行证据保全。第三人完成工程并交付后,承包人却起诉要求发包人支付已完工程量的工程价款。建设工程施工合同解除后,已经完成的建设工程质量合格的,承包人有权主张工程款,但是问题是,如果双方对已完工程量并未达成一致,且承包人也没有证据证明已完工程量就主张工程款的情况下,工程量在双方当事人之间产生争议的比例相当大,承包人直接主张施工图纸范围内的全部工程款,而发包人则辩称“剩余工程中承包人未施工、由第三人施工”,承包人无权主张全部工程款。双

方对此开始“扯皮”。已完工程量的确定便成为解决案件的关键。

司法实践中对此看法不一,有的法院直接让发包人或者承包人一方承担举证不利的后果。部分地方法院对不能定工程量的争议,根据未能办理交接、造成合同解除未能完工的原因等因素分配举证责任,裁判者视个案情况不同进行裁量。本节通过最高人民法院的一篇案例,引出解决此类问题的一些观点,供类似案件参考。

典型案例

A 公司(发包人)、B 工程公司(承包人)与 C 工程公司(实际施工人)建设工程施工合同纠纷案

1. 案件基本事实

2010 年 7 月 1 日,发包人 A 公司与承包人 B 工程公司签订《建设工程施工合同》及《补充协议》等,约定由 C 工程公司施工某房地产项目。2010 年 7 月 29 日,B 工程公司与 C 工程公司签订《建设工程施工合同》,将工程转包给 C 工程公司实际施工。2011 年 5 月 30 日,该市高新技术产业开发区招标投标管理办公室发出涉案工程《中标通知书》,各方对后补招投标手续的事实均无异议。C 工程公司完成工程主体结构和主要线路的施工及验收后,剩余工程未继续施工便中途退场,之后也未提交任何施工资料、剩余工程未予验收。后 C 工程公司向法院起诉主张确认 B 工程公司与 C 工程公司签订的《建设工程施工合同》无效,以及工程款、利息等。A 公司提出反诉请求 C 工程公司交付数十项工程验收资料。

2. 争议焦点

(1)2010 年 7 月 29 日签订的《建设工程施工合同》的效力。

(2)工程未完工、未验收合格,承包人主张工程款的条件是否成就。

(3)“承包方未施工、由他人施工”等界面模糊、争议项目工程造价 9, 063, 741.92 元的举证责任如何分配。

(4)未完工程中,何时起算逾期支付工程款的利息损失。

(5)A 公司反诉请求交付工程验收资料能否成立。

3. 法院观点

(1)关于合同效力,法院认为,A 公司与 B 工程公司签订《建设工程施工合同》后,将工程转包给 C 工程公司,后者违反法律的强制性规定,应认定无效。关于付款条件是否成就。经一审法院现场勘查,案涉工程已经交付使用。虽然经鉴定,案涉工程室内墙体抹灰存在质量问题,但是可通过修复解决,并不影响工程款的支付,案涉工程可参照施工合同计算折价补偿款,故 C 工程公司主张工程价款的条件已经成就。关于争议项目造价举证责任。鉴定机构与双方当事人经现场勘验,未能确定争议项目非 C 工程公司实际施工。因 9,063,741.92 元争议项目工程属于 C 工程公司施工图纸范围,B 工程公司和 A 公司未提交充分证据证明争议项目工程由其另行分包施工,争议项目 9,063,741.92 元应计入工程造价。

(2)关于欠付工程款利息计算方式,法院认为,因 C 工程公司未完成全部施工内容,涉案工程未完成综合竣工验收,C 工程公司亦未向 B 工程公司提交结算文件,依照原《最高人民法院关于审理建设工程施工合同纠纷案件适用法律问题的解释》第 17 条、第 18 条的规定,利息应自 C 工程公司起诉之日(2013 年 11 月 19 日)起算。关于竣工验收资料的交付问题。A 公司与 B 工程公司就案涉工程签订《建设工程施工合同》及补充协议,A 公司与 C 工程公司不存在合同关系,其要求 C 工程公司交付工程验收资料,缺乏依据。

法律分析

1. 2010 年 7 月 29 日签订的《建设工程施工合同》无效

一审判决认为,案涉工程为关系社会公共利益、公众安全的建设项目,依照《招标投标法》第 3 条的规定,应当依法进行招投标,因 C 工程公司与 B 工程公司于 2010 年 7 月 29 日签订的施工合同未经招投标程序,依据原《最高人民法院关于审理建设工程施工合同纠纷案件适用法律问题的解释》第 1 条的规定,上述施工合同无效。法院对C工程公司关于合同无效的诉请予以支持。

二审法院认为,《建筑法》第28条规定,禁止承包单位将其承包的全部建筑工程转包给他人,禁止承包单位将其承包的全部建筑工程肢解以后以分包的名义分别转包给他人。根据原《最高人民法院关于审理建设工程施工合同纠纷案件适用法律问题的解释》第4条的规定,承包人非法转包的行为无效。B工程公司与A公司签订《建设工程施工合同》后,将工程转包给C工程公司,违反法律的强制性规定,应认定无效。一审判决认定B工程公司与C工程公司签订的施工合同无效的理由欠妥,二审法院予以纠正。

本案中,由于B工程公司与C工程公司签订的施工合同,是一份典型的转包合同,现有法律明确规定禁止转包,双方签订的转包合同因违反了法律的禁止性规定而无效。而一审判决认为的B工程公司与C工程公司未经招投标无效,似乎有默认该合同有效,仅仅是违反招投标规定而无效之嫌,所以二审法院的判决理由相对更有说服力,更不容易产生歧义,二审判决对合同无效理由予以纠正,较为恰当。

2. 未完工、未验收合格,是否有权请求支付工程款

C工程公司撤场时未完工、未验收合格,A公司辩称C工程公司无权请求支付工程款。但是经一审法院现场查看,涉案工程已经交付使用。A公司提供的《入住情况说明》也认可房屋入住率为64.8%。在B工程公司、A公司提出质量抗辩后,C工程公司向一审法院申请对涉案工程进行司法鉴定,然后该公司又以涉案房产已经销售完毕、业主均已入住为由,申请仅对未出售的三户房屋进行室内墙体抹灰质量鉴定,同时对鉴定意见中不满足验收规范要求的出具了修复方案。双方同意C工程公司对不满足验收规范的部分进行修复。即虽然经鉴定案涉工程室内墙体抹灰存在质量问题,但是可通过修复解决,不影响工程款的支付。因此,C工程公司主张工程价款的条件已经成就,有权参照施工合同计算折价补偿款。

3. "承包方未施工、由他人施工"等界面模糊、争议项目工程造价9,063,741.92元的举证责任如何分配

一审中,C工程公司提交《工程造价鉴定申请书》,鉴定公司作出《某房地产项目工程造价鉴定意见书》,鉴定意见为:本项目工程造价为 132,337,051.80 元,其中界面划分清晰、无争议项目工程造价 123,273,309.90 元;界面模糊、争议项目工程造价 9,063,741.92 元。一审法院组织当事人对鉴定报告进行质证,鉴定机构对当事人提出的异议予以答复,鉴定人员出庭接受了当事人的质询,鉴定机构及鉴定人员具有相应的鉴定资质。审查当事人提出的异议后,一审法院直接认定案涉工程造价为 132,337,051.80 元,未作任何说理和评议。

B 工程公司和 A 公司不服,提出上诉。B 工程公司认为,C 工程公司自认未完成施工合同约定的全部工程,故无法推定施工图纸范围内的工程均系 C 工程公司施工。C 工程公司应对施工工程量负有举证责任,C 工程公司实际施工,持有签证、会议纪要等材料,其有能力对施工工程量进行证明。A 公司认为,C 工程公司未施工完毕便自行撤场,没有竣工报告,对于鉴定意见所称争议项目,其应承担举证责任。如 C 工程公司不能提供争议项目的施工资料,争议造价 9,063,741.92 元便不能计入工程造价。二审法院认为,首先,鉴定报告无明显依据不足情形。关于工程量问题,鉴定机构组织当事人进行了实地勘验,有关争议项目单独列出,对于其他工程量的认定,B 工程公司提出过异议,鉴定机构回复认为经核实工程量无误。B 工程公司并未提交证据推翻鉴定机构的认定,其主张工程量错误,依据不足。一审庭审时鉴定人员出庭接受当事人质询后的意见是对鉴定报告不予调整。鉴定机构均对当事人提出的异议予以回复并出庭接受当事人质询,各方当事人未能提交证据证明鉴定机构和人员存在不具备资质,鉴定程序违法,鉴定依据明显不足等情况,主张鉴定报告不应采信的依据不足。其次,争议项目 9,063,741.92 元应计入工程造价。鉴定机构与双方当事人经现场勘验,未能确定争议项目非 C 工程公司实际施工。因 9,063,741.92 元争议项目工程属于 C 工程公司施工图纸范围,B 工程公司和 A 公司未提交充分证据证明争议项目工程由其另行分包施工,一审判决将其计入工程造价,并无不当。

从上述二审判决可以看出,对于施工界面模糊的争议项目,如果工程已经完工,通常在承包方举出施工图纸和现场工程实体等证据后,就推定承包方已经履行完全部合同义务。如发包方认为不是承包方施工而是由他人施工的，法院会将“由他人施工”的举证责任分配给发包方，此处存在举证责任的调整问题。根据“谁主张，谁举证”的原则，首先承包方应证明工程由其施工，提供其施工的初步证据，如施工图纸以及已完工程（大部分情况下早已交付使用）的实体。之后，发包人认为该部分工程系“由他人施工”，一方面发包方应对其提出的主张进行举证；另一方面可能考虑到剩余工程系“由他人施工”，发包方对于这一积极发生的事实，举证便利，更具备举证能力。本案争议之处在于，在C工程公司已经自认“没有完成施工，便撤场”的情况下，一审、二审判决推定由C工程公司完成施工图纸范围内的全部项目施工是否合适？对工程量无法确定的原因方面，似乎并没有考虑双方过错，笔者认为，如此判决有待进一步商榷。

4. 未完工程中，何时起算逾期支付工程款的利息损失

关于欠付工程款利息计算方式，因C工程公司未完成全部施工内容，涉案工程未完成综合竣工验收，C工程公司亦未向B工程公司提交结算文件，依照原《最高人民法院关于审理建设工程施工合同纠纷案件适用法律问题的解释》第26条、第27条的规定，欠付工程款利息应当以15,606,439.34元为本金，自C工程公司起诉之日（2013年11月19日）计算至实际清偿之日，按照中国人民银行发布的同期同类贷款利率计息。

5. A公司要求C工程公司交付工程验收合格资料的反诉请求不能成立

本案中，A公司与B工程公司签订的施工合同因未依法招投标无效，B工程公司与C工程公司签订的合同因转包而无效。A公司与C工程公司之间并没有合同关系，仅反诉C工程公司主张验收合格资料的请求，没有法律依据，不能成立。

6. 对已完工程量无法确认的相关案例检索

（1）观点一：发包方应承担主要过错，承担主要责任。

案例1：合同终止，双方应尽快确认已完工程量，但双方在协议终止后并未就已完工程量进行确认，也未对工程现状进行保全，导致双方就工程量存在争议，双方对此均存在过错，且发包人在未对工程量进行确认或者施工界面保全情形下另行发包施工，导致施工节点不清、工程量不清，应负主要责任［参见(2018)苏民终 1215 号案］。

案例 2：合同解除后，由于发包人拒绝承包人进场，在承包人撤场前未与承包人就已完工程量核对，未妥善处理后续事宜，亦未在第三方进场时做好相关证据的固定工作。故法院认为，发包人作为工程和现场的控制人，在合同解除后相关事宜的处理上，对于因相关证据缺失的不利后果，应承担主要责任［参见(2019)京 02 民终 2509 号案］。

案例 3：承包方撤场后，双方并未进行交接清算事宜，且此后发包人将未完工程交案外施工人进行施工，致使承包人完成的工程量难以准确剥离进行计算，鉴定中出现大量不确定项，发包人发出的解除函中明确了由其着手进行清算，上述鉴定中大量不确定项的出现主要因发包人行为所致，故应当由其承担相应的不利后果［参见(2019)京民终 1470 号案］。

案例 4：发包人与承包人因建设施工合同的履行发生纠纷后，发包人在未对已完工程进行现状确认前便强制要求承包人退场，并在退场后又组织其他施工主体进场施工，导致承包人客观上无法完成全部举证。发包人所称的不确定工程为其他施工单位完成，发包人应当且有能力对此予以证明，但发包人未能完成该举证责任，因此，根据证据规则并结合发包人强制退场的情况，确认不确定工程计入工程价款中［参见(2018)川 19 民终 804 号案］。

(2)观点二：承包人应承担主要过错，承担主要责任。

案例 1：承包人在撤场之时，双方未办理工程交接手续，承包人亦未向发包人要求对已完工程量进行确认。故承包人对于其已完工程量无法确认存在过错。发包人在未与承包人进行工程交接且未对承包人完成工程量进行确认的情况下，擅自委托案外人进行后续施工致鉴定不能，发包人对此亦存在过错，根据过错程度，承包人承担主要责任［参见(2017)津 02 民终 2848 号案］。

案例 2：承包人主张完成的工程量，因其在未完成全部工程的情况下退场，且未对已完工程量进行证据留存，对工程量举证不能存在过错，因此，按发包人认可的工程量，确认承包的工程量［参见(2016)赣 01 民终 818 号案］。

案例3:对于承包人已完工程量,发包人主张承包人只完成了部分工程量,其他工程量是由发包人委托他人施工的,发包人为此提供了证据,承包人对此有异议但未提出足够证据予以反驳,因此认定发包人所主张的工程非承包人施工[参见(2017)吉民终607号案]。

(3)观点三:发承包方均有过错,承担同等责任。

由于发包人与承包人对项目未核对清楚,且在工程交接时也未作出明确认定,双方均负有责任,故双方各承担一半责任[参见(2017)沪02民终4904号案]。

实务指南

1. 建设工程的施工方应提高证据意识、留痕意识。在施工时,承包人应尽可能要求发包人提供书面材料,如果没有书面材料而又要求施工作业的,则要做好录音。无论是解除合同还是工程结束后结算时经常会出现一些施工的内容对方不认可的情况。所以,在施工方进场后的每一步、每一个环节、每一个节点,尤其是关键环节、节点等,都要有留痕意识。工程未完工情况下停止施工并撤场时,应注意对施工现状、已完成工程量的证据进行固定,避免因证据不足,导致应得利益无法得到保障。

2. 解除合同时,尽量争取签订书面协议。协议中要对已完工程交接、相关资料的移交、已完工程量及价款的确定、违约导致的损失赔偿等事项进行明确,如果不能一步到位,对于争议事项可以先行搁置,但一定要将已完工程量进行确定,否则在之后的争议解决尤其是诉讼中,对双方影响都比较大。

3. 结算工作常常需要对方的配合才能完成。一方不配合时,无论是承包方还是发包方都不能消极处理之,而应采取积极方式完善各方面证据,包括对方不配合的证据(最好以书面方式进行通知要求进行工程量确定,未确定前不得让第三方进场施工);已完工程量固定工作(具备条件的,最好请公证处到现场进行拍摄并由相关技术人员进行讲解);阻止进场进行拍摄时一定要与对方负责该项目的人员进行联系并做好录音,这个可以证明证据无法固定系由对方造成,自身无过错。

4.涉诉后及时委托专业的律师介入。涉及诉讼时,由于双方对工程量争议较大,而该类案件的举证责任分配、双方过错分析等专业性较强,无论是承包方还是发包方,建议委托专业的律师及时介入,分析案件具体情况、尽可能收集有利的证据,避免因考虑不周、专业性不强,导致一方一再败诉、造成难以弥补的损失。

参考依据

《招标投标法》

第三条　在中华人民共和国境内进行下列工程建设项目包括项目的勘察、设计、施工、监理以及与工程建设有关的重要设备、材料等的采购,必须进行招标:

(一)大型基础设施、公用事业等关系社会公共利益、公众安全的项目;

(二)全部或者部分使用国有资金投资或者国家融资的项目;

(三)使用国际组织或者外国政府贷款、援助资金的项目。

前款所列项目的具体范围和规模标准,由国务院发展计划部门会同国务院有关部门制订,报国务院批准。

法律或者国务院对必须进行招标的其他项目的范围有规定的,依照其规定。

《最高人民法院关于审理建设工程施工合同纠纷案件适用法律问题的解释(一)》

第一条　建设工程施工合同具有下列情形之一的,应当依据民法典第一百五十三条第一款的规定,认定无效:

(一)承包人未取得建筑业企业资质或者超越资质等级的;

(二)没有资质的实际施工人借用有资质的建筑施工企业名义的;

(三)建设工程必须进行招标而未招标或者中标无效的。

承包人因转包、违法分包建设工程与他人签订的建设工程施工合同,应当依据民法典第一百五十三条第一款及第七百九十一条第二款、第三款的规定,认定无效。

第四条 承包人超越资质等级许可的业务范围签订建设工程施工合同，在建设工程竣工前取得相应资质等级，当事人请求按照无效合同处理的，人民法院不予支持。

第二十条 当事人对工程量有争议的，按照施工过程中形成的签证等书面文件确认。承包人能够证明发包人同意其施工，但未能提供签证文件证明工程量发生的，可以按照当事人提供的其他证据确认实际发生的工程量。

第二十六条 当事人对欠付工程价款利息计付标准有约定的，按照约定处理。没有约定的，按照同期同类贷款利率或者同期贷款市场报价利率计息。

第二十七条 利息从应付工程价款之日开始计付。当事人对付款时间没有约定或者约定不明的，下列时间视为应付款时间：

（一）建设工程已实际交付的，为交付之日；

（二）建设工程没有交付的，为提交竣工结算文件之日；

（三）建设工程未交付，工程价款也未结算的，为当事人起诉之日。

《建筑法》

第二十八条 禁止承包单位将其承包的全部建筑工程转包给他人，禁止承包单位将其承包的全部建筑工程肢解以后以分包的名义分别转包给他人。

《北京市高级人民法院关于审理建设工程施工合同纠纷案件若干疑难问题的解答》

13. 固定总价合同履行中，承包人未完成工程施工的，工程价款如何确定？……当事人就已完工程的工程量存在争议的，应当根据双方在撤场交接时签订的会议纪要、交接记录以及监理材料、后续施工资料等文件予以确定；不能确定的，应根据工程撤场时未能办理交接及工程未能完工的原因等因素合理分配举证责任。

《浙江省高级人民法院民事审判第一庭关于审理建设工程施工合同纠纷案件若干疑难问题的解答》

十、哪些证据可以作为工作量、工程价款的结算依据？双方当事人在建设工程施工过程中形成的补充协议、会议纪要、工程联系单、工程变更单、工程对帐签证以及其他往来函件、记录等书面证据,可以作工程量计算和认定工程价款的依据。

《最高人民法院关于适用〈中华人民共和国民事诉讼法〉的解释》

第一百零八条　对负有举证证明责任的当事人提供的证据,人民法院经审查并结合相关事实,确信待证事实的存在具有高度可能性的,应当认定该事实存在。

对一方当事人为反驳负有举证证明责任的当事人所主张事实而提供的证据,人民法院经审查并结合相关事实,认为待证事实真伪不明的,应当认定该事实不存在。

法律对于待证事实所应达到的证明标准另有规定的,从其规定。

第四章　优先受偿权

一、实际施工人是否有权主张建设工程价款优先受偿权

《民法典》第807条规定："发包人未按照约定支付价款的，承包人可以催告发包人在合理期限内支付价款。发包人逾期不支付的，除根据建设工程的性质不宜折价、拍卖外，承包人可以与发包人协议将该工程折价，也可以请求人民法院将该工程依法拍卖。建设工程的价款就该工程折价或者拍卖的价款优先受偿。"按照该规定，建设工程的承包人享有法定的工程价款优先受偿权，以便于在发包人逾期不支付工程款的情况下，承包人获得工程款能更有保障。但实践中，由于投资不足、建筑业市场准入门槛低以及长期以来建筑市场供大于求的现状，许多资质等级低、信誉较差的建筑施工企业，或者工头带领的没有资质的零散施工队伍，以挂靠、联营、内部承包等借名形式或者转包、违法分包形式承揽建设工程，使很多工程施工合同签订的承包人并非真正的实际施工人。在此情形下，发包人欠付工程款时，并不直接影响承包人的利益，反而侵害了实际施工人的权益。

按照《最高人民法院关于审理建设工程施工合同纠纷案件适用法律问题的解释(一)》第43条的规定，实际施工人在一定条件下可以突破合同相对性原则向发包人主张工程款，那么同理，实际施工人是否可同时主张建设工程价款优先受偿权呢？

典型案例

实际施工人 A 与 B 公司、C 公司建设工程施工合同纠纷案

1. 案件基本事实

2014 年 8 月 26 日，B 公司与 C 公司签订《建设工程施工合同》一份，约定由 B 公司承建 C 公司开发建设的某五金城项目标段工程，同时合同对建筑面积、承包范围、违约责任等内容进行了约定。后 B 公司与实际施工人 A 签订承包合同，将取得的项目标段工程全部转交 A 组织施工。案涉工程 2014 年 9 月开工，2016 年 12 月 31 日交付使用；2017 年 1 月，因 B 公司、C 公司长期拖欠 A 工程款，A 向人民法院提起诉讼，要求 B 公司、C 公司共同支付工程欠款 35,173,302.29 元，并主张确认其在 B 公司、C 公司应给付款项范围内对案涉工程价款享有优先受偿权。

2. 争议焦点

(1)实际施工人 A 是否有权主张工程价款优先受偿权。

(2)工程价款优先受偿权的行使期限如何确定。

3. 法院观点

一审法院认为：关于涉案工程价款优先受偿权问题。原《合同法》第 286 条所规定的承包人享有建设工程折价或者拍卖价款的优先受偿权，其目的在于优先保护实际进行施工建设工程的农民工的合法权益。本案中，发包人 C 公司与承包人 B 公司签订施工合同，B 又将全部工程非法转包给 A 施工，其仅收取管理费。实际施工人 A 组织人员包工包料完成了涉案工程的施工，其支付工作人员的报酬及材料款，其付出的人力、物力已物化于涉案工程中，故 A 享有工程折价或者拍卖价款的优先受偿权。

关于工程价款优先受偿权的行使期限问题。涉案工程于 2016 年 12 月 31 日已交付使用，实际施工人 A 于 2017 年 1 月主张涉案工程价款优先受偿权，根据原《最高人民法院关于审理建设工程施工合同纠纷案件适用法律问题的解释》第 14 条第 3 项及原《最高人民法院关于建设工程价款优先受偿权问题的批

复》第4条的规定,该日期为涉案工程竣工日期。故C公司主张因涉案工程尚未完工且未经验收合格,涉案工程价款优先受偿权不具备适用条件及B公司主张实际施工人A已经超过主张期限的理由均不能成立,均不予支持。

二审法院认为:关于实际施工人A要求确认其在B公司、C公司应付工程款范围内对涉案工程价款享有优先受偿权能否成立的问题。原《合同法》第286条规定:"发包人未按照约定支付价款的,承包人可以催告发包人在合理期限内支付价款。发包人逾期不支付的,除按照建设工程的性质不宜折价、拍卖的以外,承包人可以与发包人协议将该工程折价,也可以申请人民法院将该工程依法拍卖。建设工程的价款就该工程折价或者拍卖的价款优先受偿。"这一规定是建设工程承包人在其应得工程款范围内对其施工的工程折价或者拍卖所得价款享有优先受偿权的法律基础。鉴于建设工程价款优先受偿权系法定优先权,因其具有优先于普通债权和抵押权的权利属性,故对其权利的享有和行使必须具有明确的法律依据。根据前述法律规定及相关司法解释规定,行使优先受偿权的主体应仅限于建设工程承包人,现行法律和司法解释并未赋予实际施工人享有建设工程价款优先受偿的权利。故A作为涉案工程的实际施工人主张建设工程价款的优先受偿权,缺乏法律依据,法院不予支持。

再审法院认为:案涉施工合同项下的建设工程由A施工,A系案涉工程实际施工人。原《合同法》第286条规定:"发包人未按照约定支付价款的,承包人可以催告发包人在合理期限内支付价款。发包人逾期不支付的,除按照建设工程的性质不宜折价、拍卖的以外,承包人可以与发包人协议将该工程折价,也可以申请人民法院将该工程依法拍卖。建设工程的价款就该工程折价或者拍卖的价款优先受偿。"原《最高人民法院关于审理建设工程施工合同纠纷案件适用法律问题的解释(二)》第17条规定:"与发包人订立建设工程施工合同的承包人,根据合同法第二百八十六条规定请求其承建工程的价款就工程折价或者拍卖的价款优先受偿的,人民法院应予支持。"该司法解释施行后本案尚未审结,上述规定适用于本案。A并非与发包人C公司签订建设工程施工合同的承包人。根据上述法律及司法解释的规定,二审法院认为A作为实际施工人不享有建设工程价款优先受偿权，适用法律正确。

法律分析

1. 关于实际施工人是否有权主张建设工程价款优先受偿权

在实际施工人主张建设工程价款优先受偿权的建设工程纠纷案中，以最高人民法院为代表的司法实践裁判观点如下。

(1)肯定型。

在(2022)最高法民再168号案中，关于成虎公司欠付工程价款的利息问题及张某平就案涉工程优先受偿权的问题，最高人民法院认为，以成虎公司欠付工程价款为基数，自2018年8月14日起至2019年8月19日止按中国人民银行同期同类贷款利率标准计算利息，自2019年8月20日起至付清之日止按照同期全国银行间同业拆借中心公布的贷款市场报价利率计算利息，张某平在成虎公司欠付工程价款范围内就案涉工程折价或者拍卖的价款享有优先受偿权，各方当事人对此均无异议，法院予以维持。

在(2019)最高法民申6085号案中，关于钰隆公司是否可以对工程款就案涉工程行使优先受偿权的问题，法院认为，法律就工程项目设立优先受偿权的目的，是保障承包人对发包人主张工程款的请求权优先于一般债权得以实现。保障该请求权优先得以实现的原因在于，建设工程系承包人组织员工通过劳动建设而成的，工程价款请求权的实现意味着员工劳动收入有所保障。无论合同是否有效，只要承包人组织员工按照合同约定建设了工程项目，交付给了发包人，发包人就没有理由无偿取得该工程建设成果。因此，合同虽然无效，但建设工程经竣工验收合格，承包人仍然享有向发包人主张工程价款的请求权。而且，承包人组织员工施工建设工程项目，同样需要向员工支付劳动报酬，与合同有效时相同。因此，在合同无效的情况下，承包人的工程价款请求权同样需要优先于一般债权得以实现，故应当认定承包人享有优先受偿权。在没有资质的实际施工人借用有资质的建筑施工企业名义的情况下，实际施工人和建筑施工企业谁是承包人，谁就享有工程价款请求权和优先受偿权。在合同书上所列的

"承包人"是具有相应资质的建筑施工企业,即被挂靠人;而实际履行合同书上所列承包人义务的实际施工人,是挂靠人。关系发包人实际利益的是建设工程是否按照合同约定的标准和时间完成并交付到其手中,只要按约交付了建设工程,就不损害发包人的实际利益。但是否享有工程价款请求权和优先受偿权,直接关系对方当事人的实际利益。事实上,是挂靠人实际组织员工进行了建设活动,完成了合同中约定的承包人义务。所以,挂靠人因为实际施工行为而比被挂靠人更应当从发包人处得到工程款,被挂靠人实际上只是最终从挂靠人处获得管理费。因此,挂靠人比被挂靠人更符合法律关于承包人的规定,比被挂靠人更应当享有工程价款请求权和优先受偿权。挂靠人既是实际施工人,也是实际承包人,而被挂靠人只是名义承包人,认定挂靠人享有主张工程价款请求权和优先受偿权,更符合法律保护工程价款请求权和设立优先受偿权的目的。

在建设工程施工合同关系中,优先受偿权是为了保障工程价款请求权得以实现而设立的,而工程价款请求权又是基于合同关系产生的,所以,应受合同相对性的限制。在发包人同意或者认可挂靠存在的情形下,挂靠人作为没有资质的实际施工人借用有资质的建筑施工企业(被挂靠人)的名义,与发包人订立了建设工程施工合同。挂靠人是实际承包人,被挂靠人是名义承包人,两者与发包人属于同一建设工程施工合同的双方当事人。因此,认定挂靠人享有优先受偿权,并不违反该条的规定。

在上述(2019)最高法民申6085号案中,钰隆公司借用安徽三建的资质,以挂靠方式对发包人蓝天公司发包的1号楼、4号楼、5号楼进行了实际施工,属于实际施工人;同时,钰隆公司与蓝天公司之间已经履行了发包人与承包人之间的义务,双方在事实上形成了建设工程施工合同关系,钰隆公司是案涉工程的实际承包人。而且,蓝天公司从签订合同开始到实际履行合同过程中,知道并认可钰隆公司是借用安徽三建资质进行实际施工的事实,还接受了钰隆公司直接支付给自己的保证金,并向钰隆公司直接支付过工程价款,更进一步证明蓝天公司认可了钰隆公司系工程实际承包人的事实。所以,一审判决认为钰隆公司享有优先受偿权是正确的。

（2）否定型。

在（2021）最高法民申 5733 号案中，关于实际施工人是否享有工程价款优先受偿权问题。《最高人民法院关于适用〈中华人民共和国民法典〉时间效力的若干问题》第 1 条第 2 款规定，《民法典》施行前的法律事实引起的民事纠纷案件，适用当时的法律、司法解释的规定，但是法律、司法解释另有规定的除外。本案事实发生于《民法典》实施之前，应当适用《民法典》实施前的相关法律规定予以处理。原《合同法》第 286 条规定，发包人未按照约定支付价款的，承包人可以催告发包人在合理期限内支付价款。发包人逾期不支付的，除按照建设工程的性质不宜折价、拍卖的以外，承包人可以与发包人协议将该工程折价，也可以申请人民法院将该工程依法拍卖。建设工程的价款就该工程折价或者拍卖的价款优先受偿。根据该规定，工程价款优先受偿权的请求主体只能为承包人。本案中，根据原审法院查明的事实，系昌源公司作为承包人与富泰公司于 2010 年 2 月 3 日签订《协议书》承包涉案工程，而再审申请人曹某兴、黄某荣为案涉工程的实际施工人，而非承包方。原《最高人民法院关于审理建设工程施工合同纠纷案件适用法律问题的解释》第 26 条第 2 款规定发包人只在欠付工程价款范围内对实际施工人承担责任，即实际施工人有条件向发包人主张工程价款，但并未规定实际施工人享有工程价款的优先受偿权。因此，福建高院认为曹某兴、黄某荣作为实际施工人不享有工程价款优先受偿权，并无不当。

在（2020）最高法民申 2858 号案中，法院认为，原《最高人民法院关于审理建设工程施工合同纠纷案件适用法律问题的解释（二）》第 17 条规定："与发包人订立建设工程施工合同的承包人，根据合同法第二百八十六条规定请求其承建工程的价款就工程折价或者拍卖的价款优先受偿的，人民法院应予支持。"根据该条司法解释规定，只有与发包人订立建设工程施工合同的承包人，才能依照原《合同法》第 286 条规定就工程折价或者拍卖价款优先受偿。吴某生不是与发包人订立建设工程施工合同的承包人，在请求案涉工程的价款时，依法不能对工程折价或者拍卖的价款优先受偿。原判决未支持吴某生关于其对案涉工程折价或者拍卖的价款优先受偿的诉讼请求并无不当。

在(2020)最高法民申1872号案中,关于山西安装公司作为实际施工人是否享有建设工程价款优先受偿权的问题。法院认为,原《最高人民法院关于审理建设工程施工合同纠纷案件适用法律问题的解释(二)》第17条规定:"与发包人订立建设工程施工合同的承包人,根据合同法第二百八十六条规定请求其承建工程的价款就工程折价或者拍卖的价款优先受偿的,人民法院应予支持。"山西安装公司作为违法转包合同的承包人,二审判决认定其不享有建设工程价款优先受偿权,在法律适用上并无不当。

在(2019)最高法民再258号案中,关于吴某全是否享有工程价款优先受偿权的问题。吴某全主张依据原《最高人民法院关于审理建设工程施工合同纠纷案件适用法律问题的解释》第26条第2款的规定,其应享有工程价款优先受偿权。本案中,法院认为,吴某全与丰都一建公司签订的《建设工程内部承包合同》为无效合同,吴某全并非承包人而是实际施工人。原《最高人民法院关于审理建设工程施工合同纠纷案件适用法律问题的解释》第26条第2款规定的是发包人只在欠付工程价款范围内对实际施工人承担责任,即实际施工人有条件向发包人主张工程价款,但并未规定实际施工人享有工程价款的优先受偿权。原《合同法》第286条仅规定承包人享有工程价款优先受偿权,亦未规定实际施工人也享有该项权利。因此,吴某全主张其享有工程价款优先受偿权并无事实和法律依据,二审不予支持并无不当。

在(2019)最高法民申2755号案中,法院认为,案涉施工合同项下的建设工程由马某忠施工,马某忠系案涉工程实际施工人。原《合同法》第286条规定:"发包人未按照约定支付价款的,承包人可以催告发包人在合理期限内支付价款。发包人逾期不支付的,除按照建设工程的性质不宜折价、拍卖的以外,承包人可以与发包人协议将该工程折价,也可以申请人民法院将该工程依法拍卖。建设工程的价款就该工程折价或者拍卖的价款优先受偿。"原《最高人民法院关于审理建设工程施工合同纠纷案件适用法律问题的解释(二)》第17条规定:"与发包人订立建设工程施工合同的承包人,根据合同法第二百八十六条规定请求其承建工程的价款就工程折价或者拍卖的价款优先受偿的,人民法院应予支持。”该司法解释施行后本案尚未审结，上述规定适用于本案。马某忠并非与发包人新疆鑫达房产公司签订建设工程施工合同的承包人。根据上述法律及司法解释的规定，二审法院认为，马某忠作为实际施工人不享有建设工程价款优先受偿权，适用法律正确。

在(2019)最高法民申2852号案中，法院认为，就本案诉争的永安山庄工程，鑫科公司原与中标人龙腾公司、东泉公司签订《建设工程施工合同》，但是其后各方当事人并未实际履行该合同，而是由鑫科公司与陈某国签订《永安山庄后期工程施工承包合同》并由陈某国实际进行施工。涉案《容缺备案表》中所填施工单位为东泉公司、龙腾公司。结合上述事实可以认定，就涉案工程，陈某国为借用资质的实际施工人。优先受偿权作为一种物权性权利，根据原《物权法》第5条“物权的种类及内容，由法律规定”之物权法定原则，享有建设工程价款优先受偿权的主体必须由法律明确规定。而原《合同法》第286条、《最高人民法院关于建设工程价款优先受偿权问题的批复》第1条均明确限定建设工程价款优先受偿权的主体是建设工程的承包人，而非实际施工人。这也与原《最高人民法院关于审理建设工程施工合同纠纷案件适用法律问题的解释(二)》第17条明确规定建设工程价款优先受偿权的主体为“与发包人订立建设工程施工合同的承包人”这一最新立法精神相契合。陈某国作为实际施工人，并非法定的建设工程价款优先受偿权主体，不享有建设工程价款优先受偿权。

上述最高人民法院裁判观点中支持实际施工人主张建设工程价款优先受偿权的理由可以总结为：(1)对实际施工人主张在发包人欠付工程价款范围内就案涉工程折价或者拍卖的价款享有优先受偿权，发包人、承包人、实际施工人均无异议。(2)在发包人同意或者认可挂靠存在的情形下，挂靠人既是实际施工人，也是实际承包人。认定挂靠人享有主张工程价款请求权和优先受偿权，更符合法律保护工程价款请求权和设立优先受偿权的目的，而且也并不违反合同相对性的规定。

上述最高人民法院裁判观点中不支持合同实际施工人主张建设工程价款优先受偿权的理由可以总结为：(1)实际施工人与发包人之间并不存在直接、有效的合同关系，司法解释规定优先受偿权的权利主体为与发包人订立建设工程施工合同的承包人，实际施工人不具有主张建设工程价款优先受偿权的合法性事由。(2)司法解释虽然规定实际施工人有条件向发包人主张工程价款，但并未规定实际施工人享有工程价款的优先受偿权，实际施工人不是法定的建设工程价款优先受偿主体。(3)根据物权法定原则，享有建设工程价款优先受偿权的主体必须由法律明确规定，司法解释明确限定建设工程价款优先受偿权的主体是建设工程的承包人，因此实际施工人不享有建设工程价款优先受偿权。

综合上述司法实践我们不难看出，虽然最高人民法院对于实际施工人主张建设工程价款优先受偿权这一问题的裁判偶有争议，但主流的裁判意见还是倾向于认为实际施工人无权主张建设工程价款优先受偿权，而且最高人民法院的指导意见、司法观点也愈加明确地倾向于认为实际施工人无权主张建设工程价款优先受偿权。2011 年《全国民事审判工作会议纪要》征求意见稿中曾明确："因违法分包、转包等导致建设工程合同无效，实际施工人请求依据合同法第二百八十六条规定对建设工程行使优先受偿权不予支持。"2015 年《全国民事审判工作会议纪要》则并列出现了上述两种不同的观点：第一种意见是，建设工程施工合同无效，但建设工程经竣工验收合格，实际施工人请求依据原《合同法》第 286 条的规定对承建的建设工程享有优先受偿权的，应予以支持。第二种意见是，建设工程施工合同无效，实际施工人请求对承建的建设工程享有优先受偿权的，不予支持。2021 年 1 月 1 日《民法典》施行后，最高人民法院民事审判第一庭编著的《最高人民法院新建设工程施工合同司法解释(一)理解与适用》又进一步明确，只有与发包人订立建设工程施工合同的承包人才享有工程价款优先受偿权，实际施工人不享有工程款优先权。最高人民法院民一庭 2021 年第 21 次法官会议讨论也明确：实际施工人不享有建设工程优先受偿权。

至此，工程款优先权的主体似乎已成定论：以是否"与发包人订立建设工程施工合同"为判断标准，只有与发包人订立建设工程施工合同的承包人才享有工程款优先权，实际施工人被排除在工程款优先权主体之外。但笔者经检索梳理后发现，不少地方法院意见认为，在一定条件下，对实际施工人提出的建设工程价款优先受偿权主张可予支持。具体而言,设置的条件通常包括三个方面:一是实际施工人履行了施工合同约定的施工义务,且已完工程的质量能够达到合格标准;二是施工合同的总承包人或转包人存在不主张或者怠于向发包人主张建设工程价款优先受偿权的行为,对实际施工人的工程款权益造成损害;三是发包人与实际施工人之间存在事实上的合同关系。例如,浙江省高级人民法院认为:分包人或实际施工人完成了合同约定的施工义务且工程质量合格,在总承包人或转包人怠于行使工程价款优先受偿权时,就其承建的工程在发包人欠付工程价款范围内可以主张工程价款优先受偿权。[①] 安徽省高级人民法院认为:分包人或实际施工人完成了合同约定的施工义务且工程质量合格的,在总包人或非法转包人怠于主张工程价款优先受偿权时,就其承建的工程在发包人欠付的工程款范围内主张工程价款优先受偿权,可予支持。[②] 江苏省高级人民法院认为:建设工程价款优先受偿权不受建设工程施工合同效力的影响。建设工程施工合同无效,承包人仍然享有建设工程价款优先受偿权。实际施工人在总承包人或者转包人不主张或者怠于行使工程价款优先受偿权时,就其承建的工程在发包人欠付工程价款范围内可以主张优先受偿权。[③] 天津市高级人民法院认为:实际施工人向发包人主张建设工程价款优先受偿权的,应在查明实际施工人与发包人之间是否存在直接合同关系的基础上,依法认定。[④] 重庆市高级人民法院认为:在与发包人具有直接合同关系的承包人没有起诉发包人的情况下,实际施工人诉请发包人在欠付工程款范围内支付工程价款并依照我国原《合同法》第286条主张建设工程价款优先受偿权的,应当予以支持。[⑤] 河北省高级人民法院认为:分包人或实际施工人在总包人或非法转包人怠于主张工

---

① 参见《浙江省高级人民法院民一庭关于审理建设工程施工合同纠纷案件若干疑难问题的解答》(2012年)。

② 参见《安徽省高级人民法院关于审理建设工程施工合同纠纷案件若干疑难问题的指导意见》(2009年)。

③ 参见《江苏省高级人民法院关于审理建设工程施工合同纠纷案件若干问题的解答》(2018年)。

④ 参见《天津市高级人民法院关于审理建设工程施工合同纠纷案件相关问题的审判委员会纪要》(2020年)。

⑤ 《重庆市高级人民法院民一庭关于当前民事审判疑难问题的解答》(2014年)。

程价款时，主张建设工程价款就该工程折价或拍卖的价款优先受偿的，人民法院应予支持。①

此类地方性司法意见虽不能跨越区域的限制，仅具备参考和指导价值，但同时也表明，实际施工人优先受偿权问题仍有分歧未得到解决，优先受偿权是否绝对不能由实际施工人行使仍有讨论空间。

2. 关于工程价款优先受偿权行使的期限

建设工程价款优先受偿权的行使期限是实现优先受偿权的重要内容，承包人能否将工程通过协议折价、依法拍卖的方式获取工程价款，首先取决于其优先权的行使是否在法律规定的期限范围内。

2002 年以来，最高人民法院先后出台了三次司法解释，调整优先受偿权的行使期限及起算时间。2002 年 6 月 27 日发布的《最高人民法院关于建设工程价款优先受偿权问题的批复》规定，承包人行使优先受偿权的期限为 6 个月，自工程竣工之日或者合同约定的竣工之日起计算。2019 年 2 月 1 日起施行的原《最高人民法院关于审理建设工程施工合同纠纷案件适用法律问题的解释（二）》将起算日改为"应给付建设工程价款之日"，期限依然是 6 个月。《民法典》出台后，2021 年 1 月 1 日起配套施行的《最高人民法院关于审理建设工程施工合同纠纷案件适用法律问题的解释（一）》将行使期限由 6 个月调整为"合理期限，最长不超过十八个月"，起算日依然为"应给付建设工程价款之日"。

而在司法实践中，由于建设工程施工的复杂性，受多种因素影响，如何理解和执行"应给付建设工程价款之日"，比较复杂。关于不同情形下工程价款优先受偿权行使期限起算日的确定，司法实践中通常可分为以下情形：

（1）合同有约定的，从约定。

尊重当事人的真实意思表示，是合同应当全面实际履行原则的体现，也是合同履行的常态。建设工程施工合同对付款时间及方式有明确约定且合同已正常履行完毕的，应当遵从当事人约定。因此，在合同有明确约定的情况下，发

① 河北省高级人民法院《建设工程施工合同案件审理指南》（2018 年）。

包人依约支付工程款的时间即为应付工程款之日，也即行使建设工程价款优先受偿权的起算时间。

(2)合同无约定或约定不明的，从法定。

在建设工程施工合同未约定或约定不明的情况下，参照《最高人民法院关于审理建设工程施工合同纠纷案件适用法律问题的解释(一)》第27条的规定，可划分几种情况分别确定行使优先受偿权的起算时间。第一，建设工程实际交付的，以建设工程交付之日为应付款时间。此时，发包人对涉案工程已享有占有、使用、收益等实际控制的权利。在这种情况下，发包人仍然欠付承包人工程价款，双方的权利义务显然不对等，从此时起算应付款时间，同时能够实现合同双方利益的均衡。第二，建设工程没有交付的，以提交竣工结算文件之日为应付款时间。在发包方支付工程价款前，合同双方一般应完成竣工验收、工程价款结算等程序。故而，工程价款结算可以认为是发包方支付工程价款的条件。而当承包人提交结算文件后，发包方未按照约定进行竣工结算的，可以认定该行为构成不当阻止工程价款支付条件的成就，应视为工程价款支付条件已经成就。故可以此作为应付工程价款的时间。第三，建设工程价款未结算，建设工程也未交付，以起诉之日为应付款时间。在工程未完工或完工后未经验收的情形下，合同约定的工程价款结算条件尚未成就，无法确定应付工程价款之日。为便于计算行使优先受偿权的起算时间，提高司法效率，以权利人正式主张权利的节点即原告起诉时间作为拟制的应付款时间，更有利于敦促承包人积极行使优先受偿权以及纠纷的解决。

实务指南

1. 实际施工人仍应力争主张工程价款优先受偿权。

虽然目前的司法裁判现状对实际施工人主张工程价款优先受偿权非常不利，但出于对实际施工人及其背后进城务工人员利益保护这一优先受偿权制度设立的立法本意角度考虑，且目前法律规定也并未对实际施工人不能主张建设工程价款优先受偿权作出明确规定，实际施工人在诉讼中仍应力争主张工程价款优先受偿权。尤其在借用资质情形下,发包人明知甚至同意实际施工人借用资质的实际施工人的,此时借用资质的挂靠人与发包人形成了事实上的施工合同关系,在诉讼中,一方面,实际施工人要通过实际施工的相关证据材料,如施工图纸、工人工资发放、监理会议纪要签字等,证明实际施工人的身份;另一方面,要进而证明与实际施工人之间属于事实上的建设工程施工合同关系,从而基于法律目的主张建设工程价款优先受偿权。

2. 行使工程价款优先受偿权应特别注意行使期限及行使方式。

建设工程价款优先权行使期限的性质属于除斥期间,除斥期间为权利预设期间,以促使法律关系尽早确定为目的,不得中止、中断和延长,即建设工程价款优先受偿权的行使期限不适用诉讼时效中止、中断和延长的相关规定。权利人应当在法律规定的期限内行使建设工程价款优先受偿权,如超出法定期限,权利人将失去行使建设工程价款优先受偿权的权利。

此外,工程竣工验收后,往往很快就会办理不动产权证,在发包人财务困难的情况下,发包人可能会将工程抵押或转让,或者因债务纠纷导致工程被法院查封、拍卖、变卖,甚至在工程建设施工过程中,发包人也会办理在建工程抵押。因此,建设工程价款优先受偿权制度对于权利人利益保护意义重大,权利人应在法律规定的时间内选择合适的方式尽快主张建设工程价款优先受偿权。主张优先权的方式一般有:(1)以书面形式向发包人主张。(2)以提起诉讼或申请仲裁的方式主张。(3)享有建设工程价款优先受偿权的权利人因不能归责于本人的事由未参加诉讼但因生效裁判内容错误而民事权益受到损害的,可以提起第三人撤销之诉。(4)在以发包人为被执行人的金钱债权、抵押权案件的执行程序中,权利人可依法采取执行异议之诉的方式主张。同时,为避免诉讼过程中发生发包人转卖涉案工程等情形,保障优先权确认后的实现,建议权利人在采取诉讼或仲裁的方式请求确认建设工程价款优先受偿权时,一并申请财产保全,查封相应的工程。

参考依据

《最高人民法院关于审理建设工程施工合同纠纷案件适用法律问题的解释(一)》

第三十五条 与发包人订立建设工程施工合同的承包人,依据民法典第八百零七条的规定请求其承建工程的价款就工程折价或者拍卖的价款优先受偿的,人民法院应予支持。

第四十一条 承包人应当在合理期限内行使建设工程价款优先受偿权,但最长不得超过十八个月,自发包人应当给付建设工程价款之日起算。

第四十三条 实际施工人以转包人、违法分包人为被告起诉的,人民法院应当依法受理。

实际施工人以发包人为被告主张权利的,人民法院应当追加转包人或者违法分包人为本案第三人,在查明发包人欠付转包人或者违法分包人建设工程价款的数额后,判决发包人在欠付建设工程价款范围内对实际施工人承担责任。

《民法典》

第八百零七条 发包人未按照约定支付价款的,承包人可以催告发包人在合理期限内支付价款。发包人逾期不支付的,除根据建设工程的性质不宜折价、拍卖外,承包人可以与发包人协议将该工程折价,也可以请求人民法院将该工程依法拍卖。建设工程的价款就该工程折价或者拍卖的价款优先受偿。

二、施工合同的效力是否对行使建设工程优先受偿权产生影响

在建设工程合同纠纷中,为了保障承包人、实际施工人等的合法权益,法律明确规定了承包人在发包人拖欠工程款时,享有对工程款的优先受偿权。然而在具体实践中,挂靠、转包、违法分包等行为的大量存在直接导致众多施工合同被认定为无效合同,成为建设工程领域的痼疾。对于被认定为无效的建设工程

施工合同,承包人是否对建设工程价款享有优先受偿权呢?如果享有优先受偿权,应满足什么条件?是否有行使期限的限制呢?

典型案例

某A房地产开发公司与某B建设公司建设工程施工合同纠纷案

1. 案件基本事实

2014年1月5日,A公司与B公司签订了《BT框架协议》,约定A公司开发的某房地产项目采取BT建设模式由B公司承建。项目范围包括土建、安装、装修,建筑总面积约16万平方米,初步设计概算约3亿元。2014年8月9日,A公司对案涉工程发包进行公开招投标。2014年9月3日,B公司以2.9亿元中标,双方签订了《建设工程施工合同》。2016年3月29日双方签订《补充协议》,对《建设工程施工合同》专用条款进行了补充变更约定。

然而,B公司于2014年1月5日,即《建设工程施工合同》签订前已进场施工,并已完成大部分工程内容,2017年6月再未施工。工程于2018年8月13日由A公司、B公司、设计单位和监理单位进行了单位(子单位)验收,但没有最终竣工验收。2017年6月,B公司将该工程交付A公司,A公司向业主交房后由业主实际居住使用,但截至2019年A公司仍拖欠B公司部分工程款且迟迟不予支付。B公司向法院提起诉讼,要求A公司支付工程款1.7亿元及其利息,并主张确认B公司对承建的住宅小区1-9号住宅楼拍卖所得价款享有建设工程价款优先受偿权。

2. 争议焦点

(1)双方签订的《建设工程施工合同》及《补充协议》效力如何认定。

(2)B公司主张的工程价款优先受偿权能否成立。

3. 法院观点

一审法院认为:首先,关于《建设工程施工合同》及《补充协议》的效力问题。《招标投标法》第43条规定:"在确定中标人前,招标人不得与投标人就投标价格、投标方案等实质性内容进行谈判”；第55条规定：“依法必须进行招标的项目，招标人违反本法规定，与投标人就投标价格、投标方案等实质性内容进行谈判的，给予警告，对单位直接负责的主管人员和其他直接责任人员依法给予处分。前款所列行为影响中标结果的，中标无效。”原《工程建设项目招标范围和规模标准规定》第3条规定，“关系社会公共利益、公众安全的公用事业项目的范围包括：……商品住宅……”；第7条规定，“本规定第二条至第六条规定范围内的各类工程建设项目，包括项目的勘察、设计、施工、监理以及与工程建设有关的重要设备、材料等的采购，达到下列标准之一的，必须进行招标。（一）施工单项合同估算价的200万元人民币以上的……”本案工程为商品住宅房项目，且施工单项合同价格超过200万元。根据上述规定，案涉工程为必须进行招投标工程。双方在招投标之前已经签订了《BT框架协议》，并已实际进场施工。说明在招投标合同签订之前双方已就工程项目进行了实质性磋商，对投标价格等内容进行了实质性谈判，违反了招标人和投标人不得就投标实质性内容进行谈判的强制性规定。因此，双方签订的《建设工程施工合同》及《补充协议》无效。

其次，关于B公司主张对案涉工程享有建设工程价款优先受偿权的问题。原《最高人民法院关于审理建设工程施工合同纠纷案件适用法律问题的解释（二）》第20条规定：未竣工的建设工程质量合格，承包人请求其承建工程的价款就其承建工程部分折价或者拍卖的价款优先受偿的，人民法院应予支持；第22条规定：承包人行使建设工程价款优先受偿权的期限为6个月，自发包人应当给付建设工程价款之日起算。本案中，虽然双方签订的《建设工程施工合同》无效，工程未竣工验收，也未结算，但由于工程已实际使用，工程价款也通过司法鉴定已经确定，A公司应当支付工程价款。故本案应以起诉之日作为优先受偿权的起算点，B对案涉工程的折价或拍卖价款在A公司欠付工程款范围内享有优先受偿权。A公司辩称B公司工程价款优先受偿权的行使期限无法确定的理由不能成立，不予支持。

A公司认为B公司擅自停工在先并且涉案《建设工程施工合同》为无效合

同,其无权要求对一期工程项目部分建筑折价或拍卖价款享有优先受偿权;B公司则认为双方签订的《建设工程施工合同》及《补充协议》是双方当事人的真实意思表示,不违背法律的强制性规定,应属于有效协议。因此,双方均提起上诉。

二审法院认为:首先,关于双方签订的《建设工程施工合同》及《补充协议》的效力如何确定的问题。原《工程建设项目招标范围和规模标准规定》第3条规定,关系社会公共利益、公众安全的公用事业项目的范围包括商品住宅;第7条规定,该规定第2条至第6条规定范围内的各类工程建设项目,包括项目的勘察、设计、施工、监理以及与工程建设有关的重要设备、材料等的采购,达到下列标准之一的,必须进行招标:施工单项合同估算价200万元人民币以上的。本案中,案涉工程为商品住宅项目,且施工单项合同价格超过200万元,故根据上述规定,案涉工程属于必须招投标的工程。虽然《工程建设项目招标范围和规模标准规定》已于2018年废止,2018年6月1日生效实施的《必须招标的工程项目规定》和2018年6月6日生效实施的《必须招标的基础设施和公用事业项目范围规定》将商品住宅项目从必须招标的工程项目范围内删除。但案涉《建设工程施工合同》及《补充协议》签订于2014年和2016年,案涉工程也于2017年8月交付,案涉工程施工期限早于《必须招标的工程项目规定》和《必须招标的基础设施和公用事业项目范围规定》的颁布实施日,一审法院依据行为时的相关法律规定认定案涉工程属于必须进行招标的项目并无不当。此外,即使对于非必要招标的项目,如当事人自愿选择通过招投标程序订立合同,也应当受《招标投标法》的约束。本案中,B公司与A公司在招投标之前即签订了《BT框架协议》,约定项目范围包括土建、安装、装修项目的建安,取费标准执行甘建价〔2009〕358号文颁发的《甘肃省建筑安装工程费用定额》,按三类标准计取,可以视为双方在招投标之前就投标价格等实质性内容进行谈判,且B公司已实际进场施工。故一审法院认定双方在招投标合同签订之前已就工程项目进行了实质性磋商,违反招标人和投标人不得就投标实质性内容进行谈判的强制性规定,B公司中标无效,其签订的《建设工程施工合同》及《补充协议》无效,并无不当。A公司关于案涉《建设工程施工合同》及《补充协议》有效的主张,缺乏事实与法律依据,不予支持。

其次,关于案涉工程价款优先受偿权如何认定的问题。建设工程价款优先受偿权是法律规定的建设工程承包人的一项法定权利,目的是保障承包人能够优先获得工程款,建设工程施工合同有效并非承包人行使工程价款优先受偿权的前提条件。A公司的主张与立法本意并不相符,法院不予支持。

法律分析

1. 关于建设工程施工合同的效力如何认定

《最高人民法院关于审理建设工程施工合同纠纷案件适用法律问题的解释(一)》第1条第1款规定:"建设工程施工合同具有下列情形之一的,应当依据民法典第一百五十三条第一款的规定,认定无效:(一)承包人未取得建筑业企业资质或者超越资质等级的;(二)没有资质的实际施工人借用有资质的建筑施工企业名义的;(三)建设工程必须进行招标而未招标或者中标无效的。"《招标投标法》第43条规定,"在确定中标人前,招标人不得与投标人就投标价格、投标方案等实质性内容进行谈判"。该法第55条规定,"依法必须进行招标的项目,招标人违反本法规定,与投标人就投标价格、投标方案等实质性内容进行谈判的,给予警告,对单位直接负责的主管人员和其他直接责任人员依法给予处分。前款所列行为影响中标结果的,中标无效"。本案中,B公司与A公司在招投标之前就签订了《BT框架协议》,视为双方在招投标之前就投标价格等实质性内容进行谈判,且B公司已实际进场施工。因此双方的行为违反招标人和投标人不得就投标实质性内容进行谈判的强制性规定,B公司中标无效,其签订的《建设工程施工合同》及《补充协议》应认定为无效合同。

2. 关于施工合同的效力是否对行使建设工程价款优先受偿权产生影响

(1)在承包人起诉发包人主张工程款优先受偿权的司法实践中,存在两种不同的观点。

①施工合同无效,排除建设工程价款优先受偿权的行使。

理由为:从担保物权的权利特性来看,建筑工程款优先受偿权作为担保物权之一种，仍然具有对主债权——建设工程款的依附性，建设工程款是否依法存在决定了该优先受偿权的存在与否。若建设施工合同无效，发包方应当支付工程款的约定也应无效。虽然承包人付出了相应的劳动，应当获得相应的报酬，否则有违民法的公平观念，但施工合同无效后，承包人获得报酬的权利性质发生了改变，不再是依据合同享有的约定之债，而成为依法享有的获得损失赔偿的权利，该项权利是法定的权利。就建设工程款优先受偿权的立法目的而言，是法律为了保障承包人约定债权的实现设置的担保物权，施工合同无效后，承包人约定债权亦不存在，对约定债权担保的优先受偿权亦不应当继续存在。[①]

对于该种观点，部分法院发布指导性文件予以明确。例如：

江苏省高级人民法院《建设工程施工合同案件审理指南》第5条第9款规定：合同无效而取得合法的工程款优先受偿权不符合立法精神，原《合同法》第286条的语境是合同有效为前提。既然工程款优先受偿权作为一种担保物权，是从主权利派生出来的，即对主债权工程款具有依附性，主权利无效从权利也无效。作为约定主债权的担保物权的工程款优先受偿权亦当然无效。原《江苏省高级人民法院关于审理建设工程施工合同纠纷案件若干问题的意见》第20条规定：承包人将建设工程价款债权转让的，建设工程价款的优先受偿权随之转让。该规定的法理也是基于保证债权作为从权利将随主债权的转移而转移的制度。原《担保法》第22条规定："保证期间，债权人依法将主债权转让给第三人的，保证人在原保证担保的范围内继续承担保证责任。保证合同另有约定的，按照约定。"可见，主合同即施工合同无效的情况下，而支持承包人或实际施工人主张建设工程价款优先受偿权，有违法律精神。故建设工程合同无效，承包人或实际施工人主张建设工程价款优先受偿权的，人民法院不应支持。

原《广东省高级人民法院关于在审判工作中如何适用〈合同法〉第286条的指导意见》第7条规定：在建设工程承包合同无效的情形下，承包人主张建设工程价款优先受偿权的，人民法院不予支持。

---

① 参见最高人民法院民一庭：《民事审判指导与参考》（第63辑），人民法院出版社2015年版，第238～239页。

《深圳市中级人民法院关于建设工程合同若干问题的指导意见》第30条规定:建设工程合同无效,承包人主张建设工程价款优先受偿的,不予支持。

②施工合同无效,不能排除优先受偿权的适用。

理由为:建筑工程款优先受偿权的立法目的是保护劳动者的利益。因为在发包人拖欠承包人的工程款中,有相当部分是承包人应当支付给工人的工资和其他劳务费用。根据《最高人民法院关于建设工程价款优先受偿权问题的批复》第3条的规定,建筑工程款包括了承包人为建设工程应当支付的工作人员的报酬、材料款等实际支付的费用。在无效建筑工程合同中,上述有关费用也已实际发生,应当由发包人予以支付。结合其立法目的来看,即使合同无效,该笔费用亦应享有优先受偿权。① 导致施工合同无效的原因中有相当一部分并非承包人的责任,如建设项目未取得工程规划许可证、依法必须招标而未招标等系因发包人责任造成的,在工程质量合格的情况下,如果不予支持承包人的优先受偿权有违公平原则。②

(2)司法实践的主流裁判观点。

在承包人起诉发包人主张工程款的司法实践中,对此类案件的审理,以最高人民法院为代表的司法裁判观点如下:

在(2020)最高法民终774号案中,法院认为,涉案工程项目系商业、住宅及配套建筑,结合相关法律、法规规定,涉案项目属于必须进行招投标的项目。但是华程公司与万利公司未经招投标程序,便签订《施工总承包框架协议》,万利公司随后进场施工,双方又于事后履行招投标手续并签订了《建设工程施工合同》,同时华程公司声明《建设工程施工合同》只限于办理建筑施工许可证,用于其他用途一概无效。法院认为,该《施工总承包框架协议》违反了招标投标法规定,应认定该合同无效。关于万利公司应否在欠付工程价款范围内对已完工的

① 参见杜万华主编、最高人民法院民事审判第一庭编:《民事审判指导与参考》(2015年第3辑,总第63辑),人民法院出版社2016年版,第238~239页。

② 参见吕辉木:《建设工程若干疑难法律问题各地审判观点归纳与评析》,载于建龙主编:《中国建设工程法律评论》(第4辑),法律出版社2016年版,第21页。

工程项目的折价或拍卖价款享有优先受偿权问题，建设工程价款由成本（直接成本、间接成本）、利润（酬金）、税金构成。根据原《合同法》的规定，承包人就发包人欠付的工程价款对该工程折价或者拍卖的价款享有优先受偿权。本案中，发包人华程公司尚欠付承包人万利公司5,457,425.23元的工程款，万利公司在欠付的5,457,425.23元工程价款范围内对已完工工程项目折价或拍卖价款享有优先受偿权符合法律规定。此外，建设工程施工合同无效并不意味着债权消灭，建设工程施工合同的效力亦不影响承包人行使优先受偿权。

在（2020）最高法民终1145号案中，法院认为，汇丰祥公司与四建公司所签订的建设施工合同中载明的工程在性质上属于商品房，属于必须招投标的项目。但本案中在案涉工程招投标前，汇丰祥公司与四建公司已签订建设施工合同，而双方经过招投标程序后又签订中标备案合同，但双方实际履行的合同系招标前签订的合同，中标备案合同仅为政府备案使用，故本案的实际就是汇丰祥公司在确定中标人前，就施工合同的实质性内容与四建公司进行谈判磋商，使本应通过法定招标投标程序选定中标人承包的案涉工程，在启动招标程序前，就已确定了工程承包人，并且双方就案涉工程实质性内容达成一致并签订合同，双方的行为实际上是通过"明招暗定"的形式规避法律等规定，排斥和损害其他潜在的投标人通过竞标方式中标后取得案涉工程承包建设的合法权益，客观上扰乱了建筑市场的经济秩序。因此，汇丰祥公司与四建公司签订的案涉两份建设工程施工合同，因违反了上述法律、司法解释的规定，应当认定为无效。关于四建公司对案涉工程欠款是否享有优先受偿权的问题。根据施工合同司法解释规定："承包人行使优先受偿权的期限为六个月，自发包人应当给付之日起算"，而在本案中，汇丰祥公司应当给付价款已超过6个月，四建公司现主张对案涉工程欠款享有优先受偿权，不予支持。

在（2019）最高法民终314号案中，开泰公司、欣成公司上诉主张，只有施工合同有效才能适用法定优先受偿权，案涉工程施工合同无效，故国泰公司对案涉工程价款不享有优先受偿权。但根据原《合同法》第286条的规定，发包人逾期不支付的，除按照建设工程的性质不宜折价、拍卖的以外，承包人可以与发包人协议将该工程折价，也可以申请人民法院将该工程依法拍卖。建设工程的价款就该工程折价或者拍卖的价款优先受偿。该条和相关司法解释均未明确规定施工合同有效才能主张工程价款优先权，并且本案合同虽然无效，但工程已经验收合格，因此，国泰公司仍享有优先受偿权。原《最高人民法院关于审理建设工程施工合同纠纷案件适用法律问题的解释（二）》第 22 条规定，“承包人行使建设工程价款优先受偿权的期限为六个月，自发包人应当给付建设工程价款之日起算”。案涉工程于 2015 年 12 月 18 日竣工验收合格，开泰公司应于 2016 年 4 月 18 日支付工程款，国泰公司于 2016 年 4 月 1 日起诉主张工程款优先权符合法律、司法解释规定，一审判决支持国泰公司的该项诉讼请求正确，法院予以维持。

上述最高人民法院裁判观点均认同建设工程施工合同无效并不意味着债权消灭，建设工程施工合同的效力亦不影响承包人行使优先受偿权。

就本典型案例而言，笔者完全认同二审法院的裁判观点，认为建设工程施工合同无效，不应影响优先受偿权的行使。首先，建设工程价款优先受偿权的立法目的与初衷是保护劳动者的权益，建设工程款包括了承包人为建设工程应当支付的工作人员的报酬、工资、劳务费用以及材料款等实际支付的费用。即使建设工程施工合同被认定为无效，因上述相关费用已实际支出，认定承包人就该笔费用享有优先受偿权有利于促进劳务人员利益的保护、符合建设工程优先权制度的立法目的。其次，《最高人民法院关于审理建设工程施工合同纠纷案件适用法律问题的解释（一）》第 38 条规定：“建设工程质量合格，承包人请求其承建工程的价款就工程折价或者拍卖的价款优先受偿的，人民法院应予支持。”该条明确规定承包人的工程价款优先受偿权与建设工程质量是否合格相关，与合同效力并无直接关联。除此之外，承包人行使工程价款优先权同样不受工程是否经过竣工验收程序、合同解除、建筑物已经出售等情况的影响。如实践中存在各种各样的“烂尾工程”，因合同主体之间产生的矛盾导致共同完成竣工验收程序显然不可能。若承包人对其承建的工程已完工且经检验工程质量合格的部分，即便没有经过竣工验收程序，承包人仍可主张工程价款的优先受偿权。

3. 建设工程施工合同无效,实际施工人是否享有工程价款优先受偿权

在实践中,建设工程领域乱象频出,产生的纠纷也与日俱增。虽然我国已经出台多项法律法规及政策性规定对建设工程承包行为进行明确规定,但由于建设工程施工过程存在特殊性与复杂性,现实中仍然存在大量挂靠、转包或违法分包等施工的现象。为此,最高人民法院专门出台了《最高人民法院关于审理建设工程施工合同纠纷案件适用法律问题的解释(一)》,其第 43 条的规定突破了合同相对性规则,允许实际施工人越过承包人直接向发包人起诉,在发包人欠付工程款的范围内直接主张权利。这是法律赋予实际施工人的一项特殊性权利。《最高人民法院关于审理建设工程施工合同纠纷案件适用法律问题的解释(一)》第 35 条规定:"与发包人订立建设工程施工合同的承包人,依据民法典第八百零七条的规定请求其承建工程的价款就工程折价或者拍卖的价款优先受偿的,人民法院应予支持。"依据该规定,只有与发包人订立建设工程施工合同的承包人才享有建设工程价款优先受偿权。法律规定的建设工程价款优先受偿权是发生在发包人与承包人之间,所以即便建设工程施工合同被认定为无效合同,因实际施工人不属于"与发包人订立建设工程施工合同的承包人",故其不享有建设工程价款优先受偿权,即应将实际施工人被排除在工程款优先权主体之外。另外,最高人民法院民一庭 2021 年第 21 次法官会议讨论也明确了实际施工人不享有建设工程优先受偿权。

但我国部分地方法院存在不一致观点,认为分包人或实际施工人完成了合同约定的施工义务且工程质量合格,在总承包人或转包人怠于行使工程价款优先受偿权时,就其承建的工程在发包人欠付工程价款范围内可以主张工程价款优先受偿权。即对实际施工人提出的建设工程价款优先受偿权主张可予支持。因此,实际施工人是否对无效的施工合同享有价款优先受偿权仍存在一定的争议,有待统一。

实务指南

1. 应严格遵守招投标等相关法律法规规定,规避合同被认定为无效等相关风险。

承包人在承建项目工程时,应当遵守法律法规及相关规定,尽量避免出现建设工程施工合同无效的情况。承包人应事先对导致工程施工合同无效的事由和情形有充分的认识,审慎签订合同,对可以免除责任的条款应研究透彻,做到心中有数,要合理分配合同风险,避免不必要损失的发生。在合同履行过程中,要加强全过程动态管理。除此之外,一定注意严格审核流程各个环节并保存相关证据,一切问题都应明确具体地以书面形式规定,不要以口头承诺和保证,才能有效防范风险,以更好地保障各方的权益。

2. 承包方仍应力争主张工程价款优先受偿权。

承包人是否享有建设工程价款优先受偿权主要考虑工程质量是否合格以及承包人是否在合理期限内行使两个因素,不受合同效力影响。所以,即便建设工程施工合同无效,承包人也应严格把控工程项目质量,只有在工程质量合格的前提下,法院才会支持承包人的优先受偿权。

但需要注意的是,如果建设工程施工合同无效系因为发包人未取得工程规划审批手续,则所建工程为违法建筑或违章建筑。根据《最高人民法院民事审判第一庭2021年第21次专业法官会议纪要》的规定,建设工程价款优先受偿权制度系以建设工程的交换价值优先清偿承包人享有的建设工程价款债权。承包人享有建设工程价款优先受偿权的前提是其建设完成的建设工程依法可以流转。对此,根据《民法典》第807条的规定,发包人未按照约定支付价款的,承包人可以催告发包人在合理期限内支付价款。发包人逾期不支付的,除根据建设工程的性质不宜折价、拍卖外,承包人可以与发包人协议将该工程折价,也可以请求人民法院将该工程依法拍卖。建设工程的价款就该工程折价或者拍卖的价款优先受偿。根据该条规定,承包人享有建设工程价款优先受偿权的条件是建设工程宜折价、拍卖。违章建筑不宜折价、拍卖,故承包人对违章建筑不享有建设工程价款优先受偿权。所以,承包人在承揽工程时一定要提前考察了解发包方的相关资质与工程项目手续是否齐全完备。

3. 注意行权期限,及时主张工程价款优先受偿权。

在司法实践中,诸多承包方虽享有建设工程价款优先受偿权,但因未在法律规定的期限内行使权利,导致最终权利受损。因此,准确把握建设工程价款优先受偿权的行使期限及起算点,对承包人在合理时间内行使建设工程价款优先受偿权至关重要。根据《最高人民法院关于审理建设工程施工合同纠纷案件适用法律问题的解释(一)》第 41 条的规定,“承包人应当在合理期限内行使建设工程价款优先受偿权,但最长不得超过十八个月,自发包人应当给付建设工程价款之日起算”。需要重点注意此处的“十八个月”属于法律规定的除斥期间,即其不因任何事由而中止、中断或者延长。逾期行权会导致优先受偿权灭失,影响自身合法权益。

根据上述规定,建设工程价款优先受偿权行使期限的起算点为自发包人应当给付建设工程价款之日起算。实践中,对于“应当给付建设工程价款之日”的认定需要根据具体实际案件作客观判断,并遵循“有约定,从约定;无约定或约定不明,从法定”的原则。具体为:(1)合同对工程款的支付时间有约定的,应当遵从当事人约定。(2)合同主体对付款时间无约定或者约定不明的,参照《最高人民法院关于审理建设工程施工合同纠纷案件适用法律问题的解释(一)》第 27 条的规定,可划分几种情况分别确定行使优先受偿权的起算时间,具体为:①建设工程实际交付的,以建设工程交付之日起算;②建设工程虽未交付,但承包人已经在建设工程工验收合格后按照合同约定的时间提交了竣工结算文件,应当认定提交竣工结算文件之日起算;③建设工程价款未结算,建设工程也未交付,大多数为工程未完工或者完工后未经验收的情形。此时,合同约定的工程价款结算条件尚未成就,应当规定一个拟制的应付款时间,以一审原告起诉时间作为应付款时间为宜。[①]

① 参见最高人民法院民事审判第一庭编:《民事审判实务问答》,法律出版社 2021 年版,第 64 ~ 65 页。

4. 谨慎运用优先受偿权的行权方式。

在司法实践中，诸多承包方虽享有建设工程价款优先受偿权，但因行权方式不当可能会被认定为未在有效的期限内主张优先受偿权，从而导致权利的丧失。因此，行权方式的运用显得尤为重要。根据《民法典》第 807 条以及《最高人民法院关于审理建设工程施工合同纠纷案件适用法律问题的解释（一）》第 35 条的规定，目前法律确认的承包人行使建设工程价款优先受偿权的方式主要为协商折价与请求法院拍卖两种。除此之外，是否存在如发函等其他行使优先受偿权的方式在实践中存在较大争议，建议谨慎使用类似方式。在此需要重点提醒的是，通过诉讼途径或仲裁途径行使权利的，承包人一定要尽可能在审判程序中请求确认优先受偿权。因为，基于“不告不理”的诉讼原则，如果原告仅仅提出支付未获清偿之工程款的诉讼请求，并未提出主张优先受偿权的诉求，那么法院一般只根据原告的诉讼请求进行判决，而不会超出诉求范围确认是否存在优先受偿权。一旦案件进入执行程序，部分法院会以判决书未载明该部分内容为由不予确认优先受偿权。

参考依据

《最高人民法院关于审理建设工程施工合同纠纷案件适用法律问题的解释（一）》

第三十五条　与发包人订立建设工程施工合同的承包人，依据民法典第八百零七条的规定请求其承建的价款就工程折价或者拍卖的价款优先受偿的，人民法院应予支持。

第三十八条　建设工程质量合格，承包人请求其承建工程的价款就工程折价或者拍卖的价款优先受偿的，人民法院应予支持。

第三十九条　未竣工的建设工程质量合格，承包人请求其承建工程的价款就其承建工程部分折价或者拍卖的价款优先受偿的，人民法院应予支持。

第四十一条　承包人应当在合理期限内行使建设工程价款优先受偿权，但最长不得超过十八个月，自发包人应当给付建设工程价款之日起算。

《民法典》

第八百零七条 发包人未按照约定支付价款的,承包人可以催告发包人在合理期限内支付价款。发包人逾期不支付的,除根据建设工程的性质不宜折价、拍卖外,承包人可以与发包人协议将该工程折价,也可以请求人民法院将该工程依法拍卖。建设工程的价款就该工程折价或者拍卖的价款优先受偿。

第五章　工程招投标

一、中标合同未备案与备案合同未中标的“黑白合同”规则适用问题

《最高人民法院关于审理建设工程施工合同纠纷案件适用法律问题的解释（一）》第23条规定：“发包人将依法不属于必须招标的建设工程进行招标后，与承包人另行订立的建设工程施工合同背离中标合同的实质性内容，当事人请求以中标合同作为结算建设工程价款依据的，人民法院应予支持，但发包人与承包人因客观情况发生了在招标投标时难以预见的变化而另行订立建设工程施工合同的除外。”原《最高人民法院关于审理建设工程施工合同纠纷案件适用法律问题的解释》第21条规定，“当事人就同一建设工程另行订立的建设工程施工合同与经过备案的中标合同实质性内容不一致的，应当以备案的中标合同作为结算工程价款的根据”。

实践中，备案的中标合同一般称为“阳合同”“白合同”。与之相对应的，双方在该合同之外另行签订的“见不得光”“不便公开”的合同，称为“阴合同”“黑合同”。据此上述司法解释的规定被称为“黑白合同”规则，该规则的实质内容是“以哪份合同作为结算工程价款依据”的问题。虽然“黑白合同”为法律所明令禁止，但是在司法实践中仍然存在大量的“黑白合同”，“黑白合同”规则的适用存在泛化的倾向，有必要从该条规范的目的出发，明确“黑白合同”的适用规则，解决司法实践中常见的“黑白合同”困惑。

典型案例

某房地产开发公司与某建筑技术集团公司建设工程施工合同纠纷案

1. 案件基本事实

2018年7月，某房地产开发公司与某建筑技术集团公司经过招投标程序签订《某项目施工总承包合同之补充协议》，双方实际履行该份合同，合同约定的争议解决为法院诉讼解决。该份合同并未在当地住建部门备案。

此外，双方还签订一份《某市建设工程合同书》，该合同版本为当地住建局办理备案的格式合同，具体签订时间不明，仅为备案使用，双方也从未履行。该份合同约定了争议解决为当地仲裁委员会解决。

在合同履行过程中，因某房地产开发公司多次因资金问题，迟延支付工程款，某建筑技术集团公司暂停施工后以各种理由拒不复工，并提出价格调增的要求。而某房地产公司称某建筑技术集团公司单方提出价格调增不符合合同约定，只同意在合理范围内对价格进行调整并要求对方继续施工。而某建筑技术集团公司声称价格调整是系因房地产开发公司迟延支付工程款，导致原材料、人工等成本增加造成，双方从此发生争议。经多方协调，某房地产开发公司一再催促要求复工未果后，便发出解除合同的通知，并将某建筑技术集团公司的材料、人员、机械等强行清场。某建筑技术集团公司根据《某市建设工程合同书》向当地仲裁委员会提起仲裁，请求：(1)某房地产开发公司继续履行《某市建设工程合同书》；(2)支付拖欠的工程款4168万元及利息（根据《某市建设工程合同书》约定的3倍利息支付违约金的约定计算利息）；(3)支付补偿款2000万元；(4)赔偿经济损失500万元；(5)要求某房地产开发公司承担违约责任；(6)要求对案涉工程享有优先受偿权等。某房地产开发公司根据《某项目施工总承包合同之补充协议》向当地人民法院起诉，诉请为：判令被告某建筑技术集团公司支付原告违约金、质量损失修复费并赔偿损失，暂计2000万元等。

2. 争议焦点

双方真实履行的是哪方合同；哪份合同为案涉工程的结算依据。

3. 法院观点

二审法院认为，某房地产开发公司与某建筑技术集团公司签订了《某项目施工总承包合同之补充协议》《某市建设工程合同书》，两份合同中约定的纠纷解决方式及管辖机构不同确系事实。《某项目施工总承包合同之补充协议》约定双方发生的纠纷通过诉讼方式解决，《某市建设工程合同书》则明确约定合同履行过程中发生的争议协商解决不成时提交晋中仲裁委员会仲裁。

《某市建设工程合同书》作为在住建部门进行备案的合同，合同约定对双方具有法律约束力，某建筑技术集团公司按照《某市建设工程合同书》约定的纠纷解决方式向仲裁委员会提起仲裁，仲裁委员会已经受理该案，某房地产开发公司虽以双方纠纷应诉讼解决为由对仲裁提出管辖权异议，但仲裁委员会作出决定书驳回异议。现房地产开发公司与某建筑技术集团公司之间的纠纷已由晋中仲裁委员会受理，一审法院依据在案证据并结合本案客观情况裁定驳回某房地产公司的起诉并无不当。某房地产开发公司虽上诉称《某市建设工程合同书》并非双方实际履行的合同，主张不应按照该合同约定的纠纷解决方式进行仲裁，但其并未提供充分证据证明该项主张。虽某房地产开发公司称其向法院申请确认《某市建设工程合同书》中约定的仲裁条款无效，但该仲裁条款尚未被认定为无效。因此，裁定驳回某房地产开发公司上诉。

法律分析

1. "中标合同"未备案，不影响"黑白合同"规则的适用

原《最高人民法院关于审理建设工程施工合同纠纷案件适用法律问题的解释》规定，作为结算依据的"白合同"是"备案的中标合同"。此处的"备案的中标合同"该如何理解？如果中标合同未备案，是否仍然为"白合同"，该合同的效力如何？是否影响"黑白合同"规则的适用？

此处的"备案"指的是将中标合同提交行政监管部门备案，是工程行政管理部门对工程招标活动的行政管理措施。中标合同的备案与行政监督部门批准不同，中标合同也非经备案才能生效，未经"备案"并不影响中标合同效力。将

备案作为认定“白合同”的条件之一，单纯考虑备案是建设行政管理部门行之有效的监管措施（《国务院办公厅关于开展工程建设项目审批制度改革试点的通知》第8条规定的“取消施工合同备案事项”），而非认为“备案”对“黑白合同”的认定构成实质性影响。也就是说，依法经过招投标程序的中标合同，未经“备案”也是有效的“白合同”，不影响“黑白规则”的适用，应作为结算工程价款的依据。

《浙江省高级人民法院民事审判第一庭关于审理建设工程施工合同纠纷案件若干疑难问题的解答》第16条第1款规定，“当事人就同一建设工程另行订立的建设工程施工合同与中标合同实质性内容不一致的，不论该中标合同是否经过备案登记，均应当按照最高人民法院《关于审理建设工程施工合同纠纷案件适用法律问题的解释》第二十一条的规定，以中标合同作为工程价款的结算依据”。山东省高级人民法院《全省民事审判工作会议纪要》（鲁高发〔2011〕297号）关于“黑白合同”认定的有关问题中，也持有相同观点。

本典型案例中，从实体问题来看，《某项目施工总承包合同之补充协议》为双方经过招投标程序确定的中标合同，虽未向当地住建部门进行备案，但该合同仍然为有效的“白合同”，应适用“黑白合同”规则，以该中标的《某项目施工总承包合同之补充协议》作为结算工程价款的依据。

2.“备案合同未中标”，备案合同不适用“黑白合同”规则

对于未经招投标程序，仅仅用于备案的合同，司法实务界普遍认为不宜被认定为“白合同”，与“备案合同”不一致的实际履行的施工合同不属于“黑合同”，当然不应适用“黑白合同”规则。具体理由有：

第一，从“白合同”的认定来看，原司法解释规定的“白合同”指的是“备案的中标合同”，而单纯备案的合同未经招投标程序谈不上是中标合同，不符合“白合同”的认定要件。而且最新的《最高人民法院关于审理建设工程施工合同纠纷案件适用法律问题的解释（一）》第23条已经去掉原“备案的”，只留下“中标合同”作为白合同的认定标准。显然备案合同不属于“白合同”。

第二，从原《最高人民法院关于审理建设工程施工合同纠纷案件适用法律问题的解释》第21条以及最新《最高人民法院关于审理建设工程施工合同纠纷案件适用法律问题的解释(一)》第23条来看，制定该条的依据在于《招标投标法》第46条、第59条，上述两个法律条文禁止招标人与中标人另行签订与中标合同内容有实质性背离的合同。而单纯备案的合同并非中标合同，实际履行的合同也就不构成与中标合同的实质性背离，不符合“黑合同”的构成要件。

第三，从上述司法解释的立法目的来看，其旨在维护招投标公开、公平、公正，实现“国家对强制招投标项目这些民事活动的干预和监督”①，而备案合同未经招投标，不作为结算依据，以当事人实际履行的合同作为结算依据并不构成对招投标活动的破坏，不影响国家对招投标领域的管控。

据此，当事人仅用于备案以办理建设工程手续的合同，明显不属于该司法解释中的“中标合同”，当然不能适用“黑白合同”规则，更不能作为结算工程价款的依据。

本典型案例中，《某市建设工程合同书》为单纯的备案合同，由于非经招投标程序确定的中标合同，不能认定为“白合同”，不能作为结算双方工程价款的依据。需要注意的是，虽然《某市建设工程合同书》不是白合同，但是也不能机械地认定为“黑合同”。在无相反证据的情况下，并不能否定双方的真实意思表示，该合同仍然合法有效。至于某建筑技术集团公司是否能据此合同确定争议解决方式，是否能据此合同约定来主张违约责任？需要进一步分析上述内容是否属于与中标合同“实质性内容不一致”。

3.“黑白合同”中“背离中标合同的实质性内容”的判断

如何区分是规避招投标的“背离中标合同的实质性内容”还是属于“合同变更”，也是常见判断“黑白合同”的难点。一方面，如果允许任意变更中标合同，无异于架空招投标程序，构成对其他未中标人合法权益的侵犯。另一方面，合同变更是合同赋予双方当事人在履行过程中对合同约定进行修改的权利，在所有合同的履行过程中都有权变更合同，中标合同当然也不例外，正常的合同变

① 最高人民法院民事审判第一庭编著：《最高人民法院建设工程施工合同司法解释的理解与适用》，人民法院出版社2004年版，第182页。

更权受到法律保护。二者区别的关键在于如何区分是规避中标行为的实质性变更还是正常的合同变更。《最高人民法院关于审理建设工程施工合同纠纷案件适用法律问题的解释(一)》第23条划定的界限就是"背离中标合同的实质性内容"。通常来说,"中标合同实质性内容"包括工程质量、工程期限、工程价款、工程范围和工程项目性质。司法实践中还需要注意以下情形:

(1)不属于背离中标合同实质性内容的情形。

①对中标合同实质性内容的轻微变更,不构成"实质性变更"。

对合同实质性内容的变更,不一定都构成"背离中标合同的实质性内容",需要考虑变更的幅度,对"轻微变更"的判断。只有合同变更对当事人的基本权利义务产生较大影响的,才能认定构成"实质性背离",才适用"黑白合同"规则。江苏省高级人民法院民一庭曾主张合同履行变化超过备案合同的1/3,[①]后来调整为1/5[②]认定为"黑合同"。也有观点认为"实质性内容"与个案的具体情况相关联,但是量化变更幅度比较困难,在规则层面确定"变更不能导致当事人利益发生明显变化",个案中只能由法官自由裁量了。

②变更中标合同约定的纠纷解决方式的,不属于"实质性变更"。

从实质性变更的规则考虑,变更争议解决方式并不能导致当事人利益发生明显变化。也就是说,纠纷解决方式的不同不影响当事人最终的实体权利义务。最高人民法院民一庭曾指出:"尽管在中标合同中已经约定了特定的纠纷解决方式(如仲裁),但是当事人在补充合同中变更纠纷解决方式(如诉讼)的,不应视为变更中标合同实质性内容,而应视为当事人所享有的变更合同的权利,人民法院应承认这种变更纠纷解决方式约定的效力。"[③]

在本典型案例中,《某项目施工总承包合同之补充协议》《某市建设工程施

---

① 参见夏正芳:《建设工程案件审判实务中的有关问题》,载中华人民共和国最高人民法院民事审判第一庭编:《民事审判指导与参考》2008年第3集(总第35集),法律出版社2009年版,第60页。

② 参见李后龙、俞灌南等:《建设工程招投标纠纷案件审判疑难问题研究》,载《法律适用》2017年第7期。

③ 《民事审判指导与参与》研究组:《当事人另行签订的建设工程施工合同补充合同中关于纠纷解决方式的变更约定是否有效》,载最高人民法院民事审判第一庭编:《民事审判指导与参考》2012年第3辑(总第51辑),人民法院出版社2012年版,第237页。

工合同书》约定的争议解决方式不同,单从争议解决方式来看,后者并不能视为对中标合同的实质性变更。而本案如何确定争议解决,还需要考虑两份合同的签订时间前后。某建筑技术集团公司主张《某市建设工程施工合同书》签订在后,举证不能的后果由其承担。某房地产开发公司主张《某市建设工程施工合同书》签订时间不明,双方举证不能的过错、后果等有待裁判人员自由裁量。由于某建筑技术集团公司提起仲裁在先,法院便认为仲裁委在先立案加上仲裁委决定驳回了某房地产开发公司的管辖权异议,足以排除法院管辖。笔者认为,法院如此认定缺乏法律依据、略为草率,有待进一步商榷。对于争议解决条款是否属于合同实质性内容,最高人民法院及部分地方法院也在部分裁判中持相反观点,认为争议解决条款属于实质性变更[参见(2014)民一终字第00067号案、(2017)黑民辖终19号案]。

此外,因工程量增减导致中标合同约定的工程款合理变更、对中标合同未约定事项的补充约定,均不属于"实质性变更"。

(2)属于背离中标合同实质性内容的情形。

①变更合同约定的付款期限,一般构成实质性变更。

②中标合同之外另行约定的"让利""援建""返点""回购"等,若缺乏合理基础,则构成实质性变更。因为上述行为影响工程价款的结算,构成对中标价格的背离,违反招投标法的强制性规定,故属于实质性变更的"黑合同"。

③变更中标合同中的违约责任,可能构成实质性变更。

有观点认为,"违约责任的认定与工程价款的结算可以看作两个不同范畴解决的问题,可将之作为非属于实质性内容的变更,应不影响合同效力"。但判断是否为实质性变更,仍应该看是否对当事人权益造成实质性影响,应在具体案件中具体分析。如果变更后对双方权利义务影响较大的,也应认定为"黑合同"。尤其一方当事人违约,根据中标合同本应承担较轻的违约责任,而另行签订的合同承担加重一方违约责任的,仍然适用"黑白合同"规则。

本典型案例中,一方当事人违约的情况下,中标的《某项目施工总承包合同之补充协议》中本约定承担较轻的违约责任,双方另行签订的《某市建设工程施工合同书》中明显加重了违约责任，应视为对合同实质性内容的变更，当然应适用“黑白合同”规则。

4.“黑合同”“白合同”合同签订顺序不同，影响“白合同”的效力

从《招标投标法》的规定来看，对黑白合同的性质认定，与合同签订时间无关。换句话说，时间上的先后顺序不影响对“黑白合同”的认定。但是有可能影响合同的效力。

如果“白合同”签订在先，或者同一天签订，或者难以确定二者的先后顺序，在中标有效的情况下，“白合同”属于合法有效的合同。

如果“黑合同”签订在先，则意味着在中标前双方进行实质性谈判，先行确定承包人，这是对《招标投标法》更为严重的违反。根据《招标投标法》第 43 条所禁止的“先定后招”中标无效，也就是说“白合同”属于无效合同。在合同无效的情况下，“白合同”不能再作为结算依据，而应依据双方实际履行的合同确定工程价款。

本案中，某建筑技术集团公司认为《某市建设工程施工合同书》签订在后，那么《某项目施工总承包合同之补充协议》合法有效，适用“黑白合同”的规则，应以《某项目施工总承包合同之补充协议》作为双方结算的依据。否则，如果《某项目施工总承包合同之补充协议》在后，有可能因“未招先定”而使得中标的白合同无效，无法适用“黑白合同”规则，就不能根据《某项目施工总承包合同之补充协议》作为双方结算的依据。

最后需要明确的是，司法解释关于“黑白合同”的情况下，以备案的中标合同作为结算工程价款的依据的规定实际上回避了“黑白合同”的效力问题，遗留了一些审判实践中必然会遇到的未决事宜。“黑白合同”的规则，不过是以“白合同”作为结算工程价款的依据，但是不能约束施工合同结算以外的其他事项。

实务指南

1. 严格区分“黑白合同”和合同变更，注意“黑白合同”规则之例外的情形。

经招投标程序确定的中标合同以外的、背离中标合同实质性内容的合同为

"黑合同"。严格把握实质性内容不得进行变更,否则不能作为结算工程价款的依据。对于中标合同的变更,应仅限于合同非实质性内容。此外,需要注意的是"黑白合同"规则不适用于客观形势发生变化的情况,比如中标合同签订后设计变更、规划调整的,主要建材价格发生异动的,实际地质情况与中标条件不符等均属于客观形势发生变化,当事人可以直接变更中标合同的实质内容,或者诉请法院裁判变更。

2. 要注意合同签订的时间,对"黑白合同"规则的影响。

实践中,同一份建设工程因各种原因可能签订两份以上的施工合同,而且其中一份可能不会载明签订时间。务必注意在施工合同中不签署时间对中标"白合同"效力的影响。即便因某种原因不签署签订时间,也一定留下签订合同时间相关的证据。比如在本案中,如果《某市建设工程施工合同书》签订在后,那么就不影响中标合同的效力,同时某建筑技术集团也可以根据在后签订的合同,主张适用仲裁的争议解决方式。双方就不会在争议解决的问题上各执一词。

3. 对于经过招投标的招标合同,避免在招标前未招先定。

对于经过招投标的合同,避免在招标前进行实质性谈判,更应避免在中标合同之前,与同一投标人签订施工合同,明显印证了未招先定的存在。无论是在建设工程实践中还是在对该类案件的分析中,通常会趋利避害地选择对己方较为有利的思路,但是往往会因避免相对较小的违法走向更严重的违法。

4. "白合同"无效的情况下,注意收集、保留实际履行合同的证据。

《最高人民法院关于审理建设工程施工合同纠纷案件适用法律问题的解释(一)》第24条规定:"当事人就同一件建设工程订立数份建设工程施工合同均无效,但建设工程质量合格,一方当事人请求参照实际履行的合同关于工程价款的约定折价补偿承包人的,人民法院应予支持。实际履行的合同难以确定,当事人请求参照最后签订的合同关于工程价款的约定折价补偿承包人的,人民法院应予支持。"因此,"白合同"无效的情况下不能将其作为双方的结算依据。因此,在施工过程中,如果实际履行的合同对一方较为有利,那么这一方应注意在日常施工、往来联系函中设置、收集关于实际履行合同的证据，避免将来难以确定实际履行的合同。同时，也提到签订合同的时间问题，在难以确定实际履行合同的情况下，也是以最后签订的合同作为结算依据，如前所述，在合同未明示签订日期时，务必留意和收集合同签订时间的相关证据。

参考依据

《最高人民法院关于审理建设工程施工合同纠纷案件适用法律问题的解释（一）》

第二十三条 发包人将依法不属于必须招标的建设工程进行招标后，与承包人另行订立的建设工程施工合同背离中标合同的实质性内容，当事人请求以中标合同作为结算建设工程价款依据的，人民法院应予支持，但发包人与承包人因客观情况发生了在招标投标时难以预见的变化而另行订立建设工程施工合同的除外。

第二十四条 当事人就同一建设工程订立的数份建设工程施工合同均无效，但建设工程质量合格，一方当事人请求参照实际履行的合同关于工程价款的约定折价补偿承包人的，人民法院应予支持。

实际履行的合同难以确定，当事人请求参照最后签订的合同关于工程价款的约定折价补偿承包人的，人民法院应予支持。

《国务院办公厅关于开展工程建设项目审批制度改革试点的通知》

（八）精减审批事项和条件。取消不符合上位法和不合规的审批事项。取消不合理、不必要的审批事项。对于保留的审批事项，要减少审批前置条件，公布审批事项清单。取消施工合同备案、建筑节能设计审查备案等事项。社会投资的房屋建筑工程，建设单位可以自主决定发包方式。

《招标投标法》

第四十三条 在确定中标人前，招标人不得与投标人就投标价格、投标方案等实质性内容进行谈判。

第四十六条 招标人和中标人应当自中标通知书发出之日起三十日内，按照招标文件和中标人的投标文件订立书面合同。招标人和中标人不得再行订立背离合同实质性内容的其他协议。

招标文件要求中标人提交履约保证金的，中标人应当提交。

第五十九条 招标人与中标人不按照招标文件和中标人的投标文件订立合同的，或者招标人、中标人订立背离合同实质性内容的协议的，责令改正；可以处中标项目金额千分之五以上千分之十以下的罚款。

二、集团公司以自己名义为下属公司招投标并与施工方签订《建设工程施工合同》的责任承担问题

在煤炭资源整合过程中，一些大型煤炭集团公司常常作为煤炭资源整合主体，提前控制下属小型煤矿。为了小型煤矿的发展和利益，在小型煤矿办理工商变更登记前，大型国企就已经介入被整合煤炭企业的生产、经营等活动。虽然只是被兼并、重组的小型煤矿企业的股东，但是大型煤炭集团公司往往提前以类似发起人的身份，为小型煤矿施工建设组织招投标，并在第三人中标后，以自己名义与第三人签订《建设工程施工合同》。

从合同相对性来看，大型煤炭集团公司是《建设工程施工合同》的权利义务一方，但是该合同却是为了整合后的小型煤矿的利益而签订，施工方为小型煤矿进行施工、建设，小型煤矿才是该合同真正的权利义务主体。大型煤炭集团是否应为其签订《建设工程施工合同》的行为承担支付工程款的责任呢？施工方能否突破《建设工程施工合同》的相对性，向实际权利义务享受主体，即被兼并的小型煤矿主张权利呢？施工方可否同时向合同签订主体与合同实际的权利义务主体主张权利？如果可以，二者承担法律责任的请求权基础一样吗？法律依据是分别什么，二者分别承担的又是何种责任？

典型案例

A 建工集团公司与 B 煤电集团公司、C 煤业公司建设工程施工合同纠纷案

1. 案件基本事实

2010 年 4 月，B 煤电集团公司委托山西省招标有限公司对其通过煤炭资源整合成立的 C 煤业公司矿井井巷工程施工项目进行招标。2010 年 4 月 27 日，山西省招投标公司发出两份中标通知书，A 建工集团公司分别中标 C 煤业公司主斜井、副斜井两项工程，中标价分别为主斜井工程 1886.22 万元、副斜井工程 1838.53 万元。2010 年 5 月 5 日，A 建工集团公司与 B 煤电集团公司签订《建设工程施工合同》两份，合同首页发包单位为 C 煤业公司，尾页发包单位处加盖 B 煤电集团公司合同专用章，C 煤业公司法定代表人签字。

合同签订后，A 建工集团公司依约进场施工，施工过程中对工程设计进行了变更，B 煤电集团公司对设计变更及现场签证表均进行了审批。2013 年 12 月 10 日，工程竣工验收合格后，C 煤业公司委托山西某工程造价咨询公司对主斜井、副斜井精通工程设计变更及现场签证部分的预算进行审核，出具工程审核报告。同日，A 建工集团公司与 C 煤业公司签订《补充协议书》，第二条约定，工程竣工并经验收合格后给予竣工结算，需要根据招标文件及建工合同约定，经发包人确定的造价咨询公司审核，B 公司基建部批准。第三条约定，主副斜井井筒工程变更后的合同价款分别为 25,994,705 元、27,551,224 元。随后出具结算单，合同结算总价为 45,936,524 元，B 煤电集团公司基建部负责人、C 煤业公司、监理单位等在竣工结算单上签字盖章。

工程交付后，C 煤业公司尚欠 36,907,371.6 元未付，因此 A 建工集团公司根据合同约定向某仲裁委员会提起仲裁，请求 B 煤电集团公司、C 煤业公司共同支付工程款及至实际清偿之日止的利息。

2. 争议焦点

(1) 合同履行情况及账务支付情况。

(2)被申请人B煤电集团公司是否为合同主体，应否承担责任。

3. 仲裁庭观点

(1)被申请人C煤业公司于裁决生效之日起10日内，向申请人A建工集团公司支付工程款31,492,750.84元，并支付自2014年1月16日起按中国人民银行同期贷款基准利率分段计算至全部清偿之日止的利息。

(2)被申请人C煤业公司裁决生效之日起10日内，向申请人A建工集团公司支付质保金4,348,952.8元。

(3)被申请人B煤电集团公司对C煤业公司上述款项承担连带责任。

法律分析

1. 加盖公司公章要承担责任，不加盖公章的不一定不承担责任

本典型案例庭审中，B煤电集团公司辩称，在招投标及签订《建设工程施工合同》时，C煤业公司正处于煤炭资源整合过程中，C煤业公司已被确定为资源整合目标，B煤电集团公司是重组主体，因此C煤业公司属于设立中的公司，B煤电集团公司属于该公司的发起人，由于C煤业公司尚未注册设立，没有印章，因此才在施工合同中加盖B煤电集团公司的公章。根据《最高人民法院关于适用〈中华人民共和国公司法〉若干问题的规定(三)》第3条“发起人以设立中公司名义对外签订合同，公司成立后合同相对人请求公司承担合同责任的，人民法院应予支持”之规定，现C煤业公司已经合法成立，因此A建工集团公司只能向C煤业公司请求承担支付工程款的责任。加之，B煤电集团公司虽以自己名义为C煤业公司组织招投标，并为其签订了施工合同，但B煤电集团公司并不是案涉工程的项目业主，不是本案适格被告，C煤业公司应为本案案涉施工合同的实际履行主体，因此B煤电集团公司以此为由拒绝承担合同责任。

仲裁庭认为，关于《建设工程施工合同》签订主体问题。首先，该工程由B煤电集团公司委托山西省招标有限公司进行了公开招标，中标人中标后，双方于2010年5月5日签订了两份《山西省建设工程施工合同》，施工合同发包单位处填写C煤业公司，但合同落款发包单位处加盖B煤电集团公司的合同专用章。根据原《合同法》第 32 条的规定："当事人采用合同书形式订立合同的，自双方当事人签字或者盖章时合同成立。"因此，本案两份施工合同依法成立。两份施工合同是双方真实意思表示，并没有违背法律、行政法规的强制性规定，合同合法有效。其次，印章是法人或其他组织的标志，法人或其他组织的盖章行为即是法人或其他组织的意思表示，印章所有人在合同上加盖印章，应当认定合同是印章所有人的真实意思表示，合同在印章所有人与相对人之间成立。本典型案例中，B 煤电集团公司子公司主斜井、副斜井两项工程《建设工程施工合同》加盖印章的单位分别是 B 煤电集团公司与 A 建工集团公司，因此，《建设工程施工合同》的签订主体应当认定为 B 煤电集团公司与 A 建工集团公司。最后，"设立中公司"是指发起人首次向工商部门申请设立公司，到公司正式注册成立之间的存在形态。本典型案例中，C 煤业公司注册成立于 1999 年 10 月 25 日。B 煤电集团公司依据山西省煤矿企业兼并重组整合工作领导组办公室 2009 年下发的相关文件对 C 煤业公司进行整合重组，是通过对 C 煤业公司增资扩股的方式完成的重组，这性质上属于是对原有存在公司的股权结构的变更调整，因此 C 煤业公司在施工合同签订时不属于法律意义上的"设立中公司"，其是独立存在的公司。故 B 煤电集团公司关于其是作为 C 煤业公司的发起人，以 C 煤业公司的名义与 A 建工集团公司签订的合同，不应当承担合同责任的理由，仲裁庭不予支持。B 煤电集团公司作为施工合同的盖章者，相对人因信赖该单位印章的效力而与之签订合同，从保护善意第三人及维护交易安全的角度出发，印章所有人应当承担合同责任。故对申请人 A 建工集团公司要求 B 煤电集团公司承担支付拖欠工程款的请求，仲裁庭予以支持。从仲裁庭的上述意见可以看出，加盖公司公章为法人意思表示的体现，应承担相应的合同责任。

关于 C 煤业公司是否应承担责任的问题。仲裁庭认为，首先，本案涉案工程，包括设计变更部分工程，A 建工集团公司于 2013 年 5 月 30 日已全部完成工程建设。2013 年 11 月 13 日，B 煤电集团公司基建部等相关部门、A 建工集团公司、监理单位、设计单位、C 煤业公司等机构对工程进行验收，出具竣工验收合格证明书。2013 年 12 月 10 日，B 煤电集团公司对 C 煤业公司主副斜井井筒工程设计变更及现场签证表进行了审批,同日C煤业公司与A建工集团公司就C煤业公司主副斜井井筒工程设计变更及现场签证工程价款有关事宜签订两份《补充协议书》,可见《补充协议书》是工程完工验收合格后补签的,虽为补签,但亦是双方真实意思表示,并没有违背法律、行政法规的强制性规定,该两份《补充协议书》合法有效。其次,从《补充协议书》的内容上看,"合同价款"部分不仅包括工程变更新增部分的价款,也包括原合同价款金额,表明C煤业公司愿对全部工程价款承担责任。庭审中,C煤业公司亦表明工程就是其单位的工程,其愿对该项工程承担全部责任。对此本庭予以认可。最后,B煤电集团公司虽未在《补充协议书》上盖章,但B煤电集团公司在施工过程中,直接参与了工程变更、竣工验收及《补充协议书》的签订等工作,视为对原施工合同的延续履行,作为原施工合同的盖章签订者,亦应对工程变更新增部分的价款承担责任。鉴于C煤业公司愿对全部合同承担责任,为保护善意第三人及维护交易安全,B煤电集团公司作为施工合同的盖章者,应当对C煤业公司的付款义务承担连带责任。从上述仲裁庭的意见可以看出,B煤电集团公司工作人员对工程设计变更的参与、签字、审批等行为视为对原《建设施工合同》的延续履行,工作人员职务行为的后果应由公司承担,仲裁委裁决B煤电集团公司应对C煤业公司上述工程款承担连带责任。即B煤电集团公司虽然没有在《补充协议书》上盖章,不代表其不应对《补充协议书》承担责任。

2. 债的加入方应承担连带责任

C煤业公司虽不是《建设工程施工合同》的签订主体,但在合同履行过程中签订了《补充协议书》,并且自愿对工程款承担付款责任,构成债的加入。根据《民法典》第552条的规定,第三人向债权人表示愿意加入债务,债权人未在合理期限内明确拒绝的,债权人可以请求第三人在其愿意承担的债务范围内和债务人承担连带责任。本案中,仲裁庭裁决B煤电集团公司承担连带责任的理由是"鉴于被申请人C煤业公司愿对全部合同承担责任,为保护善意第三人及交易安全,B煤电集团公司作为施工合同的盖章者,应当对C煤业公司付款义务承担连带责任"。既然《补充协议书》视为B煤电集团公司对原《建设工程施工合同》的延续履行,那么作为B煤电集团公司作为《建设工程施工合同》中A建工集团公司的合同相对方,应承担向A建工集团公司支付工程价款的义务。基于C煤业公司同意承担责任,从时间先后以及逻辑关系层面来看,C煤业公司对A建工集团主张的工程款构成“债的加入”。根据上述规定,C煤业公司应对B煤电集团公司上述债务承担连带责任。因此,笔者认为,裁决B煤电集团公司支付工程款,C煤业公司承担连带责任较为适宜。本典型案例仲裁庭裁决B煤电集团公司承担连带责任与事实不符,法律依据略有不足,有待进一步商榷。

3. 关于发起人与设立后的公司债务承担责任问题

对于“发起人”的定义,《最高人民法院关于适用〈中华人民共和国公司法〉若干问题的规定(三)》第1条作出明确规定,发起人是为设立公司而签署公司章程、向公司认购出资或者股份并履行公司设立职责的人,包括有限责任公司设立时的股东。本案中,B煤电集团公司是在煤炭资源整合过程中,通过投资C煤业公司成为其公司的股东,明显不是C公司的发起人。退一步讲,假设B公司是发起人,责任应如何承担呢?

根据《最高人民法院关于适用〈中华人民共和国公司法〉若干问题的规定(三)》第2条的规定,发起人为设立公司以自己名义对外签订合同,合同相对人请求该发起人承担责任的,人民法院应予支持。公司成立后合同相对人请求公司承担合同责任的,人民法院应予支持。债权人仅能选择发起人或者公司一方承担责任。

选择发起人承担责任,是基于严格的合同相对性原则,只要成为合同一方主体,即便是为第三人利益而签订,也应受合同的约束。本典型案例中,B煤电集团公司辩称自己并非案涉工程的建设方,只负监管责任,都无法否定其通过加盖公章、签署合同的方式成为合同主体一方应承担的合同义务。发起人在公司设立后的责任形式应体现为对公司出资充实的责任,并仅以其出资为限对公司承担责任,而非以股东身份与公司一起对外承担连带责任。

选择成立后的公司承担责任,是基于隐名代理,发起人为设立公司实施的行为就是代理行为,一旦披露就可适用隐名代理规则。《民法典》第926条第2

款规定合同相对人的选择权:“可以选择受托人或者委托人作为相对人主张其权利。”《最高人民法院关于适用〈中华人民共和国公司法〉若干问题的规定(三)》的修改,删除了第2条第2款“公司成立后对前款规定的合同予以确认,或者已经实际享有合同权利或者履行合同义务”的规定。从保护交易安全的角度出发,合同相对人也无从得知公司是否实际享受权利或承担义务,设置该条件大大提高主张权利的成本,进而阻碍交易。因此,该司法解释的修改更有利于合同相对人主张权利。本典型案例中,C煤业公司当庭以明示的方式,或者以实际享有合同权利并承担合同义务这种默示方式成为合同当事人,无论C煤业公司是否同意,只要客观上C煤业公司享有合同权利并承担合同义务,《建设工程施工合同》实际足以直接约束C煤业公司与A建工集团公司,A建工集团公司也有权根据权责一致的基本法理和原则,要求C煤业公司承担责任。

在审理案件时,合议庭或者仲裁庭应予以释明,让债权人自行选择发起人或公司当中的一方主张权利。在债权人可选择向发起人或公司主张权利的情况下,债权人仅能选择发起人或公司一方承担责任。而且,债权人与公司发起人就公司设立事宜签订合同,后在公司成立后向公司主张合同责任的,应当视为债权人选择公司作为合同履行的主体,债权人后续再向发起人主张合同责任的,一般不予支持。

4. 关于工程结算及相关审计的问题

预算审核还是结算审核,不能仅以结算书的名称决定性质。本典型案例中,关于结算款的问题,虽然审核报告为预算审核,但是在竣工验收均完成后,对A建工集团公司报送的结算资料进行的审核,应属于对结算结果的审核。且是在审核结果出来后补签的《补充协议书》,可以确定完成了两个工程的结算工作,根据合同约定在竣工报告确认后应当向承包人支付工程结算款。

内部或者上级单位的文件规定,对合同相对方不具有法律效力。本典型案例中,C煤业公司提出的根据上级B煤电集团公司文件规定,应报集团公司审计部进行审计,审计前财务应预留结算金额的20%,本案双方结算结果未经集团公司审计,C煤业公司有权拒付20%的结算金额。上级B煤电集团公司的文件属于内部管理性文件，对A建工集团公司不具有约束力，合同也没有关于审计后付款的约定，因此C煤业公司要求根据审计后再付款的理由，不能成立。实践中，还有诸如第三方审计问题，同理只有合同中明确约定以审计结论作为工程款结算依据的，才能将上下级管理或者行政管理的需要进行的审计，转化为建设工程施工合同中的权利义务，当事人才可能因此受到合同之约束。

实务指南

1. 像规范公章用印管理一样，做好重点岗位职工签名的风险防范。

实践中出于降低交易成本或者简化流程的考虑，很多公司在商业行为中会制作多套公章甚至私刻公章，建工领域是真假公章的重灾区。通常来讲，公司加盖公章一般要承担责任，而不加盖公章则不一定不承担责任。在签订合同时，合同相对方须审查盖章者是否具有从事相应行为的权限。在行为人加盖公章属于履行职务的行为或者行为人享有代理权的情况下，无论印章的真伪均仍应认定为公司行为，由公司承担法律后果。因此，从风险防范的角度来看，对重要岗位的员工，如项目经理、授权负责人，应像规范公章用印管理一样，加强法律培训和员工管理，谨慎签名，尤其在发生纠纷时，在重要的文件资料中签名时更应提升风险防范意识。

2. 重视书面协议及工程签证。

在建设工程施工合同纠纷中，建设工程施工合同是认定双方权利义务的重要依据。要重视合同约定的条款，重视签约人身份，在加盖公章的情况下，一般认定合同是当事人的真实意思表示，具有法律效力。

在施工过程中，设计变更时有发生，不仅影响工期，还对工程最终结算具有重要意义。设计变更在法律层面则依赖于相应书面协议及工程签证等予以证明。施工单位应当重视书面协议及工程签证的完整真实，并注意上述证据的留存工作。

如果没有公章，可以在某些施工资料、手续中要求项目经理或具有其他职务身份的工作人员签字，作为对方知情且认可的证据。

3. 发起人签订合同的,建议在公司设立后,签署三方协议,明确权利义务。

发起人为设立公司以自己的名义对外签订合同,在公司设立以后,其合同权利最终由公司行使。因合同签订主体与实际履约当事人不一致,对于合同权利的继受及责任承担问题容易产生纠纷。故建议在公司设立以后,由公司、发起人与权利人三方另行签订三方协议,对原由发起人与权利人签订的合同中约定的权利行使及义务履行重新予以明确,防止权责不一致而产生争议。

4. 主张工程款时,需制定合理诉讼策略。

施工方在主张工程款时,应根据合同履行情况,将可能的责任主体都列为被告,扩大被告主体范围,以尽可能维护己方利益。退一步讲,即便最终裁判认定无须某一被告承担责任,也有助于查明案件事实。在有一定事实与法律的基础上,有时增加上级单位或者控股股东作为被告,可能会有助于引起被告的重视,有助于案件的协调或者推进。需要注意的是,被告主体的确定非常重要,可能存在被告主体不适格的风险,也可能选错主体影响后续执行。当然,诉讼标的的确定也非常重要,起诉金额较高时,须支出较高的诉讼成本。因此建工类案件遇到纠纷时,建议选择专业的律师团队,寻求合理的法律意见或者建议,制定合理的诉讼策略,降低诉讼风险,妥善解决争议。

参考依据

《民法典》

第四百九十条 当事人采用合同书形式订立合同的,自当事人均签名、盖章或者按指印时合同成立。在签名、盖章或者按指印之前,当事人一方已经履行主要义务,对方接受时,该合同成立。

法律、行政法规规定或者当事人约定合同应当采用书面形式订立,当事人未采用书面形式但是一方已经履行主要义务,对方接受时,该合同成立。

第五百五十二条 第三人与债务人约定加入债务并通知债权人,或者第三人向债权人表示愿意加入债务,债权人未在合理期限内明确拒绝的,债权人可以请求第三人在其愿意承担的债务范围内和债务人承担连带债务。

第九百二十六条 受托人以自己的名义与第三人订立合同时，第三人不知道受托人与委托人之间的代理关系的，受托人因第三人的原因对委托人不履行义务，受托人应当向委托人披露第三人，委托人因此可以行使受托人对第三人的权利。但是，第三人与受托人订立合同时如果知道该委托人就不会订立合同的除外。

受托人因委托人的原因对第三人不履行义务，受托人应当向第三人披露委托人，第三人因此可以选择受托人或者委托人作为相对人主张其权利，但是第三人不得变更选定的相对人。

委托人行使受托人对第三人的权利的，第三人可以向委托人主张其对受托人的抗辩。第三人选定委托人作为其相对人的，委托人可以向第三人主张其对受托人的抗辩以及受托人对第三人的抗辩。

《最高人民法院关于适用〈中华人民共和国公司法〉若干问题的规定(三)》

第一条 为设立公司而签署公司章程、向公司认购出资或者股份并履行公司设立职责的人，应当认定为公司的发起人，包括有限责任公司设立时的股东。

第二条 发起人为设立公司以自己名义对外签订合同，合同相对人请求该发起人承担合同责任的，人民法院应予支持；公司成立后合同相对人请求公司承担合同责任的，人民法院应予支持。

第六章　工程“擅自使用”

一、建设工程施工合同纠纷中，如何认定发包方擅自使用未竣工验收的工程

建设工程质量关乎人民生命和财产安全，工程质量合格是建设工程投入使用的前提。竣工验收是工程建设期的最后一环，是检验工程设计和工程质量的重要步骤，关系建设工程能否合法从建设转入使用，因此国家确立了明确的工程竣工验收制度，明确禁止发包方在工程未经竣工验收情况下擅自使用工程。但如何认定发包方擅自使用工程？是否工程一旦在竣工验收前投入使用就一定是擅自使用？擅自使用的后果又是什么？

典型案例

A公司与B公司建设工程施工合同纠纷案

1. 案件基本事实

2019年3月，A公司开始建设某商业中心体项目工程，项目工程包含7座商场、办公楼等建筑，建筑工程拟于2020年5月完工。2019年11月，A公司向商业中心体项目室外景观绿化工程发包至B公司承包施工，施工范围包含项目周边绿化植被景观、项目室外公共区域石材铺装等，约定工期为2019年11月至2022年3月。同时，合同约定了详细的施工技术标准与材料要求。施工过

程中，A公司和监理单位均发现B公司存在未按技术标准施工导致质量问题的情况，并向其发送三次书面通知要求整改。2020年8月工程完工，A公司组织进行预验收，验收过程中发现工程质量问题未整改完毕，A公司遂向B公司书面告知情况并要求整改，B公司项目管理人员签字确认该部分施工问题确实存在，但此后B公司依然长期未完成整改工作。

2021年1月，项目建筑物全部竣工，并被当地政府规划为大学生创业孵化基地。2021年3月，项目举行启用仪式等系列活动，其间有社会公众从B单位施工的公共区域通行。2021年4月，B公司起诉A公司，以A公司擅自使用未经竣工验收的项目应视为项目已竣工验收为由，要求A公司支付全部工程款。A公司认为B公司承建项目尚未竣工验收，并反诉要求B公司承担质量修复所需费用。

2. 争议焦点

（1）A公司是否存在擅自施工未竣工验收工程的情形。

（2）B公司是否须承担质量修费用。

3. 法院观点

（1）案涉工程系公共区域绿化景观工程，与土建、装修等常见工程有本质区别，社会公众在开发式公共区域通行不能视作发包方擅自使用工程，案涉工程不能视为竣工验收完毕。

（2）A公司在施工期间、工程初验时均通过书面方式要求B公司按照合同约定完成质量问题整改，因B公司长期未能修复质量问题导致工程直接未竣工验收，B公司负有保障工程质量符合合同约定的义务。B公司长期不修复质量问题依法已构成违约，A公司有权追究其违约责任主张其支付修复整改费用。

法律分析

1. 法律法规禁止发包方在工程未竣工验收前“擅自使用”

《民法典》第799条第1款规定，“建设工程竣工后，发包人应当根据施工图纸及说明书、国家颁发的施工验收规范和质量检验标准及时进行验收。验收合格的,发包人应当按照约定支付价款,并接收该建设工程”。《建筑法》第 61 条第 2 款规定,“建设工程竣工经验收合格后,方可交付使用;未经验收或者验收不合格的,不得交付使用”。法律之所以严禁擅自使用未经验收合格的工程,是因为竣工验收程序是检验建筑物可供安全使用的关键步骤,未经验收合格的工程可能会存在诸多质量问题,存在给业主或者使用人的人身或者财产造成损失的隐患。发包方擅自使用未经竣工验收或者验收不合格的建设工程,可以视为自愿承担不利后果或者视为对建设工程质量的认可。

2. 发包方“擅自使用”的认定

实践中,发包方在工程竣工验收前提前使用建设工程,常见两种情况:(1)主动使用,主要指在建设工程已经完工,但未经验收合格的状态下,发包方基于自身因素的考虑,如购房者交房期限、投产期限等,而要求承包方提前交付工程,并予以占有使用;(2)被动使用,主要指在承包方拖延完工,拖延办理竣工验收手续的情况下,严重影响发包方对建设工程的使用,若不使用,将造成更大的经济损失,发包方被动使用该建设工程。我国现行法律规定及司法解释对如何认定“擅自使用”未做明确规定。是否只要发包方在工程竣工验收前提前使用建设工程就属于“擅自使用”,笔者结合司法实践对此进行论述。

(1)司法实践中认定或推定属于“擅自使用”的情形。

在司法实践中,人民法院认定或推定发包方构成“擅自使用”通常有以下几种类型。

①工程未竣工,发包方直接使用构成擅自使用。

发包方未经过竣工验收就将建设工程直接投入使用无疑是擅自使用的典型情形。大型建设工程正式投入使用之前,发包方通常会举行启用仪式以表示自己对建设工程的接管与正式入住。如果发包方未等到建设工程竣工就举办工程的启动或启用仪式也可能会被认定为擅自使用。甘肃省高级人民法院在(2020)甘民终 623 号案中认定:“案涉主体工程 2017 年 4 月 21 日竣工验收,西固区医院已于 2016 年 11 月 29 日举行门诊医技综合楼启用仪式,属擅自使用并占有案涉工程。”实际上,举行启用仪式即是发包方宣告对工程的控制,可以视为对工程质量的认可，举办启动仪式的日期即是竣工日期。

②即便合同约定可以提前使用，发包方未竣工直接使用也可能构成擅自使用。

若建设工程合同约定发包方可在工程竣工验收前使用工程，或发包人经过承包人同意后使用未经竣工验收工程的，能否认定为发包人“擅自使用”工程？此类情形在司法实践中存在争议。目前人民法院主流观点认为无论合同是否约定、承包方是否同意，发包人一旦使用未经竣工验收的工程即可认定为“擅自使用”。笔者对此主流观点持相同意见，建设工程的安全质量问题不仅涉及业主利益，还可能涉及公共利益及第三人利益，现行法律对交付使用的建设工程强制要求通过竣工验收符合质量标准，不仅涉及合同权利义务，同样也是法律强制性规定。如合同约定发包人未经竣工验收即可使用工程则违反了法律强制性规定，属于无效约定。

在(2018)沪0104民初26555号案中，上海市徐汇区人民法院认为，竣工验收是检查工程质量的重要环节，而工程质量又关系社会公共安全和人民的生命财产安全，因此国家有强制性的验收要求及标准。《建筑法》第61条规定建筑工程竣工经验收合格后，方可交付使用；未经验收或者验收不合格的，不得交付使用。原《合同法》第279条、《城市房地产管理法》第27条、《建设工程质量管理条例》第16条亦有类似规定。《最高人民法院关于审理建设工程施工合同纠纷案件适用法律问题的解释(一)》第14条正是基于上述法律法规确保工程质量、保障社会公共安全和人民生命财产安全的精神而作出，此处的“擅自使用”并不是相对承包人而言的，而是针对法律法规的强制性规定而言，即未经验收或验收不合格而使用的即为擅自使用，而非以是否经承包人同意作为擅自使用的认定标准。

在(2020)最高法民终305号案中，最高人民法院认为，承包人将房屋钥匙交予发包人，已经将案涉工程置于发包人的管控之下，发包人出售案涉工程房屋，构成对案涉工程的使用及处分。一审法院综合发包人接收房屋钥匙并出售房屋的事实，认定发包人构成原《最高人民法院关于审理建设工程施工合同纠纷案件适用法律问题的解释》第13条规定的发包人擅自使用建设工程的行为，该认定并无不当。

在(2014)民申字第501号案中，最高人民法院认为，发包人在案涉工程尚未竣工的情况下，接收116套房屋的钥匙并对外销售房屋的行为已经构成擅自使用，发包人应支付案涉工程的工程款。从此司法实践来看，发包方接收房屋钥匙的行为属于转移房屋的占有，对外销售的行为已经是对未竣工房屋的擅自使用。

③发包方允许购房人入住构成擅自使用。

实践中，发包方为保证交房时间，避免承担逾期交房违约责任，可能会允许购房人提前进入建设工程房屋，如果购房人的提前进入确实是发包方将未竣工房屋交付使用的表现，那么这种行为也属于发包方的擅自使用。

最高人民法院在(2017)最高法民终470号案中认为，银陇公司在涉案工程尚未竣工验收的情况下出售房屋并有住户入住，应视为擅自使用。

④不具备验收条件且以创造价值或收益的试车、试运行属于擅自使用建筑工程。

关于试运行是否属于建设工程使用的情形在审判实务中存在分歧，许多建设工程项目如工厂、仓库、化工设施施工完毕后，发包方可能需要对项目试运行以检验工程是否完全符合相关技术标准，是否符合合同要求，倘若发包方对工程项目的试运行是为了检查工程质量是否达到所需的质量标准而非实际使用，该行为应不属于擅自使用。然而，如果发包方或第三人是以实际创造价值或收益为目的进行运行的，此类行为属于使用的行为。

⑤发包方接管后悬挂公司标志牌、存放物品可能构成擅自使用。

在建设工程尚未竣工时，发包方使用工程建筑存放机械、材料等也是比较常见的情形，然而这种行为也可能被认定为擅自使用。最高人民法院在(2017)最高法民申2188号案中认定，“案涉工程未进行竣工验收，但建工集团(承包方)已经撤出施工场地，案涉工程作为整体处于隆达公司(发包方)的支配和控制下，隆达公司在接管案涉工程后即悬挂公司标志牌以及在厂房内存放物品的行为构成对案涉工程的使用，隆达公司主张应当按照规划用途使用才能视为使用无事实与法律依据”。

上述案例不仅是确认了发包方在没有承包方同意的情况下擅自利用未竣工的建筑存放物品是擅自使用的行为，也否定了按照规划用途使用才属于“使用”的理解。发包方不能随意在工程尚未竣工时悬挂标志牌或大批量存放器材设备，否则可能被法院理解为已实际控制工程而被推定成擅自使用。

（2）司法实践中认定不属于“擅自使用”的类型。

①因承包方原因导致工程无法竣工验收的，发包方使用工程一般不属于擅自使用。

在司法实践中，擅自使用一般在承包方无过错的情形下才能成立，如果承包单位因施工能力、现场管理、资金管理等方面的问题，在没有竣工验收的情况下草草撤场造成发包单位不得不先行使用未完成竣工的工程，此时承包人主张发包人构成擅自使用的，通常不会得到法院支持。

在（2016）新27民终450号案中，新疆维吾尔自治区博尔塔拉蒙古自治州中级人民法院认为，由于承包人山东美达公司自身原因，工程尚未完工时就擅离工地，造成该项目部分顶板、门窗等工程均由发包人正裕公司自行组织施工完成。在合理协商期内长期逃避协商，致使正裕公司无法与其取得联系达2年之久。法院认为，“山东美达公司存在严重违约的行为，不能认为正裕公司搬进库房是对工程的使用”。从此案例中我们可以看出，发包方的擅自使用是以承包方不存在过错为前提的，承包方不能把擅自使用作为自身过错的抗辩。

②建设项目有特别规定的，发包方“试用”行为不应视为擅自使用。

实践中，在建设工程未竣工时的试运行只有带有使用的目的而非试验工程质量的目的时才会被认定成“擅自使用”。很多情况下，发包单位在竣工验收之前部分使用行为实则带有“试用”性质，目的是及时发现承包单位工程建设中的漏洞，防止直接使用带来的风险。某些特定领域的建设工程中发包单位的试运行、试车的行为甚至具有法律的明确授权。

如在（2014）荣法民初字第00410号案中，重庆市荣昌区人民法院认为，

“……原告承建的工程已通过交工验收，通车试运营2年以上，但尚未通过竣工验收。该工程虽已投入运营，系通车试运营，但并不属于擅自使用，该工程的使用属于合法使用”。

然而，法律规定公路竣工验收需要试通车2年以上并不是放任发包方拖延不竣工。该案中，虽然案涉工程保修期本应自竣工验收之日起算，但因案涉工程的竣工验收时间从通车试运营之日起算远超过2年，且亦非承包人原因造成的，故法院认为工程保修期的起算时间应自通车之日起顺延2年后计算。

③发包方依合同约定存放物品不构成擅自使用。

如前文所述，如果是发包方强行使用工程场地大批量堆放物品会可能被认定为“擅自使用”，但是若双方已经约定发包方可以使用建筑物存放物品，则人民法院通常不会认定发包方堆放物品的行为构成擅自使用。在（2018）最高法民申683号案中，最高人民法院认为双方当事人在《承诺书》第2条载明：“厂房先行交付甲方使用为设备存放性质，不影响乙方承担质量责任……”上述条款明确约定案涉工程可以作为“存放使用”，不能证明发包方系擅自使用案涉工程。

④承包方擅自撤场且不履行整改、完工验收义务，发包方为避免损失扩大继续施工，不属于擅自使用。

在司法实践中，承包方承认存在质量问题，发包方要求返修承包方未履行，发包方为保证工程质量自行维修或交由他人维修一般不认定为擅自使用。最高人民法院在（2017）最高法民再329号案中认为：2012年3月20日，赵某中与刘某强、王某、张某忠就工程质量问题进行协商，从当时会议记录看，施工方赵某中对工程质量存在问题的意见并未提出异议并签字确认，但赵某中并未按照会议记录进行返修。发包方刘某强、王某、张某忠为避免损失扩大，委托他人返修，不属于擅自使用，该返修费用应由施工方赵某中承担。

（3）发包方擅自使用的法律后果。

发包方的擅自使用无疑会对发包方的责任承担产生重大的影响。一旦发包方的使用行为被认定为《最高人民法院关于审理建设工程施工合同纠纷案件适用法律问题的解释(一)》规定的“擅自使用”,那么该建设工程会被推定为质量合格,对于质量合格的工程,发包方应承担支付工程款的义务。《民法典》第799条也规定了发包方在建设工程验收合格情况下的工程款支付义务;结合《最高人民法院关于审理建设工程施工合同纠纷案件适用法律问题的解释(一)》第9条第3项“建设工程未经竣工验收,发包人擅自使用的,以转移占有建设工程之日为竣工日期”可以看出转移占用建设工程属于推定工程竣工,发包方应支付合同价款。约定的付款条件已成就,发包方此时应按约付款,同时承包方的质保期开始起算。

通常情况下,发包单位擅自使用未经竣工验收的建设工程,视为该工程质量合格,如果该工程在使用过程中发现质量问题的,发包单位通常会丧失追究承包单位质量违约责任的请求权,即便发包方提起质量索赔诉讼,人民法院一般也不予以支持。

值得注意的是,承包方被免除的并非全部的质量保修责任。由于地基基础工程和主体结构出现质量问题可能会严重地威胁到人身和财产安全,所以承包方在工程施工时必须确保地基基础工程和主体结构的质量,无论发包方是否擅自使用,只要建设工程在合理使用寿命内地基基础工程或主体结构发生了质量问题,承包方仍需要承担工程质量保修义务。

实务指南

1. 发包方须注意在施工过程中及时向承包方提出质量问题。正如前文所举案例所示,如发包方能够举证证明承包方在施工过程中接到质量整改通知后擅自离场或长期拒不修缮,则发包方使用、继续施工工程均可能不被认定为擅自使用。因此,发包方在工程施工过程中,须注意及时检查工程质量,配合监理方向承包方通知质量问题。

2. 承包方撤离现场前保留证据。承包方在管理过程中应保留自己积极履行合同义务的书面证据,积极提交竣工验收报告,催告发包方积极组织竣工验收的书面通知,离场前取证好现场状况的证据,通知发包方做好交接等。总之,承包方在建设工程合同中应注重质量保修条款的设计，从源头上做好风险防范。同时尽早向发包方提交竣工验收报告，并在发包方未经验收擅自使用工程、拖欠工程款时尽早通过诉讼或其他法律途径来保护自己的权益，以避免发包方在使用工程的过程中又造成新的损害，从而造成承包方损失的扩大。

3. 承包方须注意及时启动工程结算程序。发包方擅自使用工程后，工程视为已竣工，工程质量视为已合格，承包方自此可以向发包方提交结算资料要求进行结算，并要求按合同约定支付工程价款。发包方与承包方签订合同时，大多都会采用《建设工程施工合同（示范文本）》，不同文本对于竣工结算有不同规定，一般规定发包方在收到承包方提交竣工结算申请书后 28 天内未完成审批且未提出异议的，视为发包方认可承包方提交的竣工结算申请单，并自发包方收到承包方提交的竣工结算申请单后第 29 天起视为已签发竣工付款证书。递交工程结算书时，应要求发包方签收。发包方不签收的，应邮寄送达给发包方，承包方应保留好送达回执。必要时，承包方应尽快提起诉讼，维护自身合法权益。

参考依据

《民法典》

第七百九十九条第一款　建设工程竣工后，发包人应当根据施工图纸及说明书、国家颁发的施工验收规范和质量检验标准及时进行验收。验收合格的，发包人应当按照约定支付价款，并接收该建设工程。

《建筑法》

第六十一条第二款　建筑工程竣工经验收合格后，方可交付使用；未经验收或者验收不合格的，不得交付使用。

《最高人民法院关于审理建设工程施工合同纠纷案件适用法律问题的解释（一）》

第九条　当事人对建设工程实际竣工日期有争议的，人民法院应当分别按照以下情形予以认定：

（一）建设工程经竣工验收合格的，以竣工验收合格之日为竣工日期；

（二）承包人已经提交竣工验收报告，发包人拖延验收的，以承包人提交验收报告之日为竣工日期；

（三）建设工程未经竣工验收，发包人擅自使用的，以转移占有建设工程之日为竣工日期。

相关案例

1. 兰州市西固区人民医院（以下简称西固区医院）与甘肃正德工程建设集团有限公司（以下简称正德公司）建设工程施工合同纠纷案

审理法院：甘肃省高级人民法院

案号：(2020)甘民终 623 号

裁判观点：关于西固区医院质量问题的抗辩即扣除质保金和修理费能否成立的问题。正德公司请求支付工程款和利息，西固区医院则以工程存在质量问题为由进行抗辩，要求扣除质保金和修理费。在本案中，案涉工程已过质保期，修理费尚未实际发生，西固区医院要求扣除质保金和修理费的主张并无依据。况且，原《最高人民法院关于审理建设工程施工合同纠纷案件适用法律问题的解释》第 13 条规定："建设工程未经竣工验收，发包人擅自使用后，又以使用部分质量不符合约定为由主张权利的，不予支持；但是承包人应当在建设工程的合理使用寿命内对地基基础工程和主体结构质量承担民事责任。"案涉工程于 2017 年 4 月 21 日竣工验收，西固区医院于 2016 年 11 月 29 日正式启用，西固区医院未经竣工验收擅自使用工程后，又以使用部分质量问题为由主张权利，不应支持。

2. 上海东尼建筑装饰有限公司（以下简称东尼公司）与上海高熠广告有限公司（以下简称高熠公司）、上海新合广告有限公司（以下简称新合公司）装饰装修合同纠纷案

审理法院：上海市徐汇区人民法院

案号：(2018)沪 0104 民初 26555 号

裁判观点：关于涉案工程的竣工日期。原《最高人民法院关于审理建设工程施工合同纠纷案件适用法律问题的解释》第 14 条规定，当事人对建设工程实际竣工日期有争议的，按照以下情形分别处理：建设工程未经竣工验收，发包人擅自使用的，以转移占有建设工程之日为竣工日期。高熠公司、新合公司认为，因东尼公司同意新合公司使用装修房屋，开业当日东尼公司还送了花篮祝贺，故不是擅自使用，不能适用该条款确定竣工日期。法院认为，竣工验收是检查工程质量的重要环节，而工程质量又关系到社会公共安全和人民的生命财产安全，因此国家有强制性的验收要求及标准。《建筑法》第 61 条规定建筑工程竣工经验收合格后，方可交付使用；未经验收或者验收不合格的，不得交付使用。原《合同法》第 279 条、《城市房地产管理法》第 27 条、《建设工程质量管理条例》第 16 条亦有类似规定。原《最高人民法院关于审理建设工程施工合同纠纷案件适用法律问题的解释》第 14 条正是基于上述法律法规确保工程质量、保障社会公共安全和人民生命财产安全的精神而作出，此处的“擅自使用”并不是相对承包人（施工方）而言的，而是针对法律法规的强制性规定而言，意即未经验收或验收不合格而使用的即为擅自使用，而非以是否经承包人（施工方）同意作为擅自使用的认定标准。因此，高熠公司、新合公司的有关意见，法院不予采纳，依照上述解释第 14 条规定认定涉案工程于 2017 年 2 月 24 日竣工验收。

3. 北海智弘投资有限公司（以下简称智弘公司）、张某智建设工程施工合同纠纷案

审理法院：最高人民法院

案号：(2020)最高法民终 305 号

裁判观点：一审法院于 2019 年 5 月 17 日庭审过程中向各方当事人对完工时间和工程是否竣工验收进行了调查，该庭审笔录第 7～8 页载明海天公司主张移交结算报告的时间为完工时间，智弘公司、张某智、智海公司主张工程整改完成时间为完工时间；该庭审笔录第 8～9 页载明海天公司与智弘公司、张某智、智海公司在一审庭审中均认可工程没有竣工验收但海天公司已经交付钥匙的事实，智弘公司、张某智、智海公司自认已向购房者交付了 100 多套钥匙。故智弘公司、张某智、智海公司主张一审遗漏查明海天公司未完工以及智弘公司是否使用未竣工验收房屋的事实不能成立。

4. 武汉海源建筑工程有限公司(以下简称海源公司)与武汉新创建设集团有限公司建设工程施工合同纠纷案

审理法院:最高人民法院

案号:(2014)民申字第501号

裁判观点:关于是否应当支付工程款的问题。根据原《最高人民法院关于审理建设工程施工合同纠纷案件适用法律问题的解释》第14条第3项的规定,建设工程未经竣工验收,发包人擅自使用的,以转移占有建设工程之日为竣工日期。本案中,海源公司在涉案工程尚未竣工验收的情况下,接收了116套房屋的钥匙并对外销售房屋,构成擅自使用,故一审、二审判决将上述房屋转移占有之日认定为竣工日期并判决海源公司支付工程款并无不当。

5. 龙元建设集团股份有限公司(以下简称龙元公司)建设工程施工合同纠纷案

审理法院:最高人民法院

案号:(2018)最高法民申683号

裁判观点:关于海派公司是否擅自使用案涉工程的问题。双方当事人在《承诺书》第二条载明:"厂房先行交付甲方使用为设备存放性质,不影响乙方承担质量责任……"上述条款明确约定案涉工程可以作为"存放使用",不能证明海派公司系擅自使用案涉工程。因此,龙元公司的该项主张,缺乏事实和法律依据,法院不予支持。

二、未完工程中"擅自使用"规则的认定与适用

《最高人民法院关于审理建设工程施工合同纠纷案件适用法律问题的解释(一)》第14条规定,建设工程未经竣工验收,发包人擅自使用后,又以使用部分质量不符合约定为由主张权利的,人民法院不予支持;但是承包人应当在建设

工程的合理使用寿命内对地基基础工程和主体结构质量承担民事责任。该条规定是目前法院处理未经竣工验收擅自使用工程质量责任承担问题的最主要规则，通过加重发包人“擅自使用”的民事责任，对规制发包人擅自使用未经验收工程发挥了积极作用，抑制了未经竣工验收便使用可能造成的质量安全事故及风险，对于建筑领域维护公共安全十分重要。

但是该规定内容较为概括，司法实践中对该条规则的诟病较多。该条并未明确未完工程是否适用“擅自使用”规则，也未根据是否续建，以及未完工、未办理验收的原因等来确定发承包方的责任承担，最高人民法院对上述问题均未有明确解释或论述。本节通过一篇案例，对未完工程中的“擅自使用”规则进行梳理，以期明晰发、承包方对“擅自使用”规则的理解及适用，警示发、承包方应强化法律意识，在未完工程中依法合规完善遗留问题，降低经营损失，规避法律风险。

典型案例

A与B木业公司建设工程施工合同纠纷案

1. 案件基本事实

2015年8月12日，原告A与被告B木业公司签订《协议书》一份，约定原告承建其厂区办公楼、15号商业楼、厂房（2、3、4、5号楼）等建筑工程，对施工范围，工程造价及结算、工程质量、工期、付款方式等进行具体约定。2015年9月15日，双方签订补充协议一份，就增项等事项签订补充协议或签署施工现场签证等。合同履行期间，被告将原告竣工未经验收的厂房土建、办公楼、15号商业楼土建工程部分分别擅自交付给第三人对厂房钢结构、办公楼、15号商业楼内部电梯等设施安装、外部大理石装饰进行施工使用。2017年1月15日，双方结算被告应给付工程款36，139，133元，除给付1397万元外，尚欠22，169，133元。经催要，被告至今未给付尚欠工程款及利息。被告现已使用涉案建筑物，故原告起诉要求被告给付尚欠工程款及利息，并请求确认原告对其所承建的涉案工程享有优先受偿权。被告B木业公司辩称，原告无资质，本案施工合同无效，不具备原告主体资格。工程质量存在诸多问题,申请工程质量鉴定。工程没有竣工结算,原告无权诉请工程款及利息,且不享有优先受偿权。

2. 争议焦点

(1)合同的效力及原告主体资格。

(2)原告A诉请要求被告B木业公司给付工程款22,169,133元及利息是否应予支持。

(3)关于B木业公司是否应承担给付工程款的义务。

(4)原告A对涉案工程工程款是否享有优先受偿权。

3. 法院观点

一审、二审、再审法院均认为合同无效,但支持给付工程款及利息及优先受偿权的请求。

法律分析

1. 关于合同效力及原告主体资格

涉案《协议书》及《补充协议》属于建设工程施工合同,因原告不具有施工资质,违背法律效力性强制性规定无效。原告A是实际施工人,依照原《最高人民法院关于审理建设工程施工合同纠纷适用法律问题的解释》第2条、第26条等规定,原告具有本案诉讼主体资格,其根据涉案工程结算金额及被告实际给付工程款和尚欠工程款金额,要求给付尚欠工程款及利息诉请受法律保护。

2. 关于原告A诉请要求被告B木业公司给付工程款22,169,133元及利息是否应予支持

合同签订后,原告依约进行施工并如期竣工。2014年1月14日,被告授权其厂区建设总工程师朱某、项目经理陈某与原告对涉案工程进行结算,经核对工程量并按约定的包工、包料的固定价格及结算方式计算合同总造价为人民币37,313,248元,增、减项相抵后扣款1,161,023元,扣除未完成或善后项目款13,092元,涉案工程结算金额为人民币36,139,133元。经被告法定代表人确认,原告A及被告结算人员朱某、陈某在各项工程汇总表中对涉案工程最后结算金额为36,139,133元,并在2017年7月15日双方签字确认。截至2017年1月26日,被告给付工程款人民币1397万元。其间,因厂房钢结构施工,被告另拨付原告2,191,701万元工程款(合同之外),后钢结构施工另包第三人,扣除原告已购入的钢结构施工材料价款441,701元后(由被告回购),剩余175万元双方抵付工程款,被告提出包括钢结构200万元,共给付原告1597万元工程款主张没有事实根据。根据双方确认涉案工程结算金额人民币36,139,133元计算,减掉已给付工程款人民币1572万元,被告应给付尚欠原告工程款人民币20,419,133元。

合同履行期间,被告将原告竣工未经验收的厂房土建、办公楼、15号商业楼土建工程部分分别擅自交付给第三人对厂房钢结构、办公楼、15号商业楼内部电梯等设施安装、外部大理石装饰进行施工使用,依照原《最高人民法院关于审理建设工程施工合同纠纷适用法律问题的解释》第13条、第14条、第17条、第18条之规定,按交付转移,风险转移原则视为涉案工程竣工验收合格,被告自交付工程之日起给付欠付工程款利息。因原告A没有提供利息计算的起止时间,因此法院将按照中国人民银行同期同类贷款利率从原告起诉之日计算至实际给付之日对利息予以保护。

3. 关于B木业公司是否应承担给付工程款的义务,即一审被告关于工程质量存在诸多问题,申请工程质量鉴定。工程没有竣工结算,原告无权诉请工程款及利息的问题的答辩意见能否成立

一审法院吉林省四平市中级人民法院认为,被告没有对涉案工程存在地基基础和主体结构使用寿命质量问题进行举证,其提出工程质量鉴定申请不予支持。二审法院吉林省高级人民法院认为,B木业公司将A完工未经验收的厂房土建、办公楼、15号商业楼土建工程部分分别擅自交付给第三人对内部电梯等设施安装、外部大理石装饰进行施工使用,根据原《最高人民法院关于审理建设工程施工合同纠纷适用法律问题的解释》第13条之规定,应视为B木业公司对A施工的案涉工程质量的认可。加上被告没有对地基基础和主体机构质量问题进行举证,所以对其质量鉴定不予准许。

再审法院最高人民法院认为,首先B木业公司在接收A交付的工程后,未组织竣工验收,未在合理时间内提出工程质量不合格主张。B 木业公司总工程师朱某、项目经理陈某与 A 进行结算过程中,未提出工程存在质量问题或要求 A 进行修复的意见。B 木业公司未提供证据证明其在接收工程后向 A 提出工程质量存在问题及要求修复的主张。B 木业公司截至 2017 年 1 月 26 日已向 A 给付工程款 1397 万元。上述事实初步表明 B 木业公司认可 A 施工完成的工程质量,且客观上由于第三人的施工行为导致案涉工程未能保持 A 交付时的原始状态,难以对工程质量进行鉴定。一审、二审法院不支持 B 木业公司要求对工程质量进行鉴定的申请,并无不当。根据司法解释的规定,建设工程未经竣工验收,发包人擅自使用后,又以部分质量不符合约定为由主张权利的,不予支持。案涉工程如期完工后,B 木业公司将 A 施工未经验收的厂房土建、办公楼、15 号商业楼土建工程部分交付给第三人安装内部电梯设施,并进行外部大理石装饰施工,属于擅自使用行为,B 木业公司再主张 A 施工部分质量不符合约定,一审、二审法院不予支持,并无不当。B 木业公司在一审、二审审理期间提交的其主张工程质量不合格的证据仅为其自行拍摄的 35 张施工现场照片及自行制作的工程质量问题明细表。其中部分照片不能证明所显示的工程是 A 施工完成的部分,该 35 张照片亦不能证明案涉工程质量不合格。工程质量问题明细表是由 B 木业公司自行制作,A 对此不予认可,又无其他有效证据相印证,一审、二审法院不予采信,并无不当。B 木业公司以案涉工程质量不合格为由主张 A 无权请求给付工程款,缺乏事实和法律依据,一审、二审法院不予支持并无不当。

最高人民法院的上述裁定从三个逻辑层面对该案进行释理裁判:第一,B 木业公司无权申请质量鉴定,理由包括 B 木业公司在接收未完工程后未组织竣工验收、未在合理时间内提出工程质量问题、在双方结算时未提任何质量异议,更重要的交付第三人施工无法保持交付时的原始状态,难以鉴定。第二,B 木业公司交付第三人施工属于“擅自使用”,根据该规则的使用后果,“发包人擅自使用后,再以部分质量不符合约定为由主张权利的,不予支持”,因此 B 木业公司主张施工部分质量不符合约定不予支持。发包方对涉案工程构成擅自使用,施工方要求其支付工程款的条件即成就。第三,B 木业公司举证质量存在问题不能成立。B 木业公司仅以单方拍摄的照片及单方制作的质量问题明细表,无法证明系原告施工完成的部分,也无法证明工程存在质量问题。最高人民法院详细论述了B木业公司应该承担给付工程款的义务,逻辑条理清晰、理由确实充分。该判决给发、承包方的启示是,作为承包人在对未完工工程交付后,应及时催促发包人办理竣工验收,或者尽可能及时办理结算,锁定发包人欠付工程款的事实。作为发包人一方,对未完工工程交付后,应及时进行竣工验收,对发现的工程质量问题要及时提出,必要时固定证据并要求承包人整改、修复。如后续交由第三人续建,在续建前应就已完工程情况进行确认、交接和验收。如未经组织验收即进入续建施工,具有明显过错,理应承担推定已完工程质量合格的法律后果。如后续再提出质量异议,便应进一步举证并承担举证不能的法律后果。"擅自使用"规则的后果是发包人无权对质量问题提出异议,同时承包人具备主张工程款的条件。对"擅自使用"的规则,在无效合同终止履行与有效施工合同解除的未完工程中同样适用。

4. 原告A对涉案工程工程款是否享有优先受偿权

最高人民法院在上述再审裁定中认为,根据原《合同法》第286条之规定,承包人享有建设工程价款优先受偿权以发包人欠付工程价款为条件。B木业公司欠付A工程价款,一审、二审法院认定A享有建设工程价款优先受偿权,并无不当。案涉建设工程施工协议由B木业公司与A签订,案涉工程由A实际组织施工,A享有的建设工程价款优先受偿权与案外人C建筑工程有限公司是否放弃优先受偿权无关。

实际施工人是否享有优先受偿权的问题不能一概而论。本案中认定实际施工人A具有建设工程价款优先受偿权,是以A作为承包人直接与B木业公司签订施工协议为前提的。需要注意的是,实践中多数情况是实际施工人并未直接与发包人签订施工合同,在此情况下,根据最高人民法院民事审判第一庭2021年第21次专业法官会议纪要中关于"实际施工人是否享有建设工程价款优先受偿权?"的法官会议意见,《最高人民法院关于审理建设工程施工合同纠纷案件适用法律问题的解释(一)》第35条规定:"与发包人订立建设工程施工合同的承包人,依据民法典第八百零七条的规定请求其承建工程的价款就工程折价或者拍卖的价款优先受偿的，人民法院应予支持。”依据上述规定，只有与发包人订立建设工程施工合同的承包人才享有建设工程价款优先受偿权。实际施工人不属于“与发包人订立建设工程施工合同的承包人”是不享有建设工程价款优先受偿权。

5. 未完工程“擅自使用”适用问题

一种观点认为，未完工程不适用“擅自使用”规则。在（2018）最高法民申584号案中，最高人民法院认为，古典公司主张长洲公司擅自使用，长洲公司不得再对工程质量问题主张权利。但实际上古典公司、金源公司向长洲公司移交的并非施工完成的工程，案涉工程在移交时尚未完成，不具备竣工验收的前提，不属于原《最高人民法院关于审理建设工程施工合同纠纷案件适用法律问题的解释》第13条规定的情形……古典公司的申请再审理由不能成立。该判决从法条的字面含义出发，明确未完工程不适用“擅自使用”规则，承包人的质量责任不因为发包人的继续施工免除。该案件给我们的启示是，当承包人提出未经验收擅自使用主张时，发包人为争取最大诉讼利益，促使法院采纳发包人意见，除可以以案涉工程为未完工程不适用“擅自使用”规则提出抗辩外，还应就案涉工程确实存在质量缺陷进一步强化举证。

另一种观点认为，未完工程应当适用“擅自使用”规则。在（2018）最高法民终729号案中，最高人民法院认为，二审中，三利公司提出其不应按照工程造价全额支付工程款，因弘高公司在施工中擅自撤场，且涉案工程存在诸多质量问题，并提交另案中青岛市建筑设计研究院作出的《鉴定意见书》予以证明，还称其占有使用涉案房屋不属于擅自使用。法院认为，弘高公司提交北京市方正公证处出具的《公证书》，记载三利公司在企业网站登载其顺利实现试营业的内容，三利公司称其实际占有使用是为防止损失扩大临时使用，不属于擅自使用，缺乏事实和法律依据。

笔者认为，未完工程应当有区分地适用“擅自使用”规则。如果仅从《最高人民法院关于审理建设工程施工合同纠纷案件适用法律问题的解释（一）》第14条字面意思上看，未完工程显然不适用“擅自使用”规则。但是如果“一刀切”地不适用,可能造成的结果是,发包人擅自使用存在质量问题的未完工程,容易形成潜在的质量安全隐患,因此未完工程也应当适用“擅自使用”规则。然而,如果“一刀切”地适用,将继续施工纳入擅自使用范畴,将导致发包人不敢继续施工,直接造成损失扩大,严重的可能会形成烂尾工程。因此,未完工程应当有区分地适用“擅自使用”规则。因未完工程形成原因较为复杂,且发包人为减少损失继续施工的现实要求更为迫切,因此应当考虑双方的过错,来判断是否适用“擅自使用”规则。

根据未完工程是否交由第三人继续施工来确定是否适用“擅自使用”规则:

最高人民法院民事审判第一庭认为,对承包人未完工工程质量的判定,应根据工程是否续建而区别论处。① 如果工程未由第三人续建,则对未完工工程的认定可结合当事人提供的证据、工程的状态综合认定。如在发包人未提质量抗辩时,人民法院应当进行必要的释明,在发包人明确无质量异议的情况下,可视为发包人对承包人未完工工程质量的认可。如发包人对承包人未完工工程质量提出异议时,根据举证责任的分配规则,应由承包人初步举证证明未完工工程质量合格。比如,承包人提供了已完工程的分部分项的验收手续,则可认定质量合格,除非发包人有证据推翻该验收手续。在承包人不能举证证明其施工的未完工程质量合格的情况下,针对未完工工程的质量问题,人民法院可以行使释明权,告知当事人就未完工工程的质量事实之问题申请进行鉴定。当事人未申请鉴定的,如人民法院认为承包人未完工工程的质量问题需要鉴定的,应当委托具备资格的鉴定人进行鉴定,以最终对争议的承包人未完工工程的质量争议作出判定。

在承包人未完工工程由第三人进行续建的情况下,对工程质量的判定,则较为棘手。在工程由第三人完成续建,并最终实现竣工验收的话,那么,承包人未完工工程的质量可视为合格。而如果工程由第三人续建,但工程并未竣工验收时,如何判断承包人未完工工程的质量,则是实践中的难题。最高人民法院

① 参见最高人民法院民事审判第一庭编著:《最高人民法院建设工程施工合同司法解释(二)理解与适用》,人民法院出版社2019年版,第419~420页。

民事审判第一庭认为,发包人在将工程交由第三人续建前,应首先确定续建前承包人施工的工程情况进行确认。导致的质量责任如无法确定,则可推定续建前承包人施工的工程质量合格。[①]

根据未完工及未办理验收的原因来确定是否适用“擅自使用”规则:

如是发包人强制排除承包人施工或者违法解除施工合同,则视为其默认质量合格,应当承担擅自使用的不利法律后果,则应当适用擅自使用规则。

承包人如果擅自停工或撤场造成未完工,发包人解除合同后要求其办理验收,但承包人不配合,发包人为避免损失扩大,开始使用该工程,其不构成擅自使用。在(2016)新27民终450号案中,承包人提前撤场未办理任何交接手续,发包人继续施工并使用该工程,不属于“擅自使用”。新疆维吾尔自治区高级人民法院认为,关于工程修复费用山东美达公司应否承担的问题,2013年8月以后,山东美达公司撤离施工现场,再未对涉案工程进行施工或办理相关交工手续,直至2015年5月15日长达近两年时间,属严重违约。正裕公司为减少损失开始使用该工程,不属于擅自使用。山东美达公司以阿拉山口正裕公司擅自使用涉案工程主张不应对工程质量鉴定的理由,法院不予采纳。经鉴定,产生修复费用129,720元,系山东美达公司施工质量不合格造成的,应由其承担责任。

如果是双方协商解除合同的,则应当按照未能办理验收是谁的原因来认定发包人是否构成擅自使用。

实务指南

鉴于“擅自使用”规则会加重发包人责任,因此发包人对于未完工程的继续施工和已完工程的使用应当慎之又慎。

1. 对于已完工程,一定要按照法律法规、相关的验收规范办理竣工验收,杜绝在未组织验收或者验收未通过的情况下使用建筑物。

① 参见最高人民法院民事审判第一庭编著:《最高人民法院建设工程施工合同司法解释(二)理解与适用》,人民法院出版社2019年版,第420页。

2. 对于因承包人过错导致工程未完工的，发包人应积极地发函催告要求其履行验收义务，在多次催告无果的情况下，应当及时解除合同。同时，如果工程存在质量问题，则可以委托公证机关、质量鉴定机构保留施工现场情况，确定质量问题，作为后续提起质量索赔诉讼的证据。在未对工程质量进行确认、交接、验收前，慎重交由第三方续建施工。

3. 就承包人而言，在施工过程中，在保证工程质量的同时，注意收集保留并交付建设工程相关的技术资料，确保其施工完成的工程符合竣工验收的义务。“擅自使用”只是推定质量合格，有些情况下不排除承包人初步举证工程质量合格的义务，否则有可能视为要求支付工程款的条件不成就，承包人在未完工程退场后，也应及时督促发包人或者配合发包人进行竣工验收，不应存在任何侥幸心理，给后续主张工程款遗留障碍。

4. 施工合同解除或者无效合同终止履行后，发承包双方均应秉承善意、诚信履行的原则，按照行业规范或者法律规定完善、处理后续停建、续建问题，摒弃不良交易习惯，促进行业向好向上发展，避免因未完工程造成双方重大利益损失、影响业主利益，避免造成工程烂尾而引发更严重的社会问题。

参考依据

《最高人民法院关于审理建设工程施工合同纠纷案件适用法律问题的解释（一）》

第三十五条　与发包人订立建设工程施工合同的承包人，依据民法典第八百零七条的规定请求其承建工程的价款就工程折价或者拍卖的价款优先受偿的，人民法院应予支持。

《民法典》

第八百零七条　发包人未按照约定支付价款的，承包人可以催告发包人在合理期限内支付价款。发包人逾期不支付的，除根据建设工程的性质不宜折价、拍卖外，承包人可以与发包人协议将该工程折价，也可以请求人民法院将该工程依法拍卖。建设工程的价款就该工程折价或者拍卖的价款优先受偿。

第七章　管　　辖

一、实际施工人向发包人主张工程款是否受发包方和承包方合同中仲裁管辖条款的约束

依据《最高人民法院关于审理建设工程施工合同纠纷案件适用法律问题的解释(一)》第43条第2款之规定,实际施工人以发包人为被告主张权利的,人民法院应当追加转包人或者违法分包人为本案第三人,在查明发包人欠付转包人或者违法分包人建设工程价款的数额后,判决发包人在欠付建设工程价款范围内对实际施工人承担责任。按照该规定,实际施工人可突破合同相对性起诉发包人主张工程款,但由于实际施工人与发包人间并不存在合同关系,而发包人承担责任的前提是需要查明发包人欠付转包人或者违法分包人建设工程价款的数额,所以当发、承包方合同中约定仲裁管辖条款时,人民法院能否受理该实际施工人的起诉,即实际施工人此时是否受到该仲裁条款的约束便成了实务中遇到的问题。

典型案例

实际施工人A与B公司、第三人C公司建设工程施工合同纠纷案

1. 案件基本事实

2014年10月31日,B公司与C公司签订《建设工程施工合同》一份,约定

由C公司对B公司副立井井筒装备及副立井井架安装工程进行施工,合同除约定了工程合同价款、工程款支付、违约责任等事项外,还约定,“在履行合同上产生争议时,采取向××仲裁委员会提请仲裁的方式解决”。后工程竣工结算完成后,B公司一直未能付清工程款,C公司也未能及时向B公司主张欠付款项,A作为实际施工人无奈只能直接起诉B公司。在法院立案受理后,B公司在诉讼期间以本案管辖应受原《建设工程施工合同》中仲裁条款约束为由提出管辖权异议,要求排除法院管辖。

2. 争议焦点

A以实际施工人身份起诉B公司是否应受B公司与C公司间《建设工程施工合同》中仲裁条款约束。

3. 法院观点

一审法院认为:该《建设工程施工合同》的主体为B公司和C公司,实际施工人A并非该合同主体,不应受合同中仲裁条款的约束限制。因此B公司援引该合同管辖约定对法院管辖提出异议没有事实依据,故驳回了B公司申请。

二审法院认为:本案系实际施工人A向发包人B公司主张支付工程款的权利,其起诉依据是基于B公司与C公司签订的《建设工程施工合同》,其施工的权利义务也源于该合同,其诉请必须以B公司与C公司之间的结算为基础,故其应受合同中约定管辖的约束,本案应由合同中约定的仲裁委员会管辖,不属于人民法院主管范围,故裁定驳回了A的起诉。

法律分析

在实际施工人起诉发包人主张工程款的司法实践中,对此类案件的管辖,以最高人民法院为代表的司法裁判观点如下。

(1)肯定型。

在(2021)最高法民申1073号案中,法院经审查认为,发包人在欠付工程价款范围内对实际施工人承担责任,需以发包人与承包人之间的工程价款结算为前提,而前述事实的认定业经仲裁条款排除人民法院管辖。一审法院裁定驳回向荣公司起诉及二审法院裁定驳回向荣公司上诉并无不当。

在(2015)民一终字第170号案中,法院认为,熊某海作为实际施工人,向发包人森科盐化公司和承包人建安建设公司主张支付工程款的权利,涉及熊某海与建安建设公司、建安建设公司与森科盐化公司之间的工程款结算问题。但是,建安建设公司与森科盐化公司签订的《建设工程施工合同》已经明确约定了仲裁条款,故双方之间的工程款结算和支付等争议,应提交由双方约定的仲裁委员会仲裁解决,不属于人民法院管辖范围。一审法院受理熊某海对森科盐化公司的起诉不当,应予驳回。

在(2015)民一终字第366号案中,法院认为,上诉人肖某大依上述规定作为涉案工程实际施工人向祈福公司提起诉讼。但祈福公司与三公司及广州分公司工程承包合同约定,就本案涉案工程发生争议,提交仲裁解决,且广州市仲裁委(2009)穗仲案字第1521号裁决书、(2010)穗仲案字第939号裁决书对祈福公司与三公司及广州分公司的工程款结算事宜实际进行了裁决,上述仲裁委裁决事项,均由当地执行法院通过执行程序予以解决。上诉人肖某大与祈福公司有关工程款争议解决的方式,亦应受祈福公司与三公司及广州分公司建设工程合同仲裁条款的约束。故原审法院以祈福公司与三公司之间签订的协议中约定有明确的仲裁条款为由支持祈福公司所提的对人民法院案件受理异议并无不当。

(2)否定型。

在(2021)最高法民申7953号案中,法院经审查认为,关于中瑞公司是否有权援引铜仁地区行政公署、梵投公司与中航公司、中瑞公司《铜仁市城市主干道(流留寨至大兴段)投资建设—移交(BT)项目投资建设、移交及回购合同》及中航公司与中瑞公司《铜仁市城市主干道(流留寨至大兴段)投资建设—移交(BT)项目合作协议书》中的仲裁条款主张本案诉讼程序权利问题,因上述协议的签约主体系中航公司、中瑞公司、梵投公司等,一审原告何某贵非上述协议的签约方,不受上述协议中仲裁条款的约束,中瑞公司援引上述协议中的仲裁条款对原审法院的管辖权提出异议没有事实依据,原审法院未依据上述仲裁条款认定本案由仲裁管辖,适用法律并无不当。

在(2021)最高法民申5747号案中,法院经审查认为,虽然2011年7月德誉公司与晟元公司签订的建设工程施工合同约定了仲裁条款,但何某军并非该合同当事人。德誉公司申请再审称本案应裁定驳回何某军的起诉,理由不能成立。

在(2019)最高法民辖终14号案中,法院经审查认为,关于无锡中粮公司是否有权援引《协议书》中的仲裁条款主张本案诉讼程序权利的问题。《协议书》之主体为无锡中粮公司以及江苏天腾公司,实际施工人叶某宗并非《协议书》的签约方,不受《协议书》中仲裁条款的约束。无锡中粮公司援引《协议书》中的仲裁条款对一审法院的管辖权提出异议没有事实依据。无锡中粮公司提出的"无锡中粮公司和江苏天腾公司签订的《协议书》中明确约定了仲裁管辖条款,法院无权受理此案"的上诉理由,法院不予支持。

在(2018)湘06民特1号案中,法院认为,刘某良作为实际施工人,其并非工行岳阳分行与巴陵公司签订的《装修工程施工合同》的当事人,刘某良与工行岳阳分行及巴陵公司之间均未达成仲裁合意,不受该合同中仲裁条款的约束。综上所述,工行岳阳分行与刘某良之间不存在仲裁协议,岳阳仲裁委员会基于刘某良的申请以仲裁方式解决工行岳阳分行与刘某良之间的工程款争议无法律依据。实际施工人依据发包人与承包人的仲裁协议申请仲裁,仲裁机构作出仲裁裁决后,发包人请求撤销仲裁裁决的,人民法院应予支持。

在(2018)最高法民终433号案中,二审法院认为,原审法院仅以天然气输配公司与EPC总包方签订的《临沂—团林输气管道工程设计采购施工(EPC)总承包合同》中约定有仲裁条款为由,裁定驳回胜利油建公司对本案原审四被告的起诉,适用法律不当。上诉人的该上诉理由成立。

在(2014)民申字第1575号案中,法院认为,实际施工人在一定条件下可以向与其没有合同关系的发包人主张权利。相关规定是一定时期及背景下为解决拖欠农民工工资问题的一种特殊制度安排,其不等同于代位权诉讼,不具有代位请求的性质。同时,其规定发包人只在欠付工程价款范围内对实际施工人承担责任,目的是防止无端加重发包人的责任,明确发包人仅在欠付承包人工程价款数额内承担责任,这不是对实际施工人权利范围的界定,更不是对实际施工人程序性诉讼权利的限制。实际施工人向发包人主张权利,不能简单地理解为是对承包人权利的承继,也不应受承包人与发包人之间仲裁条款的约束。

在(2013)民一终字第100号案中,法院认为,聂某作为实际施工人提起诉讼,请求森天公司和宏基公司支付工程款及利息,与森天公司和宏基公司之间的合同是两个不同的法律关系。森天公司与宏基公司之间即使有仲裁管辖约定,亦不能约束合同之外的利害关系人。

上述法院裁判观点认为,实际施工人起诉发包人应当受到发、承包方仲裁协议约束的理由可以总结为:实际施工人的起诉涉及发、承包方的结算问题,在发、承包方已经明确约定仲裁条款的情况下,双方之间关于工程款结算和支付的争议,应提交由约定的仲裁委员会仲裁解决。

上述法院裁判观点认为,实际施工人起诉发包人不应当受到发、承包方仲裁协议约束的理由可以总结为以下两点。

(1)实际施工人并非发、承包方协议的签约方,非协议主体,不受其中仲裁条款的约束。

(2)实际施工人突破合同相对性向发包人主张权利是一种特殊制度安排,其不等同于代位权诉讼,不具有代位请求的性质。同时,对于明确发包人仅在欠付承包人工程价款数额内承担责任,既不是对实际施工人权利范围的界定,也不是对实际施工人程序性诉讼权利的限制。实际施工人向发包人主张权利,不能简单地理解为是对承包人权利的承继,也不应受承包人与发包人之间仲裁条款的约束。

就本典型案例而言,笔者并不认同二审法院的处理意见:A以实际施工人身份起诉发包人B公司,不应受到B公司与C公司之间仲裁条款的限制。首先,依据合同相对性原则,发承包方之间的合同,应是对发承包方权利义务的限制,而实际施工人起诉发包人主张权利,要求发包人在欠付工程款范围内承担责任,正是为了突破这一合同相对性,在这一特殊制度的设计下,实际施工人并非B公司与C公司间合同的当事人,不应受到该合同约定的仲裁条款的限制。

其次,就权利来源角度而言,实际施工人对发包人的诉权,并非源于代位权或是对承包人基于总包合同权利义务的承继,而是源于法律的直接规定,从该规定制度设置的目的来看,规定实际施工人突破合同相对性对发包人行使诉权的价值导向是保护农民工合法权益,如果总包合同的仲裁约定效力及于实际施工人,那么将使得制度目的落空。因此,从实体权利和立法目的上分析,实际施工人对发包人的诉权,也不应受总包合同仲裁约定的约束。

再次,对实际施工人向发包人主张工程款涉及的工程款结算和支付问题,应属于实体争议审理和举证责任分配的问题,而不属于管辖所应考虑问题。法院确实应当查明发包人的欠付工程价款数额后要求其在相应范围内承担相应责任。但是,这并不是要求法院直接处理总包方和发包人的工程款结算和支付争议,人民法院应根据在案证据依法查明该欠付数额,如工程是否已经经过结算、发包人与承包人是否认可工程款欠付数额或范围或双方是否已经将工程款纠纷提请仲裁等。人民法院以此为由认为实际施工人起诉应受发承包方仲裁条款限制有待商榷。笔者认为,将发包人欠付工程价款数额的确认问题,作为案件审理的实体争议和举证责任分配问题处理更为恰当,也更符合司法解释的条文规定,更能保障实际施工人的合法权益。

最后,笔者认为,在司法解释已经明确实际施工人诉权的情况下,若人民法院以此为由认为实际施工人应通过仲裁解决,不仅导致该解释制度设计的落空,还导致实际施工人在仲裁过程中面临制度困境。如在提请仲裁时,因实际施工人并非仲裁协议的当事人,仲裁委是否受理实际施工人提起的仲裁在实践中尚有争议。此外,在诉讼时,实际施工人可以将承包人列为第三人,而仲裁中并不存在第三人制度,实际施工人如何提起仲裁?仲裁中各方当事人诉讼地位如何安排?仲裁请求及裁决结果如何释明均也存在很大争议。

实务指南

1. 实际施工人应注意谨慎约定管辖。关于纠纷管辖的约定是关乎实际施工人自身维权的重要约定，在签订施工合同时，实际施工人要充分考虑管辖条款的约定是否方便自身维权。特别是当与转包、分包人签订合同时，双方作为直接的合同相对方，管辖的约定更要慎重。

2. 实际施工人应注意合理选择诉讼路径。在实际施工人提起诉讼主张工程款时，要谨慎选择合理的诉讼路径和策略，不能简单地将发包人、承包人一并作为被告起诉了事，尤其是存在仲裁管辖约定时。在《最高人民法院关于审理建设工程施工合同纠纷案件适用法律问题的解释（一）》第43条、第44条赋予实际施工人起诉转包人、违法分包人，起诉发包人，提起代位权诉讼三种维权方式和路径的情况下，实际施工人应综合自身合同履行情况、欠付工程款原因等因素综合确定选择起诉的方式。

参考依据

《最高人民法院关于审理建设工程施工合同纠纷案件适用法律问题的解释（一）》

第四十三条 实际施工人以转包人、违法分包人为被告起诉的，人民法院应当依法受理。

实际施工人以发包人为被告主张权利的，人民法院应当追加转包人或者违法分包人为本案第三人，在查明发包人欠付转包人或者违法分包人建设工程价款的数额后，判决发包人在欠付建设工程价款范围内对实际施工人承担责任。

《民法典》

第五百三十五条第一款 因债务人怠于行使其债权或者与该债权有关的从权利，影响债权人的到期债权实现的，债权人可以向人民法院请求以自己的名义代位行使债务人对相对人的权利，但是该权利专属于债务人自身的除外。

《民事诉讼法》

第一百二十七条 人民法院对下列起诉，分别情形，予以处理：

（一）依照行政诉讼法的规定，属于行政诉讼受案范围的，告知原告提起行政诉讼；

(二)依照法律规定,双方当事人达成书面仲裁协议申请仲裁、不得向人民法院起诉的,告知原告向仲裁机构申请仲裁;

(三)依照法律规定,应当由其他机关处理的争议,告知原告向有关机关申请解决;

(四)对不属于本院管辖的案件,告知原告向有管辖权的人民法院起诉;

(五)对判决、裁定、调解书已经发生法律效力的案件,当事人又起诉的,告知原告申请再审,但人民法院准许撤诉的裁定除外;

(六)依照法律规定,在一定期限内不得起诉的案件,在不得起诉的期限内起诉的,不予受理;

(七)判决不准离婚和调解和好的离婚案件,判决、调解维持收养关系的案件,没有新情况、新理由,原告在六个月内又起诉的,不予受理。

二、建设工程多份施工合同中争议解决冲突的处理

在建设工程领域,当事人约定仲裁条款的情形越来越普遍,仲裁以其不公开审理、一裁仲裁效率高等特点深受各方主体的欢迎。但是往往因各种原因,双方会签订多份施工合同,中标合同、备案合同以及实际执行的合同。在签订协议时,各方对于非执行合同的争议解决,一般不予关注。在纠纷发生后,争议解决就成为兵家必争。比如,施工方为了尽快取得工程款,避免发包人以各种理由拖延诉讼造成工程款迟迟难以收回,必然会选择以仲裁方式解决。相反,诉讼程序虽然二审终审,但是诉讼周期长、诉讼费相对较低等无疑有助于一定程度上缓解发包人资金紧张的问题,因此发包人相对更愿意选择法院诉讼。当多份合同对争议解决问题的约定不一致时,光是程序性问题双方也极易产生纠纷。

典型案例

A 房地产公司与 B 集团公司建设工程施工合同纠纷案

1. 案件基本事实

2018 年 3 月,A 房地产公司对某建设工程施工组织招投标,B 集团公司中标。A 房地产公司向 B 集团公司发送《中标通知书》后,双方签订了《建设工程施工合同补充协议》(以下简称《补充协议》)。《补充协议》第 11 条第 5 款明确约定,"本合同发生纠纷的,甲乙双方应协商解决;协商不成时,任何一方可向工程所在地有管辖权的法院起诉"。因住建局备案需要,双方还签订了一份的《某市建设工程合同书》的格式合同,该合同第 15 条第 4 款约定,"本合同履行过程中发生的争议,由双方当事人协商解决,协商不成的提交某仲裁委员会仲裁"。

施工过程中,因原材料上涨等原因,B 集团公司提出调价申请,A 房地产公司同意适当增加合同价款后,B 集团公司认为仍难以达到施工成本,经 A 房地产公司多次催促 B 集团公司复工,B 集团公司以各种理由拒不复工,后双方发生争议,经多次催促后,A 房地产公司向 B 集团公司发出解除合同通知。后双方发生纠纷,B 公司根据备案的《某市建设工程合同书》向某仲裁委提起仲裁,要求支付工程款、补偿款、经济损失,并要求继续履行备案合同,A 房地产公司提出管辖权异议,认为应按照《补充协议》的约定,由法院诉讼解决。仲裁委作出驳回管辖权异议的决定。

此外,A 房地产公司认为应根据中标的《补充协议》由工程所在地法院诉讼,便向工程所在地法院提起诉讼,要求支付违约金、质量修复费用及损失赔偿等。B 集团公司提出管辖权异议,认为应由仲裁解决。法院认为该案已经由仲裁委受理在先,在仲裁程序中已经财产保全,且仲裁已经驳回了 A 房地产公司的管辖权异议申请,故法院认为 B 集团公司管辖权异议的理由成立,裁定驳回起诉。

2. 争议焦点

建设工程同时存在多份施工合同,约定的争议解决不一致,中标的《补充协议》未备案,备案的《某市建设工程合同书》未中标,应该以哪个合同来确定案件争议解决问题。

法律分析

1. 备案的《某市建设工程合同书》与中标的《补充协议》管辖约定不一致,如何确定管辖

《补充协议》是中标合同,未向当地住建管理部门备案,无论是否备案,均不影响中标合同的法律效力。

《某市建设工程合同书》是在住建管理部门备案的格式合同,从形式上看,该合同经双方签字盖章,无法否定其非双方的真实意思表示,形式上也合法有效。

二者关于争议解决的约定不一样,需要判断哪个合同的效力优先。

(1)一般而言,从成立时间来看,在后成立的合同中争议解决的约定可以变更在先成立中的合同约定。本案中,由于双方均无证据证明哪份合同成立在先,故不能以成立时间先后确定哪个效力优先。

(2)从招投标角度来看,《补充协议》是经招投标成立的合同,如果争议解决条款属于实质性条款,那么《某市建设工程合同书》不得变更与中标合同的实质性约定。

对于争议解决条款属于实质性约定的理由是,第一,《民法典》第488条规定,"承诺的内容应当与要约的内容一致,受要约人对要约的内容作出实质变更的,为新要约。有关合同标的、数量、价款或者报酬、履行期限、履行地点和方式、违约责任和解决争议方法等的变更,是对要约内容的实质性变更"。因此部分观点认为该规定支持了认定争议解决条款为合同实质性内容(当然,最高人民法院也有部分观点认为变更争议解决方式不属于合同实质性内容变更)。第二,《最高人民法院关于审理建设工程施工合同纠纷案件适用法律问题的解释(一)》第2条规定,招标人和中标人另行签订的建设工程施工合同约定的工程范围、建设工期、工程质量、工程价款等实质性内容,与中标合同不一致,一方当事人请求按照中标合同确定权利义务的,人民法院应予支持。据此,A房地产公司有权主张以中标的《补充协议》中约定的法院诉讼程序解决纠纷。因此,在无法通过时间来认定成立先后时,应以中标的《补充协议》作为确定本案管辖的依据。

2.在程序审查中不宜认定案件实体问题,但应允许有例外情形

一般认为,合同是否有效,哪份合同效力优先以及实际履行的是哪份合同等,属于案件实体问题,有待实体审理时解决,故不宜在程序审查中作出认定。但是本案中,同时存在《补充协议》和《某市建设工程合同书》,两个合同对争议解决方式约定不同,确定是由仲裁裁决还是法院诉讼解决应首先确定以哪份合同来确定双方的权利义务关系或者以哪个合同为准来判断争议的解决。如果不对合同的效力优先适用问题进行认定,就无法确定本案的争议解决。

管辖的程序问题不审理案件实体事项是通常情况,在单纯程序审无法作出判断时,在管辖权异议的程序性审核中应允许在特殊情况下,涉及案件的实体部分认定。否则,程序性错误可能推翻实体审理的结果。在特殊情况下,进行部分实体认定有助于实质性解决问题,以免将来程序错误再重新审理造成司法资源的浪费。

3.“备案”在性质上只是一种行政管理措施,“备案合同”不具有效力优先性

(1)关于招投标建设工程施工合同备案的规定。

2001年6月1日原建设部发布的《房屋建筑和市政基础设施工程施工招标投标管理办法》第47条规定:通过招投标程序签订的建设工程施工合同,中标人应在订立书面合同后7日内,将合同送工程所在地的县级以上地方人民政府建设行政主管部门备案。

2018年9月28日公布施行《住建部关于修改〈房屋建筑和市政基础设施工程施工招标投标管理办法〉的决定》,修改后的《房屋建筑和市政基础设施工程施工招标投标管理办法》取消了强制招投标的建设工程施工合同的备案制度。

(2)建设工程施工合同备案,性质是行政管理措施。

原《最高人民法院关于审理建设工程施工合同纠纷案件适用法律问题的解

释》起草人冯小光法官认为,“按照招标投标法规定,中标通知书对当事人具有法律约束力,所以中标合同就是指生效的合同。备案从法律效力来讲,不具备物权公示的效力,只是一个行政管理措施”。这虽是一种学理解释,但也是司法实践中的主流观点。

(3)对“中标合同未备案”和“备案合同未中标”的效力评价。

“中标合同未经备案”,不能否认仍为中标合同。根据《招标投标法》、《招标投标法实施条例》及《房屋建筑和市政基础设施工程施工招标投标管理办法》的相关规定,对中标的建设工程施工合同,自招标人向投标人发出的中标通知书到达招标人时即已生效,对招投标双方根据招投标文件签订的建设工程施工合同予以备案是一种行政管理行为,不影响中标合同的效力。

“备案合同未中标”,备案时用建设行政主管部门的官方版本合同,不影响中标合同的效力。《最高人民法院关于审理建设工程施工合同纠纷案件适用法律问题的解释(一)》第 2 条规定,招标人和中标人另行签订的建设工程施工合同约定的工程范围、建设工期、工程质量、工程价款等实质性内容,与中标合同不一致,一方当事人请求按照中标合同确定权利义务的,人民法院应予支持。根据该规定,确定当事人权利义务的只能是中标合同。如果备案的不是中标合同,即便该合同已经备案,也不能据此确认双方权利义务关系,这与“备案是一种行政管理措施,不影响中标合同效力”是相呼应的。

综上所述,通常说的“备案合同效力优先”指的是正常情况下备案的是中标合同,“中标且备案”的情况下备案合同效力优先,优先性来自“中标”而非“备案”。“备案合同未中标”,即便使用的是建设行政部门提供的官方格式的建设工程施工合同进行备案,备案合同也不能作为确定双方权利义务的依据。

4. 法院不能以仲裁已经在先受理为由,认定 A 房地产公司不能向法院起诉

《民事诉讼法》第 36 条规定,两个以上人民法院都有管辖权的诉讼,原告可以向其中一个人民法院起诉;原告向两个以上有管辖权的人民法院起诉的,由最先立案的人民法院管辖。该条适用的前提是两个法院都具有管辖权,二受理法院之间为“A 和 B 都行”的关系,应由最先受理的法院管辖。本案中,一个约定仲裁,另一个约定诉讼,只能是“A 或者 B”的关系,如果选了仲裁,就不能诉讼,如果选了诉讼,就否定了仲裁。如果法院认为应该由仲裁委解决,应进行充分的说理,说明《某市建设工程合同书》效力优先的理由,否则以案件受理时间先后认定本案不属于法院受案范围是错误的。

实务指南

1. 合理起草仲裁条款。根据《仲裁法》的规定,仲裁协议应当具备请求仲裁的意思表示、仲裁事项以及选定的仲裁委员会。仲裁事项不得超过法律规定的仲裁范围,合同签署人应当具备完全民事行为能力,且不得采取欺诈、胁迫等不法手段订立仲裁协议。当事人在约定仲裁条款时,一定要查明仲裁机构的官方名称,确定具体的仲裁机构,不可作出或裁或审的约定。

2. 如一方恶意起诉,应在答辩期及时提出管辖权异议。实践中,当事人之间可能的确存在有效的仲裁协议。这种情况下,根据《民事诉讼法》第 127 条第 1 项的规定,当事人应当在提交答辩状期间及时提起管辖权异议。

3. 如果仲裁协议无效,可在仲裁庭首次开庭前向法院提起确认仲裁协议无效之诉。《最高人民法院关于适用〈中华人民共和国仲裁法〉若干问题的解释》第 13 条第 1 款规定,依照《仲裁法》第 20 条第 2 款的规定,当事人在仲裁庭首次开庭前没有对仲裁协议的效力提出异议,而后向人民法院申请确认仲裁协议无效的,人民法院不予受理。

4. 备案合同不是中标合同时,应在备案后签订《备忘录》明确合同适用。有的情况下,建设行政主管部门要求以其格式版本的《建设工程施工合同书》进行备案,否则不予备案。对此,一方面可以提起行政诉讼,要求建设行政主管部门对中标的合同进行备案;另一方面,如果必须以格式合同备案的话,为防止以后可能的纠纷,建议双方另行签订备忘录,注明在建设行政主管部门备案的合同仅为备案之用,非双方的真实意思表示,不以该合同作为合同履行的依据,不以该合同作为争议解决方式等。这样一来,既解决了备案问题,又不影响双方中标合同的履行。

参考依据

《民法典》

第四百八十八条　承诺的内容应当与要约的内容一致。受要约人对要约的内容作出实质性变更的，为新要约。有关合同标的、数量、质量、价款或者报酬、履行期限、履行地点和方式、违约责任和解决争议方法等的变更，是对要约内容的实质性变更。

《最高人民法院关于审理建设工程施工合同纠纷案件适用法律问题的解释（一）》

第二条　招标人和中标人另行签订的建设工程施工合同约定的工程范围、建设工期、工程质量、工程价款等实质性内容，与中标合同不一致，一方当事人请求按照中标合同确定权利义务的，人民法院应予支持。

招标人和中标人在中标合同之外就明显高于市场价格购买承建房产、无偿建设住房配套设施、让利、向建设单位捐赠财物等另行签订合同，变相降低工程价款，一方当事人以该合同背离中标合同实质性内容为由请求确认无效的，人民法院应予支持。

《招标投标法》

第四十六条　招标人和中标人应当自中标通知书发出之日起三十日内，按照招标文件和中标人的投标文件订立书面合同。招标人和中标人不得再行订立背离合同实质性内容的其他协议。

招标文件要求中标人提交履约保证金的，中标人应当提交。

《招标投标法实施条例》

第五十七条　招标人和中标人应当依照招标投标法和本条例的规定签订书面合同，合同的标的、价款、质量、履行期限等主要条款应当与招标文件和中标人的投标文件的内容一致。招标人和中标人不得再行订立背离合同实质性内容的其他协议。

招标人最迟应当在书面合同签订后5日内向中标人和未中标的投标人退还投标保证金及银行同期存款利息。

《房屋建筑和市政基础设施工程施工招标投标管理办法》

第四十六条 招标人和中标人应当自中标通知书发出之日起30日内，按照招标文件和中标人的投标文件订立书面合同；招标人和中标人不得再行订立背离合同实质性内容的其他协议。

中标人不与招标人订立合同的，投标保证金不予退还并取消其中标资格，给招标人造成的损失超过投标保证金数额的，应当对超过部分予以赔偿；没有提交投标保证金的，应当对招标人的损失承担赔偿责任。

招标人无正当理由不与中标人签订合同，给中标人造成损失的，招标人应当给予赔偿。

《民事诉讼法》

第三十六条 两个以上人民法院都有管辖权的诉讼，原告可以向其中一个人民法院起诉；原告向两个以上有管辖权的人民法院起诉的，由最先立案的人民法院管辖。

第一百二十七条 人民法院对下列起诉，分别情形，予以处理：

（一）依照行政诉讼法的规定，属于行政诉讼受案范围的，告知原告提起行政诉讼；

（二）依照法律规定，双方当事人达成书面仲裁协议申请仲裁、不得向人民法院起诉的，告知原告向仲裁机构申请仲裁；

（三）依照法律规定，应当由其他机关处理的争议，告知原告向有关机关申请解决；

（四）对不属于本院管辖的案件，告知原告向有管辖权的人民法院起诉；

（五）对判决、裁定、调解书已经发生法律效力的案件，当事人又起诉的，告知原告申请再审，但人民法院准许撤诉的裁定除外；

（六）依照法律规定，在一定期限内不得起诉的案件，在不得起诉的期限内起诉的，不予受理；

（七）判决不准离婚和调解和好的离婚案件，判决、调解维持收养关系的案件，没有新情况、新理由，原告在六个月内又起诉的，不予受理。

《最高人民法院关于适用〈中华人民共和国仲裁法〉若干问题的解释》

第十三条　依照仲裁法第二十条第二款的规定，当事人在仲裁庭首次开庭前没有对仲裁协议的效力提出异议，而后向人民法院申请确认仲裁协议无效的，人民法院不予受理。

仲裁机构对仲裁协议的效力作出决定后，当事人向人民法院申请确认仲裁协议效力或者申请撤销仲裁机构的决定的，人民法院不予受理。

第八章　其　　他

一、分包合同中“背靠背”条款的效力及适用风险

“背靠背”条款是指约定在付款方收到第三方对应款项的前提下才给收款方支付的合同条款。在建工行业市场交易中建设单位通常会依靠其强势的市场地位约定较为严苛的付款条件，再加上建设工程极大的施工成本，建设单位时有发生的拖延付款情况导致承包方在施工前后现金流压力极大。为减轻项目资金压力、降低经营风险，“背靠背”条款被广泛应用于承包方与下游企业之间签订的合同。如在分包合同中约定“总承包方收到建设单位对应进度款项后支付”“在建设单位未支付工程款的情况下，总包方不负有付款义务”“总承包方按照建设单位支付比例向分包方付款”。

虽然“背靠背”条款在建设工程领域被广泛应用，但目前最高人民法院并未在相关司法解释中对其定义、效力、适用等作出规范，也未以公报案例等形式作出裁判指引。少部分高院虽也有作出指导，但一方面内容与最高人民法院判例裁判倾向不完全一致，另一方面也存在地域限制，很多情况下仅供参考。本节以最高人民法院审理的一起案件为引，对分包合同中背靠背条款的效力和适用风险进行简单梳理分析。

典型案例

A工程公司与B建筑公司建设工程施工合同纠纷

1. 案件基本事实

2013年9月，大东建设与B建筑公司签订《某工厂建设工程（施工总承包）建设工程施工合同》（以下简称《施工总承包合同》）。B建筑公司将部分工程分包给A工程公司，双方签订了《某工厂建设工程土方工程施工专业分包合同》（以下简称《分包合同》），分包合同约定"若因建设单位（发包人）不能按时支付给承包人工程款而导致承包人未按照合同约定时间向分包人支付工程款时，不视为承包人违约，分包人必须保证工程施工的正常进行，不得以任何理由擅自停工或采取其他任何未经承包人同意的做法"。

案涉分包工程于2014年12月完成并经竣工验收，业主已经使用。大东建设审核A工程公司分包部分造价121,828,599元，过程中向B建筑公司支付了审核款的40%即48,731,493.60元人民币工程款。B建筑公司于2014年1月扣除相关费用向A工程公司汇款4000万元。施工过程中B建筑公司代A工程公司给付11,530,543.02元。核对双方提供的付款凭证及合同，B建筑公司对分包项目已付款总计为51,530,543.02元。

2017年A工程公司起诉至辽宁省高级人民法院，主张B建筑公司、大东建设共同向A工程公司支付拖欠的工程款及违约金共计118,768,574.36元。A工程公司认为其已经按照《分包合同》约定完成了全部工程，案涉工程价款的付款支付条件已经成就。对于"背靠背"条款，A工程公司认为B建筑公司未积极向大东建设主张权利，应视为付款条件已成就。审理过程中法院委托鉴定公司对案涉分包工程进行鉴定，鉴定金额为141,698,000元。B建筑公司以"背靠背"条款约定的付款条件尚未成就为由主张不予支付。B建筑公司认为首先双方约定以大东建设付款为前提条件的"背靠背"条款不违反法律规定，应为有效，在大东建设仅支付48,731,439.60元情况下，B建筑公司并无全额支付的义务且当前已超额付款。其次，B建筑公司并未怠于向发包方大东建设主张权利,迟迟未能结算系因A工程公司拒绝提供竣工资料导致无法审计。二审由最高人民法院审理。

本案发生后,2019年6月B建筑公司起诉大东建设,主张大东建设支付案涉总承包工程工程款。

2. 争议焦点

B建筑公司主张的工程款支付所附“背靠背”条件是否成就(具体指的是:A工程公司主张工程款支付条件成就,“背靠背”条款因B建筑公司怠于向大东建设主张而不适用。而B建筑公司作为抗辩方,认为“背靠背”约定有效且付款条件未成就,工程款不具备支付条件)。

3. 法院观点

一审法院认为,B建筑公司不能证明其积极向发包方行使权利,因此B建筑公司否认其存在怠于结算情形的抗辩理由不予以采信。B建筑公司虽未从发包人大东建设处收取工程款,但因其怠于向发包人主张权利,A工程公司向其主张相应的工程款及利息,应予支持。

二审法院认为,B建筑公司提出双方约定了在大东建设未支付工程款的情况下,B建筑公司不负有付款义务,但是B建筑公司的前述免责事由应以其正常履行协助验收、协助结算、协助催款等义务为前提,作为大东建设工程款的催收义务人,B建筑公司并未提供有效证据证明在案涉工程竣工后至本案诉讼前,已积极履行以上义务,对大东建设予以催告验收、审计、结算、收款等。相反,B建筑公司工作人员房某的证言证实B建筑公司怠于履行职责,拒绝A工程公司要求,始终未积极向大东建设主张权利,属于附条件合同中当事人为自己的利益不正当地组织条件成就的,视为条件已成就的情形,故B建筑公司关于“背靠背”条件未成就、不负有支付义务的主张,理据不足。基于此,二审法院也认定B建筑公司应向A工程公司支付相应工程款及利息。

法律分析

1.“背靠背”条款的效力问题

本案一审、二审法院都未对“背靠背”条款的效力作出直接认定。但均跨过效力问题直接对案涉合同中“背靠背”条件是否成就进行分析，相当于默认了“背靠背”条款的效力。大部分裁判也都对“背靠背”条款的效力持认可态度，如在(2020)赣民终958号案中，江西省高级人民法院明确指出：“‘背靠背’条款，系分包合同当事人之间对工程款附条件支付的有效约定，形式上属于附条件的合同条款，对合同各方当事人均具有约束力……在签订分包合同时，其(分包人)作为长期从事建设工程领域的企业对于合同中约定的‘背靠背’条款十分熟悉，可以根据自身风险承受能力对合同价款支付风险负担作出理性判断，有是否接受该条款的选择权，其签约行为就是接受风险的真实意思表示。因此应认定合法有效。”在司法实践中，部分地方法院出具的指导意见也持此观点，如《北京市高级人民法院关于审理建设工程施工合同纠纷案件若干疑难问题的解答》第22条明确指出，“分包合同中约定待总包人与发包人进行结算且发包人支付工程款后，总包人再向分包人支付工程款的，该约定有效”。

另一种观点认为“背靠背”条款无效，这类裁判理由主要有两点，一是认为违反公平原则，如在(2014)一中民终字第01260号案中，北京市第一中级人民法院认为，“对于工程款的支付时间，上述协议均以第三方的验收确认等作为部分款项的付款条件。对该约定，法院认为，东方通信公司在对付款条件的约定上，显然将第三人付款的风险转移给讯广科技公司。第三人何时付款、付款比例的大小、第三人拒绝付款或者违反约定延迟付款等均会影响施工方讯广科技公司的利益，该约定明显有违公平原则”。二是认为分包合同与总包合同相互独立，分包人并未参与总包合同协商，“背靠背”条款属于突破合同相对性不合理限制分包人权利的格式条款故而无效，如在(2021)鲁15民终3667号案中，聊城市第一中级人民法院的论述理由为“与荣盛公司签订合同的相对方是金汇公司，案涉工程已经竣工验收，金汇公司已经按合同约定履行了义务，荣盛公司就应当及时支付剩余工程款，而不是必须要等建设单位工程款到位后再行支付，建设单位是否支付荣盛公司工程款及如何支付是建设单位与荣盛公司之间的另一个法律关系”。因此，一审认定双方签订的合同中关于“最终结算须在对建设单位结算完成后方可进行的条款是格式条款属无效条款”，法院予以支持。

笔者认为，民事行为的效力问题应该严格遵循《民法典》第143条“具备下列条件的民事法律行为有效：(一)行为人具有相应的民事行为能力；(二)意思表示真实；(三)不违反法律、行政法规的强制性规定，不违背公序良俗”的规定，“背靠背”条款在签订时只要具备这三项条件就无效力瑕疵。在违反公平原则的问题上，总承包人虽因市场供求关系影响，在谈判中处于强势地位，但分包人在谈判过程中并非完全受制于人，“背靠背”条款与其他条款一样是经双方磋商妥协的结果，一概认定“背靠背”条款违反公平原则对总承包方稍显不公，而对于个案中显失公平的情况，也应该按照《民法典》第151条合同显失公平可撤销的规定进行处理而不是直接认定无效。在突破合同相对性的问题上，建设单位的付款情况在分包合同中是作为前提或条件存在，分包方无权据此主张建设单位付款，而分包方权利因建设单位付款情况受到的限制也是因分包合同约定产生而不是受总包合同限制，不存在突破合同相对性的情况，对于是否属于格式条款同样应结合个案情况参照法律对格式条款的表述进行认定，而不能将分包合同中的背靠背条款一概认定为格式条款。

2. 建设工程施工合同无效的情形下“背靠背”条款是否能够参照适用

对于“背靠背”条款的适用，本案未涉及。但在实践中广泛存在的一个争议是在合同本身无效的情况下“背靠背”条款是否能够参照适用。这一问题源自原《最高人民法院关于审理建设工程施工合同纠纷案件适用法律问题的解释》第2条，建设工程施工合同无效，但建设工程经竣工验收合格，承包人请求参照合同约定支付工程价款的，应予支持。该条规定在施工合同无效但建设工程质量合格的情况下，承包人有权依据实际履行的合同中关于工程价款的约定向发包方主张工程款。争议的核心在于“背靠背”条款是否属于可参照的合同约定部分。

关于这一问题，一种观点认为，“背靠背”条款属于可参照的合同约定部分，在建设工程施工合同因非法转包、违法分包等情形无效的情况下，仍可参照“背靠背”条款处理付款问题。《安徽省高级人民法院关于审理建设工程施工合同纠纷案件适用法律问题的指导意见（二）》认可此观点，其第11条规定，“非法转包、违法分包建设工程，实际施工人与承包人约定以发包人与承包人的结算结果作为结算依据，承包人与发包人尚未结算，实际施工人向承包人主张工程价款的，分别下列情形处理：（一）承包人与发包人未结算尚在合理期限内的，驳回实际施工人的诉讼请求。（二）承包人已经开始与发包人结算、申请仲裁或者诉至人民法院的，中止审理。（三）承包人怠于向发包人主张工程价款，实际施工人主张参照发包人与承包人签订的建设工程施工合同确定工程价款的，应予支持”。安徽省的法院大多按照此指导意见观点裁判。也有部分其他省份判决持此观点，如在（2016）鄂0107民初236号案中，法院认为，“原告与被告青山花木公司签订的合同无效，原告可要求参照合同约定支付工程款，但原告不应获得比合同有效时更多的利益，‘参照合同约定’应指的是与工程款支付有关的所有条款”[①]。这份初审判决认为原《最高人民法院关于审理建设工程施工合同纠纷案件适用法律问题的解释》第2条中的“参照合同约定”包括“背靠背”条款，因此在建设工程施工合同无效情形下，“背靠背”条款仍应被适用。

另一种观点认为，在合同无效情形下不能参照适用“背靠背”条款，如最高人民法院在（2018）最高法民申2278号案中论述，原《最高人民法院关于审理建设工程施工合同纠纷案件适用法律问题的解释》第2条规定的“请求参照合同约定支付工程价款”中的合同约定范围，主要指工程款计价方法、计价标准等与工程价款数额有关的约定。江苏一建公司主张还应参照适用《工程承包（协议）责任书》第8条第1项、第2项关于支付工程价款以业主划拨工程款为前提条件的约定，因该约定是关于工程价款支付条件的约定，并非工程价款确定标准的约定，在《工程承包（协议）责任书》无效的情况下，该约定对双方没有约束力。甘肃省高级人民法院在（2022）甘民终61号案中论述，原《最高人民法院关

① 该论述被（2018）鄂01民终4727号判决书以适用法律错误为由纠正。

于审理建设工程施工合同纠纷案件适用法律问题的解释》第2条规定:建设工程施工合同无效,但建设工程经竣工验收合格,承包人请求参照合同约定支付工程价款的,应予支持。该条中的“参照合同约定”系基于合同无效后确定折价标准的一种方式,主要是参照合同中对计价标准的约定,并不等同于“按照合同约定”。这类裁决将司法解释规定的“参照合同约定支付工程价款”限缩在与工程价款数额有关的约定中,认为建设工程施工合同无效的情形下“背靠背”条款不能被参照适用。这种观点是司法实践中的主流观点。从法律层面看,合同无效情况下除争议解决条款外其他条款自始无效,无效条款不应作为处理合同无效后果的依据,司法解释出于维护市场稳定性等方面考虑才规定合同无效亦可参照合同约定主张支付工程价款,在已经突破合同效力原则的基础上也不宜再做扩张解释。

值得注意的是,还有一种观点以《最高人民法院关于审理建设工程施工合同纠纷案件适用法律问题的解释(一)》第6条“建设工程施工合同无效,一方当事人请求对方赔偿损失的,应当就对方过错、损失大小、过错与损失之间的因果关系承担举证责任。损失大小无法确定,一方当事人请求参照合同约定的质量标准、建设工期、工程价款支付时间等内容确定损失大小的,人民法院可以结合双方过错程度、过错与损失之间的因果关系等因素作出裁判”为依据,主张合同无效情形下也应参照背靠背条款。如在(2021)鲁01民终10289号案中,承包方主张“即便《装饰项目劳务施工合同》无效,但仍应将施工合同中约定的背靠背付款模式作为折价补偿的依据。理由如下:第一,根据《最高人民法院关于审理建设工程施工合同纠纷案件适用法律问题的解释(一)》第6条的规定,虽然合同无效,但双方所约定的工程价款支付时间可以参照适用……”该案中,法院直接以合同无效为由不予支持该主张,也未查到其他支持此类观点的判例,但鉴于《民法典》第793条是对无效合同中折价补偿的规制,而《最高人民法院关于审理建设工程施工合同纠纷案件适用法律问题的解释(一)》第6条是对损害赔偿的规制,且明确规定参照范围明确包括“工程价款支付时间”。因此,对于合同无效情形下分包方主张赔偿的案件,笔者认为对于此观点仍存在可尝试的空间。

3. 建设工程施工合同中“背靠背”条款的适用风险

总承包方在分包合同中设置“背靠背”条款的主要目的就是将建设单位拒绝支付或延期支付工程款造成的资金风险转移给分包方,“背靠背”条款对于分包方的风险无须多言。

对于总承包方来说,风险一方面在于诉讼中法院可能在建设单位尚未付款的情况下认定总承包方向分包方付款的条件已成就。如本典型案例中最高人民法院虽然认可“背靠背”条款的效力,但最终还是判决B建筑公司在建设单位未付款的情况下仍应向A工程公司支付全部工程款。作出裁决的理由为“B建筑公司免责事由应以其正常履行协助验收、协助结算、协助催款等义务为前提,作为大东建设的催收义务人,B建筑公司并未提供有效证据证明其在盖章确认案涉工程竣工后至本案诉讼前,已积极履行以上义务,对大东建设予以催告验收、审计、结算、收款等。相反,B建筑公司工作人员房某的证言证实B建筑公司主观怠于履行职责,拒绝A工程公司要求,始终未积极向大东建设主张权利,该情形属于原《合同法》第45条第2款规定附条件的合同中当事人为自己的利益不正当地阻止条件成就的,视为条件已成就的情形,故B建筑公司关于背靠背条件未成就、不负有支付义务的主张,理据不足”。

最高人民法院这一观点首先将“背靠背”条款认定为附条件的民事法律行为,这一认定也符合司法实践的普遍观点。虽然也有观点认为“背靠背”条款属于附期限的民事法律行为,但当前法律只对附条件合同中当事人不正当地阻止或促成条件成就的法律后果进行了规制,因此司法实践中绝大多数法院都像本案二审法院一样,依据原《合同法》第45条第2款将“背靠背”条款认定为附条件的民事法律行为,然后再对总承包方的行为进行下一步认定。

需要注意的是,本案中二审法院将证明总承包方向建设单位积极履行催款义务的举证责任分配给B建筑公司,这也是司法实践中大多数法院所持观点,如《北京市高级人民法院关于审理建设工程施工合同纠纷案件若干疑难问题的解答》第22条明确指出,“分包合同中约定待总包人与发包人进行结算且发包人支付工程款后……总包人对于其与发包人之间的结算情况以及发包人支付工程款的事实负有举证责任”。因此缺乏充分的证据证明己方已积极履行对建设单位的结算、请求支付工程款等各项义务是总承包方在适用“背靠背”条款时须面对的重要风险。

总承包方在背靠背条款的适用风险另一方面在于存在被法院认定为约定不明确的风险。《民法典》第511条规定,“当事人就有关合同内容约定不明确,依据前条规定仍不能确定的,适用下列规定:……(四)履行期限不明确的,债务人可以随时履行,债权人也可以随时请求履行,但是应当给对方必要的准备时间”。若“背靠背”条款被法院认定为约定不明确,法院可判决总承包方随时付款,如(2021)最高法民申4924号案中,法院认为,“该约定(‘背靠背’条款)系附承包人支付工程款条件的条款……但是,电建湖北分公司何时收到‘业主款项’存在诸多不确定性。鉴于十一冶公司工程已完工多年,电建湖北分公司仅支付了少部分工程款……电建湖北公司申请再审称《结算协议》中约定的付款条件有效,并以此拒绝承担给付工程欠款及利息的主张,理由不能成立”。这类判例倾向于认为“背靠背”条款本身存在不确定性,不应被适用,还有一类判例认为“背靠背”条款本身可以被适用,但个案中因条款表述不明导致无法被适用,如在(2019)京03民终6724号案中,北京市第三中级人民法院认为,“《产品购销合同》中关于‘背靠背’付款的约定不清晰具体,合同中关于付款仅是约定了洁雅德公司与通达吉源公司之间的付款时间及金额,并未对背靠背式付款进行解释,亦未出现龙源顺景公司字样……综合以上考量因素,本院对通达吉源公司有关合同约定为‘背靠背’式付款,通达吉源公司未与龙源顺景公司进行结算,工程款付款时间未到的上诉理由不予采纳”。

实务指南

1. 对分包方来说,若无法避免在分包合同中纳入“背靠背”条款,首先要知晓总承包方与建设单位之间的付款约定,最好将其作为分包合同附件;其次通过谈判争取约定更详细的合同内容,减轻“背靠背”条款对自身的影响,增加总承包方的举证负担,如约定某个时间点后"背靠背"条款不再适用,或者约定非诉讼方式不视为有效催讨手段。面对总承包方不按时付款的情况要及时提起诉讼或申请仲裁,一方面主张总承包方滥用优势地位和违反公平原则,要求确认该条款无效;另一方面充分利用当前主流的司法观点与趋势,从总承包方是否存在因自身违约行为导致建设单位不予付款、总承包方是否存在怠于履行催款义务等方面严格质辩总承包方的证据,削弱其抗辩依据,主张付款期限已至,从而维护自身的合法权益。①

2. 对总承包方来说,其不能将"背靠背"条款简单地拟定为"双方结算以总包方与业主的结算依据和条款为准""业主向总包方付款后,总包方才向分包方付款"等,而应该尽可能明确而详尽地约定分包工程款支付进度,列明与之挂钩的建设单位付款计划,最好能按照项目计划约定最晚付款期限,避免被法院认定为对付款期限约定不明。此外,也需把"背靠背"条款采用加粗、加黑、下画线等形式对分包方作出提示,保留好涉及该条款的谈判记录,避免被法院认定为格式条款。

3. 总承包方在工程建设过程中,首先要保证自身在总承包合同项下的履约质量,避免因自身违约导致建设单位拒付或延迟支付工程款。其次在履约过程中要注意保存"背靠背"条款所涉分包工程部分的工程款核对、结算材料,包括但不限于各类签证单、变更单、联络单、请款单、通知单。一方面可以据此积极向建设单位索要款项,另一方面这些材料也是诉讼中证明与建设单位结算情况,证明己方积极向建设单位主张工程款的重要凭证。

4. 发生建设单位拒绝付款或迟延付款的情况下,总承包方在积极催款并保留相关记录的同时也要及时联系分包方,将己方所采取的包括主张分包部分工程款在内的各项催款措施告知分包方。在自力救济索款无望的情况下要积极采取诉讼或仲裁方式向建设单位主张到期债权,避免被法院认定为怠于履行催款义务。

① 参见袁华之、丑斌:《分包合同中的"背靠背"条款浅析》,载《财经法学》2017年第2期。

参考依据

《民法典》

第一百四十三条 具备下列条件的民事法律行为有效:

(一)行为人具有相应的民事行为能力;

(二)意思表示真实;

(三)不违反法律、行政法规的强制性规定,不违背公序良俗。

第一百五十一条 一方利用对方处于危困状态、缺乏判断能力等情形,致使民事法律行为成立时显失公平的,受损害方有权请求人民法院或者仲裁机构予以撤销。

第一百五十七条 民事法律行为无效、被撤销或者确定不发生效力后,行为人因该行为取得的财产,应当予以返还;不能返还或者没有必要返还的,应当折价补偿。有过错的一方应当赔偿对方由此所受到的损失;各方都有过错的,应当各自承担相应的责任。法律另有规定的,依照其规定。

第一百五十八条 民事法律行为可以附条件,但是根据其性质不得附条件的除外。附生效条件的民事法律行为,自条件成就时生效。附解除条件的民事法律行为,自条件成就时失效。

第一百五十九条 附条件的民事法律行为,当事人为自己的利益不正当地阻止条件成就的,视为条件已经成就;不正当地促成条件成就的,视为条件不成就。

第一百六十条 民事法律行为可以附期限,但是根据其性质不得附期限的除外。附生效期限的民事法律行为,自期限届至时生效。附终止期限的民事法律行为,自期限届满时失效。

第五百一十一条 当事人就有关合同内容约定不明确,依据前条规定仍不能确定的,适用下列规定:

……

(四)履行期限不明确的,债务人可以随时履行,债权人也可以随时请求履行,但是应当给对方必要的准备时间。

……

第七百九十三条第一款　建设工程施工合同无效，但是建设工程经验收合格的，可以参照合同关于工程价款的约定折价补偿承包人。

《最高人民法院关于审理建设工程施工合同纠纷案件适用法律问题的解释(一)》

第六条第一款　建设工程施工合同无效，一方当事人请求对方赔偿损失的，应当就对方过错、损失大小、过错与损失之间的因果关系承担举证责任。

第二十四条　当事人就同一建设工程订立的数份建设工程施工合同均无效，但建设工程质量合格，一方当事人请求参照实际履行的合同关于工程价款的约定折价补偿承包人的，人民法院应予支持。

实际履行的合同难以确定，当事人请求参照最后签订的合同关于工程价款的约定折价补偿承包人的，人民法院应予支持。

《北京市高级人民法院关于审理建设工程施工合同纠纷案件若干疑难问题的解答》

22、分包合同中约定总包人收到发包人支付工程款后再向分包人支付的条款的效力如何认定？

分包合同中约定待总包人与发包人进行结算且发包人支付工程款后，总包人再向分包人支付工程款的，该约定有效。因总包人拖延结算或怠于行使其到期债权致使分包人不能及时取得工程款，分包人要求总包人支付欠付工程款的，应予支持。总包人对于其与发包人之间的结算情况以及发包人支付工程款的事实负有举证责任。

《安徽省高级人民法院关于审理建设工程施工合同纠纷案件适用法律问题的指导意见(二)》

第十一条　非法转包、违法分包建设工程，实际施工人与承包人约定以发包人与承包人的结算结果作为结算依据，承包人与发包人尚未结算，实际施工人向承包人主张工程价款的，分别下列情形处理：

(一)承包人与发包人未结算尚在合理期限内的，驳回实际施工人的诉讼请求。

（二）承包人已经开始与发包人结算、申请仲裁或者诉至人民法院的，中止审理。

（三）承包人怠于向发包人主张工程价款，实际施工人主张参照发包人与承包人签订的建设工程施工合同确定工程价款的，应予支持。

相关案例

1. 中国建筑一局（集团）有限公司（以下简称中建一局）、沈阳祺越市政工程有限公司（以下简称祺越公司）建设工程施工合同纠纷案

审理法院：最高人民法院

案号：（2020）最高法民终106号

裁判观点：中建一局的该项免责事由应以其正常履行协助验收、协助结算、协助催款等义务为前提，作为大东建设工程款的催收义务人，中建一局并未提供有效证据证明其在盖章确认案涉工程竣工后至本案诉讼前，已积极履行以上义务，对大东建设予以催告验收、审计、结算、收款等。相反，中建一局工作人员房某的证言证实中建一局主观怠于履行职责，拒绝祺越公司要求，始终未积极向大东建设主张权利，该情形属于原《合同法》第45条第2款规定附条件的合同中当事人为自己的利益不正当地阻止条件成就的，视为条件已成就的情形，故中建一局关于"背靠背"条件未成就、中建一局不负有支付义务的主张，理据不足。

2. 北京东方信联无线通信有限公司（以下简称东方通信公司）与天津讯广科技有限公司（以下简称讯广科技公司）建设工程合同纠纷案

审理法院：北京市第一中级人民法院

案号：（2014）一中民终字第01260号

裁判观点：对于工程款的支付时间，上述协议均以第三方的验收确认等作为部分款项的付款条件。对该约定，法院认为，东方通信公司在对付款条件的约定上，显然将第三人付款的风险转移给讯广科技公司。第三人何时付款、付款比例的大小、第三人拒绝付款或者违反约定延迟付款等均会影响施工方讯广科技公司的利益，该约定明显有违公平原则。

3. 荣盛建设工程有限公司（以下简称荣盛公司）、聊城市金汇建筑安装工程有限公司（以下简称金汇公司）建设工程施工合同纠纷案

审理法院：山东省聊城市中级人民法院

案号：（2021）鲁15民终3667号

裁判观点：与荣盛公司签订合同的相对方是金汇公司，案涉工程已经竣工验收，金汇公司已经按合同约定履行了义务，荣盛公司就应当及时支付剩余工程款，而不是必须要等建设单位工程款到位后再行支付，建设单位是否支付荣盛公司工程款及如何支付是建设单位与荣盛公司之间的另一个法律关系。因此，一审认定双方签订的合同中关于“最终结算须在对建设单位结算完成后方可进行”的条款是格式条款属无效条款，并判决荣盛公司及时给付剩余工程款及利息并无不当，法院予以支持。

4. 上海城建市政工程（集团）有限公司（以下简称上海城建公司）、武船重型工程股份有限公司（以下简称武船重工公司）建设工程分包合同纠纷案

审理法院：江西省高级人民法院

案号：（2020）赣民终958号

裁判观点：“背靠背”条款，系分包合同当事人之间对工程款附条件支付的有效约定，形式上属于附条件的合同条款，对合同各方当事人均具有约束力。上海城建公司承接南昌朝阳大桥工程，其对部分施工任务采用公开招标的方式进行分包，招标文件的商务标条款中已经明确业主拨款作为工程款支付条件，武船重工公司对于该条件所对应的风险，在投标时就早已知晓。在签订分包合同时，其作为长期从事建设工程领域的企业对于合同中约定的“背靠背”条款十分熟悉，武船重工公司可以根据自身风险承受能力对合同价款支付风险负担作出理性判断，有是否接受该条款的选择权，其签约行为就是接受风险的真实意思表示。因此，“背靠背”条款是双方的真实意思表示，不违反法律、行政法规的强制性规定，应认定合法有效。

5. 武汉市浩东建筑工程有限责任公司与武汉市青山花木公司(以下简称青山花木公司)、武汉桥建集团有限公司(以下简称桥建公司)建设工程合同纠纷案

审理法院:湖北省武汉市青山区人民法院

案号:(2016)鄂0107民初236号

裁判观点:原告与被告青山花木公司签订的合同无效,原告可要求参照合同约定支付工程款,但原告不应获得比合同有效时更多的利益,"参照合同约定"应指的是与工程款支付有关的所有条款,原告与被告青山花木公司约定:支付工程款依发包人付款进度执行,因发包方桥建公司目前支付了80%的工程款,且本案中并不存在发包方桥建公司故意不履行完毕付款义务的情况,故被告青山花木公司现应向原告支付80%的工程款,即619,880.26元,扣除已支付的工程款338,000元后,被告青山花木公司还应向原告支付工程款281,880.26元;另20%的工程款,即154,970.06元,待发包方桥建公司支付完毕工程款后,原告可再向被告青山花木公司主张权利。原告要求被告青山花木公司支付全部工程款,原告反而因合同无效比合同有效时获得了在工程款等方面更多的利益,明显违反了当事人不能从合同无效而获得额外利益的基本原则,故对原告要求被告青山花木公司支付工程款436,850.32元的诉讼请求,对支付281,880.26元的部分予以支持,其他部分不予支持。

6. 武汉市浩东建筑工程有限责任公司(以下简称浩东公司)、青山花木公司建设工程合同纠纷案

审理法院:湖北省武汉市中级人民法院

案号:(2018)鄂01民终4727号

裁判观点:关于浩东公司与青山花木公司签订的《建设工程施工专业分包合同》被确认为无效后,工程价款的支付问题。根据原《最高人民法院关于审理建设工程施工合同纠纷案件适用法律问题的解释》第2条的规定"参照合同约定支付工程款",主要是指参照合同有关工程款计价方法和计价标准的约定。

7. 江苏省第一建筑安装集团股份有限公司(原江苏省第一建筑安装股份有限公司)、宜昌市皇源建筑劳务有限公司((以下简称皇源公司)建设工程施工合同纠纷案

审理法院:最高人民法院

案号:(2018)最高法民申 2278 号

裁判观点:依据原《最高人民法院关于审理建设工程施工合同纠纷案件适用法律问题的解释》第 2 条之规定,皇源公司可以请求参照《工程承包(协议)责任书》的约定支付工程价款,但该司法解释第 2 条规定的"请求参照合同约定支付工程价款"中的"合同约定"范围,主要指工程款计价方法、计价标准等与工程价款数额有关的约定……("背靠背"条款)在《工程承包(协议)责任书》无效的情况下,对双方没有约束力。

8. 中国建筑第七工程局有限公司、福建融安劳务工程有限公司建设工程施工合同纠纷案

审理法院:甘肃省高级人民法院

案号:(2022)甘民终 61 号

裁判观点:原《最高人民法院关于审理建设工程施工合同纠纷案件适用法律问题的解释》第 2 条规定:"建设工程施工合同无效,但建设工程经竣工验收合格,承包人请求参照合同约定支付工程价款的,应予支持。"该条中的"参照合同约定"系基于合同无效后确定折价标准的一种方式,主要是参照合同中对计价标准的约定,并不等同于"按照合同约定"。

9. 中国电建集团湖北工程有限公司(以下简称电建湖北分公司)、十一冶建设集团有限责任公司(以下简称十一冶公司)等建设工程施工合同纠纷案

审理法院:最高人民法院

案号:(2021)最高法民申 4924 号

裁判观点:该约定("背靠背"条款)系附承包人支付工程款条件的条款,但是,电建湖北分公司何时收到"业主款项"存在诸多不确定性。鉴于十一冶公司工程已完工多年,电建湖北分公司仅支付了少部分工程款,电建湖北公司申请再审称《结算协议》中约定的付款条件有效，并以此拒绝承担给付工程欠款及利息的主张，理由不能成立。

10. 北京通达吉源商贸有限责任公司（以下简称通达吉源公司）与北京洁雅德环境科技有限公司（以下简称洁雅德公司）合同纠纷案

审理法院：北京市第三中级人民法院

案号：(2019)京03民终6724号

裁判观点：首先，《产品购销合同》中关于“背靠背”付款的约定不清晰具体，合同中关于付款仅是约定了洁雅德公司与通达吉源公司之间的付款时间及金额，并未对“背靠背”式付款进行解释，亦未出现龙源顺景公司字样。其次，通达吉源公司提交的证据亦不能证明其对“背靠背”付款的具体解释向洁雅德公司进行了告知，如按照通达吉源公司对合同条文的解释将使洁雅德公司处于长期等待涉案付款条件不确定能否成就的风险中，不仅超出了洁雅德公司对于龙源顺景公司付款进度的合理知悉以及掌控范围，也违反了合同法的公平原则及立法精神。综合以上考量因素，法院对通达吉源公司有关合同约定为“背靠背”式付款，通达吉源公司未与龙源顺景公司进行结算，工程款付款时间未到的上诉理由不予采纳。

二、合同约定的工程欠款利息过高能否调整

在施工合同及结算协议签订过程中，承包人为了促使发包人及时支付工程款，往往在合同中约定的利率远高于同期银行贷款利率标准。《最高人民法院关于审理建设工程施工合同纠纷案件适用法律问题的解释（一）》第26条规定，当事人对欠付工程款利息计付标准有约定的，按照约定处理。没有约定的，按照同期同类贷款利率或者同期贷款市场报价利率计息。但由于往往工程价款数额较大，合同签订后，在履行过程中，发包人拖欠工程款成为常态，一旦发生诉讼，发包人往往以价款支付条件尚未成就、承包人违约在先、约定利率过高为

由提出抗辩,要求不支付或少支付利息。那么过高的利息是否能够调整呢?

典型案例

甲公司与乙村委建设工程施工合同纠纷案

1. 案件基本事实

原告甲公司与被告乙村委于2008年6月25日签订了《新居修建工程承包合同书》,合同约定:工程结算方式为原告所揽三排工程全部竣工结算后,被告向原告首付总工程款的60%,剩余40%,2年内付清,以后每修一排,结清一排;被告若逾期未能付清工程款,所欠金额按月利息3%计算利息,同欠款一并付给原告等内容。该工程竣工并交付被告使用后,被告委托工程造价咨询有限公司对新居修建工程进行结算审核,2018年1月31日出具的报告审定金额为3,313,918.66元。被告于2018年8月9日对上述工程进行验收。另外,双方于2008年对原告承建被告处的阳光浴池工程进行结算,工程款为111,624元。上述两项工程款共计3,425,542.66元,后被告多次支付原告工程款1,425,000元,被告现尚欠原告工程款及保证金共计2,050,542.66元未付。

2. 争议焦点

(1)被告是否应支付工程款及保证金。

(2)被告是否应支付利息,应按什么标准支付。

3. 法院观点

一审法院认为,法律规定,当事人不履行合同义务或履行合同义务不符合约定的,应承担违约责任。当事人对欠付工程款利息计付标准有约定的,按约定处理;没有约定的,按照中国人民银行发布的同期同类贷款利率计息;利息从应付工程价款之日计付。原告、被告之间的建设工程施工合同法律关系依法受法律保护,被告对欠付原告工程款金额予以认可,被告在双方结算后至今未能支付原告全部工程款的行为已构成违约,应承担相应的违约责任,被告应支付原告所欠工程款。对原告要求支付利息损失之请求,被告提出双方在新居修建工程合同中约定的月利率过高，不应支付利息的辩解意见，因双方约定的月利率明显过高，被告陆续支付原告部分工程款，且原告主张按全国银行业同业拆借中心公布的市场报价利率的四倍即年利率15.4%计付利息无相应依据，另双方对逾期支付阳光浴室修建工程款亦无利息约定，鉴于双方的合同履行情况及被告逾期付款必然给原告造成损失之实际，故认定应以中国人民银行公布的同期同类贷款利率计付利息为宜。另自2019年8月20日起中国人民银行不再公布同期同类贷款利率，变更为全国银行间同业拆借中心公布的同期贷款市场报价利率。综上所述，被告自2018年2月1日至2019年8月19日按中国人民银行公布的同期同类贷款利率计付利息，自2019年8月20日至款项付清之日止按全国银行间同业拆借中心公布的同期贷款市场报价利率计付利息。

判决后，原告甲公司不服，提起上诉。

甲公司上诉请求：改判被上诉人乙村委按照全国银行间同业拆借中心公布的同期一年期贷款市场报价利率的4倍标准支付上诉人利息直至工程欠款清偿完毕之日止。事实和理由：按照原《最高人民法院关于审理建设工程施工合同纠纷案件适用法律问题的解释》第17条之规定，当事人对于欠付工程价款利息计付标准有约定按照约定处理；没有约定的才参照中国人民银行发布的同期同类贷款利率计息。同时根据最新民间借贷司法解释之规定，民间借贷保护利率的上限为全国银行同业拆借中心公布的1年期贷款市场报价利率的4倍即15.4%。本案当事人之间虽然约定有工程欠款利率标准，但因该利率标准超出了民间借贷司法解释规定的利息保护上限，所以人民法院应当按照民间借贷司法解释关于利息保护的上限15.4%认定乙村委应支付工程欠款利息的利率标准。

二审法院认为，关于利息的计付标准应如何确认，《最高人民法院关于审理建设工程施工合同纠纷案件适用法律问题的解释(一)》第26条规定，当事人对欠付工程款利息计付标准有约定的，按照约定处理。没有约定的，按照同期同类贷款利率或者同期贷款市场报价利率计息。本案双方在合同中约定有欠款利息为月息按3%计算，一审仍按照同期同类贷款利率或者同期贷款市场报价利率计息不妥。但因双方在合同中约定的利息标准过高，二审法院认为，双方约定逾期未付工程款的利息，实际上为双方对因乙村委未能按时支付工程款，而给甲公司造成的实际损失数额如何确定、如何支付的约定。原《合同法》第114条规定：约定的违约金低于造成的损失的，当事人可以请求人民法院或者仲裁机构予以增加；约定的违约金过分高于造成的损失的，当事人可以请求人民法院或者仲裁机构予以适当减少。原《最高人民法院关于适用〈中华人民共和国合同法〉若干问题的解释（二）》第29条规定：当事人主张约定的违约金过高请求予以适当减少的，人民法院应当以实际损失为基础，兼顾合同的履行情况、当事人的过错程度以及预期利益等综合因素，根据公平原则和诚实信用原则予以衡量，并作出裁决。当事人约定的违约金超过造成损失的30%的，一般可以认定为原《合同法》第114条第2款规定的"过分高于造成的损失"。参照上述法律规定，综合考虑合同履行情况、当事人过错程度等因素，因乙村委在双方结算后，长期未支付甲公司工程款，给甲公司造成了损失，在甲公司无证据证明其因乙村委未付工程款还造成了其他损失的情况下，酌情确定甲公司因乙村委未付工程款造成的损失为同期同类贷款利息，故调整逾期付款利息为同期同类贷款利率或者同期贷款市场报价利率的1.3倍。

法律分析

1. 司法实践观点列举及评析

关于约定利率过高能否调整的问题，实务中观点并不一致，其原因在于对工程欠款利息的性质认识不同。

（1）观点一：工程欠款利息属于法定孳息。

所谓法定孳息，又称法定利息，其不以本金的使用为绝对条件，只需本金的存在即可，是否使用本金，在所不问。根据法定孳息说，所谓利息，乃基于本金数额及其存续期限，依一定的比例，以金钱或其他代替物为给付的法定孳息。[①]

① 参见崔建远：《论利息之债》，载《中州学刊》2022年第1期。

最高人民法院民事审判第一庭编著的《最高人民法院新建设工程施工合同司法解释(一)理解与适用》一书即持该观点。该书认为,发包人拖欠工程价款产生的利息属于“因迟延履行所得请求之迟延利息”,应属于法定孳息范畴。建设工程施工合同中发包人欠付承包人工程价款,许多情况下特别是在建设工程已经完工发包人欠付工程价款数额确定的情况下,双方关系已经转化为简单的债权债务关系,与借款合同关系中的债权债务关系并无本质上的区别,故《最高人民法院关于审理建设工程施工合同纠纷案件适用法律问题的解释(一)》第26条规定在发包人欠付工程价款的情况下,即使合同没有欠付工程款利息的约定,发包人也应当支付利息。[①] 最高人民法院的不少裁判文书亦持该观点。

在(2019)最高法民终2019号案中,最高人民法院认为,2004年《最高人民法院关于审理建设工程施工合同纠纷案件适用法律问题的解释》第17条规定:“当事人对欠付工程价款利息计付标准有约定的,按照约定处理;没有约定的,按照中国人民银行发布的同期同类贷款利率计息。”原审已查明,承德市东园林危陋房改造富顺诚小区工程属于必须进行招标的项目,京顺诚公司与天润公司未经招标程序签订的《建设工程施工合同》无效。依照上述规定,工程价款利息是法定孳息,发包人因占用工程价款实际受益,应向承包人支付利息。京顺诚公司主张工程款利息应作为天润公司的损失自行承担,缺乏依据。建设工程施工合同无效的,承包人仍有权主张欠付工程价款利息,原判决判令京顺诚公司支付相应的利息,并无不当。

《江苏省高级人民法院建设工程施工合同纠纷案件审理指南》提出,对发包人拖欠的工程款,双方之间有利息约定的,从其约定,没有约定的,工程款利息作为工程款的法定孳息,应当予以支持,标准按照中国人民银行发布的同期同类贷款利率计算。

在采法定孳息说的基础上,对于工程欠款利息的利率如何确定,最高人民法院民事审判第一庭编著的《最高人民法院新建设工程施工合同司法解释(一)

① 参见最高人民法院民事审判第一庭编著:《最高人民法院新建设工程施工合同司法解释(一)理解与适用》,人民法院出版社2021年版,第268页。

理解与适用》一书认为,合同约定的利率应当在国家法定利率上下限内才予以保护,当约定的利率违反国家规定时,则不予保护。此处的法定利率,是指中国人民银行发布的基准利率。① 从上述书中内容的文义来看,最高人民法院民事审判第一庭的意见似乎是双方约定的工程欠款利息利率应以贷款基准利率为基础,最高不能超过人民银行规定的贷款基准利率上限,超过部分不予保护。

(2)观点二:工程欠款利息属于违约金。

该观点认为,当事人约定的工程欠款利息实质上是发包人逾期付款时所应承担的违约责任,故可以参照适用原《合同法》第 114 条(现《民法典》第 585 条)的规定,在逾期付款利息低于或过分高于损失的情况下,法院可以根据当事人的请求予以增加或减少。而逾期利息的调整规则,则应适用原《合同法》司法解释相关规定,即当事人约定的违约金超过损失的 30% 的,一般可以认定为过分高于损失。最高人民法院的部分裁判文书即持该观点。

在(2019)最高法民终 1401 号案中,最高人民法院认为,原《最高人民法院关于审理建设工程施工合同纠纷案件适用法律问题的解释》第 17 条规定,当事人对欠付工程价款利息计付标准有约定的,按照约定处理;没有约定的,按照中国人民银行发布的同期同类贷款利率计息。涉案施工合同约定未付款额利率为 0.08‰/天,原审法院依据上述规定,确定按 0.08‰/天计算欠付款利息,并无不当。但从实际考量看,合同约定的利率 0.08‰/天,折合年利率为 2.88%,尚不足同期同类贷款利率 6.12% 的一半,确实过低。原《合同法》第 114 条第 2 款规定,约定的违约金低于造成的损失的,当事人可以请求人民法院或者仲裁机构予以增加;约定的违约金过分高于造成的损失的,当事人可以请求人民法院或者仲裁机构予以适当减少。现中关村公司主张合同约定 0.08‰/天的标准过低,要求法院对利率调高,按照银行同期贷款年利率 6.12% 计息,符合法律规定,法院予以支持。

在(2019)最高法民终 108 号案中,最高人民法院认为,关于是否应按同期

① 参见最高人民法院民事审判第一庭编著:《最高人民法院新建设工程施工合同司法解释(一)理解与适用》,人民法院出版社 2021 年版,第 272 页。

同类银行贷款利率的2倍计算万特公司欠付工程价款利息的问题。根据案涉《补充协议》约定,发包人欠付工程款将要承担所欠工程款的企业同期银行贷款利率的两倍赔偿责任。因万特公司欠付中色十二冶公司工程款,故万特公司依约应当按同期同类银行贷款利率的2倍计算万特公司欠付工程价款利息。万特公司认为,按2倍利率计算的利息属于违约金,显属过高,应予调减。法院认为,建筑行业属于劳动密集型行业,建筑企业资金通常并非十分充裕。发包人迟延支付建设工程价款可能会导致建筑企业流动资金紧张,甚至需要到各类金融市场上融资。而同期同类银行贷款利率并不能充分反映建筑企业在各类金融市场融资的全部成本。因此,在万特公司未提交充分有效的证据证明按同期同类银行贷款利率的2倍计算利息明显高于中色十二冶公司损失的情况下,原审法院判决万特公司向中色十二冶公司按同期同类银行贷款利率的2倍支付工程款利息,并无不当。

从前述案例中最高人民法院在说理部分的论述来看,是以双方当事人约定的欠款利息利率与承包人融资成本进行比较后得出利率并未明显高于承包人损失,故对一审认定的欠款利息利率予以维持,这显然是适用了违约金是否过高的认定标准。

在采违约金说的基础上,工程欠款利息的利率标准法院是可以根据当事人的请求予以调整的,调整的标准即是否"过分高于造成的损失"。根据《全国法院民商事审判工作会议纪要》第50条和《全国法院贯彻实施民法典工作会议纪要》第11条,调整违约金一般以原《合同法》第113条规定的损失为基础进行判断,兼顾合同履行情况、当事人过错程度以及预期利益因素,但不得超过违约方在订立合同时预见到或者应当预见到的因违约可能造成的损失。

江苏省高级人民法院出台的《江苏省高级人民法院建设工程施工合同纠纷案件审理指南》认为,当事人在合同中约定的工程款利息,明显高于国家法定标准的,应当对该约定标准进行调整,调整的标准应当在国家法定标准的上下限左右。调整因素应当以欠付工程款的数额,占工程总造价的比例,拖欠工程款的时间,利息和本金的比例以及发包人违约的事实等作为依据。

笔者认为,观点一和观点二都有其不足之处。

观点一在当事人未约定工程欠款利息或其支付标准以及合同无效的情况下,为保护处于弱势地位的承包人利益发挥了重要作用,但其弊端也十分明显。由于建筑市场是典型的需方市场,发包人利用其强势地位,要求承包人垫资或长期拖欠工程款的现象非常普遍。如果不考虑双方当事人的约定和具体案情,"一刀切"地认定工程欠款利息的利率不能超过贷款基准利率,将会对发包人拖欠工程款造成反向激励:发包人将在建工程抵押给银行进行商业贷款的利率都要高于发包人欠付承包人工程价款利息的利率,发包人出于利益考虑自然要想方设法拖欠承包人工程价款。

观点二的弊端在于如果将工程欠款利息全部视为违约金,将大幅增加建设工程价款纠纷案件的审理难度,降低审理效率。依照《最高人民法院关于审理买卖合同纠纷案件适用法律问题的解释》第 21 条的规定,买卖合同当事人一方以对方违约为由主张支付违约金,对方以合同不成立、合同未生效、合同无效或者不构成违约等为由进行免责抗辩而未主张调整过高的违约金的,人民法院应当就法院若不支持免责抗辩,当事人是否需要主张调整违约金进行释明。根据《民法典》第 646 条的规定,建设工程施工合同作为有偿合同,是可以参照适用上述司法解释的。从司法实践来看,发包人针对承包人主张价款的诉讼请求,往往会提出工程价款支付条件尚不成就以及承包人未提供结算资料、未开具发票、工程质量存在缺陷等先履行抗辩,并以此为由主张不应支付欠款利息。因此,法官通常会依照上述司法解释的规定进行当庭释明,而法官这种释明可能是超出守约方开庭前的预期的,且对欠款利息利率是否明显超出承包人损失的事实调查并不简单,法官可能因此需要重新指定举证期限并另行开庭。

笔者认为,根据最高人民法院的主流裁判观点及最高人民法院民事审判第一庭编著的《最高人民法院新建设工程施工合同司法解释(一)理解与适用》一书中的观点,工程欠款利息的性质应认定为法定孳息,对工程欠款利率的处理,应在采法定孳息说的基础上,采取以下方式:

(1)当合同未约定工程欠款利息的给付标准时,以同期同类贷款基准利率或全国银行间同业拆借中心公布的市场报价利率计息。

(2)当合同约定的工程欠款利息利率明显高于同期同类贷款基准利率或全国银行间同业拆借中心公布的市场报价利率时(达到1.5倍以上),如果发包人抗辩称合同不成立、合同未生效、合同无效或者工程价款支付条件尚不成就以及以承包人未提供结算资料、未开具发票、工程质量存在缺陷等为由进行免责抗辩而未主张调整利息的,法院可以适用《最高人民法院关于审理买卖合同纠纷案件适用法律若干问题的解释》第21条的规定,就若不支持免责抗辩,当事人是否需要主张调整利息进行释明。

笔者认为,如果双方当事人约定的工程欠款利率明显超出同期同类贷款基准利率或全国银行间同业拆借中心公布的市场报价利率,则对该约定利息的性质的认定就不应再局限于其字面意思,该利息的性质就不再是法定孳息,而是双方当事人约定了因发包人逾期支付工程价款给承包人造成损失数额的计算方法,该利息具有违约金性质,考虑到实务中工程欠款一般数额较大、期限较长,如果仍机械适用《最高人民法院关于审理建设工程施工合同纠纷案件适用法律问题的解释(一)》第26条的规定,而不允许发包人提出调整过高利息的主张,容易造成双方利益失衡。根据《最高人民法院关于审理买卖合同纠纷案件适用法律问题的解释》第18条的规定,在当事人未约定逾期付款违约金计算方法时,法院可以违约行为发生时的贷款基准利率或全国银行间同业拆借中心公布的一年期贷款市场报价利率为基础,加计30%~50%计算逾期付款损失。此处可参照适用该规定,将同期同类贷款基准利率或全国银行间同业拆借中心公布的市场报价利率的1.5倍作为法官是否进行主动释明的分界点,以取得案件审理效果和效率的平衡。

2. 关于利息需要注意的问题

(1)建设工程施工合同无效的,利息的约定并不属于《民法典》第793条规定的参照适用范围。《民法典》第793条规定的参照合同约定仅限于合同中对计价标准的约定,如工程施工范围、内容、工程计量、计价规则等与计算工程价款有关的条款,利息显然不属于应参照适用的范围。

(2)《全国法院民商事审判工作会议纪要》出台后,违约金是否过高的认定,不能再以是否超过年利率24%或全国银行间同业拆借中心公布的市场报价利率的四倍作为评价标准。根据《全国法院民商事审判工作会议纪要》第50条的规定,除借款合同之外的双务合同,作为对价的价款或者报酬给付之债,并非借款合同项下的还款义务,不能以受法律保护的民间借贷利率上限作为判断违约金是否过高的标准。

(3)垫资利息与欠款利息的处理规则不同。根据《最高人民法院关于审理建设工程施工合同纠纷案件适用法律问题的解释(一)》第25条的规定,垫资利息约定的利率超过同期同类贷款基准利率或者同期贷款市场报价利率的,超过部分不受司法保护。

实务指南

1. 如果双方在合同或结算协议中约定了明显高于同期同类贷款基准利率或全国银行间同业拆借中心公布的市场报价利率的工程欠款利率,作为承包人和守约方,应在开庭前做好发包人可能提出的调整利息主张的应对,充分准备可以证明本方因发包人逾期付款导致的损失情况及本方的融资成本的证据。

2. 如果双方签订的施工合同具有可能被认定无效的情形,作为承包人,应充分考虑合同约定的利率不被支持的诉讼风险,充分准备可以证明本方因发包人逾期付款导致的损失情况及本方融资成本的证据。

参考依据

《最高人民法院关于审理建设工程施工合同纠纷案件适用法律问题的解释(一)》

第二十五条　当事人对垫资和垫资利息有约定,承包人请求按照约定返还垫资及其利息的,人民法院应予支持,但是约定的利息计算标准高于垫资时的同类贷款利率或者同期贷款市场报价利率的部分除外。

当事人对垫资没有约定的，按照工程欠款处理。

当事人对垫资利息没有约定，承包人请求支付利息的，人民法院不予支持。

第二十六条 当事人对欠付工程价款利息计付标准有约定的，按照约定处理。没有约定的，按照同期同类贷款利率或者同期贷款市场报价利率计息。

《民法典》

第五百八十五条 当事人可以约定一方违约时应当根据违约情况向对方支付一定数额的违约金，也可以约定因违约产生的损失赔偿额的计算方法。

约定的违约金低于造成的损失的，人民法院或者仲裁机构可以根据当事人的请求予以增加；约定的违约金过分高于造成的损失的，人民法院或者仲裁机构可以根据当事人的请求予以适当减少。

当事人就迟延履行约定违约金的，违约方支付违约金后，还应当履行债务。

第六百四十六条 法律对其他有偿合同有规定的，依照其规定；没有规定的，参照适用买卖合同的有关规定。

第七百九十三条 建设工程施工合同无效，但是建设工程经验收合格的，可以参照合同关于工程价款的约定折价补偿承包人。

建设工程施工合同无效，且建设工程经验收不合格的，按照以下情形处理：

（一）修复后的建设工程经验收合格的，发包人可以请求承包人承担修复费用；

（二）修复后的建设工程经验收不合格的，承包人无权请求参照合同关于工程价款的约定折价补偿。

发包人对因建设工程不合格造成的损失有过错的，应当承担相应的责任。

《全国法院民商事审判工作会议纪要》

50.【违约金过高标准及举证责任】认定约定违约金是否过高，一般应当以《合同法》第113条规定的损失为基础进行判断，这里的损失包括合同履行后可以获得的利益。除借款合同外的双务合同，作为对价的价款或者报酬给付之债，并非借款合同项下的还款义务，不能以受法律保护的民间借贷利率上限作为判断违约金是否过高的标准，而应当兼顾合同履行情况、当事人过错程度以及预期利益等因素综合确定。主张违约金过高的违约方应当对违约金是否过高承担举证责任。

《全国法院贯彻实施民法典工作会议纪要》

11. 民法典第五百八十五条第二款规定的损失范围应当按照民法典第五百八十四条规定确定，包括合同履行后可以获得的利益，但不得超过违约一方订立合同时预见到或者应当预见到的因违约可能造成的损失。

当事人请求人民法院增加违约金的，增加后的违约金数额以不超过民法典第五百八十四条规定的损失为限。增加违约金以后，当事人又请求对方赔偿损失的，人民法院不予支持。

当事人请求人民法院减少违约金的，人民法院应当以民法典第五百八十四条规定的损失为基础，兼顾合同的履行情况、当事人的过错程度等综合因素，根据公平原则和诚信原则予以衡量，并作出裁判。约定的违约金超过根据民法典第五百八十四条规定确定的损失的百分之三十的，一般可以认定为民法典第五百八十五条第二款规定的“过分高于造成的损失”。当事人主张约定的违约金过高请求予以适当减少的，应当承担举证责任；相对人主张违约金约定合理的，也应提供相应的证据。

《最高人民法院关于审理买卖合同纠纷案件适用法律问题的解释》

第十八条　买卖合同对付款期限作出的变更，不影响当事人关于逾期付款违约金的约定，但该违约金的起算点应当随之变更。

买卖合同约定逾期付款违约金，买受人以出卖人接受价款时未主张逾期付款违约金为由拒绝支付该违约金的，人民法院不予支持。

买卖合同约定逾期付款违约金，但对账单、还款协议等未涉及逾期付款责任，出卖人根据对账单、还款协议等主张欠款时请求买受人依约支付逾期付款违约金的，人民法院应予支持，但对账单、还款协议等明确载有本金及逾期付款利息数额或者已经变更买卖合同中关于本金、利息等约定内容的除外。

买卖合同没有约定逾期付款违约金或者该违约金的计算方法，出卖人以买受人违约为由主张赔偿逾期付款损失，违约行为发生在2019年8月19日之前的，人民法院可以中国人民银行同期同类人民币贷款基准利率为基础，参照逾期罚息利率标准计算；违约行为发生在2019年8月20日之后的，人民法院可以违约行为发生时中国人民银行授权全国银行间同业拆借中心公布的一年期贷款市场报价利率（LPR）标准为基础，加计30—50%计算逾期付款损失。

第二十一条 买卖合同当事人一方以对方违约为由主张支付违约金，对方以合同不成立、合同未生效、合同无效或者不构成违约等为由进行免责抗辩而未主张调整过高的违约金的，人民法院应当就法院若不支持免责抗辩，当事人是否需要主张调整违约金进行释明。

一审法院认为免责抗辩成立且未予释明，二审法院认为应当判决支付违约金的，可以直接释明并改判。

三、可调价合同约定的价格调整因素不明确应如何处理

建设工程合同纠纷案件因其法律关系复杂、法律法规及相关规定繁多、技术门槛高、疑难争议问题众多、案件标的大、诉讼请求多等特点，此类案件的审判质效指标表现为审理周期长、调撤率低、一审服判息诉率低、二审发改率高、再审申请率高等特点。笔者将从审判实践出发，对典型案例进行总结和评析，希望有助于在建设工程法律实务界对某些争议问题能够达成共识，提升此类案件的审判质效指标。

典型案例

A公司（承包人）与B公司（发包人）建设工程施工合同纠纷案

1. 案件基本事实

原告A公司与被告B公司签订《山西省建设工程施工合同》，同时签订《建

筑工程施工补充协议书》一份,约定:“一、原告承建被告开发的5号楼和6号楼。二、承包方式:本工程实行工程施工总承包,即包工包料、包工期、包质量等。消防、外墙涂料、外墙保温、断桥窗、防盗门、楼宇对讲等工程,乙方按分包项目结算价的3%收取总分包配合费,该配合费由甲方代扣直接支付给总包方即乙方,或分包单位同乙方自行结算。三、工程造价及结算方式:3.1　工程结算依据:根据施工图纸等,按山西省工程消耗量定额(2005年版)规定的计算规则计算。3.2　预结算办法:按相应的工程类别套用山西省工程消耗量定额(2005年版)及相应的《建设工程费用定额》。甲供材料按1.2%计取保管费。3.3　预结算取费标准:(1)按《建设工程费用定额》取费,规费按定额规费费率的下限费率来计取。即土建工程:5.7%,安装工程:45.5%。(2)经甲乙双方对工程总价款结算核定认可后,以直接工程费为基数下调7%,工程总价款核减下浮金额为工程结算价款(工料机价差、分包工程和商品构件及按安装主材不在下浮的范围内)。施工过程中如遇计价办法和标准浮动,本工程计价办法和标准相应进行调整。”

工程完工后,被告统一对案涉工程验收,现工程已交付使用。

2016年6月,被告曾委托工程造价咨询公司进行审核,核定结果为:案涉工程结算总造价为19,848,145.89元。原告对该审核结果不认可,诉讼过程中,原告申请对案涉工程进行工程造价鉴定。法院委托造价鉴定机构出具鉴定报告书,载明:涉案工程造价为18,711,194.34元。

2. 争议焦点

原告建设公司认为:(1)工程造价鉴定报告书不能作为支付工程价款的依据。山西省建设工程预算定额在2011年以前均为5年调整一次,2010年由于一些原因未在常例的5年内调整,案涉工程的施工期间正逢新旧定额交替期间,为了适应市场形势及山西省建设工程计价标准的变动,双方签订的建设工程施工合同及补充协议书均约定:施工过程中如遇计价办法和标准浮动,本案工程计价办法和标准相应调整。2011年5月12日,山西省住建厅颁行了2011版建设工程预算定额。根据合同约定,涉案5号楼、6号楼于2010年年底签订合同开始施工,2012年年底竣工并交付使用,鉴定机构应当按照合同约定调整工程计价依据。鉴定机构在合同有明确约定的情形下,认为约定不明、不予调整,坚持按照2005年版定额进行计价,完全违背了鉴定的公正性和客观性原则。(2)施工合同补充协议书3.2条约定,人工单价及机械台班按省市主管部门发布的文件进行调整。2005年版定额中土建人工工日单价为25元,装饰人工工日单价为36元,因建筑市场人工单价持续上涨,现调整为36元、43元。因2011年新的定额施行,山西省住建厅未发布新的调价文件,致使市场人工费已高达100元、120元单价情况下,造价鉴定意见人工费是按照36元、43元结算,显失公正。即便不能将2011年版定额作为工程价款计价依据,也应当依据2011年版定额中的人工单价调整鉴定造价。

被告房地产公司认为:(1)双方在合同中明确约定了按照2005年版定额规定的计算规则计算工程价。(2)补充协议书约定,施工过程中如遇计价办法和标准浮动,本案工程计价办法和标准相应调整。该约定中的调整,并非必须进行调整,而是需要重新进行协商,也有可能是部分项目进行调整,所以该部分的约定并不明确。

法律分析

本案中,原告、被告双方签订的施工合同计价模式为常见的定额计价,合同价格形式为可调价合同,即按相应的工程类别套用《山西省工程消耗量定额》(2005年版)及相应的《建设工程费用定额》,并结合当地政府造价主管部门发布的各类计价依据调整的政策文件及典型工程材料市场信息价,计算出人工费、材料费、施工机具使用费、企业管理费、利润、规费和税金数额,进而汇总确定工程造价的方式。

笔者认为:在双方当事人约定不明的情况下,原告主张应当依据2011年版定额作为本案工程价款的计价依据,应当承担双方就此达成合意的举证责任;在原告无法举证证明的情况下,对合同条款的解释应按原《合同法》第125条的规定进行,即依据合同文义、合同有关条款、合同目的、行业交易习惯、行业内的通常理解来确定该条款的真实意思。

1. 定额的确定

所谓定额,是指在正常施工条件下完成规定计量单位的合格建筑安装工程所消耗的人工、材料、施工机具台班、工期天数及相关费率等的数量基准。定额体现的是在编制时间点的常规建筑物在合理的劳动组织、合理的材料消耗和机械使用量的前提下分部分项工程的直接费以及人工、材料、机械的社会平均消耗量。定额版本具有一定的时效性,不同的定额版本因编制时间点的工艺水平、管理水平的差异,对消耗量的计算规则和费率各成体系。在施工工程量不变的情况下,套用不同版本的定额,可能会对工程造价造成重大影响。因此,定额文件的选择对双方当事人的权利义务具有重大影响,可谓定额计价模式下合同的核心条款。双方当事人签订的施工合同明确约定了按相应的工程类别套用《山西省工程消耗量定额》(2005 年版)及相应的《建设工程费用定额》,并约定:(1)以依据 2005 年版定额计算得出的直接工程费为基数下调 7%,工程总价款核减下浮金额为工程结算价款。(2)按《建设工程费用定额》(2005 年版)取费,规费按定额规费费率的下限费率来计取。即土建工程:5.7%,安装工程:45.5%。合同中约定的上述下浮率和取费费率,完全是建立在 2005 年版定额的计算规则和费率标准体系之上的,也即双方是以根据 2005 年版定额计算得出的工程预算造价为基础签订施工合同的;如果改用 2011 年版定额,上述下浮率就失去了适用的前提;在双方无法就下浮率重新协商一致的情况下,将会造成双方合同约定的工程价款计价规则不能再适用。对于双方权利义务影响如此之大的问题,双方不在合同中进行明确约定,不符合常理。且原告作为有经验的承包商,在明知定额版本可能在签订合同后、施工过程中发生更迭的情况下,不将定额版本更迭后双方之间如何计取工程价款的具体规则如下浮率、取费费率等因素写入合同,造成结算时双方发生造价计算依据的争议,原告应承担不利后果。

本案中,原告主张应套用新版定额的另一个理由是定额中规定的人工单价远远低于市场人工单价。笔者认为,该理由不能成立。(1)双方合同约定的人工费计算规则为以 2005 年版定额为基础，并根据当地造价主管部门发布的人工费政策性调整文件进行调整，并未约定以市场人工单价为调整依据。定额因其时效性，定额中的人工单价标准通常都显著低于市场价；即便按照政策性文件进行调整，其调整幅度也往往较小，是不能弥补定额中的人工单价与市场人工单价之间的差距的。双方签订的合同已明确约定了人工费的计取规则，原告作为有经验的承包商，其签订合同时对定额中规定的人工单价可能与市场人工单价存在较大差别是明知的，因此，在合同没有另行约定的情况下，合同约定的人工单价与市场价之间的价差，应由承包人自行负担。(2)综上所述，不同版本定额之间人工消耗量计算规则各成体系，原告要求以 2011 年版定额中的人工费调整以 2005 年版定额为依据作出的造价鉴定意见，是缺乏依据的。

2. 关于计价办法和计价标准如何理解的问题

《最高人民法院关于审理建设工程施工合同纠纷案件适用法律问题的解释(一)》第 19 条规定，“当事人对建设工程的计价标准或者计价方法有约定的，按照约定结算工程价款。因设计变更导致建设工程的工程量或者质量标准发生变化，当事人对该部分工程价款不能协商一致的，可以参照签订建设工程施工合同时当地建设行政主管部门发布的计价方法或者计价标准结算工程价款”。从最高人民法院民事审判第一庭编著的《最高人民法院新建设工程施工合同司法解释(一)理解与适用》一书内容来看，其作者并未对计价办法和计价标准的具体含义进行解释，但认为“建设工程施工合同约定的工程款结算标准与建筑行业主管部门颁布的工程定额标准和造价计价办法不一致的，应以合同约定为准”。从上述文字含义来看，司法解释条文中的计价方法或者计价标准即是指建筑行业主管部门颁布的工程定额标准和造价计价办法，后者应该是指定额计价模式或工程量清单计价规范。

有观点认为，在工程结算中，计价标准是指确定特定工程结算项目计价范围、合同价格形式、承包模式、计价风险、计价参数应遵循的准则；计价方法是指造价工程师应用适当的计价标准，根据工程造价分解与组合原理，对合同价格构成、计价分项、计价参数进行分析、计算，从而确定特定工程结算项目工程造价的途径、程序。该文是从工程造价专业的角度进行分析的。作为法律实务从业者,无须进行如此专业和细化的区分。[①] 广东三洋律师事务所合伙人郭秀桂律师在其撰写的《关于计价标准与计价方法的通俗化理解》一文中认为,计价标准与计价依据的概念,有联系,有区别,有竞合,还有混同。有时可以看作同一造价约定的两个不同角度。具体案件产生争议时,如果实在分不清,就将两个概念合并或抛开,审查具体的问题。固定总价合同、固定单价合同、成本+酬金合同,是计价方法;按定额法还是按工程量清单法,也是具体的计价方法。而定额的具体某年版本,则是典型的计价标准。

回到本案典型案例,就定额版本的更迭是否属于补充合同中约定的“施工过程中计价办法和标准浮动”,笔者咨询了众多业内专家,总结出两种观点。

第一种观点认为:2011 年版定额发布后,2005 年版定额并不当然作废,仍可以适用,不同版本的定额是不同时间段根据社会平均水平编制的不同计价标准,2011 年版定额并非对 2005 年版定额的变更或者浮动。“施工过程中计价办法和标准浮动”应该是指定额中的某些因素如税金的税率发生变动,或者造价管理部门发布补充定额、有关调整费用、费率、造价指数等一系列规范性文件,而非定额版本的更迭。如果要采用新版定额,需要双方当事人明确约定。持该观点的主要是工程造价方面的专家。

第二种观点认为:从通常理解来说,定额属于计价方法和计价标准。《最高人民法院关于审理建设工程施工合同纠纷案件适用法律问题的解释(一)》第 19 条规定的计价标准和计价方法也是明确包含定额的。关于定额因时效性的问题,在新版定额发布后,旧版定额已跟不上市场形势,采用新版定额计算更符合施工的实际情况。合同双方当事人并非造价专业人士,不应苛求其合同文字表述的准确性,而应探求双方当事人签订合同时的真意。持该观点的主要是工程法律实务方面的专家。

笔者赞同第一种观点。综上所述,合同双方当事人应该是以根据 2005 年

---

① 参见王俊安:《“计价标准”与“计价方法”概念的界定》,载《铁路工程技术与经济》2019 年第 5 期。

版定额计算得出的工程预算造价为基础签订施工合同的；如果改用2011年版定额，合同约定的下浮率就失去了适用的前提，在双方无法就下浮率重新协商一致的情况下，将会造成双方合同约定的工程价款计价规则不能再适用。对于双方权利义务影响如此之大的问题，双方不在合同中进行明确约定，不符合常理。在“施工过程中计价办法和标准浮动”这一条款存在歧义的情况下，原告作为有经验的承包商，在明知定额版本可能在签订合同后、施工过程中发生更迭的情况下，不将定额版本更迭后双方之间如何记取工程价款的具体规则如下浮率、取费费率等因素写入合同，造成结算时双方发生造价计算依据的争议，原告应承担不利后果。

实务指南

1. 以定额计价模式签订可调价合同的，双方当事人应在合同中准确描述定额文件的名称、版本，具体可参照当地造价主管部门发布的通知和文件，以免出现因定额名称不准确或约定不明确，造成结算时对造价依据的争议。双方当事人约定的造价依据不准确或不明确，依据合同其他条款等证据也无法准确进行解释的，法官可能会按照双方对工程造价约定不明来处理，即可能按照签订合同时或施工同期执行的定额文件对整个工程进行造价鉴定，费用高昂且将导致案件审理时间大幅增加，增加双方当事人的诉讼成本。如果签订合同时正处于新旧版本定额交替的时间，合同应当明确约定定额版本的更迭后合同计价规则是否相应变化。

2. 以定额计价模式签订可调价合同的，考虑到市场人工单价可能与定额中规定的人工单价存在较大差异，双方应明确约定人工费的计取规则，例如，约定人工费参照市场信息价进行调整或直接约定各类型人工单价，不再按定额人工费计取。

参考依据

《民法典》

第一百四十二条 有相对人的意思表示的解释，应当按照所使用的词句，结合相关条款、行为的性质和目的、习惯以及诚信原则，确定意思表示的含义。

无相对人的意思表示的解释，不能完全拘泥于所使用的词句，而应当结合相关条款、行为的性质和目的、习惯以及诚信原则，确定行为人的真实意思。

第四百六十六条 当事人对合同条款的理解有争议的，应当依据本法第一百四十二条第一款的规定，确定争议条款的含义。

合同文本采用两种以上文字订立并约定具有同等效力的，对各文本使用的词句推定具有相同含义。各文本使用的词句不一致的，应当根据合同的相关条款、性质、目的以及诚信原则等予以解释。

《最高人民法院关于审理建设工程施工合同纠纷案件适用法律问题的解释(一)》

第十九条 当事人对建设工程的计价标准或者计价方法有约定的，按照约定结算工程价款。

因设计变更导致建设工程的工程量或者质量标准发生变化，当事人对该部分工程价款不能协商一致的，可以参照签订建设工程施工合同时当地建设行政主管部门发布的计价方法或者计价标准结算工程价款。

建设工程施工合同有效，但建设工程经竣工验收不合格的，依照民法典第五百七十七条规定处理。

四、建设工程施工合同纠纷案件中施工方申请财产保全错误的认定标准

依当事人申请裁定的财产保全，虽系人民法院对申请进行形式审查后作出的司法措施，但其前提和基础是当事人的财产保全申请。如因申请保全人权利

行使不当造成他人财产损失，应由申请保全人承担侵权赔偿责任。[①] 建设工程施工合同纠纷案件争议标的额一般较大，其中工程款部分大多数情况未经结算，赔偿金部分双方更是无法达成一致且计算结果天差地别。而施工方、承包方一般都会直接以其单方计算的结果向法院主张支付并申请保全发包方对应金额的财产，最终保全金额远高于此后法院判决支付金额的情况较为常见。若被保全一方以其被保全财产遭受损失为由提起诉讼，按照最新的《民事案件案由规定》，其案由为因申请财产保全损害责任纠纷，属于侵权责任纠纷。不同的侵权责任因适用的归责原则不同，构成要件与认定标准也各有不同，具体到因申请财产保全损害责任，法律目前并没有直接进行规制。本节以最高人民法院审判的一起施工方申请保全发包方财产最终被法院认定申请保全错误的典型案例为引，结合同类型案件判例，分析建设工程施工合同纠纷案件中施工方申请财产保全错误的认定标准。

典型案例

A 房地产公司与 B 建设公司因申请财产保全损害责任纠纷案

1. 案件基本事实

2010 年 7 月 26 日，内蒙古自治区高级人民法院立案受理了 B 建设公司与 A 房地产公司建设工程施工合同纠纷案。2013 年 10 月，内蒙古自治区高级人民法院委托某鉴定公司对涉案工程的设计变更、人工费、材料差按照定额进行鉴定，某鉴定公司于 2015 年 6 月出具《工程造价司法鉴定意见书》，即第一份鉴定报告，确认工程造价为 56, 205, 516. 28 元。2016 年 9 月 8 日，某鉴定公司对涉案工程的设计变更、人工费、材料差按照定额鉴定出具《工程造价司法鉴定意见书》，即第二份鉴定报告，确认设计变更、人工费、材料差部分工程造价为

① 参见《青岛中金渝能置业有限公司与青岛中金实业股份有限公司、滨州市中金豪运置业有限责任公司财产保全损害责任纠纷案》，载《最高人民法院公报》2018 年第 10 期。

5,725,758.24 元(工程总造价 34,785,758.24 元)。

2016 年 11 月开庭时,B 建设公司确认诉讼请求为:判令 A 房地产公司向 B 建设公司支付拖欠的工程款 25,891,761.86 元,赔偿经济损失 6,900,056.47 元,支付拖欠工程款利息共计 8,609,010.82 元,以上三项合计 41,400,829.15 元。起诉状中,B 建设公司认为 A 房地产公司已支付工程款 27,160,994.94 元。

2017 年 1 月,B 建设公司向内蒙古自治区高级人民法院申请诉中财产保全,以 2015 年 6 月出具的鉴定意见书作为申请保全主要依据,申请保全金额 2700 万元,约占全部诉请金额的 65%。同时 B 建设公司向某保险公司购买诉讼财产保全责任保险。2017 年 5 月,内蒙古自治区高级人民法院出具裁定查封、扣押、冻结 A 房地产公司 2700 万元银行存款或其他等值财产,并于 2017 年 6 月查封 A 房地产公司所有的 8 套房产,查封期限 3 年,冻结 A 房地产公司银行账户,冻结期限 1 年。

2017 年 10 月,内蒙古自治区高级人民法院作出一审判决,确认工程价款由固定价款 29,060,000 元加设计变更、人工费、材料差 5,725,758.24 元及其他款项构成,判令 A 房地产公司向 B 建设公司支付工程款 4,747,700.15 元及利息。

2018 年 3 月,B 建设公司不服一审判决,向最高人民法院提起上诉。同年 4 月,B 建设公司向最高人民法院提出续封申请,申请对 A 房地产公司银行账户及存款继续冻结。最高人民法院于 2018 年 5 月裁定继续冻结 A 房地产公司账号,冻结期限 1 年。

2018 年 6 月,A 房地产公司向最高人民法院提出变更保全标的物申请,请求以其在银行账号中 20,267,070.46 元存款,替换已被查封的 8 套房产,作为保全标的物。2018 年 6 月 22 日,最高人民法院作出裁定,准许 A 房地产公司变更保全标的物的申请。2018 年 12 月 29 日,最高人民法院作出二审判决,驳回 B 建设公司上诉,维持原判。

2019 年 A 房地产公司以 B 建设公司、保险公司为被告向内蒙古自治区高级人民法院提起诉中财产保全损害责任纠纷之诉,2020 年本案由最高人民法院进行二审。A房地产公司主张B建设公司向其赔偿因申请保全错误给A房地产公司造成的损失,并主张保险公司与B建设公司承担连带赔偿责任。A房地产公司认为本案审理过程中第一份鉴定报告超出法院委托鉴定事项,故法院要求鉴定机构重新作出鉴定意见,第二份鉴定报告覆盖了前者,两者不是二选一的关系。B建设公司明知本案鉴定结论仍恶意申请财产保全存在申请保全错误情形。此外,B建设公司投保诉讼保全责任保险未向保险公司提供鉴定报告,属刻意隐瞒事实和重要证据,促使平安财险公司按照保全金额2700万元出具保函,除保险公司承担保险责任外,B建设公司也应对其申请保全行为承担赔偿责任。

B建设公司辩称己方申请财产保全行为不存在过错,保全措施也并未给被保全人造成损失,因此无须承担侵权赔偿责任。此外,即便申请财产保全错误,也应该由保险公司承担保险责任。B建设公司认为其申请财产保全系依法行使诉讼权利,保全金额也是结合两份鉴定报告等因素,按照最小金额申请的保全,已经尽到了审慎注意义务,主观上并无过错或重大过失。其次A房地产公司被查封的8套房产在查封期间价值上涨了1000万元,B建设公司申请保全行为未给A房地产公司造成损失。

2. 争议焦点

(1)B建设公司是否应承担其申请保全行为给A房地产公司造成的损失。

(2)保险公司是否应承担赔偿责任。

3. 法院观点

一审法院判决B建设公司及保险公司按份承担A房地产公司因被申请财产保全遭受的利息损失赔偿责任。

二审法院判决保险公司独自承担A房地产公司因被申请财产保全遭受的利息损失赔偿责任。

法律分析

1. 申请财产保全错误的认定依据

对于财产保全错误的认定,《民事诉讼法》第108条作出方向性的规定即

“申请有错误的,申请人应当赔偿被申请人因保全所遭受的损失”,但没有更具体的法律依据规定财产保全错误的认定。《最高人民法院公报》2018 年第 10 期选登的(2017)最高法民终 118 号判决书中表述:“如因申请保全人权利行使不当造成他人财产损失的,应由申请保全人承担侵权赔偿责任。侵权责任的认定,应当适用《中华人民共和国侵权责任法》第六条‘行为人因过错侵害他人民事权益,应当承担侵权责任’规定。”以最高人民法院公报裁判文书的形式对财产保全错误的认定依据作出指导。近几年的司法实践也基本明确保全申请人败诉或部分败诉并不必然导致保全错误侵权,财产保全错误须依据一般侵权的四个要件进行认定,即行为人主观上有过错、行为具有违法性、保全行为造成损害后果、保全行为与损害后果之间有因果关系。其中,损害后果通常为财产损失,保全申请人申请法院对被申请人的财物进行冻结、查封或扣押,必然会限制被申请人对其所有物的占有、使用、收益、处分,进而造成一定的直接或间接损害。直接损害系错误保全申请直接导致的,自当赔偿。间接损害则应根据案件事实进行具体判定,结合因果关系及可预见性原则进行综合考量。[①] 如本案中 A 房地产公司主张的利息损失系直接损失被最高人民法院支持,但其主张的查封房屋损失因未提供充分证据未得到支持。因果关系方面对于因申请财产保全损害责任纠纷案件并不复杂,除是否因保全行为导致被申请人损失外,只需考虑损害结果是否有其他原因行为,如本案中案件相关方也未在这点过多纠缠。

2. 施工方申请财产保全错误行为的主要违法类型

结合建设工程施工合同纠纷的特点,比照《民事诉讼法》规定的申请财产保全方式、保全内容可以总结出常见的施工方申请财产保全错误行为的主要违法类型。

(1)申请人主体不适格,即财产保全申请人不具备向被保全人主张工程款的资格。原告主体适格虽然是法院立案审查的内容,但法院的形式审查并不影

① 参见万发文:《财产保全申请错误的构成及赔偿》,载《人民司法》2012 年第 6 期。

响审理过程中对申请人主体不适格的认定。如建设工程施工合同纠纷中最常见的“实际施工人”的认定,若申请人最终被法院认定并非案涉工程的实际施工人,其主张工程款缺乏事实与法律依据,申请人申请财产保全自然也就存在违法性。

(2)申请人申请财产保全的对象错误。一方面可能存在被保全人并非承担工程款的责任人,如合法分包中分包方申请保全发包人财产。另一方面就是申请保全的财产为与案件无关的财产或第三人的财产,由此造成损失申请人当然须承担相应的赔偿责任。

(3)申请人申请财产保全的金额错误。一种情况是申请保全的财产超过申请人所主张的诉讼请求范围,如动产、不动产未经评估被申请人保全,但其实际价值远高于申请人主张的诉讼请求。另一种情况是申请保全的金额远超过最终可能被法院支持的工程款及违约金金额,即本案 B 建设公司存在的申请保全错误情形。

(4)申请人据以申请财产保全的前提错误,即申请人未在法定期限内起诉或诉讼请求没有得到法院的支持。前者发生于诉前财产保全情形,施工方申请诉前保全后未在法律规定时间内起诉。后者为申请人的诉讼请求因无事实和法律依据而没有得到法院的支持。

3. 施工方申请财产保全错误的过错认定标准

申请人是否存在过错是因申请财产保全损害责任纠纷案件中当事人重点辩论的部分,也是法院审查保全申请是否存在错误的重要依据。《最高人民法院公报案例》选登的(2017)最高法民终 118 号案中,最高人民法院认为认定申请保全人是否存在过错,一方面强调不能仅仅将申请保全人的诉讼请求是否得到支持作为唯一判定依据,另一方面也坚持需根据诉讼请求及所依据的事实和理由考察其提起的诉讼是否合理,或者结合申请保全的标的额、对象及方式等考察其申请财产保全是否适当来认定申请保全人是否存在故意或重大过失。这一论述首先将申请财产保全错误过错标准明确到故意或重大过失的程度,其次也强调了申请财产保全所依据的诉讼请求是否合理是认定申请财产保全人是否存在过错的重要依据。

因申请保全人主体不适格、被保全对象错误、诉前保全未在法律规定期限内起诉等违法情形发生的财产保全损害责任纠纷案件数量较少且对其中的过错标准少有争议,大部分案件依据建设工程施工合同纠纷案件结果就可以作出判定。实践中更多的是施工方、发包方对工程款、赔偿金的计算结果天差地别,而施工方直接以其单方计算的结果向法院申请保全发包方对应金额的财产。关于此类案件中施工方超额保全是否存在过错的认定标准,各个法院意见不完全一致,笔者在此只列举展示几种常见的审理意见。

(1)部分法院倾向于推定施工方理应对工程款具体欠付金额有较准确的预测,若保全金额过分高于法院最终认定的金额,就可能认定申请保全人具有重大过失。如在(2016)宁01民终1692号案中,银川市中级人民法院认为,"马某勇作为工程施工人员,应当具有工程施工及工程造价的一般常识,即便其计算的工程造价与专业鉴定机构作出的鉴定造价存在合理出入属于正常现象,但一项具体的工程造价不会相差一千万元有余,本院依据事实推定及生效判决确定的金额,推定马某勇在申请诉前财产保全时未周全考虑保全金额是否过大给鞭炮公司造成损失需要承担责任的诉讼风险,本院认定马某勇存在过错,应当承担因其超额申请诉前财产保全给鞭炮公司造成的损失"。也有法院认为不应对施工方有过多苛责,如在(2021)豫民申10230号案中,河南省高级人民法院认为,"由于当事人的法律知识、对案件事实的举证证明能力、对法律关系的分析判断能力各不相同,通常达不到司法裁判所要求的专业水平,因此当事人对诉争事实和权利义务的判断未必与人民法院的裁判结果一致。因此对当事人申请保全所应尽到的注意义务不应过于苛责。故恒杰公司认为昆仑公司申请保全严重超出正常范围、主观恶意明显的理由依据不足"。

(2)对于超额保全情况下施工方系以其单方委托鉴定机构出具的造价鉴定结果申请保全财产,能否认定为该申请不存在故意或重大过错,各个法院亦存在不同意见。在(2019)川16民终1824号案中,一审岳池县人民法院认为,"付某毅认为有增加工程量或有其他应付工程款,要通过双方认可并进行结算,通过合法的途径予以解决，而不是单方委托不具备法定评估资质的机构和人员进行结算，这样的结算不具备法律效力。在付某毅与圣欣房地产公司债权债务关系不能确定的情况下，付某毅申请财产保全，其主观上应为有过错，应承担赔偿责任”。而二审广安市中级人民法院则认为，“付某毅起诉时，有承建合同和自行委托四川佳诚建设项目管理咨询有限公司对案涉工程制作的工程造价诉前鉴定意见书等，根据其所提供的证据看，付某毅提起的诉讼具有合理性，申请保全的对象、方式等也适当，故付某毅申请保全主观上无故意或重大过失，不存在过错”。

(3)部分判例中，法院认为在法院委托的鉴定机构鉴定结果低于此前申请保全金额后仍然申请续封，存在放任损失扩大的故意。如本典型案例二审中，最高人民法院认为，“B 建设公司在第二份鉴定报告出具后对可能获得法院支持的工程欠款数额应有明确预见，但其仍坚持申请保全 A 房地产公司 2700 万元的财产，保全范围与可能获得以及实际获得判决支持的工程欠款数额偏差甚大，超出了必要、合理的范围。即便 B 建设公司对第二份鉴定报告提出了异议，但在诉讼中其始终未能提出足以推翻该鉴定报告的理由和证据，也未根据案件情况及时调整申请保全金额，应认定该公司未尽到保全申请人谨慎、适当的注意义务”。也有部分法院认为申请人未按照鉴定意见结果申请变更保全措施不存在过错，如在(2021)陕民终 1006 号案中，陕西省高级人民法院认为，“鉴定意见仅是另案建设工程施工合同纠纷诉讼中的证据，并不能在本案中作为评判错误保全的故意或重大过失的标准，故延长地产公司该项诉讼主张不能成立”。但同时该案中，陕西省高级人民法院认为在建设工程施工合同纠纷一审已经作出判决的情况下，申请人对二审的审理范围、审理结果应有所预判，申请人在一审判决数额与诉请数额差距较大且其未提起上诉的情况下，其理应对其之前的申请保全行为负责。若未主动变更保全金额，属于主观上对保全错误存在故意过重大过失。

总体来说，法院认定施工方申请保全是否存在过错是在将施工方视作具备一定专业知识的个体基础上，从申请保全前后的整个过程中，对申请保全金额、对象、方式等方面审查施工方在申请财产保全时是否尽到审慎合理的注意义务。

实务指南

1. 工程相关方在合同谈判阶段需重视结算条款和违约金条款的设置。对于结算条款,若双方明确约定在发包人未能按时审定报审材料的情况下以施工方送审价作为结算价,即便法院在建设工程施工合同纠纷中不支持该条约定,施工方依据送审价申请保全发包人财产也可能被法院认定存在合理性。对于违约金条款,需对违约情形、违约期间、违约金标准作出明确约定,以合同约定计算出的违约金为依据申请财产保全,即便最终诉求不能完全得到支持,申请保全行为也能够被法院认为存在合理性。

2. 施工方申请财产保全前需对其诉讼请求、财产保全的对象进行充分研判,对于不太可能被法院支持的诉求、不太可能被法院判决承担责任的被告,不管是从保全错误风险角度还是从节省成本角度都建议不申请保全或适当降低申请保全金额。尽量避免在诉讼请求缺乏事实与法律依据的情况下贸然申请保全对方巨额财产。

3. 在案件审理过程中,施工方最好根据案件进展对保全措施进行变更申请。如审理过程中法院委托的第三方鉴定机构出具的鉴定报告显示工程款与申请保全金额差距较大,或者审理过程中发现诉讼请求依据的事实系己方认定错误等,需及时申请变更保全措施。

4. 申请财产保全尽量选择以购买诉讼财产保全责任保险的方式向法院提供担保。诉讼财产保全责任保险属于责任险,除经济、便捷等优势外,相比担保公司担保,保险公司赔付后除投保人存在未履行告知义务等情况保险公司无权向投保人追偿。如本典型案例中的施工方虽被法院认定存在申请财产保全错误,但最终赔偿由保险公司赔付。而部分诉讼请求缺乏事实与法律依据的申请人,在保险公司拒保的情况下若坚持请担保公司担保,一定要考虑自身的风险承受能力。

5. 对于被保全的发包人一方,若被保全财产价值高于施工方诉请金额,可向法院提出部分解除保全申请或以提供担保等形式申请解除保全,一方面减少自身损失,另一方面在后续申请财产保全损害责任纠纷案件中这也是证明对方过错及造成损害的有利证据。若被保全的财产系动产、不动产,在被保全期间就应积极收集遭受损失的证据,在前案判决结束后及时提起因申请财产保全损害责任纠纷之诉。

参考依据

《民法典》

第一千一百六十五条第一款 行为人因过错侵害他人民事权益造成损害的,应当承担侵权责任。

《民事诉讼法》

第一百零三条 人民法院对于可能因当事人一方的行为或者其他原因,使判决难以执行或者造成当事人其他损害的案件,根据对方当事人的申请,可以裁定对其财产进行保全、责令其作出一定行为或者禁止其作出一定行为;当事人没有提出申请的,人民法院在必要时也可以裁定采取保全措施。

人民法院采取保全措施,可以责令申请人提供担保,申请人不提供担保的,裁定驳回申请。

人民法院接受申请后,对情况紧急的,必须在四十八小时内作出裁定;裁定采取保全措施的,应当立即开始执行。

第一百零四条 利害关系人因情况紧急,不立即申请保全将会使其合法权益受到难以弥补的损害的,可以在提起诉讼或者申请仲裁前向被保全财产所在地、被申请人住所地或者对案件有管辖权的人民法院申请采取保全措施。申请人应当提供担保,不提供担保的,裁定驳回申请。

人民法院接受申请后,必须在四十八小时内作出裁定;裁定采取保全措施的,应当立即开始执行。

申请人在人民法院采取保全措施后三十日内不依法提起诉讼或者申请仲

裁的，人民法院应当解除保全。

第一百零五条　保全限于请求的范围，或者与本案有关的财物。

第一百零七条　财产纠纷案件，被申请人提供担保的，人民法院应当裁定解除保全。

第一百零八条　申请有错误的，申请人应当赔偿被申请人因保全所遭受的损失。

《最高人民法院关于人民法院办理财产保全案件若干问题的规定》

第五条第一款　人民法院依照民事诉讼法第一百条规定责令申请保全人提供财产保全担保的，担保数额不超过请求保全数额的百分之三十；申请保全的财产系争议标的的，担保数额不超过争议标的价值的百分之三十。

第七条　保险人以其与申请保全人签订财产保全责任险合同的方式为财产保全提供担保的，应当向人民法院出具担保书。

担保书应当载明，因申请财产保全错误，由保险人赔偿被保全人因保全所遭受的损失等内容，并附相关证据材料。

第二十条　财产保全期间，被保全人请求对被保全财产自行处分，人民法院经审查，认为不损害申请保全人和其他执行债权人合法权益的，可以准许，但应当监督被保全人按照合理价格在指定期限内处分，并控制相应价款。

被保全人请求对作为争议标的的被保全财产自行处分的，须经申请保全人同意。

人民法院准许被保全人自行处分被保全财产的，应当通知申请保全人；申请保全人不同意的，可以依照民事诉讼法第二百二十五条规定提出异议。

五、发包方违约解除合同的，承包方能否主张可得利益损失

《民法典》第584条规定："当事人一方不履行合同义务或者履行合同义务不符合约定，造成对方损失的，损失赔偿额应当相当于因违约所造成的损失，包括合同履行后可以获得的利益；但是，不得超过违约一方订立合同时预见到或

者应当预见到的因违约可能造成的损失。”按照该规定，在因违约造成受害人损失的情况下，损失赔偿范围应以受害人的损失作为标准，包括实际损失和可得利益的赔偿。但具体到建设工程施工合同纠纷中，因发包方违约解除合同时，承包方主张可得利益损失能否得到支持？人民法院在认定可得利益时又会如何考量呢？

典型案例

A公司与B公司建设工程施工合同纠纷案

1. 案件基本事实

2012年12月20日，A公司与B公司签订《建设工程施工合同》一份，约定由B公司承建A公司开发建设的某贸易城项目工程，同时合同对建筑面积、承包范围、违约责任等内容进行了约定。合同签订后，B公司按约定时间进场施工，但A公司在施工过程中多次拖欠工程进度款，截至2014年1月6日，A公司确认拖欠工程款共计5800余万元。B公司经多次函告催促付款无果后，被迫停工。2014年8月，B公司向人民法院提起诉讼，要求依约解除双方的《建设工程施工合同》，并要求A公司支付已完工程工程款并赔偿停窝工、可得利润等损失。在诉讼期间，B公司依法向人民法院提出司法鉴定申请，对已完工程造价、停窝工损失等进行了鉴定。

2. 争议焦点

合同解除后，对于B公司主张的剩余工作利润，是否应予以支持。

3. 法院观点

一审法院认为，关于剩余工作利润，鉴定机构意见为2,877,523.02元。由于A公司不履行支付工程款的义务，导致合同无法履行，给B公司造成损失，应当予以赔偿，该损失赔偿额中应当包括合同履行后可以获得的利益，因此，对鉴定机构的鉴定意见应予以采纳，金额为2,877,523.02元。

二审法院认为，关于剩余工作利润，根据原《合同法》第113条的规定，违约方向守约方赔偿损失的范围包括合同履行后可以获得的利益,但不得超过违反合同一方订立合同时预见到或者应当预见到的因违反合同可能造成的损失。由于A公司未按期支付工程款构成违约,导致合同无法履行,应当赔偿给B公司造成的损失,该损失赔偿额中应当包括合同履行后可以获得的利益。一审法院依据鉴定意见予以判定,有事实及法律依据。A公司未能举证证明存在其他导致合同解除的事由,从而减少或者不计算可得利益。故其对该项损失的上诉主张,法院不予支持。

法律分析

在守约方向违约方主张可得利益损失的建设工程纠纷案中,以最高人民法院为代表的司法实践裁判观点如下。

(1)肯定型。

在(2017)最高法民申829号案中,二审法院认为,由于双方当事人未签订书面合同,一审法院参考红旗公司投标书确定案涉工程利润为503,551.08元并无不妥。原《合同法》第113条规定,当事人一方不履行合同义务或者履行合同义务不符合约定,给对方造成损失的,损失赔偿额应当相当于因违约所造成的损失,包括合同履行后可以获得的利益,但不得超过违反合同一方订立合同时预见到或者应当预见到的因违反合同可能造成的损失。根据上述法律规定,该利益损失属于合同当事人能够预见的合理损失,应当予以赔偿,二审法院除一审已支持的50,355.10元外,又将可得利益赔偿数额增加到453,195.98元。

在(2019)最高法民终164号案中,关于剩余工作利润,法院认为,根据原《合同法》第113条的规定,违约方向守约方赔偿损失的范围包括合同履行后可以获得的利益,但不得超过违反合同一方订立合同时预见到或者应当预见到的因违反合同可能造成的损失。由于九州公司未按期支付工程款构成违约,导致合同无法履行,应当赔偿给八工公司造成的损失,该损失赔偿额中应当包括合同履行后可以获得的利益。一审法院依据鉴定意见予以判定,有事实及法律依据。九州公司未能举证证明存在其他导致合同解除的事由,从而减少或者不计算可得利益。故其对该项损失的上诉主张,法院不予支持。

(2)否定型。

在(2020)最高法民终774号案中,二审法院认为,当事人通过履行有效合同而获取的利益应当依法保护。而当事人通过履行无效合同可能获得的利益不受法律保护。本案中,二期工程按照当时的规定亦属于必须招标的建设项目。在二期工程招标时,招标代理机构向万利公司发出投标邀请书,万利公司未投标,且《施工总承包框架协议》为无效协议,万利公司主张可得利益损失缺乏事实和法律依据,一审认定万利公司请求无效合同的可得利益损失没有法律依据,万利公司申请二期工程可得利益损失鉴定及申请调取华程公司银行账户交易明细对证明待证事实无意义,一审法院不予准许,并无不当。

在(2019)最高法民终339号案中,二审法院认为,关于二期前期投入及预期收益损失问题,中建一局虽主张二期前期投入及预期收益损失,但没有提供能够证明前期投入的证据,亦未提供计算预期收益的依据。一审法院结合鉴定意见,认定中建一局关于二期前期投入及预期收益损失的主张证据不足,并无不当。二审期间,中建一局虽提供了施工现场彩钢房照片等用以证明存在二期前期投入,但一期施工也需要搭建彩钢房,中建一局未提供证据证明搭建彩钢房不是其一期施工的正常成本,而是专门为二期施工所搭建,仅根据照片不能证明存在二期前期投入。关于预期收益损失,中建一局在二审期间亦未提供明确的损失计算方法和依据。综上所述,中建一局关于二期前期投入及预期收益损失的主张,事实依据和法律依据不足,二审法院不予支持。

在(2017)最高法民终202号案中,法院认为,可得利益损失应结合合同履行情况、减损规则,并结合当事人过错问题进行判断。本案中,三星公司对于案涉合同无法履行的情况,在合同签订后的3个月即2013年7月与案外人贵州九州名城房地产开发有限公司另行签署《建设工程施工合同》时即已经明知,而三星公司与木林森公司的关联公司贵州九州名城房地产开发有限公司之间签署了其他地块的施工合同,是双方对三星公司不能就案涉克玛冲项目进行施工的一种替代补偿方式,同时该合同尚未解除,三星公司对该合同仍有合同利益,故本案中,三星公司主张可得利益损失无事实基础,依法应不予支持。

在(2019)最高法民申1908号案中,法院认为,依照原《合同法》第113条第1款的规定:"当事人一方不履行合同义务或者履行合同义务不符合约定,给对方造成损失的,损失赔偿额应当相当于因违约所造成的损失,包括合同履行后可以获得的利益,但不得超过违反合同一方订立合同时预见到或者应当预见到的因违反合同可能造成的损失。"由此可知,江西六建主张的损失应符合可预见性原则,不得超过芷江管委会、芷江公司在订立合同时预见到或者应当预见到的因违反合同可能造成的损失。经原审查明,双方约定案涉工程价款约为1.18亿元,施工期为15个月。但案涉工程一直未竣工,已超出了合同约定的施工期限,且工程价款亦已超过合同约定的价格1倍。故原判决认定此情形下,再支付江西六建预期利益损失,有违公平原则,并无不当。

在(2018)最高法民终1313号案中,法院认为,中色十二冶公司并未对合同项下全部工程施工,且疏于施工现场管理,承发包双方自签约至履约、解除过程中,均存在大小不等过错,签约时合同当事人追求的履约目的都难以实现。在此情形下,依行业惯例,预期利益本就不可能或难以实现。对此,双方作为相关行业的专业企业应当知道。故中色十二冶公司主张上述可得利益损失没有事实和法律依据,一审判决不予支持并无不当。

上述最高人民法院裁判观点中支持合同解除后主张可得利益的理由可以总结为:基于可预见性规则,利润损失是在订立合同时可以预见的,进而判定违约方承担赔偿责任。

上述最高人民法院裁判观点中不支持合同解除后主张可得利益的理由可以总结为:(1)合同无效时,当事人通过履行无效合同可能获得的利益,不受法律保护;(2)主张可得利益损失应当提供相应证据证明,没有事实依据的损失不应支持;(3)守约方应采取适当措施防止损失扩大,非违约方不当扩大的损失不应支持;(4)预期利润的确定应以"可预见性规则"为判断标准,超出"可预见"范畴的损失不应支持;(5)合同双方均存在过错,一方主张可得利益损失的不予支持。

综合上述司法实践我们不难看出，虽然守约方主张可得利益损失有着明确法律规定，但司法实践对于可得利益的认定却表现得较为谨慎、保守。

在判断可得利益损失是否应当赔偿时，人民法院通常会综合运用可预见规则、减损规则、损益相抵规则以及过失相抵规则等，从非违约方主张的可得利益赔偿总额中扣除违约方不可预见的损失、非违约方不当扩大的损失、非违约方因违约获得的利益、非违约方亦有过失所造成的损失以及必要的交易成本。所以承包人主张施工合同解除可得利益损失时，应当注意以下适用规则：

（1）可预见规则。可得利益保护的是当事人期待利益，即当事人在签署合同时能够预见的、通过履行合同后可以获得的利润。可预见规则在《民法典》第584条但书条款中有规定，即赔偿范围“不得超过违反合同一方订立合同时预见到或者应当预见到的因违反合同可能造成的损失”。理解“可预见规则”时应注意：首先，可预见时间规定为“订立合同时”，而非“违约行为发生时”，即在订立施工合同时即可以预见到对方通过履行合同可获得的利益。其次，预见的主体应当是“违约方”，即应从违约方的角度出发，在承包人主张可得利益的情况下，应当从发包人角度而非承包人的角度确定可得利益损失赔偿额。最后，可得利益损失要具有客观上的可实现性，假若合同虽然订立但没有可履行性且承包人对此亦明知，则其不能主张可得利益损失。此外，当事人能够预见到或应当预见到损害的类型即视为“可预见”，而非要求其能预见到损害的程度或具体数额。

（2）过失相抵规则。《民法典》除规定“可预见规则”这一限定违约损害赔偿范围的基本规则外，还确立了另外一种限定规则，即过失相抵规则。《民法典》第592条规定：“当事人都违反合同的，应当各自承担相应的责任。当事人一方违约造成对方损失，对方对损失的发生有过错的，可以减少相应的损失赔偿额。”可见，如果发承包双方在合同的履行过程中均存在过错，导致建设工程施工合同解除的，则各自应当向对方承担违约责任、赔偿对方损失。如果承包人对合同解除也存在过错的，则因过错导致的可得利益损失不能向发包人主张。

（3）减损规则。《民法典》第591条规定：“当事人一方违约后，对方应当采取适当措施防止损失的扩大;没有采取适当措施致使损失扩大的,不得就扩大的损失请求赔偿。当事人因防止损失扩大而支出的合理费用,由违约方负担。”据此,如果因发包人违约导致施工合同解除,承包人应在合理期限内及时采取措施,防止损失发生或扩大,因承包人不作为而导致损失或损失扩大的,就该部分损失不能向发包人主张可得利益损失赔偿。

(4)非因发包人违约导致施工合同解除的,承包人不能主张可得利益损失。可得利益损失系法定的违约赔偿损失的一种,赔偿损失是违约方承担违约责任的方式之一,承担赔偿损失违约责任应当具备四个要件,即一方存在违约行为;守约方遭受损失;违约行为与损失之间具有因果关系;违约方没有免责事由。在建设工程施工合同纠纷案件中,作为违约损害赔偿一部分的可得利益损失赔偿当然也要具备上述四个要件。因此,如果施工合同并非因发包人违约行为导致解除的,则承包人不能主张可得利益损失。

实务指南

在建设工程施工合同中,承包人的可得利益指其所应获取的工程价款扣除成本及相关必要费用后的剩余利润,但在司法实践中,施工合同解除后,对于可得利益的计算并无统一裁判标准,主要方法有司法鉴定评估、参照合同约定的利润率、参照行业利润、中标价减去控制价或最低价、法院酌定等。承包人可根据具体情况,选择对己方有利的方式进行主张。

同时,基于可得利益损失认定的诸多不确定性,对于发包人建议:(1)若遇停工等问题,及时督促承包人采取合理措施以避免损失扩大;(2)签订停工补偿协议或解除协议时,明确约定可得利益损失已包含在停工补偿费或违约金中;(3)面对可得利益损失主张时,可从超出可预见范围、合同解除原因系情势变更或不可抗力、损失具备不确定性、对方未采取合理措施造成损失扩大等方面进行抗辩。

对于承包人建议:(1)签订合同时,可对合同利润率或可得利益损失的计算标准进行明确,以避免发生纠纷后举证难;(2)应及时采取适当措施防止损失的扩大,并及时向违约方主张权利;(3)进行可得利益损失主张时,须提供证据证明可得利益损失总额、必要的交易成本及可得利益的计算方法,如需要可申请鉴定机构出具评估报告。

参考依据

《民法典》

第五百八十四条 当事人一方不履行合同义务或者履行合同义务不符合约定,造成对方损失的,损失赔偿额应当相当于因违约所造成的损失,包括合同履行后可以获得的利益;但是,不得超过违约一方订立合同时预见到或者应当预见到的因违约可能造成的损失。

第五百九十一条 当事人一方违约后,对方应当采取适当措施防止损失的扩大;没有采取适当措施致使损失扩大的,不得就扩大的损失请求赔偿。当事人因防止损失扩大而支出的合理费用,由违约方负担。

第五百九十二条 当事人都违反合同的,应当各自承担相应的责任。当事人一方违约造成对方损失,对方对损失的发生有过错的,可以减少相应的损失赔偿额。

六、劳务分包合同纠纷中总包方的责任承担问题(总包方视角)

建筑施工行业存在短期性、流动性、阶段性等用工特点,实践中,大多建筑企业在使用一线农民工时不签订劳动合同、不参加社会保险的现象较为普遍,其特点及现状与国家法规存在矛盾和冲突,加上国家为保护劳动者权益,往往作出倾向劳动者一方的仲裁裁决,企业随之面临相应的处罚和赔偿,造成企业形象和经济的双重损失。鉴于此,作为总包方的建筑公司通常会采用劳务分包的方式去应对上述问题,但是劳务分包管理不规范等原因,又会造成农民工工资拖欠、工伤工亡责任承担等新的问题,由此也引发了大量的劳资纠纷。针对此,笔者结合典型案例和法律规定对劳务分包合同纠纷进行分析探讨,并提出法律建议,以期对建筑企业合法用工、规避风险等有所裨益。

典型案例

劳务人员A、B等19人与C公司、D建设集团公司劳务分包合同纠纷案

1. 案件基本事实

D建设集团公司承建某市养老院项目,与张某挂靠的C公司(D建设集团知情)签订劳务分包协议,将外墙保暖工程分包给C公司,D建设集团与C公司签订一份简单的劳务分包合同,劳务分包合同对于工程款支付、农民工工资支付等问题未作出明确约定。张某又以C公司名义将全部工程分包李某,与李某签订简单分包协议,由李某自行招聘劳务人员A、B等19人进场施工。

施工过程中,A劳务人员因操作不当在工地受伤。因多方推诿,A始终未能得到赔偿。另外,张某、李某在承包项目前几个月,能够如数发放其聘请的农民工的工资,但在合同履行期限即将届满时,因总包方资金原因未能完全结算工程款,包工头张某在领取部分工程款后,携带19万余元工程款(其中大部分为农民工的工资)潜逃。农民工A、B等19人未能获得工资。

后A、B等19人将C公司、D建设集团公司以及张某、李某一并诉至法院,要求连带给付劳务费及利息。另外,劳务人员A还向人力资源和社会保障局申请认定工伤,经劳动能力鉴定委员会鉴定其劳动功能障碍等级为九级,停工留薪期4个月。劳务人员A向法院提起诉讼,要求D建设集团公司支付工伤赔偿金即停工留薪期工资。

2. 争议焦点

(1)D建设集团的分包行为是否合法。

(2)D建设集团是否应当承担连带给付工资的责任。

(3)D 建设集团是否应当承担工伤赔偿责任。

(4)D 建设集团与劳务人员是否具有劳动关系。

3. 法院观点

法院认为:从形式上看,被告 D 建设集团公司进行了合法的劳务分包。但 D 建设集团明知是张某挂靠 C 公司与其签约。也就是说,D 公司将工程实际分包给了张某个人,具有过错。且 D 建设集团未与 C 公司结算清楚,仍欠付工程款,为维护农民工权益,被告 D 建设公司应对上述款项承担连带责任。

另外,C 公司虽与包工头李某签订劳务分包协议,但是李某作为个人,既无资质,也无履行工资发放义务的能力,且 C 公司未经业主、总包方允许层层分包,具有过错,属违法分包。C 公司将劳务分包给不具有资质的个人包工头,造成农民工工资无法发放,应当依法支付农民工工资。

关于劳务人员 A 的工伤赔偿,D 建设集团虽然与李某不存在劳动关系,但其违反法律、法规规定,将承包业务转包给不具备用工主体资格的组织或者自然人,该组织或者自然人聘用的职工从事承包业务时因工伤亡的,其应当作为承担工伤保险责任的单位。

法律分析

劳务分包实践中,由于分包方资信状况参差不齐、层层分包、管理缺失等原因,上述案例中提到的拖欠农民工工资、工伤工亡纠纷等问题十分常见,对于总包方来讲也是最棘手的问题。总包单位将工程经合法方式分包出去后,在工地实际干活的工人实际上并不是总包单位的工作人员,与总包单位不具有劳动关系,但发生上述纠纷时,因为在总包单位项目内发生,作为工人一方为获得最大限度的法律救济,提起劳动仲裁时往往会直接主张其与总承包方构成劳动关系,总包单位稍有不慎即会承担用工主体责任,甚至可能面临相应的行政处罚、被列入失信名单等。此外,业主方也会对总承包方进行严格考核,不良记录也会被业主方作为考核内容,影响结算甚至后续其他工程的招投标。总包方可谓“有苦说不出”。因此,合理规避、弱化分包风险,是总包方的必修课。结合上述案例可以看出“分包是否合法”是确定总包方是否对分包方劳务纠纷承担责任、如何承担责任的重要考量因素，违法分包往往是总包方承担责任的关键点。由此，有如下几个问题需要注意。

1. 何为违法分包

《建筑工程施工发包与承包违法行为认定查处管理办法》第12条规定：“存在下列情形之一的，属于违法分包：（一）承包单位将其承包的工程分包给个人的；（二）施工总承包单位或专业承包单位将工程分包给不具备相应资质单位的；（三）施工总承包单位将施工总承包合同范围内工程主体结构的施工分包给其他单位的，钢结构工程除外；（四）专业分包单位将其承包的专业工程中非劳务作业部分再分包的；（五）专业作业承包人将其承包的劳务再分包的；（六）专业作业承包人除计取劳务作业费用外，还计取主要建筑材料款和大中型施工机械设备、主要周转材料费用的。”

《建设工程质量管理条例》第78条第2款规定：“本条例所称违法分包，是指下列行为：（一）总承包单位将建设工程分包给不具备相应资质条件的单位的；（二）建设工程总承包合同中未有约定，又未经建设单位认可，承包单位将其承包的部分建设工程交由其他单位完成的；（三）施工总承包单位将建设工程主体结构的施工分包给其他单位的；（四）分包单位将其承包的建设工程再分包的。”

2. 违法分包签订的分包合同是否有效

《最高人民法院关于审理建设工程施工合同纠纷案件适用法律问题的解释（一）》第1条第2款规定：“承包人因转包、违法分包建设工程与他人签订的建设工程施工合同，应当依据民法典第一百五十三条第一款及第七百九十一条第二款、第三款的规定，认定无效。”依据该规定，类似于上述案例中这种将工程分包给个人或者不具有不具备施工资质的企业的，属于违法分包，建立的建设工程劳务分包合同应属无效合同。

3. 总包方与分包队劳务人员之间是否具有劳动关系

分包队劳务工人发生工资拖欠或者工伤工亡，向总包单位索赔时，往往以劳动关系作为索赔基础，从而提起劳动仲裁。然而实际上，总包方与劳动者之间并无明确的建立劳动关系的合意，总包方将工程违法分包给不具备用工主体资格的其他组织或自然人，劳动者系由该组织或自然人招用至工地工作，双方谈妥劳动报酬，并接受该组织或自然人的管理、指挥等，发包方实际并无对劳动者用工的事实。且分包队劳务工人虽在总包方项目工地干活，但是其并不会与总包方签订劳动合同，其接受的是包工头或者分包方的管理，领受的工资也是总包方支付给分包方，由分包方向其发放，或者直接由总包方代发。无论从管理还是人事隶属来看，总包方与劳务人员之间都不存在劳动关系。

4. 既无劳动关系，又无有效合同，总包方是否需要承担付款责任

《民法典》第 793 条第 1 款规定："建设工程施工合同无效，但是建设工程经验收合格的，可以参照合同关于工程价款的约定折价补偿承包人。"也就是说，合同虽无效，但合同中的结算条款是双方真实意思表示，当事人应当按照约定全面履行自己的义务。且由于工人的劳动价值已经物化在涉案的工程中，出于保护建设工人基本权益的目的，即便合同被认定无效，应当支付给承包人的建设价款也应参照合同约定支付。

另外，《劳动和社会保障部关于确立劳动关系有关事项的通知》（劳社部发〔2005〕12 号）第 4 条规定，"建筑施工、矿山企业等用人单位将工程（业务）或经营权发包给不具备用工主体资格的组织或自然人，对该组织或自然人招用的劳动者，由具备用工主体资格的发包方承担用工主体责任"。《保障农民工工资支付条例》规定："建设单位或者施工总承包单位将建设工程发包或者分包给个人或者不具备合法经营资格的单位，导致拖欠农民工工资的，由建设单位或者施工总承包单位清偿。施工单位允许其他单位或个人以施工单位的名义对外承揽建设工程，导致拖欠农民工工资的，由施工单位清偿。"依据此，总包单位对于违法分包造成农民工工资拖欠的，应当承担清偿责任。

前述规定明确，当存在转包、分包的情形时，用工单位承担职工的工伤保险责任、工资清偿责任，并不以是否存在劳动关系、是否存在有效合同为前提。

5. 分包单位“再分包”的，是否需要承担责任

本节所述“再分包”，不包括劳务分包，而是特指将机械设备、物料采购等进行再分包。在不涉及劳务分包合同中的人事关系时，也便不涉及农民工权益保障的问题，再分包也就是单纯的合同关系。这种情况下，现行法律并未对总包方承担责任作出特殊规定，依据合同相对性，由分包方与下游“再分包方”内部解决即可。但是应当考虑的是，最基层的供货商、设备商停工、停货，对于总包方工程的进度、质量以及工地稳定，都将造成不小的冲击，因此即便在法律关系上无须承担责任，但是为协调项目正常运行，总包方往往也会不得已而承担垫付的相关责任。

6. 总包方合法分包的，对分包方劳务纠纷是否需要承担责任

原《最高人民法院关于审理建设工程施工合同纠纷案件适用法律问题的解释》第 26 条规定，“发包人只在欠付工程价款范围内对实际施工人承担责任”，依据此规定，发包人在欠付工程款范围内，应当对实际施工人员承担责任。但是此处所表述的“实际施工人”是指转包和违法分包的承包人，而非“劳动者”或实际参与施工的“农民工”。然而，基于此条规定，部分判例中亦有“参照适用”的情况。在笔者承办的一起案件中，总包方通过合法分包方式将部分劳务分包给有资质、有能力的劳务公司，属于合法分包，按照相关规定无须对分包方的劳务纠纷承担责任。但是在发生劳务纠纷时，因总包方未与分包方完成结算，尚有欠付工程款，因此法院在裁决时要求总包方垫付清偿农民工工资，并在判决中明确垫付的金额可由总包方与分包方在内部结算时予以扣除。这其实是法院息诉止争、切实解决农民工合法诉求的“权宜之计”，但是会造成总包方垫付超支、无法追索等风险，将风险转嫁给了总包方，总包方难免会吃哑巴亏。

《保障农民工工资支付条例》第 30 条规定，分包单位对所招用农民工的实名制管理和工资支付负直接责任。施工总承包单位对分包单位劳动用工和工资发放等情况进行监督。分包单位拖欠农民工工资的，由施工总承包单位先行清偿，再依法进行追偿。工程建设项目转包，拖欠农民工工资的，由施工总承包单位先行清偿，再依法进行追偿。

因此，即便总包方经合法分包，在农民工工资支付的问题上，仍存在先行承担责任的风险。

7. 总包单位承担责任的范围如何确定

对于施工总承包单位承担农民工工资的责任范围，实务中有所争议，有观点认为，总包单位先行垫付分包单位拖欠的所有农民工工资，亦有观点认为总包单位应以对分包单位欠付工程款为限承担清偿责任。笔者认为：总包方先行承担用工主体责任，本就是为了维护弱势群体利益而作出的风险转嫁，总包单位已是有苦说不出，因此不能再过分加重总承包单位的清偿责任，否则不但不利于工资的支付，还易引起总包单位与建设单位等之间的矛盾。《保障农民工工资支付条例》第35条规定："建设单位与施工总承包单位或者承包单位与分包单位因工程数量、质量、造价等产生争议的，建设单位不得因争议不按照本条例第二十四条的规定拨付工程款中的人工费用，施工总承包单位也不得因争议不按照规定代发工资。"这条实际确定了争议过程中总包方的工资拨付标准，即以合同确定的人工费用为限。依据此，在分包劳务合同纠纷中，笔者认为也应当以此确定总包单位的支付限额，即分包合同中确定的人工费用，而不能判多少垫付多少，否则必然会加剧矛盾。

对于违法分包产生工伤工亡时的责任承担范围，《最高人民法院关于审理工伤保险行政案件若干问题的规定》第3条第1款第4项规定："用工单位违反法律、法规规定将承包业务转包给不具备用工主体资格的组织或者自然人，该组织或者自然人聘用的职工从事承包业务时因工伤亡的，用工单位为承担工伤保险责任的单位。"《人力资源和社会保障部关于执行〈工伤保险条例〉若干问题的意见》第7条规定："具备用工主体资格的承包单位违反法律、法规规定，将承包业务转包、分包给不具备用工主体资格的组织或者自然人，该组织或者自然人招用的劳动者从事承包业务时因工伤亡的，由该具备用工主体资格的承包单位承担用人单位依法应承担的工伤保险责任。"依据前述规定，当存在转包、违法分包的情形时，用工单位承担职工的工伤保险责任不以是否存在劳动关系为前提，应当由总包单位承担。

8. 总包单位承担责任后，能否向实际责任人追偿

《保障农民工工资支付条例》第18条规定："用工单位使用个人、不具备合法经营资格的单位或者未依法取得劳务派遣许可证的单位派遣的农民工，拖欠农民工工资的，由用工单位清偿，并可以依法进行追偿。"第19条规定："用人单位将工作任务发包给个人或者不具备合法经营资格的单位，导致拖欠所招用农民工工资的，依照有关法律规定执行。用人单位允许个人、不具备合法经营资格或者未取得相应资质的单位以用人单位的名义对外经营，导致拖欠所招用农民工工资的，由用人单位清偿，并可以依法进行追偿。"

上述规定明确了总包单位在垫付工资后，可以依法进行追偿。从法理角度来看，施工总承包单位与农民工或施工班组之间并不存在合同关系，本不应负有清偿责任，但该条例是以行政法规的规定突破合同相对性，要求施工总承包单位对农民工工资承担先行清偿责任，实务中多数观点认为该规定属于垫付责任，即基于保护受害人利益，在直接责任人无力承担责任时，由与直接责任人存在特定关系的人先行承担给付责任，之后再由垫付单位向直接责任人追偿。

关于工伤工亡保险责任，在总包方承担用工主体责任后，并不能免除实际施工人的直接责任，根据相关规定和实际经验，承包方应当与实际施工人承担连带责任，在承包方已向劳动者履行劳动报酬清偿及工伤保险赔偿义务的情况下，有权向实际施工人追偿。

实务指南

综上来看，总包方作为建设工程项目中实力较为雄厚、担责能力较强的主体，在劳务分包纠纷案件中却往往会被作为被告，官司缠身，成为吃哑巴亏最多的一个。笔者认为，总包方若想规避、减少劳务分包合同纠纷带来的风险与损失，有如下几点建议可以参考。

1. 严格落实分包企业的资质审查，将劳务发包给有资质、有能力的企业。建筑市场中，虽然在逐渐弱化、取消劳务公司的资质要求，但是资质仍是评判分包方是否具有履约能力、担责能力的重要因素。因此，建议将项目劳务作业直接分包给有资质、有能力的劳务公司，同时要做好资质审查，留存资质证书、企业营业执照等关键证据。切勿将工程分包给没有资质的包工头。

2. 建立健全企业各项管理制度，尤其是安全管理制度。劳务分包队伍多由包工头、小作坊构成，安全意识低、技术能力差是暂时难以变更的事实。因此，需要由管理能力较强的总包方起好监督作用。在项目施工管理中，总包方应切实加强施工队伍全员的安全教育与培训，重点对班组长兼职安全管理人员和工程项目负责人进行培训。通过强化安全生产法律、法规和安全技术标准、规范，不断提高安全防范意识。与此同时，还应当建立健全各种安全生产责任制、安全生产管理规定、安全技术规范等制度，确保安全生产落到实处。

3. 签订规范的劳务分包合同，明确总、分包方的权利义务。建筑企业一般为粗放式的发展方式，在很多情况下，劳务分包仅签订简单的分包合同甚至不签订合同。在劳务分包时，应当先小人、后君子，与分包单位签订明确、具体的分包合同，分包合同应明确工资拖欠如何处理、发生工伤事故时责任如何承担，同时签订安全生产协议书等，对分包单位的安全管理问题作出详细、具体的规定。用工单位在进行分包过程中，建议通过书面约定的方式，对追偿方式、比例、利息等进行明确规定。同时，也应当对发生赔付后，总包方如何追偿、追偿的比例、利息等在分包合同中明确约定。

另外，司法审判认定劳务作业分包的关键点在于包工不包主料，因此合同条款约定的内容不可突破劳务分包法定范围，如同时存在一定数量的辅料、设备材料，可另行签订材料委托采购合同、机械设备委托租赁合同予以补充，防范劳务合同被认定为违法分包从而被认定无效的风险。

4. 全程监督农民工工资发放，确保农民工工资及时、足额发放到位。全程监督农民工工资发放和安全生产，不仅是减少风险的有力举措，更是总包单位的责任所在。依据相关法律规定，总包单位将工程分包出去后仍然有义务对工程安全进行管理。这就要求总包单位应当尽量开设农民工工资专用账户，并对农民工工资发放进行监督。另外，为了防止工资虚报，建议总包单位每次转款前对劳务公司及班组提交的农民工工资表进行监督确认。

5. 农民工进场前购买足额商业保险，避免出现事故时的重大赔付责任。劳务分包关系中，虽农民工与总包方之间不具有劳动关系，但一旦参与到具体的项目中，就要意识到安全管理的重要性。出现安全事故，任何一方都难逃责任。因此，建筑施工企业应当对劳务工人的工程施工安全规范进行定期培训和实时监督，并建议在农民工入场前，要为农民工购买团体意外险或其他商业保险，做到保险真正全覆盖。无论约定由何方承担保险费用，均应当由总包公司留存相关的保险凭证，在发生事故时，可以转嫁部分风险，避免给总包公司造成过大的赔付损失。

建设工程劳务分包是一个现实的、复杂的问题，很难在短时间内改变，所能依据的劳务分包制度的法律规范还比较缺乏，有关劳务分包制度仍停留在行政法规和部门规章上，且关注的重点也仅在劳务分包企业的资质管理和追责上，在劳务分包制度上国家还缺乏相应的、比较完善的规范性法律文件和政策引导。

完全依法依规地履行用人单位的责任，签订劳动合同、缴纳社会保险费，对于时令性、临时性较强的建筑企业来讲是不现实、不可行的。在此情况下，建筑企业应当在法律框架范围内，采用合法分包的方式，分散用工压力，同时要尽可能规范自身合同、用工方式、制度规范等，减少出现纠纷时自身的风险、压力。

参考依据

《建筑工程施工发包与承包违法行为认定查处管理办法》

第十二条　存在下列情形之一的，属于违法分包：

（一）承包单位将其承包的工程分包给个人的；

（二）施工总承包单位或专业承包单位将工程分包给不具备相应资质单位的；

（三）施工总承包单位将施工总承包合同范围内工程主体结构的施工分包给其他单位的，钢结构工程除外；

（四）专业分包单位将其承包的专业工程中非劳务作业部分再分包的；

（五）专业作业承包人将其承包的劳务再分包的；

（六）专业作业承包人除计取劳务作业费用外，还计取主要建筑材料款和大中型施工机械设备、主要周转材料费用的。

《建设工程质量管理条例》

第七十八条　本条例所称肢解发包，是指建设单位将应当由一个承包单位完成的建设工程分解成若干部分发包给不同的承包单位的行为。

本条例所称违法分包，是指下列行为：

（一）总承包单位将建设工程分包给不具备相应资质条件的单位的；

（二）建设工程总承包合同中未有约定，又未经建设单位认可，承包单位将其承包的部分建设工程交由其他单位完成的；

（三）施工总承包单位将建设工程主体结构的施工分包给其他单位的；

（四）分包单位将其承包的建设工程再分包的。

本条例所称转包，是指承包单位承包建设工程后，不履行合同约定的责任和义务，将其承包的全部建设工程转给他人或者将其承包的全部建设工程肢解以后以分包的名义分别转给其他单位承包的行为。

《最高人民法院关于审理建设工程施工合同纠纷案件适用法律问题的解释（一）》

第一条　建设工程施工合同具有下列情形之一的，应当依据民法典第一百五十三条第一款的规定，认定无效：

（一）承包人未取得建筑业企业资质或者超越资质等级的；

（二）没有资质的实际施工人借用有资质的建筑施工企业名义的；

（三）建设工程必须进行招标而未招标或者中标无效的。

承包人因转包、违法分包建设工程与他人签订的建设工程施工合同，应当依据民法典第一百五十三条第一款及第七百九十一条第二款、第三款的规定，认定无效。

第四十三条　实际施工人以转包人、违法分包人为被告起诉的，人民法院应当依法受理。

实际施工人以发包人为被告主张权利的，人民法院应当追加转包人或者违法分包人为本案第三人，在查明发包人欠付转包人或者违法分包人建设工程价款的数额后，判决发包人在欠付建设工程价款范围内对实际施工人承担责任。

《民法典》

第七百九十三条第一款　建设工程施工合同无效，但是建设工程经验收合格的，可以参照合同关于工程价款的约定折价补偿承包人。

《劳动和社会保障部关于确立劳动关系有关事项的通知》

四、建筑施工、矿山企业等用人单位将工程（业务）或经营权发包给不具备用工主体资格的组织或自然人，对该组织或自然人招用的劳动者，由具备用工主体资格的发包方承担用工主体责任。

《保障农民工工资支付条例》

第十八条　用工单位使用个人、不具备合法经营资格的单位或者未依法取得劳务派遣许可证的单位派遣的农民工，拖欠农民工工资的，由用工单位清偿，并可以依法进行追偿。

第十九条　用人单位将工作任务发包给个人或者不具备合法经营资格的单位，导致拖欠所招用农民工工资的，依照有关法律规定执行。

用人单位允许个人、不具备合法经营资格或者未取得相应资质的单位以用人单位的名义对外经营，导致拖欠所招用农民工工资的，由用人单位清偿，并可以依法进行追偿。

第三十条　分包单位对所招用农民工的实名制管理和工资支付负直接责任。

施工总承包单位对分包单位劳动用工和工资发放等情况进行监督。

分包单位拖欠农民工工资的，由施工总承包单位先行清偿，再依法进行追偿。

工程建设项目转包，拖欠农民工工资的，由施工总承包单位先行清偿，再依法进行追偿。

第三十五条　建设单位与施工总承包单位或者承包单位与分包单位因工

程数量、质量、造价等产生争议的，建设单位不得因争议不按照本条例第二十四条的规定拨付工程款中的人工费用，施工总承包单位也不得因争议不按照规定代发工资。

第三十六条 建设单位或者施工总承包单位将建设工程发包或者分包给个人或者不具备合法经营资格的单位，导致拖欠农民工工资的，由建设单位或者施工总承包单位清偿。

施工单位允许其他单位和个人以施工单位的名义对外承揽建设工程，导致拖欠农民工工资的，由施工单位清偿。

《最高人民法院关于审理工伤保险行政案件若干问题的规定》

第三条 社会保险行政部门认定下列单位为承担工伤保险责任单位的，人民法院应予支持：

（一）职工与两个或两个以上单位建立劳动关系，工伤事故发生时，职工为之工作的单位为承担工伤保险责任的单位；

（二）劳务派遣单位派遣的职工在用工单位工作期间因工伤亡的，派遣单位为承担工伤保险责任的单位；

（三）单位指派到其他单位工作的职工因工伤亡的，指派单位为承担工伤保险责任的单位；

（四）用工单位违反法律、法规规定将承包业务转包给不具备用工主体资格的组织或者自然人，该组织或者自然人聘用的职工从事承包业务时因工伤亡的，用工单位为承担工伤保险责任的单位；

（五）个人挂靠其他单位对外经营，其聘用的人员因工伤亡的，被挂靠单位为承担工伤保险责任的单位。

前款第（四）、（五）项明确的承担工伤保险责任的单位承担赔偿责任或者社会保险经办机构从工伤保险基金支付工伤保险待遇后，有权向相关组织、单位和个人追偿。

《人力资源和社会保障部关于执行〈工伤保险条例〉若干问题的意见》

七、具备用工主体资格的承包单位违反法律、法规规定，将承包业务转包、分包给不具备用工主体资格的组织或者自然人，该组织或者自然人招用的劳动者从事承包业务时因工伤亡的，由该具备用工主体资格的承包单位承担用人单位依法应承担的工伤保险责任。

下篇

实务问题答疑

第一章 招标投标及合同效力

一、委托代建项目中代建单位是否必须经招投标确认？

律师解答

如果项目属于必须招投标的范围及内容，则必须经过招投标程序。委托代建，即业主委托一单位负责管理整个工程项目的建设，包括可行性研究、设计、采购、施工、竣工、工程决算、项目移交等内容，具体内容在委托代建协议中进行约定。代建期间，代建单位代替业主单位履行建设单位的义务和责任。

委托代建协议实质上应属于建筑工程管理服务合同，虽然不属于建设工程施工合同，但其中涉及全程项目管理及工程价格承包，以及工程施工、工程款支付等内容。合同当事人的权利义务设定不能违反建设领域相关法律法规的规定。若该代建管理服务的工程属于应当招标的项目，则必须经过招投标程序。否则委托代建协议应认定为无效，因此签订的施工合同也认定为无效合同。在(2020)鲁16民初1号案(见本部分“相关案例”)中，一审法院认为，涉案《委托代建合同》所涉项目属于依法应当进行招标的范畴，双方当事人未依法履行招投标程序直接签订《委托代建合同》，违反了法律、行政法规的强制性规定，应当认定《委托代建合同》无效。双方签订《委托代建合同》后，伟峰公司为履行代建义务与滨州城建公司签订《建设工程施工合同》，并对涉案工程进行了代建管理。涉案工程于2015年8月30日经设计单位、施工单位、监理单位、建设单位进行竣工验收，质量等级评定为合格。虽然双方签订的《委托代建合同》无效，但履行完毕且代建工程验收合格交付使用。参照原《最高人民法院关于审理建设工程施工合同纠纷案件适用法律问题的解释》第1条的规定，“建设工程施工合同具有下列情形之一的，应当根据合同法第五十二条第（五）项的规定，认定无效：……（三）建设工程必须进行招标而未招标或者中标无效的……”该解释第2条规定，建设工程施工合同无效，但建设工程经竣工验收合格，承包人请求参照合同约定支付工程价款的，应予支持。因此，《委托代建合同》履行完毕后，代建费开发区管委会应予支付。二审、再审法院均支持了一审判决，认为案涉项目属于政府采购项目，依法应当进行招标。双方未履行招投标程序直接签订《委托代建合同》，违反了法律行政法规的强制性规定。根据原《合同法》第52条第5项的规定，应当认定《委托代建合同》无效。

关于建设工程项目中必须招投标的范围及内容，《招标投标法》《招投标法实施条例》《必须招标的工程项目规定》《必须招标的基础设施和公用事业项目范围规定》有明确规定，常见的有大型基础设施、公用事业等关系社会公共利益、公众安全的项目；能源基础设施项目；交通运输基础设施项目；通信基础设施项目；水利基础设施项目；城市轨道交通等城建项目。

参考依据

《招标投标法》

第三条 在中华人民共和国境内进行下列工程建设项目包括项目的勘察、设计、施工、监理以及与工程建设有关的重要设备、材料等的采购，必须进行招标：

（一）大型基础设施、公用事业等关系社会公共利益、公众安全的项目；

（二）全部或者部分使用国有资金投资或者国家融资的项目；

（三）使用国际组织或者外国政府贷款、援助资金的项目。

前款所列项目的具体范围和规模标准，由国务院发展计划部门会同国务院有关部门制订，报国务院批准。

法律或者国务院对必须进行招标的其他项目的范围有规定的，依照其规定。

《招标投标法实施条例》

第二条 招标投标法第三条所称工程建设项目,是指工程以及与工程建设有关的货物、服务。

前款所称工程,是指建设工程,包括建筑物和构筑物的新建、改建、扩建及其相关的装修、拆除、修缮等;所称与工程建设有关的货物,是指构成工程不可分割的组成部分,且为实现工程基本功能所必需的设备、材料等;所称与工程建设有关的服务,是指为完成工程所需的勘察、设计、监理等服务。

《必须招标的工程项目规定》

第二条 全部或者部分使用国有资金投资或者国家融资的项目包括:

(一)使用预算资金200万元人民币以上,并且该资金占投资额10%以上的项目;

(二)使用国有企业事业单位资金,并且该资金占控股或者主导地位的项目。

第三条 使用国际组织或者外国政府贷款、援助资金的项目包括:

(一)使用世界银行、亚洲开发银行等国际组织贷款、援助资金的项目;

(二)使用外国政府及其机构贷款、援助资金的项目。

第四条 不属于本规定第二条、第三条规定情形的大型基础设施、公用事业等关系社会公共利益、公众安全的项目,必须招标的具体范围由国务院发展改革部门会同国务院有关部门按照确有必要、严格限定的原则制订,报国务院批准。

第五条 本规定第二条至第四条规定范围内的项目,其勘察、设计、施工、监理以及与工程建设有关的重要设备、材料等的采购达到下列标准之一的,必须招标:

(一)施工单项合同估算价在400万元人民币以上;

(二)重要设备、材料等货物的采购,单项合同估算价在200万元人民币以上;

（三）勘察、设计、监理等服务的采购，单项合同估算价在100万元人民币以上。

同一项目中可以合并进行的勘察、设计、施工、监理以及与工程建设有关的重要设备、材料等的采购，合同估算价合计达到前款规定标准的，必须招标。

《必须招标的基础设施和公用事业项目范围规定》

第二条 不属于《必须招标的工程项目规定》第二条、第三条规定情形的大型基础设施、公用事业等关系社会公共利益、公众安全的项目，必须招标的具体范围包括：

（一）煤炭、石油、天然气、电力、新能源等能源基础设施项目；

（二）铁路、公路、管道、水运，以及公共航空和A1级通用机场等交通运输基础设施项目；

（三）电信枢纽、通信信息网络等通信基础设施项目；

（四）防洪、灌溉、排涝、引（供）水等水利基础设施项目；

（五）城市轨道交通等城建项目。

相关案例

张某滨、滨州经济技术开发区管理委员会（以下简称开发区管委会）委托代建合同纠纷案

一审审理法院：山东省滨州市（地区）中级人民法院

案号：（2020）鲁16民初1号

裁判观点：案涉《委托代建合同》所涉项目属于依法应当进行招标的范畴，双方当事人未依法履行招投标程序直接签订《委托代建合同》，违反了法律、行政法规的强制性规定，根据原《合同法》第52条第5项的规定，应当认定《委托代建合同》无效。双方签订《委托代建合同》后，伟峰公司为履行代建义务与滨州城建公司签订建设工程施工合同，并对涉案工程进行了代建管理，涉案工程于2015年8月30日经设计单位、施工单位、监理单位、建设单位进行竣工验收，质量等级评定为合格。虽然双方签订的《委托代建合同》无效，但代建工程履行完毕并验收合格并交付使用。参照原《最高人民法院关于审理建设工程施工合同纠纷案件适用法律问题的解释》第1条的规定，“建设工程施工合同具有下列情形之一的，应当根据合同法第五十二条第（五）项的规定，认定无效：……（三）建设工程必须进行招标而未招标或者中标无效的……”该解释第2条规定，建设工程施工合同无效，但建设工程经竣工验收合格，承包人请求参照合同约定支付工程价款的，应予支持。因此，《委托代建合同》履行完毕后，代建费被告应予支付。

二审审理法院：山东省高级人民法院

案号：（2020）鲁民终2879号

裁判观点：开发区管委会与伟峰公司签订的《委托代建合同》虽然不是建设工程施工合同，但是其中涉及全程项目管理及工程价格承包，以及工程施工、工程款支付等内容。根据有关法律以及《工程建设项目招标范围和规模标准规定》第7条的规定，使用国有资金投资项目，勘察、设计、监理等服务的采购，单项合同估算价在50万元人民币以上的，必须进行招标。而涉案项目管理及工程承包未经招投标，一审法院据此认定《委托代建合同》无效，二审法院认为是正确的。

再审审理法院：最高人民法院

案号：（2021）最高法民申1046号

裁判观点：根据《招标投标法》第3条的规定，大型基础设施、公用事业等关系社会公共利益、公众安全的项目的勘察、设计、施工、监理以及与工程建设有关的重要设备、材料等的采购，必须进行招标；原《工程建设项目招标范围和规模标准规定》第7条规定，使用国有资金投资项目，勘察、设计、监理等服务的采购，单项合同估算价在50万元人民币以上的，必须进行招标。案涉项目属于政府采购项目，依法应当进行招标。双方未履行招投标程序直接签订《委托代建合同》，违反了法律行政法规的强制性规定。根据原《合同法》第52条第5项的规定，应当认定《委托代建合同》无效。

二、招标人超出招标文件规定时间发出中标通知书，中标人是否可以拒绝签订施工合同？

律师解答

可以。根据《招标投标法》的规定，经招标投标程序确定中标人后，招标人应当向中标人发出中标通知书，中标通知书对招标人和中标人具有法律效力。根据《民法典》第473条第1款之规定，招标公告属于要约邀请，因此，投标人按照招标文件要求编写的投标文件应属于要约，那么中标通知书就属于承诺。招标文件中规定的投标有效期即为承诺期限，超出投标有效期发出的中标通知书属于逾期承诺。因此，根据《民法典》第486条的规定，招标人逾期承诺的，如果投标人在收到该承诺后通知招标人承诺有效，则双方合同即成立。如果投标人不通知承诺有效，则逾期发出的中标通知书构成新要约；对于新要约，投标人不接受的，有权拒绝继续签订合同。

参考依据

《民法典》

第四百七十三条第一款 要约邀请是希望他人向自己发出要约的表示。拍卖公告、招标公告、招股说明书、债券募集办法、基金招募说明书、商业广告和宣传、寄送的价目表等为要约邀请。

第四百八十一条第一款 承诺应当在要约确定的期限内到达要约人。

第四百八十六条 受要约人超过承诺期限发出承诺，或者在承诺期限内发出承诺，按照通常情形不能及时到达要约人的，为新要约；但是，要约人及时通知受要约人该承诺有效的除外。

《招标投标法》

第四十五条 中标人确定后，招标人应当向中标人发出中标通知书，并同时将中标结果通知所有未中标的投标人。

中标通知书对招标人和中标人具有法律效力。中标通知书发出后,招标人改变中标结果的,或者中标人放弃中标项目的,应当依法承担法律责任。

《招标投标法实施条例》

第二十五条 招标人应当在招标文件中载明投标有效期。投标有效期从提交投标文件的截止之日起算。

三、联合体成员内部分包协议是否有效?

律师解答

联合体成员内部分包协议的效力需要根据内部分包协议约定内容不同来判断。联合体成员为明确约定各方权利义务及责任承担,根据实际情况进一步细化联合体协议而签署的分包合同有效。依据《招标投标法》第 31 条的规定,联合体在投标过程中应该同时提交联合体内部协议。在联合体中标后,联合体各方将按照投标时递交的联合体协议落实施工程设计、施工、采购等工作,在此过程中各方为细化分工,明确权利义务而签订的分包合同,是对其联合体内部的权利义务的进一步约定,是有效合同。在(2018)闽民申 2455 号案中,法院认为,中铁十二局与天洋公司签订的《松建高速公路 B1 合同段交通安全工程分包合同》是合法有效的合同,是对其联合体内部的权利义务关系进行了约定,天洋公司已依约完成交通安全工程,其依据合同的约定要求中铁十二局支付工程余款,有合同依据,中铁十二局是合同上的主体。

联合体成员一方中标后自己完全不参与施工,以分包协议形式把原有工作全部调整给联合体其他成员的,分包合同无效。依据《建筑工程施工发包与承包违法行为认定查处管理办法》第 8 条第 2 款之规定,两个以上的单位组成联合体承包工程,在联合体分工协议中约定或者在项目实际实施过程中,联合体一方不进行施工也未对施工活动进行组织管理的,并且向联合体其他方收取管理费或者其他类似费用的，视为联合体一方将承包的工程转包给联合体其他方。此种以分包之名行转包之实的行为因属非法转包而无效。

参考依据

《民法典》

第五百一十八条 债权人为二人以上，部分或者全部债权人均可以请求债务人履行债务的，为连带债权；债务人为二人以上，债权人可以请求部分或者全部债务人履行全部债务的，为连带债务。

连带债权或者连带债务，由法律规定或者当事人约定。

《招标投标法》

第三十一条 两个以上法人或者其他组织可以组成一个联合体，以一个投标人的身份共同投标。

联合体各方均应当具备承担招标项目的相应能力；国家有关规定或者招标文件对投标人资格条件有规定的，联合体各方均应当具备规定的相应资格条件。由同一专业的单位组成的联合体，按照资质等级较低的单位确定资质等级。

联合体各方应当签订共同投标协议，明确约定各方拟承担的工作和责任，并将共同投标协议连同投标文件一并提交招标人。联合体中标的，联合体各方应当共同与招标人签订合同，就中标项目向招标人承担连带责任。

招标人不得强制投标人组成联合体共同投标，不得限制投标人之间的竞争。

《建筑工程施工发包与承包违法行为认定查处管理办法》

第八条第二款 两个以上的单位组成联合体承包工程，在联合体分工协议中约定或者在项目实际实施过程中，联合体一方不进行施工也未对施工活动进行组织管理的，并且向联合体其他方收取管理费或者其他类似费用的，视为联合体一方将承包的工程转包给联合体其他方。

第十一条 本办法所称违法分包，是指承包单位承包工程后违反法律法规规定，把单位工程或分部分项工程分包给其他单位或个人施工的行为。

《北京市高级人民法院关于审理建设工程施工合同纠纷案件若干疑难问题的解答》

5、如何认定建筑企业的内部承包行为？建设工程施工合同的承包人将其承包的全部或部分工程交由其下属的分支机构或在册的项目经理等企业职工个人承包施工，承包人对工程施工过程及质量进行管理，对外承担施工合同权利义务的，属于企业内部承包行为；发包人以内部承包人缺乏施工资质为由主张施工合同无效的，不予支持。

《浙江省高级人民法院民事审判第一庭关于审理建设工程施工合同纠纷案件若干疑难问题的解答》

一、如何认定内部承包合同？如何认定其效力？建设工程施工合同的承包人与其下属分支机构或在册职工签订合同，将其承包的全部或部分工程承包给其下属分支机构或职工施工，并在资金、技术、设备、人力等方面给予支持的，可认定为企业内部承包合同；当事人以内部承包合同的承包人无施工资质为由，主张该内部承包合同无效的，不予支持。

《四川省房屋建筑和市政基础设施项目工程总承包管理办法》

第二十四条　工程总承包单位不得将工程总承包项目转包。

采用联合体方式承包工程总承包项目的，在联合体分工协议中约定或者在项目实际实施过程中，联合体一方既不实施工程设计或者施工业务，也不对工程实施组织管理，且向联合体其他成员或者以分包形式收取管理费或者其他类似费用的，属于联合体一方将承包的工程转包给其他方。

四、投标人能否参加其关联公司的工程总承包项目招标？

律师解答

投标人可以参加其关联公司的工程总承包项目招标。

《招标投标法实施条例》第34条第1款规定,与招标人存在利害关系可能影响招标公正性的法人、其他组织或者个人,不得参加投标。但该条并未完全禁止与招标人存在利害关系的法人、其他组织或者个人参与投标,只有同时满足"存在利害关系"和"可能影响招标公正性"两个条件时,相关主体才不得参加投标。也就是说,投标人即使与招标人存在某种"利害关系",但如果招投标活动依法进行、程序规范,该"利害关系"并不影响其公正性,也可以参加投标。

对此问题,各地也已经有规定明确,例如,2020年12月31日发布的《深圳市住房和建设局关于进一步规范EPC项目发承包活动的通知》明确规定:"对于依法必须进行招标项目,招标人有控股的施工、服务企业,或者被该施工、服务企业控股,且该企业资格条件符合1号文第二十二条规定的,招标人可根据相关规定申请将EPC项目直接发包给该企业实施。"2020年11月24日发布的《河南省住房和城乡建设厅关于同意郑州航空港经济综合实验区开展房屋建筑和市政基础设施工程招标投标领域改革试点的批复》也明确规定:"允许利害关系方投标。招标人在确保招标活动公平、公正的前提下,可在招标文件公告或招标文件中载明接受利害相关方的投标。招标人有控股的施工、货物或者服务企业,或者招标人被该施工、货物或者服务企业控股,且该企业的资质符合工程要求的,可以参加投标。"

参考依据

《招标投标法实施条例》

第三十四条 与招标人存在利害关系可能影响招标公正性的法人、其他组织或者个人,不得参加投标。

单位负责人为同一人或者存在控股、管理关系的不同单位,不得参加同一标段投标或者未划分标段的同一招标项目投标。

违反前两款规定的,相关投标均无效。

《深圳市住房和建设局关于进一步规范EPC项目发承包活动的通知》

一、对于依法必须进行招标项目,招标人有控股的施工、服务企业,或者被该施工、服务企业控股,且该企业资格条件符合1号文第二十二条规定的,招标人可根据相关规定申请将EPC项目直接发包给该企业实施。

《河南省住房和城乡建设厅关于同意郑州航空港经济综合实验区开展房屋建筑和市政基础设施工程招标投标领域改革试点的批复》

允许利害关系方投标。在确保招标活动公平、公正的前提下,可在招标文件公告或招标文件中载明接受利害相关方的投标。招标人有控股的施工、货物或者服务企业,或者招标人被该施工、货物或者服务企业控股,且该企业的资质符合工程要求的,可以参加投标。

五、发包人未取得建设工程规划许可证等规划审批手续,建设工程施工合同是否有效?

律师解答

发包人未取得建设工程规划许可证等规划审批手续的,建设工程施工合同无效,但发包人在起诉前取得建设工程规划许可证等规划审批手续的除外。

根据《城乡规划法》第40条第1款的规定,"在城市、镇规划区内进行建筑物、构筑物、道路、管线和其他工程建设的,建设单位或者个人应当向城市、县人民政府城乡规划主管部门或者省、自治区、直辖市人民政府确定的镇人民政府申请办理建设工程规划许可证"。同时该法第64条规定,"未取得建设工程规划许可证或者未按照建设工程规划许可证的规定进行建设的,由县级以上地方人民政府城乡规划主管部门责令停止建设"。所以,根据上述两条规定可知,取得建设工程规划许可证是进行合法建设的前提。未取得建设工程规划许可证即进行建设或者未按照建设工程规划许可证的规定进行建设是法律明确禁止的行为,故根据《民法典》第153条第1款的规定,以该建设行为为主要合同内容的建设工程施工合同应当认定无效。但《最高人民法院关于审理建设工程施工合同纠纷案件适用法律问题的解释(一)》第3条第1款额外规定了无效合同的效力补正规则,即发包人在起诉前取得建设工程规划许可证等规划审批手续,应认为合同有效。

此外,上述《最高人民法院关于审理建设工程施工合同纠纷案件适用法律问题的解释(一)》第3条第2款还规定,在发包人能够办理审批手续而未办理的情况下,其主张合同无效的诉求不能得到支持。

参考依据

《最高人民法院关于审理建设工程施工合同纠纷案件适用法律问题的解释(一)》

第三条 当事人以发包人未取得建设工程规划许可证等规划审批手续为由,请求确认建设工程施工合同无效的,人民法院应予支持,但发包人在起诉前取得建设工程规划许可证等规划审批手续的除外。

发包人能够办理审批手续而未办理,并以未办理审批手续为由请求确认建设工程施工合同无效的,人民法院不予支持。

《城乡规划法》

第四十条第一款 在城市、镇规划区内进行建筑物、构筑物、道路、管线和其他工程建设的,建设单位或者个人应当向城市、县人民政府城乡规划主管部门或者省、自治区、直辖市人民政府确定的镇人民政府申请办理建设工程规划许可证。

第六十四条 未取得建设工程规划许可证或者未按照建设工程规划许可证的规定进行建设的,由县级以上地方人民政府城乡规划主管部门责令停止建设;尚可采取改正措施消除对规划实施的影响的,限期改正,处建设工程造价百分之五以上百分之十以下的罚款;无法采取改正措施消除影响的,限期拆除,不能拆除的,没收实物或者违法收入,可以并处建设工程造价百分之十以下的罚款。

《民法典》

第一百五十三条第一款 违反法律、行政法规的强制性规定的民事法律行为无效。但是,该强制性规定不导致该民事法律行为无效的除外。

《北京市高级人民法院关于审理建设工程施工合同纠纷案件若干疑难问题的解答》

1、未取得建设审批手续的施工合同的效力如何认定?

发包人就尚未取得建设用地规划许可证、建设工程规划许可证等行政审批手续的工程,与承包人签订的建设工程施工合同无效。但在一审法庭辩论终结前发包人取得相应审批手续或者经主管部门批准建设的,应当认定合同有效。

发包人未取得建筑工程施工许可证的,不影响施工合同的效力。

六、签订合同时承包人未具备建筑业企业资质,竣工验收时取得了建筑业企业资质,建设工程施工合同是否有效?

律师解答

对于承包人签订合同时未具备建筑业企业资质,但在竣工验收时取得的,司法实践中对其合同效力有两种不同的观点:

第一种观点认为,此种情形下合同应属无效。依据《最高人民法院关于审理建设工程施工合同纠纷案件适用法律问题的解释(一)》第1条的规定,承包人未取得建筑业企业资质或者超越资质等级签订的建设工程施工合同无效。虽然该解释第4条规定,对于承包人超越资质等级许可的业务范围签订建设工程施工合同,在建设工程竣工前取得相应资质等级的,合同应属有效,但其没有规定承包人未取得任何建筑业企业资质时也可以认定合同有效,而未取得建筑业企业资质与超越法定资质也存在本质区别,在尚未取得建筑业企业资质证书的情况下签订合同,明显违反有关建筑市场主体准入制度的强制性规定。所以即使其在工程竣工验收前取得相应资质,合同仍然无效,在(2021)皖03民终2667号案、(2018)吉02民终2467号案、(2015)沪二中民二(民)终字第784号案中,法院均持此观点。

第二种观点认为,承包人在竣工验收前取得相应资质,表明承包人已具备施工能力,其施工能力能够满足案涉工程的要求,故应当模糊"承包人未取得法定资质"和"承包人超越资质等级"在文义上的区别,将"承包人超越资质等级许可的业务范围"作扩大解释,把"承包人未取得法定资质"也涵盖进来,一体适用合同效力补正原则,因此应认定合同有效。如在(2010)云高民一终字第149号案中,法院认为在案涉工程竣工验收前,承包人已取得相应的施工资质,故施工合同应属有效。

综合司法实践,笔者认为,法院虽然在对该问题的认定上存在争议,但大多仍持按照合同无效处理的保守态度。尽管在民商事活动中秉承鼓励交易原则,强调交易稳定,不轻易否定合同的效力,但为了规范建筑市场,保证建筑产品质量,不应当滥用合同效力补正原则。

参考依据

《建筑法》

第二十六条 承包建筑工程的单位应当持有依法取得的资质证书,并在其资质等级许可的业务范围内承揽工程。

禁止建筑施工企业超越本企业资质等级许可的业务范围或者以任何形式用其他建筑施工企业的名义承揽工程。禁止建筑施工企业以任何形式允许其他单位或者个人使用本企业的资质证书、营业执照,以本企业的名义承揽工程。

《最高人民法院关于审理建设工程施工合同纠纷案件适用法律问题的解释(一)》

第一条第一款 建设工程施工合同具有下列情形之一的,应当依据民法典第一百五十三条第一款的规定,认定无效:

(一)承包人未取得建筑业企业资质或者超越资质等级的;

(二)没有资质的实际施工人借用有资质的建筑施工企业名义的;

(三)建设工程必须进行招标而未招标或者中标无效的。

第四条　承包人超越资质等级许可的业务范围签订建设工程施工合同，在建设工程竣工前取得相应资质等级，当事人请求按照无效合同处理的，人民法院不予支持。

相关案例

1. 上海城利房地产有限公司（以下简称城利公司）与上海今源计算机科技有限公司（以下简称今源公司）建设工程合同纠纷案

审理法院：上海市第二中级人民法院

案号：（2015）沪二中民二（民）终字第784号

裁判观点：今源公司与城利公司之间签订的《强电合同》《弱电合同》，因今源公司在签订合同时没有取得建筑施工企业相应资质，应当确认为无效合同，虽然今源公司在本案诉讼期间取得了建筑施工企业专业资质，但是法律仅仅对超越资质等级许可的业务范围签订的建筑工程施工合同规定了合同效力补正，而且仅限于在建筑工程竣工前，因此今源公司主张合同因其在诉讼期间取得相应资质而归为有效的主张，缺乏法律依据，不予支持。

2. 云南云锡同乐太阳能光热光电产业有限公司（以下简称同乐公司）与云南省玉溪恒立建安工程有限公司（以下简称恒立公司）建设工程施工合同纠纷案

审理法院：云南省高级人民法院

案号：（2010）云高民一终字第149号

裁判观点：审理中，同乐公司对恒立公司于2005年10月31日取得电力工程施工总承包三级资质的事实予以认可，对恒立公司主张的施工期间为2005年至2006年、2007年有抢修工程的事实亦无异议。原《最高人民法院关于审理建设工程施工合同纠纷案件适用法律问题的解释》第1条第1项规定："建设工程施工合同具有下列情形之一的，应当根据合同法第五十二条第（五）项的规定，认定无效：（一）承包人未取得建筑施工企业资质或者超越资质等级的……"但在本案中，双方之前并未签订书面的建设工程施工合同，在工程交付使用后的 2009 年 7 月 3 日双方才签订了一份《工程结算协议》,而恒立公司在施工期间内即已取得相应的施工资质,故同乐公司关于合同无效的主张不能成立,法院不予支持。虽然双方没有签订书面的建设工程合同,但在 2009 年 7 月 3 日签订的《工程结算协议》第 3 条对付款时间作了明确约定,依据原《最高人民法院关于审理建设工程施工合同纠纷案件适用法律问题的解释》第 18 条"利息从应付工程价款之日计付"的规定,利息应自 2010 年 7 月 19 日起算,一审法院确认从工程交付之日起算系适用法律错误,二审法院予以纠正。

七、承包人超越资质等级签订建设工程施工合同,竣工验收前取得了相应资质等级,合同是否有效?

律师解答

承包人超越资质等级签订建设工程施工合同,竣工验收前取得了相应资质等级,合同有效。

根据《最高人民法院关于审理建设工程施工合同纠纷案件适用法律问题的解释(一)》第 1 条第 1 项之规定,承包人超越资质等级的,签订的建设工程施工合同应当依据《民法典》第 153 条第 1 款的规定,认定无效,即承包人超越资质等级签订的建设工程施工合同,原则上应认定为无效。但同时,该解释第 4 条对此种合同的效力补正作出了特殊规定,按照该规定,承包人超越资质等级许可的业务范围签订建设工程施工合同,在建设工程竣工前取得相应资质等级,当事人请求按照无效合同处理的,人民法院不予支持。这也就意味着即使承包人在施工合同签订时并不具备相应资质,但只要在工程竣工前取得相应资质等级,合同效力即可补正为有效。

参考依据

《建筑法》

第十三条　从事建筑活动的建筑施工企业、勘察单位、设计单位和工程监理单位,按照其拥有的注册资本、专业技术人员、技术装备和已完成的建筑工程业绩等资质条件,划分为不同的资质等级,经资质审查合格,取得相应等级的资质证书后,方可在其资质等级许可的范围内从事建筑活动。

第二十六条第一款　承包建筑工程的单位应当持有依法取得的资质证书,并在其资质等级许可的业务范围内承揽工程。

《建筑业企业资质管理规定》

第三条　企业应当按照其拥有的资产、主要人员、已完成的工程业绩和技术装备等条件申请建筑业企业资质,经审查合格,取得建筑业企业资质证书后,方可在资质许可的范围内从事建筑施工活动。

《最高人民法院关于审理建设工程施工合同纠纷案件适用法律问题的解释(一)》

第一条　建设工程施工合同具有下列情形之一的,应当依据民法典第一百五十三条第一款的规定,认定无效:

(一)承包人未取得建筑业企业资质或者超越资质等级的;

(二)没有资质的实际施工人借用有资质的建筑施工企业名义的;

(三)建设工程必须进行招标而未招标或者中标无效的。

承包人因转包、违法分包建设工程与他人签订的建设工程施工合同,应当依据民法典第一百五十三条第一款及第七百九十一条第二款、第三款的规定,认定无效。

第四条　承包人超越资质等级许可的业务范围签订建设工程施工合同,在建设工程竣工前取得相应资质等级,当事人请求按照无效合同处理的,人民法院不予支持。

八、中标后联合体一方退出，拒绝签订合同的，其他成员方是否可以与招标人继续签订合同？

律师解答

不可以。

联合体投标是指两个以上法人或者其他组织可以组成一个联合体，以一个投标人的身份共同投标。根据《招标投标法》第 31 条第 3 款的规定，联合体中标的，联合体各方应当共同与招标人签订合同，就中标项目向招标人承担连带责任。所以在中标后任一联合体成员放弃中标或者拒绝签订合同的，都应视为联合体放弃中标或者拒绝签订合同，不仅其他成员方无法与招标人继续签订合同，联合体还应当按照招标文件要求或《招标投标法实施条例》第 74 条的规定承担相应法律责任。这与《招标投标法实施条例》第 37 条第 2 款所规定的“资格预审后联合体增减、更换成员的，其投标无效”也一致。

参考依据

《招标投标法》

第三十一条 两个以上法人或者其他组织可以组成一个联合体，以一个投标人的身份共同投标。

……

联合体各方应当签订共同投标协议，明确约定各方拟承担的工作和责任，并将共同投标协议连同投标文件一并提交招标人。联合体中标的，联合体各方应当共同与招标人签订合同，就中标项目向招标人承担连带责任。

……

《招标投标法实施条例》

第三十七条 招标人应当在资格预审公告、招标公告或者投标邀请书中载明是否接受联合体投标。

招标人接受联合体投标并进行资格预审的，联合体应当在提交资格预审申请文件前组成。资格预审后联合体增减、更换成员的，其投标无效。

联合体各方在同一招标项目中以自己名义单独投标或者参加其他联合体投标的，相关投标均无效。

第七十四条　中标人无正当理由不与招标人订立合同，在签订合同时向招标人提出附加条件，或者不按照招标文件要求提交履约保证金的，取消其中标资格，投标保证金不予退还。对依法必须进行招标的项目的中标人，由有关行政监督部门责令改正，可以处中标项目金额10‰以下的罚款。

第二章　竣 工 验 收

一、景观绿化工程如何认定发包人构成“擅自使用”？

律师解答

根据《民法典》第 799 条第 2 款的规定，建设工程竣工经验收合格后，方可交付使用；未经验收或者验收不合格的，不得交付使用。发包方将“未经验收或验收不合格”的工程投入使用，构成“擅自使用”。那么针对景观绿化工程等无实际使用功能的特殊工程未经验收或验收不合格，如何认定已投入使用，构成“擅自使用”？

目前的理论与实务中存在三种观点，第一种观点认为，发包人在物理上控制了建设工程即视为“使用”，如在（2015）潮中法民一终字第 101 号案中，法院认为，在承包人拒绝修复且拒绝进场施工的情况下，发包人发出合同解除通知后委托其他工程队进场继续施工，认定为发包人未经竣工验收，擅自使用工程。

第二种观点认为，发包方按照建设工程的通常用途进行使用就应认定为“使用”。如在（2017）宁民终 6 号案中，法院认为，根据承包方向法庭提交的证据，即混凝土抗压强度检测报告及银川晚报关于银川绿博园开园的报道，可以认定由承包方负责施工的彩色生态透水地坪工程已正式启用并对外开放，认定为发包人擅自使用。而在（2016）粤 03 民终 3126 号案中，法院认为，由于绿化景观工程的独立性，发包人在绿化景观工程竣工验收合格前举办周年庆典，不能认为涉案工程已经完工并投入使用，不认定为擅自使用。可见，对于绿化景观工程等特殊工程，同样应认可其独立性，不应与整体工程混为一谈，对于此观点中使用用途的认定应限于利用工程本身的作用。

第三种观点认为，发包方完成建设工程转移占有就可以认为是“使用”，如在（2020）黔民申2305号案中，法院认为，被申请人施工完成后，已将工程交付申请人使用，认定为擅自使用，故对申请人提出工程质量问题不予支持。在（2018）苏民申6101号案中，法院认为，涉案景观绿化工程虽未验收合格，但在涉案工程约定的工期结束之后，发包人与金田塑业公司签订了包含本案园林绿化工程在内的《园林绿化养护合同》，合同约定了对苗木进行养护的内容，而苗木的养护只有在苗木已经种植的情况下才能进行，基于承包人金田公司与金田塑业公司之间的特殊联系，应视为金田公司已经接收了涉案工程并实际使用。

因此笔者认为，根据《最高人民法院关于审理建设工程施工合同纠纷案件适用法律问题的解释（一）》第9条第3项的规定，建设工程未经竣工验收，发包人擅自使用的，以转移占有建设工程之日为竣工日期。对于景观绿化工程应区别于常见的土建、装修等工程，对其“使用”应采取限缩解释，不应将发包方临时的占用或物理上的人员或物品临时进入该工程领域内认为是“使用”，也不能局限地认为以合同约定用途使用才属于使用，而应以实际控制、转移占有工程为标准认定“使用”。

参考依据

《最高人民法院关于审理建设工程施工合同纠纷案件适用法律问题的解释（一）》

第九条 当事人对建设工程实际竣工日期有争议的，人民法院应当分别按照以下情形予以认定：

（一）建设工程经竣工验收合格的，以竣工验收合格之日为竣工日期；

（二）承包人已经提交竣工验收报告，发包人拖延验收的，以承包人提交验收报告之日为竣工日期；

（三）建设工程未经竣工验收，发包人擅自使用的，以转移占有建设工程之日为竣工日期。

第十四条 建设工程未经竣工验收，发包人擅自使用后，又以使用部分质量不符合约定为由主张权利的，人民法院不予支持；但是承包人应当在建设工程的合理使用寿命内对地基基础工程和主体结构质量承担民事责任。

《民法典》

第七百九十九条 建设工程竣工后，发包人应当根据施工图纸及说明书、国家颁发的施工验收规范和质量检验标准及时进行验收。验收合格的，发包人应当按照约定支付价款，并接收该建设工程。

建设工程竣工经验收合格后，方可交付使用；未经验收或者验收不合格的，不得交付使用。

相关案例

1. 广东海外建设集团有限公司潮州分公司（以下简称海外建设公司）与东莞市奥雅景观绿化工程有限公司（以下简称奥雅景观公司）建设工程施工合同纠纷案

审理法院：广东省潮州市中级人民法院

案号：（2015）潮中法民一终字第101号

裁判观点：根据原《最高人民法院关于审理建设工程施工合同纠纷案件适用法律问题的解释》第13条"建设工程未经竣工验收，发包人擅自使用后，又以使用部分质量不符合约定为由主张权利的，不予支持；但是承包人应当在建设工程的合理使用寿命内对地基基础工程和主体结构质量承担民事责任"的规定，涉案部分工程未经竣工验收，海外建设公司擅自使用工程后，以工程质量检验严重不合格为由主张权利的，原审法院不予支持。综上，海外建设公司单方提前解除合同，于法无据。在承包人拒绝修复且拒绝进场施工的情况下，发包人发出合同解除通知后委托其他工程队进场继续施工。认定为发包人未经竣工验收，擅自使用工程。根据原《最高人民法院关于审理建设工程施工合同纠纷案件适用法律问题的解释》第17条的规定："当事人对欠付工程价款利息计付标准有约定的,按照约定处理;没有约定的,按照中国人民银行发布的同期同类贷款利率计息。”双方在合同中有约定:“海外建设公司不按合同约定支付工程款(进度款),海外建设公司应从约定应付之日起向奥雅景观公司支付应付的同期银行贷款利率计算的利息。”因本案的实际竣工日期应为海外建设公司强行解除合同而致奥雅景观公司退场的2012年4月20日,因此,一审从该日起算拖欠工程款的利息损失也是得当的,上述二项违约责任的处理均有合同依据,也是符合相关的规定。

2. 宁夏惠丰杰商贸有限公司(以下简称惠丰杰公司)、宁夏天地缘锦绣园林花卉有限公司(以下简称天地缘公司)等与宁夏海纳环宇商贸有限公司(以下简称海纳公司)建设工程施工合同纠纷案

审理法院:宁夏回族自治区高级人民法院

案号:(2017)宁民终6号

裁判观点:一审法院认为,本案所涉工程为银川市绿博园景观绿化工程中B、C区域中的彩色透水坪工程。关于惠丰杰公司施工的工程是否竣工且验收合格,根据惠丰杰公司向法庭提交的证据,即混凝土抗压强度检测报告及银川晚报关于银川绿博园开园的报道,可以认定由惠丰杰公司负责施工的彩色生态透水地坪工程于2014年9月29日已正式启用并对外开放。加上天地缘公司、青青公司称其已按照合同约定将海纳公司完成的银川绿博园回乡岛、览(揽)山岛景观工程(B、C区域)的工程款向海纳公司支付完毕,并未主张尚有未完工程需扣除工程款。此外,依照原《最高人民法院关于审理建设工程施工合同纠纷案件适用法律问题的解释》第13条的规定,建设工程未经竣工验收,发包人擅自使用后,又以使用部分质量不符合约定为由主张权利的,不予支持,故海纳公司关于惠丰杰公司完成的工程未完工、未经竣工验收的辩解理由不能成立。

3. 东莞市奥雅景观绿化工程有限公司(以下简称奥雅公司)、深圳新宏泽包装有限公司(以下简称新宏泽公司)建设工程施工合同纠纷案

审理法院:广东省深圳市中级人民法院

案号:(2016)粤03民终3126号

裁判观点:涉案一期工程、二期工程均未完工,理由如下:首先,奥雅公司虽提供《完工证明》主张涉案工程均已完工,但作为监理单位盖章的国银公司并非涉案工程的监理公司,作为总监理工程师签字的徐某程在一审时亦出庭证实该《完工证明》是应奥雅公司要求所作,不能证明工程的实际完工时间,故该《完工证明》并不能单独证明涉案工程的完工时间。其次,由于绿化景观工程的独立性,新宏泽公司在2011年12月25日举办周年庆典,亦不能反证涉案工程已经完工并投入使用。再次,新宏泽公司虽在2011年9月17日的《联系函》中确认"一期绿化工程基本完工",但绿化工程仅占一期工程总量的1/3,一期工程尚包括园建工程、喷灌给水工程、电气照明工程,故《联络函》亦不能证明一期工程已经完工。最后,2012年4月10日,当事双方就一期工程、二期工程进行验收,并就各分项工程签署了质量不合格清单,可知一期工程并未单独进行竣工验收。综上所述,新宏泽公司关于一期工程、二期工程均未完工的上诉理由成立,应予支持。

4. 贵州省花海旅业有限公司(以下简称花海公司)、河南瑞源景观园林工程有限公司(以下简称瑞源公司)建设工程施工合同纠纷案

审理法院:贵州省高级人民法院

案号:(2020)黔民申2305号

裁判观点:被申请人瑞源公司施工完成后,将工程交付申请人花海公司使用,根据原《最高人民法院关于审理建设工程施工合同纠纷案件适用法律问题的解释》第13条"建设工程未经竣工验收,发包人擅自使用后,又以使用部分质量不符合约定为由主张权利的,不予支持;但是承包人应当在建设工程的合理使用寿命内对地基基础工程和主体结构质量承担民事责任"之规定,故对申请人提出工程质量问题不予支持。案涉工程完工后,原审法院基于被申请人已2017年8月30日、12月5日两次向申请人申请验收,申请人在12月5日的报验申请表中签字确认"经检查,工程符合设计要求,同意验收",且申请人已于2019年2月21日确认工程价款为14,839,113.76元,判决申请人瑞源公司应按约定支付工程款并无不当。

5. 宿迁市金田置业有限公司(以下简称金田公司)与宿迁登峰园林装饰工程有限公司(以下简称登峰公司)建设工程施工合同纠纷案

审理法院:江苏省高级人民法院

案号:(2018)苏民申6101号

裁判观点:根据原《最高人民法院关于审理建设工程施工合同纠纷案件适用法律问题的解释》第13条、第14条的规定,对于未经竣工验收,但发包人擅自使用的情形,应推定发包人已经竣工验收合格,达到支付工程款的条件。本案中,涉案景观绿化工程虽未验收合格,但在涉案工程约定的工期结束之后,登峰公司与金田塑业公司签订了包含本案园林绿化工程在内的《园林绿化养护合同》,合同约定了对苗木进行养护的内容,而苗木的养护只有在苗木已经种植的情况下才能进行,基于金田公司与金田塑业公司之间的特殊联系,应视为金田公司已经接收了涉案工程并实际使用。案涉工程约定的工期只有1个月,但长达2年金田公司仍以对方未施工完毕来拒付工程款,且不提交登峰公司未施工完毕或验收不合格的证据,其主张缺乏常理和依据。从金田公司事后已经支付部分工程款的事实来看,双方亦未严格按照合同约定的竣工验收合格后3日支付的条件来履行,从金田公司的付款行为亦能推定出其已认可涉案工程施工完毕且交付使用的事实。

二、竣工验收证明中仅有发包人和承包人盖章,承包人能否要求发包人支付工程款?

律师解答

根据《民法典》第799条之规定,建设工程竣工后,发包人应当根据施工图纸及说明书、国家颁发的施工验收规范和质量检验标准及时进行验收。验收合格的,发包人应当按照约定支付价款,并接收该建设工程。建设工程竣工经验收合格后,方可交付使用;未经验收或者验收不合格的,不得交付使用。《建设工程质量管理条例》第16条也规定，建设单位收到建设工程竣工报告后，应当组织设计、施工、工程监理等有关单位进行竣工验收。建设工程经验收合格的，方可交付使用。

因竣工验收合格是我国现行工程交付使用的前提条件，按照上述规定，竣工验收合格除发承包双方外，还需勘察、设计、监理单位一并验收确认。所以正常情况下，当竣工验收证明中仅有发包人和承包人盖章时，显然该工程尚未经竣工验收合格，承包人自然无权据此要求发包人支付工程款。

但需要注意的是，在实践中，依《最高人民法院关于审理建设工程施工合同纠纷案件适用法律问题的解释（一）》第9条的规定，在出现承包人提交竣工验收报告后，发包人恶意拖延组织竣工验收和建设工程未经竣工验收，发包人擅自使用两种特殊情形时，即使建设工程尚未经竣工验收合格，也视为已经竣工验收合格，承包人仍可向发包人主张工程款。

参考依据

《民法典》

第七百九十九条 建设工程竣工后，发包人应当根据施工图纸及说明书、国家颁发的施工验收规范和质量检验标准及时进行验收。验收合格的，发包人应当按照约定支付价款，并接收该建设工程。

建设工程竣工经验收合格后，方可交付使用；未经验收或者验收不合格的，不得交付使用。

《建设工程质量管理条例》

第十六条 建设单位收到建设工程竣工报告后，应当组织设计、施工、工程监理等有关单位进行竣工验收。

建设工程竣工验收应当具备下列条件：

（一）完成建设工程设计和合同约定的各项内容；

（二）有完整的技术档案和施工管理资料；

（三）有工程使用的主要建筑材料、建筑构配件和设备的进场试验报告；

(四)有勘察、设计、施工、工程监理等单位分别签署的质量合格文件;

(五)有施工单位签署的工程保修书。

建设工程经验收合格的,方可交付使用。

第五十八条　违反本条例规定,建设单位有下列行为之一的,责令改正,处工程合同价款2%以上4%以下的罚款;造成损失的,依法承担赔偿责任:

(一)未组织竣工验收,擅自交付使用的;

(二)验收不合格,擅自交付使用的;

(三)对不合格的建设工程按照合格工程验收的。

《最高人民法院关于审理建设工程施工合同纠纷案件适用法律问题的解释(一)》

第九条　当事人对建设工程实际竣工日期有争议的,人民法院应当分别按照以下情形予以认定:

(一)建设工程经竣工验收合格的,以竣工验收合格之日为竣工日期;

(二)承包人已经提交竣工验收报告,发包人拖延验收的,以承包人提交验收报告之日为竣工日期;

(三)建设工程未经竣工验收,发包人擅自使用的,以转移占有建设工程之日为竣工日期。

第十四条　建设工程未经竣工验收,发包人擅自使用后,又以使用部分质量不符合约定为由主张权利的,人民法院不予支持;但是承包人应当在建设工程的合理使用寿命内对地基基础工程和主体结构质量承担民事责任。

三、建设工程中须甩项验收的,应如何处理?

律师解答

在工程实践中,发承包方为了能够尽早地将工程项目交付使用或者出于其他原因，把按照施工图要求还未完成的某些工程项目部分甩下，对整个单位工程先进行验收的行为，称为甩项验收。

对于甩项验收目前法律法规并未有明确的规定，但其性质上已经构成对原来施工合同的变更，即引起合同内容、合同价格乃至结算、清算条款的变更。在实践中，为避免甩项验收造成的工程款结算、工程保修期计算等争议，发承包方在甩项验收时，一定要签订甩项验收协议，并对以下内容进行重点明确：

1. 明确“甩项工程”范围。因甩项工程之后很可能会交由第三人或发包人自行施工，若甩项范围不明确，发承包方很可能在工程价款结算时发生争议。

2. 明确工程价款的结算和支付。因涉及甩项工程对应工程价款的扣除问题，工程价款的结算是甩项验收时最重要的一项工作。在签订甩项协议时，发承包方应明确甩项工程对应的工程价款，完成对已验收合格的工程价款的结算，并对之前施工合同约定的“工程价款付款节点”结合“甩项验收”事宜，相应调整“工程价款付款节点”。

3. 明确甩项工程的质量保修期和缺陷责任期。甩项验收后，因甩项部分实质上并未达到竣工验收条件，甚至还未施工，因此，甩项工程的质量保修期和缺陷责任期肯定不能和已经验收合格的工程一样从“甩项竣工验收合格”之日开始起算。发承包方应明确甩项部分的质量保修期限和缺陷责任期的起算日期为该甩项部分竣工验收合格之日。此外，为避免因发包方实际使用甩项工程等行为引起“擅自使用”，进而造成“视为工程质量合格”“工程未经竣工验收，发包人擅自使用的，以转移占有建设工程之日为竣工日期”等不利的法律后果，建议发包方在签订协议时明确在工程（不含甩项部分）经竣工验收合格之后，发包人对工程的接收、使用、维护等行为不视为发包方对甩项部分的接收或使用，亦不构成“擅自使用”。

参考依据

《建设工程施工合同(示范文本)》(2017年版)

14.3　甩项竣工协议

发包人要求甩项竣工的,合同当事人应签订甩项竣工协议。在甩项竣工协议中应明确,合同当事人按照第14.1款〔竣工结算申请〕及14.2款〔竣工结算审核〕的约定,对已完合格工程进行结算,并支付相应合同价款。

第三章　竣 工 结 算

一、承包人未依约提交竣工资料，发包人是否有权延期支付工程款？

律师解答

提供完整的竣工资料是承包人的从合同义务，支付工程款是发包人的主合同义务，如施工合同中未约定发包人支付工程款以承包人提供竣工资料为前提条件，发包人不得以承包人未完全履行从给付义务而作为延期履行主给付义务的抗辩理由，发包人可反诉或另诉请求承包人提供完整的竣工资料。如在(2020)最高法民申 6385 号案中，最高人民法院认为，案涉《建设工程施工合同》虽约定，承包人须在工程竣工验收合格 10 天内将办理工程竣工备案登记所需的各项资料提交给发包人，但因案涉合同没有发包人须在承包人提交前述资料后才支付相应工程款的约定内容。因此，无论承包人是否按照约定提交备案资料，抑或案涉工程款数额是否存在争议，均不构成亿同公司支付案涉工程款的前提条件。发包人以其享有先履行抗辩权为由拒付案涉款项，并提出其不存在违约行为的主张，显然不能成立。但如果未交的资料影响工程结算，发包人以结算条件尚不成就为由拒付相应款项的抗辩可以成立。如果因承包人不交付竣工资料给发包人造成损失，发包人可以要求赔偿，如工程竣工备案、办证迟延等遭受的损失。

法律依据

《建设工程价款结算暂行办法》

第十六条第二款 承包人如未在规定时间内提供完整的工程竣工结算资料，经发包人催促后14天内仍未提供或没有明确答复，发包人有权根据已有资料进行审查，责任由承包人自负。

二、已达成的结算协议产生争议，一方可否申请撤销?

律师解答

原则上结算协议不可撤销，除非结算协议中存在《民法典》规定的可撤销民事法律行为的情形。结合对《最高人民法院关于审理建设工程施工合同纠纷案件适用法律问题的解释(一)》第29条的理解与适用，“结算协议”，是指发承包双方就确认工程价款、付款条件、支付方式、违约责任、损失赔偿等事项达成的最终一揽子解决协议。故从理论上来说，结算协议具有合同的性质，并且是独立于施工合同的新合同，在没有违反法律禁止性规定的情况下，对双方具有法律约束力。

合同能否被撤销则需依据《民法典》对可撤销的民事法律行为行使撤销权情形的规定，在重大误解、显失公平、欺诈、胁迫等情况下是可以主张撤销权。若想通过主张重大误解撤销结算协议，则至少需要举证证明存在重大误解的情形，即结算资料存在不真实或重大资料缺失的情况，当事人在签订结算协议时存在认识错误，以及签订该结算协议后给己方造成了较大损失。如在(2017)川01民终5467号案中，成都市中级人民法院认为，由于四川交院在与四川民正公司签订《建设工程造价结算审核确认书》和《建设工程造价结算审核确认表》时，是建立在对四川民正公司已实施图书馆的楼地面防水工程项目的认识上签订的，在四川民正公司并未对案涉工程的楼地面防水工程进行施工的情形下，四川交院按照错误的《建设工程造价结算审核确认书》和《建设工程造价结算审核确认表》向四川民正公司支付了案涉工程的楼地面防水工程的相应工程款，四川交院对该项未实施工程而进行付款的行为后果与四川交院的真实意思完全相悖，且使四川交院的利益受到了较大的损失，故四川交院签订《建设工程造价结算审核确认书》和《建设工程造价结算审核确认表》的行为符合原《最高人民法院关于贯彻执行〈中华人民共和国民法通则〉若干问题的意见（试行）》第71条中规定的重大误解的情形。

司法实践对显失公平、欺诈的认定较为严格，一般司法实践会从结算协议签订的过程、内容及当事人的认知能力等方面进行审查，在满足要件的情形下理论上可以撤销结算协议，但通常只有在极个别情形下才可以请求法院撤销结算协议。以（2018）豫01民终20924号案为例，郑州市中级人民法院认为，1998年1月16日，曹某根自行核算的工程造价为490,200元，郑州国际航空港服务园区开发建设指挥部工作人员唐某华在曹某根制作的结算单上签名，视为得到中牟县政府的认可，并作为认定工程款数额的依据。2005年5月24日，中牟县政府下属中牟县张庄园区协调小组办公室与曹某根签订的《张庄服务园区建设工程款结算协议》，约定仅支付工程款92,000元，远低于上述490,200元，显失公平，应予以撤销。本案前后工程款数额相差巨大，且有确切证据证明，但实践中大多数情况下，结算协议的形成经过双方的认可，往往难以轻易推翻，若欲通过主张显失公平撤销结算协议，就必须举证证明存在显失公平的事实，才能进一步证明并非自己真实意思表示。

综上所述，除了应当注意在实践中撤销的条件较为严苛之外，还需注意根据《民法典》第147～152条之规定，行使撤销权需向法院或仲裁机构提出，并且必须在知道撤销事由之日起90日内提出，否则撤销权消灭。

参考依据

《最高人民法院关于审理建设工程施工合同纠纷案件适用法律问题的解释(一)》

第二十九条　当事人在诉讼前已经对建设工程价款结算达成协议,诉讼中一方当事人申请对工程造价进行鉴定的,人民法院不予准许。

《民法典》

第一百四十七条　基于重大误解实施的民事法律行为,行为人有权请求人民法院或者仲裁机构予以撤销。

第一百四十八条　一方以欺诈手段,使对方在违背真实意思的情况下实施的民事法律行为,受欺诈方有权请求人民法院或者仲裁机构予以撤销。

第一百四十九条　第三人实施欺诈行为,使一方在违背真实意思的情况下实施的民事法律行为,对方知道或者应当知道该欺诈行为的,受欺诈方有权请求人民法院或者仲裁机构予以撤销。

第一百五十条　一方或者第三人以胁迫手段,使对方在违背真实意思的情况下实施的民事法律行为,受胁迫方有权请求人民法院或者仲裁机构予以撤销。

第一百五十一条　一方利用对方处于危困状态、缺乏判断能力等情形,致使民事法律行为成立时显失公平的,受损害方有权请求人民法院或者仲裁机构予以撤销。

第一百五十二条　有下列情形之一的,撤销权消灭:

(一)当事人自知道或者应当知道撤销事由之日起一年内、重大误解的当事人自知道或者应当知道撤销事由之日起九十日内没有行使撤销权;

(二)当事人受胁迫,自胁迫行为终止之日起一年内没有行使撤销权;

(三)当事人知道撤销事由后明确表示或者以自己的行为表明放弃撤销权。

当事人自民事法律行为发生之日起五年内没有行使撤销权的,撤销权消灭。

三、实际施工人能否依据发包人和承包人之间约定的计价标准结算工程款?

律师解答

当实际施工人和承包人之间未约定计价标准时,根据合同相对性原则,实际施工人不能直接依据发包人和承包人之间约定的计价标准结算工程款,除非"法律特别规定"或"从合同中能够解释出以其他合同为依据的意思"。

根据《民法典》第510条的规定:"合同生效后,当事人就质量、价款或者报酬、履行地点等内容没有约定或者约定不明确的,可以协议补充;不能达成补充协议的,按照合同相关条款或者交易习惯确定。"因此,实际施工人可以进行合同漏洞填补:可以先与承包人达成补充协议,约定以发包人和承包人之间约定的计价标准结算工程款。若无法达成补充协议,通过对合同相关条款解释确定计价标准。

参考依据

《民法典》

第五百一十条 合同生效后,当事人就质量、价款或者报酬、履行地点等内容没有约定或者约定不明确的,可以协议补充;不能达成补充协议的,按照合同相关条款或者交易习惯确定。

第七百九十三条 建设工程施工合同无效,但是建设工程经验收合格的,可以参照合同关于工程价款的约定折价补偿承包人。

建设工程施工合同无效,且建设工程经验收不合格的,按照以下情形处理:

(一)修复后的建设工程经验收合格的,发包人可以请求承包人承担修复费用;

(二)修复后的建设工程经验收不合格的,承包人无权请求参照合同关于工程价款的约定折价补偿。

发包人对因建设工程不合格造成的损失有过错的,应当承担相应的责任。

四、非发包人授权代表作出的签证是否有效?

律师解答

在实践中,工程施工过程中有发包人相关人员签字盖章的、涉及工程量及费用等方面的文件,一般均视为签证。非合同授权人所作出的签证有效与否区分于该签证的性质,如果签证仅记载发生的工程量,则该种签证应是对客观事实的一种记载,属于书证,因此在诉讼中对其应以证据规则来判断效力,即其是否能够证明现场工程量的客观事实。此时书证的签署人是否经过授权,并不影响证据的证据能力或证明力,至多可能影响证据的证明力大小。

如果签证中涉及工程费用,因为费用的签署会直接导致合同之债的发生,或者是改变原合同约定的债权金额,所以应是一种设立或变更民事法律关系的意思表示,即应为补充协议。在(2020)最高法民申6400号案中,最高人民法院认为在《结算资料审核表》《结算资料交接清单》上,欧阳某在甲方经办工程师栏签字。而合同明确约定:“本工程的业主代表是孙某龙。在整个合同期内,除非本合同另有约定,业主代表(代表业主)应是业主唯一的合法代理人,并应受理与其有关的所有通知、指示、同意、批准、证书、决定等。”合同明确约定了双方认可的业主唯一合法代理人,晶艺公司对此应当明知,当该代理人离职需由他人代为履行职责时,橘韵公司应当出具授权委托材料,并重新得到双方的认可和确认,方能视为代理人的变更。欧阳某在相关结算文件上签字,并未出具橘韵公司的授权委托材料,晶艺公司对此亦当明知。晶艺公司无证据证明孙某龙之外的人员可代表橘韵公司在相关结算文件上签字,橘韵公司也不承认其对欧阳某进行过授权。因此认定非授权代表签认的结算文件不具有效力。因此,签署人是否经过授权,会直接影响该费用是否可以得到确认。此时合同若无其他约定,签署人构成无权代理,除非得到权利人的追认,否则该签证中的费用对发包人不发生约束力。

参考依据

《民法典》

第一百六十一条 民事主体可以通过代理人实施民事法律行为。

依照法律规定、当事人约定或者民事法律行为的性质，应当由本人亲自实施的民事法律行为，不得代理。

第一百六十二条 代理人在代理权限内，以被代理人名义实施的民事法律行为，对被代理人发生效力。

第一百七十一条 行为人没有代理权、超越代理权或者代理权终止后，仍然实施代理行为，未经被代理人追认的，对被代理人不发生效力。

相对人可以催告被代理人自收到通知之日起三十日内予以追认。被代理人未作表示的，视为拒绝追认。行为人实施的行为被追认前，善意相对人有撤销的权利。撤销应当以通知的方式作出。

行为人实施的行为未被追认的，善意相对人有权请求行为人履行债务或者就其受到的损害请求行为人赔偿。但是，赔偿的范围不得超过被代理人追认时相对人所能获得的利益。

相对人知道或者应当知道行为人无权代理的，相对人和行为人按照各自的过错承担责任。

五、存在多份无效施工合同但工程验收合格的情况下，工程价款结算应当参照哪份合同？

律师解答

在建设工程验收合格的情况下，若施工合同存在无效情形，双方可以参照合同约定进行价款结算；若存在两份或数份施工合同无效的情况，则采用从“实”兼从“新”原则，即一方当事人可以请求参照实际履行的合同关于工程价款的约定折价补偿承包人；若实际履行的合同难以确定，当事人可以请求参照最后签订的合同关于工程价款的约定折价补偿承包人，但在具体案件之中存在不少合同倒签的问题，所以法院往往结合工程签证、会议纪要、工程联系单、工程变更单、工程款申请单等内容综合确定。此外，在司法实践中，在无法确定实际履行合同时，可能会按照两份或多份施工合同的差价为损失，根据双方或过错程度分担。如在（2017）最高法民终175号案中，法院认为在无法确定双方当事人真实合意并实际履行的合同时，应当结合缔约过错、已完工程质量、利益平衡等因素，根据原《合同法》第58条的规定由各方当事人按过错程度分担因合同无效造成的损失。

参考依据

《民法典》

第七百九十三条第一款　建设工程施工合同无效，但是建设工程经验收合格的，可以参照合同关于工程价款的约定折价补偿承包人。

《最高人民法院关于审理建设工程施工合同纠纷案件适用法律问题的解释（一）》

第二十四条　当事人就同一建设工程订立的数份建设工程施工合同均无效，但建设工程质量合格，一方当事人请求参照实际履行的合同关于工程价款的约定折价补偿承包人的，人民法院应予支持。

实际履行的合同难以确定，当事人请求参照最后签订的合同关于工程价款的约定折价补偿承包人的，人民法院应予支持。

相关案例

江苏省第一建筑安装集团股份有限公司（以下简称江苏一建）、唐山市昌隆房地产开发有限公司（以下简称昌隆公司）建设工程施工合同纠纷案

审理法院：最高人民法院

案号:(2017)最高法民终175号

裁判观点:在无法确定双方当事人真实合意并实际履行的合同时,应当结合缔约过错、已完工程质量、利益平衡等因素,根据原《合同法》第58条的规定由各方当事人按过错程度分担因合同无效造成的损失。一审法院认定本案中无法确定真实合意履行的两份合同之间的差价作为损失,基于昌隆公司作为依法组织进行招投标的发包方,江苏一建作为对于《招标投标法》等法律相关规定也应熟知的具有特级资质的专业施工单位的过错,结合本案工程竣工验收合格的事实,由昌隆公司与江苏一建按6:4比例分担损失并无不当。江苏一建上诉主张应依《补充协议》结算工程价款,事实依据和法律依据不足,二审法院不予支持。

六、发包人在明知存在实际施工人的情况下,与承包人达成的结算协议是否对实际施工人有约束力?

律师解答

在承包人对实际施工人身份不持异议,且发包人也已经知晓有实际施工人存在的情况下,发包人应当在实际施工人认可的情况下与承包人结算,此时发包人与承包人达成的结算协议对实际施工人具有约束力。否则,发包人与承包人结算确定的工程总造价不能约束实际施工人。

首先,发包人与承包人就工程总造价签订结算协议,若系双方真实意思表示,那么该协议合法有效。

其次,关于结算协议确认的数额是否对实际施工人具有约束力需要分情况讨论。若承包人认可实际施工人的身份,且发包人也知晓实际施工人的存在,经实际施工人认可的情况下,发包人与承包人达成的结算协议对实际施工人才具有约束力。否则,发包人与承包人结算确定的工程总造价不能约束实际施工人。如在(2019)最高法民再295号案中,法院认为发包人未在实际施工人认可的情况下与承包人结算,该结算确定的工程总造价不能约束实际施工人,发包人仍应在欠付的工程款范围内向实际施工人承担责任。

参考依据

《最高人民法院关于审理建设工程施工合同纠纷案件适用法律问题的解释(一)》

第四十三条　实际施工人以转包人、违法分包人为被告起诉的,人民法院应当依法受理。

实际施工人以发包人为被告主张权利的,人民法院应当追加转包人或者违法分包人为本案第三人,在查明发包人欠付转包人或者违法分包人建设工程价款的数额后,判决发包人在欠付建设工程价款范围内对实际施工人承担责任。

相关案例

秦某蓁、韦某建设工程施工合同纠纷案

审理法院:最高人民法院

案号:(2019)最高法民再295号

裁判观点:关于星火公司应否向秦某蓁等三人支付工程款问题。本案晟元公司与秦某蓁等三人于2011年12月21日签订的《施工项目目标管理责任书》和2015年8月28日签订的《协议书》表明,秦某蓁等三人以晟元公司项目部的名义对案涉工程自主施工、自负盈亏、自担风险,晟元公司除收取固定比例管理费外,基本不参与具体施工,秦某蓁等三人是案涉工程的实际施工人。2015年10月23日,在本案一审法院就《协议书》组织质证时,星火公司已经知晓秦某蓁等三人与晟元公司签订的《施工项目目标管理责任书》《协议书》内容,因此,最迟至该日,星火公司应当明知秦某蓁等三人系案涉工程实际施工人,晟元公司仅为名义承包人。结合本案秦某蓁等三人在2013年12月26日即以实际施工人身份提起诉讼，请求判令星火公司向其支付所欠付工程款，在晟元公司对秦某蓁等三人系实际施工人不持异议情况下，星火公司应当在实际施工人认可的情况下与晟元公司结算。但星火公司于一审法院驳回起诉裁定尚未生效、诉讼程序尚未终结之时，在已经知晓一审法院委托鉴定确定的工程款为 4649.195959 万元，且未通知秦某蓁等三人的情况下，与晟元公司按照 3927.439118 万元进行了结算，并共同确认所有工程款已结清。综合考虑上述情况，二审法院认为，星火公司和晟元公司该结算确定的工程总造价不能约束实际施工人秦某蓁等三人，不能据此认定星火公司已结清案涉工程全部工程款，星火公司仍应在欠付工程款范围内向实际施工人承担付款责任。

七、合同约定以政府文件作为结算、审计依据，是否有效？

律师解答

关于政府文件作为结算、审计依据是否有效，现有法律并未规定。依据合同意思自治原则，只要政府文件中的内容不违反法律、行政法规的效力性强制规定，合同当事人约定以政府文件作为结算、审计的依据，该约定系合法有效的。另外部分地区对此有规定，如《山东省高级人民法院关于印发全省民事审判工作会议纪要的通知》提到："当事人双方在建设工程施工合同中约定以地方人民政府的文件作为工程价款的结算标准和依据的，该政府文件已经构成合同的内容，该约定并不违反法律、行政法规的强制性规定，应当依法认定约定有效。"另外，即使政府文件被调整、修改或撤销，也不能因此认定该条款合同无效。

若在合同中仅约定以"政府文件作为结算、审计依据"，但并未明确具体文件名称，则视为该合同对结算、审计依据约定不明。根据《建设工程价款结算暂行办法》第 11 条的规定，工程价款结算应按合同约定办理，合同未作约定或约定不明的，发承包双方应依照下列规定与文件协商处理：(1) 国家有关法律、法规和规章制度。(2)国务院建设行政主管部门、省、自治区、直辖市或有关部门发布的工程造价计价标准、计价办法等有关规定。(3)建设项目的合同、补充协议、变更签证和现场签证,以及经发、承包人认可的其他有效文件。(4)其他可依据的材料。

参考依据

《山东省高级人民法院2011年民事审判工作会议纪要》

三、关于建设工程施工合同纠纷案件

……

(十)关于建设工程施工合同中约定以政府文件作为工程价款结算依据,现政府文件被撤销或者失效的情形如何处理的问题

当事人双方在建设工程施工合同中约定以地方人民政府的文件作为工程价款的结算标准和依据的,该政府文件已经构成合同的内容,该约定并不违反法律、行政法规的强制性规定,应当依法认定约定有效。在建设工程施工合同履行中,如果合同所依据的政府文件被撤销或者失效,但该政府文件已经转化为合同约定,仍应按照政府文件的规定作为结算工程价款的依据。当地人民政府出台新的文件对原文件的规定进行调整和修改的,除当事人另有约定的外,仍应以原政府文件的规定作为结算工程价款的依据。

《建设工程价款结算暂行办法》

第十一条　工程价款结算应按合同约定办理,合同未作约定或约定不明的,发、承包双方应依照下列规定与文件协商处理:

(一)国家有关法律、法规和规章制度;

(二)国务院建设行政主管部门、省、自治区、直辖市或有关部门发布的工程造价计价标准、计价办法等有关规定;

(三)建设项目的合同、补充协议、变更签证和现场签证,以及经发、承包人认可的其他有效文件;

(四)其他可依据的材料。

八、合同约定以审计结果作为结算依据，发包方久拖不审如何处理？

律师解答

合同约定以审计结果作为结算依据，发包方久拖不审的，承包单位可向法院申请委托鉴定机构对工程造价进行鉴定，法院可以该鉴定意见作为结算依据。

根据《民法典》相关规定，建设工程经发包人验收合格后，应当按照约定支付价款，并接收该建设工程。若发包人通过拖延审计的方式拒付工程款，承包人可通过诉讼的方式维护自身合法权益，并且承包人在诉讼过程中可以向法院申请委托鉴定机构对工程造价进行鉴定。如在(2020)最高法民终106号案中，法院认为法院按照法定程序委托鉴定机构，通过专业的审查方式，确定工程结算款，效果与审计基本等同；又如在(2018)最高法民终258号案中，法院认为由于审计部门的审计不是确定工程价款的唯一方式，工程价款可以通过司法鉴定的方式予以确定，为解决工程款久拖不决的问题，法院可以根据施工单位的申请，委托鉴定机构对案涉工程造价进行司法鉴定。因此在发包人久拖不审的情况下，承包人可以通过起诉并申请鉴定的方式主张工程款。

参考依据

《民法典》

第七百九十九条第一款　建设工程竣工后，发包人应当根据施工图纸及说明书、国家颁发的施工验收规范和质量检验标准及时进行验收。验收合格的，发包人应当按照约定支付价款，并接收该建设工程。

相关案例

1. 中国建筑一局(集团)有限公司(以下简称中建局)、沈阳祺越市政工程有限公司建设工程施工合同纠纷案

审理法院:最高人民法院

案号:(2020)最高法民终106号

裁判观点:关于中建一局主张的审计条件是否成就,本案中当事人对于审计的结算约定,意义在于落实对政府投资和以政府投资为主的建设项目的预算执行情况和决算进行监督,维护国家财政经济秩序,提高财政资金使用效益,防止建设项目中出现违规行为。一审法院按照法定程序委托鉴定机构,通过专业的审查方式,确定工程结算款,其真实性、合理性并不与前述关于审计的约定本质相悖,效果与审计基本等同,中建一局以未经审计主张未达到工程款支付条件,理由不能成立。

2. 锦辽东湾新区管理委员会(以下简称辽东湾管委会)、沈阳北方建设股份有限公司(以下简称北方建设公司)建设工程施工合同纠纷案

审理法院:最高人民法院

案号:(2018)最高法民终258号

裁判观点:关于工程价款结算依据。本案中,《施工合同》第五条约定:"最终结算按照发包人委托的中介机构及上级审计部门实际审核的结果为准。"案涉工程于2013年年底至2014年年初陆续竣工并交付使用后,双方亦按照上述约定对工程价款进行结算,北方建设公司向辽东湾管委会移交了工程结算报告及相关附随资料,辽东湾管委会审核后将相关结算资料移交盘锦市审计局,盘锦市审计局于2014年7月18日委托中成建正咨询公司对案涉工程进行结算审核。但从2014年7月18日起至本案提起诉讼时,审计机构历时2年多仍未出具结算审核结果,辽东湾管委会在本案一审期间提交的相关报告,仍未经上级审计部门审核确认,这导致北方建设公司的工程款数额迟迟不能得到确认。由于审计部门的审计不是确定工程价款的唯一方式,工程价款可以通过司法鉴定的方式予以确定,为解决工程款久拖不决的问题,一审法院根据北方建设公司的申请,委托鉴定机构对案涉工程造价进行司法鉴定,符合本案实际,亦不违反法律规定,并无不当。辽东湾管委会并无充分证据证明一审鉴定意见抬高了工程造价,导致发包人多付工程款。据此,一审法院依据鉴定结论认定工程价款,并无不当,辽东湾管委会依据《施工合同》第五条的约定否定鉴定结论作为结算依据,法院不予支持。

九、承包人能否以投标清单报价低于实际成本价为由主张调整工程价款?

律师解答

在激烈的市场竞争中,投标方可能会通过竞相压低投标报价达到中标的结果,但在工程款结算时,由于依该投标清单报价签订的中标合同约定的工程款低于实际成本,承包人往往又会要求发包人调整工程价款,主张据实结算。而在实践中,对于这一情况,法院认定也并不完全统一。

第一种观点认为,低于成本价的合同无效,工程价款结算应参照合同约定,承包人主张调整没有依据。

持此观点的依据主要是:《全国民事审判工作会议纪要》(法办〔2011〕442号)第24条规定,对按照“最低价中标”等违规招标形式,以低于工程建设成本的工程项目标底订立的施工合同,应当依照《招标投标法》第41条第2项的规定认定无效。

第二种观点认为,低于成本价中标后主张合同无效的,不予支持,仍应按照合同约定结算工程款价款。此观点认为:《招标投标法》并不妨碍企业通过提高管理水平和经济效益,降低个别成本以提升其市场竞争力。投标人在自主报价并中标施工的基础上,在施工过程中又以合同约定工程价格低于成本价,主张合同无效,缺乏事实和法律依据,亦有违诚实信用原则。如在(2015)民提字第

142 号案中,法院便持此观点。而在投标人压低报价中标工程之后,又允许其在结算时以低于成本价为由主张中标合同无效而按照定额标准结算工程价款,将极大损害其他投标人的利益,此亦为法律不允许。

第三种观点认为,合同显失公平,可以依照公平原则进行调整。如在(2014)民申字第 786 号案中,最高人民法院认为,关于案涉工程的计算依据问题。首先,从一审法院委托鉴定机构根据"执行合同"和"按实结算"两个标准计算的工程款数额来看,相差 1000 万元左右,相对于合同的中标价 1838 万元而言,显然较大,这说明案涉合同的中标价明显偏低。其次,案涉工程施工过程中,因市场价格材料变化及多项变更等诸多因素导致案涉工程款按照原中标价计算,将显失公平。一审、二审法院综合考虑案涉合同解除的方式、本案纠纷形成的原因以及发包方和承包方的利益平衡,根据公平原则,酌定按照鉴定机构依据前述两个标准作出的工程造价的平均值作为案涉工程款的计算依据,并无不当。

参考依据

《民法典》

第一百五十三条　违反法律、行政法规的强制性规定的民事法律行为无效。但是,该强制性规定不导致该民事法律行为无效的除外。

违背公序良俗的民事法律行为无效。

《招标投标法》

第三十三条　投标人不得以低于成本的报价竞标,也不得以他人名义投标或者以其他方式弄虚作假,骗取中标。

第四十一条　中标人的投标应当符合下列条件之一:

(一)能够最大限度地满足招标文件中规定的各项综合评价标准;

(二)能够满足招标文件的实质性要求,并且经评审的投标价格最低;但是投标价格低于成本的除外。

《建设工程质量管理条例》

第十条　建设工程发包单位,不得迫使承包方以低于成本的价格竞标,不得任意压缩合理工期。

建设单位不得明示或者暗示设计单位或者施工单位违反工程建设强制性标准,降低建设工程质量。

《招标投标法实施条例》

第五十一条 有下列情形之一的,评标委员会应当否决其投标:

(一)投标文件未经投标单位盖章和单位负责人签字;

(二)投标联合体没有提交共同投标协议;

(三)投标人不符合国家或者招标文件规定的资格条件;

(四)同一投标人提交两个以上不同的投标文件或者投标报价,但招标文件要求提交备选投标的除外;

(五)投标报价低于成本或者高于招标文件设定的最高投标限价;

(六)投标文件没有对招标文件的实质性要求和条件作出响应;

(七)投标人有串通投标、弄虚作假、行贿等违法行为。

《深圳市中级人民法院关于建设工程合同若干问题的指导意见》

6、按照《中华人民共和国招标投标法》第三条规定必须进行招标的工程,经过招投标而签订的施工合同,承包人有证据证明工程价款低于成本价,主张合同无效的,应予支持。

不属于《中华人民共和国招标投标法》第三条规定必须进行招标的工程,建设工程合同履行中承包人有证据证明工程价款低于成本价或承包人对总价包干合同中工程量有重大误解的,承包人在法定期限内要求撤销或变更合同的,应予支持。

《全国民事审判工作会议纪要》

24.对按照“最低价中标”等违规招标形式,以低于工程建设成本的工程项目标底订立的施工合同,应当依据招标投标法第四十一条第(二)项的规定认定无效。

对建设工程施工合同中有关违反工程建设强制性标准,任意压缩合理工期、降低工程质量标准的约定内容,应认定为无效。该约定被认定为无效后,依据《关于审理建设工程施工合同纠纷案件适用法律问题的解释》相关规定处理。

《山东省高级人民法院关于审理建筑工程承包合同纠纷案件若干问题的意见》

30、在审理建筑工程欠款纠纷中，一般应以当事人在合同中约定的工程造价和结算方式进行结算；但约定的价款明显超过或低于市场价的30%，所得的劳动报酬明显超过或低于同类劳动标准的30%，致使双方利益严重失衡的，应公平合理地对约定价款予以变更。如约定价款与市场行情差别不大或约定的价款虽对一方不利，但是由于该方当事人在合同履行中经营管理不善或主观判断失误使自己的利益受到损失，该方当事人主张变更工程造价的，不应予以支持。

《安徽省高级人民法院关于审理建设工程施工合同纠纷案件适用法律问题的指导意见》

9、承包人就招投标工程承诺对工程价款予以大幅度让利的，属于对工程价款的实质性变更，应认定无效；承包人就非招投标工程承诺予以让利，如无证据证明让利后的工程价款低于施工成本，可认定该承诺有效，按该承诺结算工程价款。

十、合同无效，承包人请求实际施工人按照合同约定支付管理费的，是否应予支持？

律师解答

建设工程合同中，对于“管理费”的性质主要有两种，一种是管理费属于工程价款的组成部分，承包人对工程施工具有管理义务并付诸实际，从而获得相应报酬的权利；另一种是承包人因违法转包等行为获取牟利，而向实际施工人收取或在工程款中扣除“管理费”，属于违法所得。

根据最高人民法院第二巡回法庭2020年第7次法官会议纪要,法官认为建设工程施工合同因非法转包、违法分包或挂靠行为无效时,对于该合同中约定的由转包方收取“管理费”的处理,应结合个案情形根据合同目的等具体判断。如该“管理费”属于工程价款的组成部分,而转包方也实际参与了施工组织管理协调,可参照合同约定处理;对于转包方纯粹通过转包牟利,未实际参与施工组织管理协调,合同无效后主张“管理费”的,应不予支持。并且在司法判例中,裁判观点与上述内容一致。如在(2020)最高法民终860号案中,法院认为虽然合同无效,但是承包方在工程施工过程中配合发包方、材料供应商等各方进行资金、施工资料的调配等方面的工作,并安排工作人员参与工程的现场管理,承包方要求参照合同约定主张管理费,法院予以支持。在(2018)最高法民申4381号案中,法院认为合同约定的管理费的性质实质是转包工程的违法所得,承包方主张管理费不应得到支持。

相关案例

1. 重庆市基础工程有限公司(以下简称基础公司)、新疆生产建设兵团建设工程(集团)有限责任公司(以下简称兵建公司)建设工程施工合同纠纷案

审理法院:最高人民法院

案号:(2020)最高法民终860号

裁判观点:首先,关于基础公司主张的管理费返还问题。根据兵建公司与基础公司签订的《分包合同》的约定,基础公司须按照工程价款的一定比例向兵建公司支付管理费,其中小高层按照比例为2%,多层为3%。虽然《分包合同》无效,但兵建公司在基础公司施工过程中配合其与发包方、材料供应商、劳务单位等各方进行资金、施工资料的调配和结算,并安排工作人员参与案涉工程现场管理,其要求基础公司参照原约定支付管理费,一审判决予以支持,并无不当。另外,基础公司上诉请求兵建公司返还已付管理费2,313,249.38元,但从现有证据来看,该部分款项基础公司并未实际支付,而是双方通过对账将管理费作为兵建公司已付款进行确认。一审判决将该部分管理费另行计算,未计入兵建公司已付款。故基础公司与兵建公司争议的问题是管理费应否计取,而非返还问题。

其次,关于兵建公司主张的管理费数额问题。兵建公司主张,兵建公司与基础公司在对账单中确认的截至2012年12月的管理费为2,615,982.98元。经核对双方形成的全部《工程款对账单》及《工程资金对账单》,兵建公司与基础公司就2011年、2012年基础公司应付的管理费汇总对账并记载于《工程款对账单(2012年11月30日)》中,总额为2,313,249.38元。一审判决以此作为认定管理费的依据并无不当,兵建公司主张管理费为2,615,982.98元,无事实依据,不予支持。

2. 中国建筑第八工程局有限公司、中国建筑第八工程局有限公司海南分公司建设工程施工合同纠纷再审案

审理法院:最高人民法院

案号:(2018)最高法民申4381号

裁判观点:关于原判决适用法律是否确有错误的问题。首先,承前所述,《劳务施工合同》违反法律的强制性规定,应认定为无效。且《劳务施工合同》虽约定"结算完成后按总包合同同比付款进行支付",但并未明确具体付款时间,故原判决适用原《最高人民法院关于审理建设工程施工合同纠纷案件适用法律问题的解释》第18条的规定,确定案涉工程欠款利息的起始时间并无明显不当。其次,案涉工程系非法转包,《劳务施工合同》约定的9%总包管理费的性质实质是转包案涉工程的违法所得,原判决对该部分管理费用未予扣减,亦无不当。

第四章　工 程 造 价

一、建设工程中的定额计价是指什么，有什么局限性？

律师解答

定额计价是确定建设工程造价的一种计价方式，具体指根据招标文件，按照各建设行政主管部门发布的建设工程预算定额的“工程量计算规则”，同时参照省级建设行政主管部门发布的人工单价、机械台班单价、材料以及设备价格信息及同期市场价格，直接计算出直接工程费，再按规定的计算方法计算间接费、利润、税金，汇总确定建筑安装工程造价。实行的是“量价合一，固定取费”的政府指令性计价模式。在不同地区、不同时期有不同的定额依据，采取定额计价结算要根据合同约定的定额文件作为结算依据。定额计价基本程序为：根据施工图纸计算工程量→计算直接费（通过套用预算定额实现）→计算间接费（用费率的形式）→确定优惠幅度或浮动相关费率→确定最终工程造价。

定额计价模式主要存在以下局限性：

1. 因市场价格变化、法律法规和政策性调整对价格造成的影响一般由发包人承担，可能导致发承包双方风险分摊不合理。

2. 不能全面反映市场的真实价格，不能完整体现企业的成本投入和技术管理水平，对公平竞争有一定程度上的限制。

3. 因新材料设备、新施工技术的出现，定额经常会出现子目缺项的情况，存在滞后性，导致双方结算出现争议。

二、仅有监理单位确认的工程签证单能否作为结算依据?

律师解答

工程签证单是以书面形式记录施工现场发生的特殊费用的文件,是施工现场情况记录的第一手资料,是工程结算的重要依据。一般情况下,工程签证单由施工单位编制后提交给监理单位和建设单位审核签认,需要三方共同签字才能生效。在司法实践中,如果工程签证单仅有监理单位确认,则需综合考虑合同约定及实际施工情况来判断能否作为结算依据。

如果施工合同中没有明确授予监理签认权限,且签证所涉施工事实无证据予以证实,则人民法院一般对此签证不予认定。如在(2020)鲁民终 2531 号案中,法院认为,关于监理签字签证部分,因签证单尾部标注了无建设单位项目盖章无效,而争议签证单中部分仅有监理签字,未经白鹭湾小镇项目部盖章确认,故一审法院以中铁二十局据此主张相关已施工工程量及工程价款证据不足为由,对相关费用未予计取并无不当。在(2018)苏民终 1038 号案中,法院认为,工程签证仅经监理公司签字确认,不符合施工总承包合同有关工程签证的约定。经查该部分仅有监理公司签字的签证并无对应的技术核定单等资料。由于该部分签证不符合合同约定的工程签证要求,且中建一局公司也无充分证据证明已实际发生,故对仅有监理签字的签证费用 1,789,829.44 元,法院不予认定。在(2020)浙 06 民终 889 号案中,法院认为,根据本案证据,土石方工程因际高公司提出的自然地坪绝对标高与招标工程量清单描述不一致的资料仅有监理签字,未见合同约定的审批手续相关资料。本案双方签订的合同条款约定,涉及工程价款调整的,须经监理、发包人或发包人委托的工程咨询机构审核同意后调整合同价款,际高公司提供的资料中仅有监理签字,无城投公司或其委托的机构审核同意,且城投公司对该部分工程量亦不予认可。际高公司二审所提供的证据,仅能证明其施工进行过挖沟,不能证明有放坡,其亦未提供充分证据证明射击馆面积由其施工。综上所述,一审选定 A 项鉴定意见认定本案工程款，并无不当。

如果证据能够证明仅有监理单位确认的签证所涉施工事实实际发生，人民法院可以将此签证认定为结算依据。最高人民法院在（2014）民一终字第69号案中认定：双方有争议的工程变更、签证项目均由监理单位指派的监理人冯某贵签字确认，该部分鉴定价格为1,451,136.16元。根据方升公司提交的《藏文化产业创意园项目监理部拟进场人员名单》，冯某贵系监理单位指派的总监代表，双方有争议的工程鉴证单均系冯某贵签署。根据原《最高人民法院关于审理建设工程施工合同纠纷案件适用法律若干问题的解释》第19条“当事人对工程量有争议的，按照施工过程中形成的签证等书面文件确认。承包人能够证明发包人同意其施工，但未能提供签证文件证明工程量发生的，可以按照当事人提供的其他证据确认实际发生的工程量”的规定，冯某贵作为总监代表，又是现场唯一监理，其在工程签证单上的签字，是对本案建设工程现场施工情况的真实反映。因此，其签署的工程签证单能够证明变更、签证项目的实际发生，变更、签证的工作量应当予以认定。

当施工合同中约定监理单位有权以签证方式确认施工事实时，仅有监理单位确认的签证可以作为结算依据。如在（2019）最高法民终1517号案中，法院认为，该部分签证单经监理签字，可以证明工程量已经发生。且宏宇公司未提交证据证明签证单所载内容与实际施工不符。故在工程量实际发生且无证据表明监理单位与施工单位存在违反监理程序行为的情形下，鉴定机构根据相关签证单作出相应的造价评估，一审法院予以采信，并无不当。在（2016）鲁06民初427号案中，法院认为，元宏公司提供的有关工程量变更增加的签证均由达世公司或涉案工程的监理单位烟大监理公司确认，作为发包人的达世公司与烟大监理公司之间是委托与被委托的委托监理合同关系，达世公司与元宏公司实际履行的《建设工程承包合同》亦明确约定，“甲方委托的总监理工程师按协议条款的约定，部分或全部行使合同中甲方代表的权力，履行甲方代表的职责”，而合同中关于监理职权的限制除约定无权解除乙方的合同义务外，再无其他约定。因此，烟大监理公司有权代表达世公司对元宏公司变更增加的工程量进行确认并作为调整工程价款的依据。达世公司关于只有监理确认而未经达世公司确认的工程量签证不应计入工程价款的主张,不成立。此外,《北京市高级人民法院关于审理建设工程施工合同纠纷案件若干疑难问题的解答》与最高人民法院最新解答不一致,对签证内容作出区分,涉及工程量、工期及工程质量等事实的,原则上对发包人具有约束力,涉及工程价款洽商变更等经济决策的,原则上对发包人不具有约束力,但施工合同对监理人员的授权另有约定的除外。

综上所述,对于发包人来说,在监理合同中明确约定监理的权利义务以及授权范围,有助于自身对工程施工的把控。对于承包人来说,尽量在签订建设工程施工合同时就将签证问题作出明确约定,约定签证需要的签字人员及生效条件等,并在施工过程中留心保存施工证据,有助于维护自身权益。

法律依据

《北京市高级人民法院关于审理建设工程施工合同纠纷案件若干疑难问题的解答》

10、工程监理人员在签证文件上签字确认的效力如何认定?

工程监理人员在监理过程中签字确认的签证文件,涉及工程量、工期及工程质量等事实的,原则上对发包人具有约束力,涉及工程价款洽商变更等经济决策的,原则上对发包人不具有约束力,但施工合同对监理人员的授权另有约定的除外。

三、合同中标明的单价是否能作为工程变更部分的结算依据?

律师解答

总价合同中的单价不可以作为结算依据,单价合同中的单价可以作为结算依据。

对于总价合同和单价合同的区别，根据《建设工程工程量清单计价规范》《建设工程施工合同(示范文本)》《建设工程价款结算暂行办法》的相关规定，虽然措辞存在出入，但可以总结出几个共同的特点：(1)总价合同和单价合同是建设工程施工合同中最重要的两种合同价款约定方式。(2)总价合同的计量依据是施工图、已标价工程量清单或预算书，即总价合同的工程量内容明确；而单价合同的计价基础是工程量清单及综合单价。(3)总价合同在约定的范围内总价不调整，单价合同在约定的范围单价不调整。

笔者认为，总价合同中总价通常是依据图纸，列出明确的工程量清单，再套用一定的公式和价格计算得出的。也就是说，正常情况下，总价合同必然是根据约定工程量及该工程量对应的单价计算得出的，但此时，这些单价只是总价的计算过程而已，并不代表这些单价就是合同的组成部分。总价合同中标明的单价不能作为工程变更部分的结算依据。在(2021)最高法民申 7370 号案中，申请人认为案涉《建设工程施工合同》约定的工程款计价方式为总价合同，但是招标文件采用工程量清单计价模式，应以招标文件作为结算工程价款的依据。依照《建设工程工程量清单计价规范》(GB 50500—2013)第 8.3.1 条的规定，采用工程量清单单价方式招标形成的总价合同，其工程量应该按照单价合同的计量的规定计算，亦即工程量必须以承包人完成合同工程应予计量的工程量确定而不是招标清单工程量确定。按照固定总价结算工程款，与合同约定不符。最高人民法院经审查认为，《建设工程施工合同》选取的是总价合同形式。工程量清单计价法与总价合同并不矛盾，且《建设工程施工合同》约定的总价与四建公司《投标函》《中标通知书》完全一致。最终未认定案涉总价合同依据单价结算，驳回申请人再审申请。

反之，一般因为工程体量较大，周期较长，工程量无法固定的情况，双方会选择签订单价合同。但签订单价合同后，双方也会根据确定的单价和预估的工作量，计算出一个总价并进行签约。因此，单价合同中标明的单价本就是计价依据；对于变更部分，无论调增或调减同样也可以作为计价依据进行结算。

参考依据

《建设工程价款结算暂行办法》

第八条　发、承包人在签订合同时对于工程价款的约定，可选用下列一种约定方式：

（一）固定总价。合同工期较短且工程合同总价较低的工程，可以采用固定总价合同方式。

（二）固定单价。双方在合同中约定综合单价包含的风险范围和风险费用的计算方法，在约定的风险范围内综合单价不再调整。风险范围以外的综合单价调整方法，应当在合同中约定。

……

第十条　工程设计变更价款调整

……

（二）在工程设计变更确定后14天内，设计变更涉及工程价款调整的，由承包人向发包人提出，经发包人审核同意后调整合同价款。变更合同价款按下列方法进行：

1.合同中已有适用于变更工程的价格，按合同已有的价格变更合同价款；

2.合同中只有类似于变更工程的价格，可以参照类似价格变更合同价款；

3.合同中没有适用或类似于变更工程的价格，由承包人或发包人提出适当的变更价格，经对方确认后执行。如双方不能达成一致的，双方可提请工程所在地工程造价管理机构进行咨询或按合同约定的争议或纠纷解决程序办理。

……

四、工程项目调整的，措施费能否相应调整？

律师解答

措施费，是指为完成实际施工必须发生的施工准备和施工过程中关于技术、生活、安全、环境保护等方面的非工程实体项目的费用。其主要包括以下几项：安全、文明施工费；夜间施工增加费；二次搬运费；冬雨季施工增加费；大型机械设备进出场及安装费；施工排水费；施工降水费；地上地下设施、建筑物的临时保护设施费；已完工程及设备保护费；专业措施费（混凝土模板及支架、脚手架等）。一般工程项目增加，对应增加相应措施费争议不大，出现纠纷较多的情况一般为工程量减少后措施费是否要调整。

根据《最高人民法院关于审理建设工程施工合同纠纷案件适用法律问题的解释（一）》第19条第2款的规定："因设计变更导致建设工程的工程量或者质量标准发生变化，当事人对该部分工程价款不能协商一致的，可以参照签订建设工程施工合同时当地建设行政主管部门发布的计价方法或者计价标准结算工程价款。"若设计变更导致建设工程的工程量或者质量标准发生变化，当事人不能协商一致情况下，可以参照《建设工程工程量清单计价规范》（GB 50500—2013）第9.3.2条"工程变更引起施工方案改变并使措施项目发生变化时，承包人提出调整措施项目费的，应事先将拟实施的方案提交发包人确认，并应详细说明与原方案措施项目相比的变化情况。拟实施的方案经发承包双方确认后执行，并应按照下列规定调整措施项目费"，以及第9.3.3条"当发包人提出的工程变更因非承包人原因删减了合同中的某项原定工作或工程，致使承包人发生的费用或（和）得到的收益不能被包括在其他已支付或应支付的项目中，也未被包含在任何替代的工作或工程中时，承包人有权提出并应得到合理的费用及利润补偿"的规定。因此，根据此规定，当工程量增加时，承包人可以请求增加措施费。当因非承包人原因减少工程量而导致承包人已经发生的措施费无法计算在后续应支付的项目中时，承包人可以提出补偿相应费用及利润。即一般情况下,工程项目减少的,相应措施费应予相应调低。

除此之外,措施费也有大部分产生在施工前,如脚手架、安全防护费用,此时承包人按设计图安装完毕,后发包人减少了实体工程量的,承包人已经安装的措施不可能再拆除。因此,在具体调整措施费过程中,不能直接按比例调整,而要综合考虑工程量变更的时间以及承包人的施工进度等因素。

参考依据

《最高人民法院关于审理建设工程施工合同纠纷案件适用法律问题的解释(一)》

第十九条　当事人对建设工程的计价标准或者计价方法有约定的,按照约定结算工程价款。

因设计变更导致建设工程的工程量或者质量标准发生变化,当事人对该部分工程价款不能协商一致的,可以参照签订建设工程施工合同时当地建设行政主管部门发布的计价方法或者计价标准结算工程价款。

建设工程施工合同有效,但建设工程经竣工验收不合格的,依照民法典第五百七十七条规定处理。

五、情势变更原则能否作为工程价款的调价依据?

律师解答

可以。

建设工程合同履行时间较长,在实际履行过程中,人工、机械、材料的价格可能会出现较大幅度的波动,工程款计价方式约定为固定单价或者固定总价的合同,经常因此产生纠纷。发、承包人在合同中对价格调整有约定的可按照约定处理。合同没有约定的,合同工期内超过一定幅度的价格变动风险可由发包人承担。如果施工超过合同工期，延误工期期间价格变动的风险应由对工期延误有过错的一方承担；双方均有过错的，按过错大小分担损失。从理论上来说，如果工程要素市场价格波动超过正常商业风险，当事人可以根据情势变更原则请求对工程价款进行调整。在司法实践中，在认定该波动幅度是否构成情势变更时，法院会综合考虑合同标的额、施工周期、社会整体经济形势、通胀程度等因素，运用日常经验法则判断是否足以造成当事人遭受巨大损失、无法继续履行合同或者明显构成双方利益失衡。因此，当事人可以主张情势变更原则调整工程价款，但会因较重的举证责任或法院主观判断而难以被支持。

在(2017)最高法民申3108号案中，一审法院认为：孙某发施工中柴油价格大幅上涨，双方对该情况未约定如何处理，考虑该上涨部分的价格全部由孙某发承担并不公平，所以，对该部分中其中几项施工内容工程款的计算应依照或参照合同清单单价并考虑油价计算，另外几项施工内容没有依照或参照依据，应按鉴定数额予以计算，以上项目共计款为276,819.14元。二审法院维持了一审法院对此争议问题的认定。最高人民法院再审认为，当事人在2005年7月签订合同时柴油价格每吨550元，到2007年8月施工结束时上涨到每吨1250元，其订立合同时并不能预见到柴油油价巨幅上涨，以致按照2005年柴油价格计算工程款的计算方式显失公平，因此一审判决对工程价款的计算考虑了油价上涨因素符合法律规定。在(2018)辽民再343号案中，辽宁省高级人民法院也支持认定情势变更，认为：施工合同签订的是包死价合同，虽然固定单价中也包含了移交费用，但是其中并未明确约定每平方米移交费的价格。双方当事人在订立合同时，没有预见也无法预见移交费用的大幅度上涨，该事实应属于非不可抗力以外的其他意外情形，该移交费用的上涨是在该合同签订之后，履行完毕之前出现，构成情势变更。

参考依据

《民法典》

第五百三十三条　合同成立后，合同的基础条件发生了当事人在订立合同时无法预见的、不属于商业风险的重大变化，继续履行合同对于当事人一方明显不公平的，受不利影响的当事人可以与对方重新协商；在合理期限内协商不成的，当事人可以请求人民法院或者仲裁机构变更或者解除合同。

人民法院或者仲裁机构应当结合案件的实际情况，根据公平原则变更或者解除合同。

六、建设工程纠纷案件中，双方对工程造价金额无法达成一致的，应当怎样确定工程造价？

律师解答

建设工程纠纷案件中，双方对工程造价金额无法达成一致的，可以通过向法院申请鉴定，从而确定工程造价金额。若双方均不申请鉴定，可以通过以下途径对工程造价进行确认。

1. 看双方当事人是否就工程价款结算达成协议。根据《最高人民法院关于审理建设工程施工合同纠纷案件适用法律问题的解释（一）》第29条的规定，当事人在诉讼前已经对建设工程价款结算达成协议，诉讼中一方当事人申请对工程造价进行鉴定的，人民法院不予准许。若双方当事人就工程价款达成协议，在该协议不存在效力瑕疵的情形下，对双方当事人均具有约束力，法官应当尊重双方当事人的合意，不应再启动造价鉴定。

2. 看当事人是否约定按照固定价结算工程价款。根据《最高人民法院关于审理建设工程施工合同纠纷案件适用法律问题的解释（一）》第28条的规定，当事人约定了按照固定价结算工程价款，那么法院对一方当事人提出司法鉴定的申请不予支持。故合同中对工程价款约定了固定价格，则按照合同约定确定工程价款即可，无须申请鉴定。

3. 看当事人是否约定工程价款结算以行政审计、财政评审结果等作为依据。根据《最高人民法院关于建设工程承包合同案件中双方当事人已确认的工程决算价款与审计部门审计的工程决算价款不一致时如何适用法律问题的电话答复意见》:“审计是国家对建设单位的一种行政监督,不影响建设单位与承建单位的合同效力……只有在合同明确约定以审计结论作为结算依据或者合同约定不明确、合同约定无效的情况下,才能将审计结论作为判决的依据。”从该答复可以看出,若合同约定以审计结果作为工程价款结算依据,可以将审计结果作为工程价款结算的依据。

4. 看当事人是否委托有关机构、人员出具造价咨询意见且双方明确表示受该咨询意见约束。根据《最高人民法院关于审理建设工程施工合同纠纷案件适用法律问题的解释(一)》第30条的规定,当事人在诉讼前共同委托有关机构、人员对建设工程造价出具咨询意见,诉讼中一方当事人不认可该咨询意见申请鉴定的,人民法院应予准许,但双方当事人明确表示受该咨询意见约束的除外。即只要有证据能够证明当事人双方共同委托有关机构出具工程造价的咨询意见,那么可以无须启动鉴定程序。

5. 看当事人是否明确约定发包人未在约定期限内对竣工结算文件作出答复视为认可结算文件。根据《最高人民法院关于审理建设工程施工合同纠纷案件适用法律问题的解释(一)》第21条的规定,当事人约定,发包人收到竣工结算文件后,在约定期限内不予答复,视为认可竣工结算文件的,按照约定处理。承包人请求按照竣工结算文件结算工程价款的,人民法院应予支持。若双方当事人在合同中作出了如上的明确约定,法官可依据该条款直接认定以承包人递交的竣工结算文件作为工程价款结算依据。

6. 双方当事人对造价进行自认或确认。

7. 看根据合同约定的结算条款及证据是否可以直接结算得出工程价款。

参考依据

《最高人民法院关于审理建设工程施工合同纠纷案件适用法律问题的解释(一)》

第二十一条 当事人约定,发包人收到竣工结算文件后,在约定期限内不予答复，视为认可竣工结算文件的，按照约定处理。承包人请求按照竣工结算文件结算工程价款的，人民法院应予支持。

第二十八条　当事人约定按照固定价结算工程价款，一方当事人请求对建设工程造价进行鉴定的，人民法院不予支持。

第二十九条　当事人在诉讼前已经对建设工程价款结算达成协议，诉讼中一方当事人申请对工程造价进行鉴定的，人民法院不予准许。

第三十条　当事人在诉讼前共同委托有关机构、人员对建设工程造价出具咨询意见，诉讼中一方当事人不认可该咨询意见申请鉴定的，人民法院应予准许，但双方当事人明确表示受该咨询意见约束的除外。

第五章　工程款支付

一、发包人与承包人就欠付工程款约定了违约金，承包人能否要求发包人支付违约金之外再支付欠付工程款的利息？

律师解答

在建设工程施工合同中，支付工程价款是发包人的主要义务，发包人违反合同约定欠付工程价款，则构成违约，应承担违约责任。在能否同时主张违约金和逾期利息这一问题上，并无法律法规明文规定。在约定了逾期付款违约金的情况下，承包人能否同时主张欠付工程款利息，取决于对于工程款利息的性质认定。

一种观点认为，工程款利息是承包人因发包人欠付工程款而遭受的损失，是承担违约责任的一种方式，因此，如果同时主张逾期付款违约金和欠付工程款利息，则构成重复主张。如《浙江省高级人民法院民事审判第一庭关于审理建设工程施工合同纠纷案件若干疑难问题的解答》第 21 条规定，承包人不能按照建设工程施工合同的约定，既请求发包人承担逾期支付工程款的违约金，又同时请求支付相应利息。在(2019)最高法民再 403 号案中，最高人民法院也认为，承包人基于发包人未支付工程款，同时主张逾期付款违约金和利息，属重复计算，二审判决仅支持其逾期付款违约金的诉讼请求，并无不当。因此，承包人不能同时主张欠付工程款利息和延迟付款违约金。

另一种观点认为，欠付工程款利息的性质是法定孳息，目的在于补偿守约方的资金被占用的损失，因而工程款利息和逾期付款违约金两者性质不同。我国采取的是补偿性违约金和惩罚性违约金兼具的模式,承包人一并主张欠付工程款利息和逾期付款违约金,是守约方损失获得全面填补的基础。如《安徽省高级人民法院关于审理建设工程施工合同纠纷案件适用法律问题的指导意见(二)》第16条规定,当事人同时主张违约金和利息的,可予支持。在(2020)最高法民终1310号案中,最高人民法院认为,案涉协议虽没有约定欠付工程款利息条款,但欠付工程款利息本质上属法定孳息,不以当事人约定为前提条件。而工程款利息与逾期付款违约金虽均是因逾期付款行为产生的责任,但两者性质不同。工程款利息属于法定孳息;逾期付款违约金系基于双方当事人的约定,具有补偿性和惩罚性,能督促当事人积极履行合同,保护当事人的合理预期,促进交易安全。发包人关于工程款利息与违约金不能同时支持的上诉理由不能成立。在(2019)最高法民终65号案中,最高人民法院认为,工程款利息是法定孳息,违约金是一方违约时因其违约行为给对方造成损失的赔偿,二者性质不同,承包人对工程款利息的请求与迟延付款违约金的诉讼请求不构成重复主张。故双方《施工合同》虽对欠付工程款利息没有明确约定,但承包人有权主张。同时,《施工合同》约定迟延付款违约金比例为日0.02%,参照中国人民银行同期贷款利率,该约定的违约金并不存在过分高于造成损失的情形。因此,承包人可以同时主张欠付工程款利息和逾期付款违约金。

但发包人主张合同约定的违约金和利息之和过分高于实际损失,请求予以适当减少的,法院会以实际损失为基础,兼顾合同的履行情况、当事人的过错程度以及预期利益等综合因素,根据公平原则和诚实信用原则予以确定最终支持数额。在(2019)最高法民终1365号案中,最高人民法院认为,结合双方合同履行情况、预期利益等情况,确定发包人在利息损失的基础上上浮30%支付承包人违约金,该违约金的计算方式足以弥补承包人的利息损失,亦兼具一定的惩罚性质,属于法律规定范围内的合理调整。前述违约金的计算方式已涵盖利息损失,故不支持承包人要求发包人另行支付利息损失的请求。

综上所述,如果当事人在合同中既约定了逾期付款违约金或者其他违约责任,又约定了利息,则承包人可以在请求发包人承担约定之违约责任的同时请求支付相应约定利息。

如果当事人仅约定违约金，而未约定欠付工程价款利息，则此时承包人可以根据损失数额主张调增违约金。发包人支付违约金即为承担了赔偿损失的违约责任，承包人无权请求发包人额外支付欠付工程价款利息。

如果当事人没有约定违约责任承担方式，应根据《最高人民法院关于审理建设工程施工合同纠纷案件适用法律问题的解释（一）》第26条"当事人对欠付工程价款利息计付标准有约定的，按照约定处理。没有约定的，按照同期同类贷款利率或者同期贷款市场报价利率计息"的规定，确定当事人之间关于利息问题争议的处理。

参考依据

《民法典》

第五百七十七条 当事人一方不履行合同义务或者履行合同义务不符合约定的，应当承担继续履行、采取补救措施或者赔偿损失等违约责任。

第五百八十五条 当事人可以约定一方违约时应当根据违约情况向对方支付一定数额的违约金，也可以约定因违约产生的损失赔偿额的计算方法。

约定的违约金低于造成的损失的，人民法院或者仲裁机构可以根据当事人的请求予以增加；约定的违约金过分高于造成的损失的，人民法院或者仲裁机构可以根据当事人的请求予以适当减少。

……

《最高人民法院关于审理建设工程施工合同纠纷案件适用法律问题的解释（一）》

第二十六条 当事人对欠付工程价款利息计付标准有约定的，按照约定处理。没有约定的，按照同期同类贷款利率或者同期贷款市场报价利率计息。

《浙江省高级人民法院民事审判第一庭关于审理建设工程施工合同纠纷案件若干疑难问题的解答》

二十一、承包人能否一并请求逾期支付工程款的违约金和利息？

承包人不能按照建设工程施工合同的约定，既请求发包人承担逾期支付工程款的违约金，又同时请求支付相应利息。

《安徽省高级人民法院关于审理建设工程施工合同纠纷案件适用法律问题的指导意见（二）》

第十六条　当事人同时主张违约金和利息的，可予支持。

当事人主张的总额在中国人民银行公布的同期同类贷款利率或贷款基础利率4倍范围内的，应当综合违约行为的情节、程度，给守约方造成损失的大小等因素进行确定。

当事人主张的总额超出中国人民银行公布的同期同类贷款利率或贷款基础利率4倍范围的，应当举证证明实际损失的数额，人民法院按照《最高人民法院关于适用〈中华人民共和国合同法〉若干问题的解释（二）》第二十九条的规定处理。

相关案例

1. 成都市青羊区建筑工程总公司、银川望远工业园区管理委员会建设工程施工合同纠纷案

审理法院：最高人民法院

案号：（2019）最高法民终44号

裁判观点：支付逾期工程款违约金的约定，因合同无效亦无效，故不予支持承包人主张支付违约金的请求。

2. 苏中市政工程有限公司（以下简称苏中市政公司）、全椒奥莱祥能置业有限公司（以下简称奥莱祥能公司）建设工程施工合同纠纷案

审理法院：最高人民法院

案号：（2018）最高法民终1206号

裁判观点：关于案涉工程价款利息的起算时间及计算标准的问题。利息应当从奥莱祥能公司欠付工程价款之日计付。由于案涉《建设工程施工合同》《补充协议（一）》《补充协议（二）》均无效，双方当事人均未举证证明案涉工程是否交付、何时交付，原审判决认定逾期付款利息应从案涉工程竣工之日，即2014年5月27日起算，并无不当。苏中市政公司关于案涉工程竣工验收日期为2013年12月18日，故工程款利息应从该日起算的上诉理由，奥莱祥能公司关于案涉工程没有竣工验收合格，苏中市政公司无权主张工程款，奥莱祥能公司不存在逾期付款的上诉理由，均与本案已查明事实不相符，法院不予支持。

原《最高人民法院关于审理建设工程施工合同纠纷案件适用法律问题的解释》第17条规定，当事人对欠付工程价款利息计付标准有约定的，按照约定处理，没有约定的，按照中国人民银行发布的同期同类贷款利率计息。由于案涉《建设工程施工合同》《补充协议(一)》《补充协议(二)》均无效，原审判决认定奥莱祥能公司应按照中国人民银行发布的同期同类贷款基准利率计付利息，并无不当。苏中市政公司关于案涉《建设工程施工合同》第35条关于按照银行同期贷款利率3倍的利率标准支付建设工程欠款利息的约定不受合同效力的影响，奥莱祥能公司应当按照银行同期贷款利率3倍的利率标准支付建设工程欠款利息的上诉理由缺乏法律依据，法院不予支持。

二、发包人代替承包人支付相应工程材料款、工人工资后，能否要求承包人返还超付部分？

律师解答

工程实践中，发包人迫于农民工讨薪、保证工程进度等压力，有可能越过承包方直接向承包人的材料供应商、劳务分包方付款，而由于此时发、承包方并未对工程进行结算，所以便有可能出现工程款超付的情况。对于超付的工程款，超付原因不同，发包人请求返还的途径也有一定区别，并非都可向承包人主张返还。

1. 因真实的债权债务关系导致的超付

在承包人与其债权人存在真实的债权债务关系时，发包人直接向其债权人付款,属于《民法典》第524条规定的第三人代为履行的情形,同时承包人也因发包人的给付获得了"债务免除"的利益,符合《民法典》第985条规定的不当得利的情形。对于超付的工程款,发包人可基于"第三人代为履行"中债权人接受第三人履行后,其对债务人的债权转让给第三人的规定要求承包人返还,也可依"不当得利"相关规定,主张承包人不当得利返还。但实践中,由于发、承包方最终结算时,应付"工程款"与"代付款"互相吸收,超付款项并不能准确区分是属于"工程款"还是"代付款",所以发包人主张返还时,通常都是依"不当得利"制度,主张承包人返还。在(2021)最高法民终842号案中,发包人代付民工工资、预支工程款及利息、代付物资设备款等费用导致最终发承包双方结算时发现已超付,最终法院通过双方对账,审查支付凭证等确认超付数额,并判决予以返还。在(2021)最高法民申5386号案中,法院将经过审查的真实的代付金额计入已付工程款中,根据鉴定出的工程造价金额,最终计算出欠付数额,并判决予以返还。

2. 非因真实的债权债务关系导致的超付

在实践中,个别材料供应商、劳务分包商在直接向发包方要求付款时,可能会出现计算错误或通过提供虚假材料等方式虚构债权的情况,从而导致发包人在结算时发现超付的情况。对于此种因发包人重大误解或受债权人欺诈导致的超付,因发包人并非对承包人合法债务的替代清偿,发包人对承包人并没有请求权,发包人可依"不当得利"相关规定,主张实际收款人返还。

参考依据

《民法典》

第一百四十七条 基于重大误解实施的民事法律行为,行为人有权请求人民法院或者仲裁机构予以撤销。

第一百四十八条 一方以欺诈手段,使对方在违背真实意思的情况下实施的民事法律行为,受欺诈方有权请求人民法院或者仲裁机构予以撤销。

第五百二十四条 债务人不履行债务,第三人对履行该债务具有合法利益的，第三人有权向债权人代为履行；但是，根据债务性质、按照当事人约定或者依照法律规定只能由债务人履行的除外。

债权人接受第三人履行后，其对债务人的债权转让给第三人，但是债务人和第三人另有约定的除外。

第九百八十五条 得利人没有法律根据取得不当利益的，受损失的人可以请求得利人返还取得的利益，但是有下列情形之一的除外：

（一）为履行道德义务进行的给付；

（二）债务到期之前的清偿；

（三）明知无给付义务而进行的债务清偿。

第九百八十六条 得利人不知道且不应当知道取得的利益没有法律根据，取得的利益已经不存在的，不承担返还该利益的义务。

第九百八十七条 得利人知道或者应当知道取得的利益没有法律根据的，受损失的人可以请求得利人返还其取得的利益并依法赔偿损失。

相关案例

1. 福建潭诚华路桥工程有限公司（以下简称潭诚华公司）、福建第一公路工程集团有限公司（以下简称福建公路一公司）建设工程施工合同纠纷案

审理法院：最高人民法院

案号：（2021）最高法民终842号

裁判观点：福建公路一公司上诉认为一审认定其代付民工工资金额为40,026,220.5元错误，应当认定为48,044,438.5元。潭诚华公司对此认可40,026,220.5元，对于2017年8月1日之后的付款证据中没有林某祥签字确认的不予认可。福建公路一公司提交的付款证据部分日期在2017年8月1日之后，部分无林某祥签字，不足以证明其代付的民工工资为48,044,438.5元。一审以潭诚华公司认可的40,026,200.5元认定代付民工工资的数额，并无不当。福建公路一公司上诉认为一审未将其代为支付给何某的工程款1,065,926元从工程款中扣减，存在错误。福建公路一公司陈述，何某起诉秦某、福建公路一公司、潭诚华公司建设工程施工合同纠纷案中,福建公路一公司代为支付了何某的工程款及利息1,065,926元,此部分款项应当从潭诚华公司的工程款中扣减。欠付何某工程款的直接主体并不是潭诚华公司,该代付款并不宜在本案潭诚华的工程款中直接扣除,一审对此不予支持,并无不当。故对福建公路一公司的该上诉意见,不予支持。福建公路一公司上诉主张一审对代付物资设备款认定错误,双方对此进行过两次对账,第一次为2017年9月26日,第二次为2017年12月,应当以第二次对账为准认定该物资设备款为73,851,614.05元。潭诚华公司上诉认为代付物资设备款在一审认定的68,526,548.62元的基础上还需抵扣如下金额:(1)福建公路一公司从四川福祥源公司劳务款中代潭诚华公司扣取拌合站设备款398,600元;(2)潭诚华公司施工电费多列入530,568.37元;(3)潭诚华公司以现金支付了2,223,091.94元;(4)锚杆多列入1,062,600元。经审查,福建公路一公司主张的第二次对账无落款日期,其具体对账时间不明,不宜作为定案依据,一审以双方2017年9月26日的对账单认定截至2017年7月31日尚欠付材料款数额为68,526,548.62元,并无不当。潭诚华公司要求在此基础上扣除上述四笔款项,无充分证据证明。故对潭诚华公司和福建公路一公司的该上诉意见,二审法院均不予采纳。潭诚华公司已完成工程价款为309,496,105元。福建公路一公司应当向潭诚华公司支付保证金、押金等费用5,066,900元。福建公路一公司已付款(含代付款项)共计315,030,353元。产品不合格应扣除2,635,473元。因此,福建公路一公司已超付工程款3,102,821元。

2. 大连金圣达建设有限公司(以下简称金圣达公司)、大连伟业房地产开发有限公司(以下简称伟业公司)等建设工程施工合同纠纷案

审理法院:最高人民法院

案号:(2021)最高法民申5386号

裁判观点:在本案一审诉讼中,伟业公司作为发包人反诉主张金圣达公司应返还超付工程款14,645,047元。在本案一审、二审诉讼过程中,经司法鉴定,原一审、二审判决均认定案涉工程总造价为128,633,932元,金圣达公司在再审申请时对此没有提出异议。伟业公司主张的已付工程款为138,522,385元,主要包括:金圣达公司签字确认的《工程款审批表》及所对应的《项目工程款支出凭单》记载金额130,075,443元(其中以现金方式支付的为5000多万元),以及案涉工程实际施工人陈殿有的借款、代金圣达公司支付的材料费、金圣达公司所应支付的“工抵房”销售佣金和应承担的违约罚款等共计800多万元。法院认为,伟业公司主张借款1,627,808元是陈某有出具的借据和借款,系陈某有提前向伟业公司借支的项目工程款,应纳入已付工程款范畴。而伟业公司通过电汇方式支付三笔款项合计3,075,00元及通过汇款方式支付给金圣达公司的140万元,上述三笔款项均未在《工程款审批表》及《项目工程款支出凭单》中体现,且金圣达公司认可其已经收到上述款项,因此,原二审法院将前述款项计入已付工程款,事实依据充分。伟业公司虽在2016年1月22日《工程款审批表》中将现款225万元计入抵房款,但又于2016年3月30日的《工程款审批表》中将其减除,因此,在双方确认的最后一张《工程款审批表》中未包含此款项,该款项应作为已付工程款对待。至于伟业公司代付材料款应否纳入对金圣达公司已付工程款范围,按照双方的合同约定,该材料款均系金圣达公司应当自行承担的工程材料款,而金圣达公司应付未付,原审认定上述伟业公司代付的材料款为其已付金圣达公司的工程款,事实和法律依据充分。

三、发包方能否将承包方未及时开具发票作为拒绝支付工程款的理由?

律师解答

除非当事人明确约定,否则发包方不能以承包方未及时开具发票作为拒绝支付工程款的先履行抗辩事由。

建设施工合同作为一种双务合同,依据其合同的本质,合同抗辩的范围仅限于对价义务。支付工程款义务与开具发票义务是两种不同性质的义务,前者是合同的主给付义务,后者是合同的附随义务,二者不具有对等关系。故此,发包方不能以承包方未及时开具发票作为拒绝支付工程款的先履行抗辩事由。如在(2020)最高法民终158号案中,法院认为,开具工程款发票系本案合同的附随义务,与支付工程款的主要义务相比,二者不具有对等关系,而且开具工程款发票亦非双方当事人约定的支付工程款的前提条件。因此,不能以未及时开具发票作为拒绝支付工程款的抗辩理由。但是当事人若明确约定"一方不及时开具发票,另一方有权拒绝支付工程价款"的,那么这种情况下,发包方可以以承包方未及时开具发票作为拒绝支付工程款的先履行抗辩事由。如在(2019)最高法民申2634号案中,法院认为:协议明确约定申请付款时应负责开具正规等额的发票,否则有权拒绝支付工程款,在此情形下,付款方可按约定执行。

发包人虽然不能以承包方未及时开具发票为由拒绝工程款,但是其可以通过提起反诉的方式要求承包方开具发票。在司法实践中,法院往往会将请求开具发票的反诉与本诉合并审理。

参考依据

《民法典》

第五百二十六条　当事人互负债务,有先后履行顺序,应当先履行债务一方未履行的后履行一方有权拒绝其履行请求。先履行一方履行债务不符合约定的,后履行一方有权拒绝其相应的履行请求。

第七百八十八条　建设工程合同是承包人进行工程建设,发包人支付价款的合同。

建设工程合同包括工程勘察、设计、施工合同。

第七百九十九条第一款　建设工程竣工后,发包人应当根据施工图纸及说明书、国家颁发的施工验收规范和质量检验标准及时进行验收。验收合格的,发包人应当按照约定支付价款,并接收该建设工程。

相关案例

1. 西宁世纪佳和房地产开发有限公司(以下简称世纪佳和公司)、中铁建工集团有限公司(以下简称中铁建工集团)建设工程施工合同纠纷案

审理法院:最高人民法院

案号:(2020)最高法民终 158 号

裁判观点:关于世纪佳和公司主张中铁建工集团未开具发票,其有权拒付工程款的抗辩理由是否成立的问题。开具工程款发票系中铁建工集团履行本案合同的附随义务,与世纪佳和公司支付工程款的主要义务相比,二者不具有对等关系,而且开具工程款发票亦非双方当事人约定的支付工程款的前提条件。因此,一审法院认定世纪佳和公司以中铁建工集团未及时开具发票作为拒绝支付工程款的抗辩理由不能成立,并无不当。

2. 辽宁万城建设集团有限公司(以下简称万城公司)、江苏中昶信建设集团有限公司建设工程施工合同纠纷案

审理法院:最高人民法院

案号:(2019)最高法民申 2634 号

裁判观点:关于原判决认定应以结算协议为依据进行结算是否错误。虽然结算协议约定如鑫诚公司未按约支付工程款,万城公司可按原分包合同执行,鑫诚公司首付款未按约支付协议无效,但该协议同时约定,万城公司申请付款时应负责开具正规等额的发票,否则鑫诚公司有权拒绝支付。原审未支持万城公司在未开具发票的情形下要求按照原分包合同执行的主张,并无不当。并且万城公司于 2013 年 4 月 8 日签订的两份分包合同施工范围为"盘锦辽东湾区清正园北区",而其实际施工范围为"盘锦辽东湾新区清宁园二期、清上园、清怡园、清和园小区",原审以双方一审诉讼中自愿达成的结算协议作为工程造价确定依据,亦更符合实际施工情况。万城公司虽认为其未开具发票系因发票主体不确定以及鑫诚公司无法入账等原因所致,但并未提交充分证据证明。案涉协议明确赋予了鑫诚公司在万城公司未开具发票的情形下有拒付工程款的权利,万城公司关于未开具发票不能成为鑫诚公司拒付工程款理由的主张,法院不予支持。

四、实际施工人欠付工程材料款，材料供应商能否要求总承包人承担连带清偿责任？

律师解答

根据《民法典》第178条的规定，连带责任，由法律规定或者当事人约定。若材料供应商、实际施工人与总承包人签订的合同中明确约定了总承包人对实际施工人欠付工程材料款承担连带责任，那么材料供应商有权要求承包人承担连带清偿责任。若合同中没有对此进行约定，那么要根据实际施工人与承包人之间的关系予以分析。

若实际施工人与承包人之间系挂靠关系，承包人应对欠付的工程材料款承担连带清偿责任。根据《最高人民法院关于适用〈中华人民共和国民事诉讼法〉的解释》第54条的规定："以挂靠形式从事民事活动，当事人请求由挂靠人和被挂靠人依法承担民事责任的，该挂靠人和被挂靠人为共同诉讼人。"故实际施工人欠付工程材料款的，作为被挂靠单位的承包人，可成为案件的共同诉讼人。如在(2020)最高法民申6760号案中，法院认为，首先，即使存在实际施工人，承包人仍为建设工程的管理人、受益人，应当对工程承担相应的法律责任。其次，承包人应当知晓借用资质给他使用的法律风险。最后，实际施工人所购买的材料用于承建的工程，建筑公司对材料款承担连带还款责任。

若实际施工人与承包人之间为转包或违法分包关系，实际施工人以自身名义购买材料并形成欠付关系时，根据合同相对性原则，承包人并非买卖合同关系的相对人，不受买卖合同的约束，即材料供应商无法突破合同相对性要求承包人对工程材料款承担连带清偿责任。如在(2020)桂03民终2291号案中，法院认为，买卖合同的相对方为实际施工人，为承担给付货款的义务人。若实际施工人以承包人的名义与材料供应商签订合同，并实际施工人有证据证明其行为构成表见代理，那么承包人应当承担付款义务。又如在(2022)辽03民再29号案中，法院认为，首先，承包人将案涉工程违法分包给实际施工人，属于无效行为；其次，实际施工人的行为构成表见代理，故应当认定承包人为买卖合同的当事人，依法应当承担货款给付义务。

参考依据

《民法典》

第一百七十二条 行为人没有代理权、超越代理权或者代理权终止后，仍然实施代理行为，相对人有理由相信行为人有代理权的，代理行为有效。

第一百七十八条第三款 连带责任，由法律规定或者当事人约定。

第四百六十五条 依法成立的合同，受法律保护。

依法成立的合同，仅对当事人具有法律约束力，但是法律另有规定的除外。

相关案例

1. 云南中润建筑工程集团有限公司（以下简称中润建筑公司）、昭通斌隆商贸有限公司（以下简称斌隆公司）买卖合同纠纷案

审理法院：最高人民法院

案号：（2020）最高法民申6760号

裁判观点：法院认为，中润建筑公司主张不就本案承担连带责任的理由不能成立。具体分述如下：首先，中润建筑公司就案涉项目与金泰房地产公司签订了《建设工程施工合同》，即使挂靠人董某海对案涉项目进行了实际施工，但中润建筑公司仍为该项目关联楼栋的管理人、受益人，应对该项目工程承担相应的法律责任。其次，《建设工程施工合同》承包人落款处，不仅由中润建筑公司法定代表人签字并加盖公章，还由实际施工人董某海作为中润建筑公司"委托代表人"签字。斌隆公司主张系在董某海持有该施工合同并告知其是中润建筑公司代理人的情况下，才签订《钢材买卖合同》，应视其尽到了合理的注意义务，有理由相信董某海能代表中润建筑公司签订《钢材买卖合同》且所购钢材用于案涉项目。虽然中润建筑公司申请再审时提交证据拟证明案涉项目具体楼栋还由案外第三人承建,但其提供的证据不足以排除其所承建的楼栋没有使用斌隆公司提供的钢材,应承担举证不能的法律后果。二审法院认定中润建筑公司作为完全民事行为能力主体,应当知晓收取管理费借用资质给他人使用及倒签合同的法律风险,并无不当。最后,中润建筑公司主张斌隆公司提交的销售单载明的发货单位“董总－金泰南晨上低－《1》号”与案涉项目名称不一致,但是其并未提供证据证明南辰上邸项目与本案南辰1号项目存在钢材款混同的具体情况,其据此主张不承担责任的理由,不能成立。虽然部分销售单抬头注明的斌隆公司销售部名称出现前后不一致的情形,但该情形不足以否认斌隆公司已根据《钢材买卖合同》约定向案涉项目履行供货义务的事实。同时,中润建筑公司提交的另案民事裁定书等证据未达到充分、确实的程度,不足以证明斌隆公司与董某海恶意串通,虚构债权债务关系,法院不予支持。综上所述,原审认定中润建筑公司就案涉钢材款承担连带还款责任并无不当。至于中润建筑公司与董某海之间形成的挂靠施工法律关系,中润建筑公司可在向斌隆公司给付货款后,另行向董某海主张。

2. 李某等诉中国石化销售股份有限公司广西桂林石油分公司等买卖合同纠纷案

审理法院:最高人民法院

案号:(2020)桂03民终2291号

裁判观点:关于本案承担货款给付责任的主体是谁的问题。上诉人李某向上诉人东辉建材店赊购钢材,双方虽然没有签订书面合同,但双方之间形成了实际上的买卖合同关系。东辉建材店作为出卖人履行了交付货物义务,李某作为买受人亦应履行支付货款义务。现东辉建材店主张其交易对象不是李某,而是通达公司。法院认为,从现有证据来看,通达公司为涉案项目永华加油站的承建方,但李某是涉案项目的实际施工人,购买钢材的结算及付款均为李某,欠条注明的欠款人也为李某,未体现出李某以通达公司的名义购买钢材,说明东辉建材店认可所欠钢材款是李某个人行为。因此,李某应为涉案买卖合同的相对方,承担给付货款的义务人。故东辉建材店主张通达公司应为承担货款给付责任的主体理由不充分,法院不予支持。

3. 于某凯、金某强等买卖合同纠纷案

审理法院:辽宁省鞍山市中级人民法院

案号:(2022)辽03民再29号

裁判观点:关于境宇建筑公司是否应当对案涉砖款承担给付货款责任一节。原《合同法》第130条明确规定,买卖合同是出卖人转移标的物的所有权于买受人,买受人支付价款的合同。本案中,境宇建筑公司将案涉工程分包给不具备从事建设工程施工资质的金某强,违反法律强制性规定,属无效行为。境宇建筑公司对于该无效的分包施工合同的订立具有过错,应当承担相应的法律责任。而该分包施工合同约定,金某强须以境宇建筑公司名义采购建材,并须通过境宇建筑公司账户向供货人支付货款。虽然案涉欠条系金某强向于某凯出具的,但金某强在向再审申请人于某凯购买建筑用砖时的表述及案涉建设项目工地的实际情况足以互相佐证,于某凯有理由确信金某强是以案涉建设项目的项目经理身份出具砖款欠条,金某强构成表见代理。故应当认定境宇建筑公司为案涉建筑用砖买卖合同的当事人,依法应当承担货款给付义务。境宇建筑公司以其与金某强之间的约定对抗于某凯所享有的货款请求权,没有法律依据。原审判决关于境宇建筑公司不应承担给付货款义务的认定不当,法院再审予以纠正。对境宇建筑公司关于其与金某强之间系分包关系,其不应承担给付货款义务的辩解,法院不予采纳。

五、工程进度款最低支付比例是多少?

律师解答

政府机关、事业单位、国有企业工程进度款最低支付比例为80%,其他单位主体进度款最低支付比例为60%。

2004年10月20日，财政部、原建设部发布了《建设工程价款结算暂行办法》（以下简称《办法》），《办法》第13条规定，根据确定的工程计量结果，承包人向发包人提出支付工程进度款申请，14天内，发包人应按不低于工程价款的60%，不高于工程价款的90%向承包人支付工程进度款。按约定时间发包人应扣回的预付款，与工程进度款同期结算抵扣。虽然《办法》并非法律法规，不具有强制性，但是2022年8月1日发布的《财政部、住房城乡建设部关于完善建设工程价款结算有关办法的通知》（以下简称《通知》）明确指出，要提高建设工程进度款支付比例，主要针对政府机关、事业单位、国有企业，在其建设工程进度款支付应不低于已完成工程价款的80%。若发包人支付工程进度款比例低于《办法》或《通知》规定的最低比例，不会影响合同的效力，因为根据《民法典》第153条的规定，违反法律、行政法规的强制性规定的民事法律行为无效，而《办法》《通知》并非法律或行政法规，故违反相关规定不属于合同无效的情形。

参考依据

《财政部、住房城乡建设部关于完善建设工程价款结算有关办法的通知》

一、提高建设工程进度款支付比例。政府机关、事业单位、国有企业建设工程进度款支付应不低于已完成工程价款的80%；同时，在确保不超出工程总概（预）算以及工程决（结）算工作顺利开展的前提下，除按合同约定保留不超过工程价款总额3%的质量保证金外，进度款支付比例可由发承包双方根据项目实际情况自行确定。在结算过程中，若发生进度款支付超出实际已完成工程价款的情况，承包单位应按规定在结算后30日内向发包单位返还多收到的工程进度款。

《建设工程价款结算暂行办法》

第十三条　工程进度款结算与支付应当符合下列规定：

……

（三）工程进度款支付

1. 根据确定的工程计量结果，承包人向发包人提出支付工程进度款申请，

14天内,发包人应按不低于工程价款的60%,不高于工程价款的90%向承包人支付工程进度款。按约定时间发包人应扣回的预付款,与工程进度款同期结算抵扣。

……

《民法典》

第一百五十三条第一款 违反法律、行政法规的强制性规定的民事法律行为无效。但是,该强制性规定不导致该民事法律行为无效的除外。

六、承包人能否以发包人未付清工程款为由拒绝交付工程?

律师解答

承包人不能以发包人未付清工程款为由拒绝交付工程,但其工程价款可就该工程折价或拍卖的价款优先受偿。

有观点认为,建设工程施工合同是一种特殊的承揽合同,依据《民法典》第447条和第783条关于留置权的相关规定,承包人可据此以发包人未付清工程款为由拒绝交付工程。一方面,《民法典》第447条规定的留置权只适用于动产,而建设工程作为不动产,并不能行使留置权。另一方面,基于建设工程的特殊性,为妥善解决建设单位拖欠工程款现象,维护社会公平和秩序,《民法典》第807条规定了承包人对建设工程价款的优先受偿权这一特殊的优先受偿权,从而对承包人这一特殊的债权加以特别的保护,切实保障承包人、保障农民工的合法权益。而《民法典》合同编第十八章"建设工程合同"与第十七章"承揽合同"是特殊法与一般法之间的关系,在建设工程合同一章已经就该问题作出特别规定,则不应再适用"承揽合同"一章的规定。

在(2016)最高法民申1562号案中,最高人民法院也认为,依据原《担保法》第82条以及原《物权法》第230条的规定,留置权行使的条件是债权人合法占有债务人的动产,但建设工程并非动产,不能适用关于留置权的规定。坤龙公司在询问中又称,其主张留置的并非建设工程,而是其为上盖工程施工准备的、已经安放在施工现场的材料和机械。但该材料和机械并非建设单位的动产,故坤龙公司并没有行使留置权的条件。坤龙公司以占用施工现场的方式催促发包人支付工程价款,其方式并不合理。其认为二审认定其应于2008年10月31日退场即侵犯了其对涉案工程的留置权,缺乏法律依据。此外,《北京市高级人民法院关于审理建设工程施工合同纠纷案件若干疑难问题的解答》第38条也规定:工程竣工验收合格后,承包人以发包人拖延结算或欠付工程款为由拒绝交付工程的,一般不予支持,但施工合同另有明确约定的除外。承包人依据合同约定拒绝交付工程,但其拒绝交付工程的价值明显超出发包人欠付的工程款,或者欠付工程款的数额不大,而部分工程不交付会严重影响整个工程使用的,对发包人因此所受的实际损失,应由当事人根据过错程度予以分担。

所以在建设工程款优先受偿权已全面赋予承包人权利保障的情况下,承包人应正当行使权利而不是以拒绝交付工程倒逼发包人支付工程款,否则承包人以拒绝交付建设工程的方式错误地主张权利,将极有可能被发包人追究因工期延误所导致的违约责任。

参考依据

《民法典》

第四百四十七条　债务人不履行到期债务,债权人可以留置已经合法占有的债务人的动产,并有权就该动产优先受偿。

前款规定的债权人为留置权人,占有的动产为留置财产。

第七百八十三条　定作人未向承揽人支付报酬或者材料费等价款的,承揽人对完成的工作成果享有留置权或者有权拒绝交付,但是当事人另有约定的除外。

第八百零七条　发包人未按照约定支付价款的,承包人可以催告发包人在合理期限内支付价款。发包人逾期不支付的,除根据建设工程的性质不宜折价、拍卖外，承包人可以与发包人协议将该工程折价，也可以请求人民法院将该工程依法拍卖。建设工程的价款就该工程折价或者拍卖的价款优先受偿。

《北京市高级人民法院关于审理建设工程施工合同纠纷案件若干疑难问题的解答》

38、承包人以发包人拖延结算或欠付工程款为由拒绝交付工程的，如何处理？由此造成的损失如何承担？

工程竣工验收合格后，承包人以发包人拖延结算或欠付工程款为由拒绝交付工程的，一般不予支持，但施工合同另有明确约定的除外。

承包人依据合同约定拒绝交付工程，但其拒绝交付工程的价值明显超出发包人欠付的工程款，或者欠付工程款的数额不大，而部分工程不交付会严重影响整个工程使用的，对发包人因此所受的实际损失，应由当事人根据过错程度予以分担。

七、工程总承包联合体成员能否越过牵头方，直接向发包方主张工程款？

律师解答

通常情况下，联合体中标后，联合体与发包人签订的工程总承包中会约定由牵头方代表联合体成员收取工程款，并负责对接办理结算、开票等事宜。但特殊情形下，如工程完工后一直未完成结算或发包人未能及时付款，牵头方又怠于行使权利，联合体成员只能自行起诉，向发包人主张属于自己的部分工程款。

对于联合体成员自行起诉的，实践中法院有三种处理观点：第一种观点认为，在现有法律规定在联合体承包模式中，共同承包的各方对承包合同的履行承担连带责任的情况下，如因承包合同产生纠纷，联合体各方应当共同作为原告或被告。依照《最高人民法院关于适用〈中华人民共和国民事诉讼法〉的解释》第73条的规定,“必须共同进行诉讼的当事人没有参加诉讼的,人民法院应当依照民事诉讼法第一百三十五条的规定,通知其参加;当事人也可以向人民法院申请追加”。故应以此将其他联合体成员追加为案件当事人进行审理。在(2019)辽01民终8456号案中,二审法院认为,联合体成员属于必须共同进行诉讼的当事人,一审驳回起诉错误,故撤销原裁定,指令其他法院重审。

第二种观点认为,联合体成员在合同中各自的权利义务不相同,可以进行区分,联合体成员有权就与发包人之间的合同权利义务内容单独提起诉讼[参考案例:(2020)川0191民初706号案、(2015)渝一中法民初字第00214号案]。

第三种观点认为,在合同价款无法区分、未单独核算的情况下,工程价款是属于联合体的权益,牵头方不存在怠于行使权利的情形时,联合体成员不能依据该联合体合同主张自己应得的工程款[参考案例:(2016)粤1284民初706号案]。

参考依据

《招标投标法》

第三十一条　两个以上法人或者其他组织可以组成一个联合体,以一个投标人的身份共同投标。

联合体各方均应当具备承担招标项目的相应能力;国家有关规定或者招标文件对投标人资格条件有规定的,联合体各方均应当具备规定的相应资格条件。由同一专业的单位组成的联合体,按照资质等级较低的单位确定资质等级。

联合体各方应当签订共同投标协议,明确约定各方拟承担的工作和责任,并将共同投标协议连同投标文件一并提交招标人。联合体中标的,联合体各方应当共同与招标人签订合同,就中标项目向招标人承担连带责任。

招标人不得强制投标人组成联合体共同投标,不得限制投标人之间的竞争。

《工程建设项目施工招标投标办法》

第四十四条　联合体各方应当指定牵头人,授权其代表所有联合体成员负责投标和合同实施阶段的主办、协调工作，并应当向招标人提交由所有联合体成员法定代表人签署的授权书。

第四十五条 联合体投标的，应当以联合体各方或者联合体中牵头人的名义提交投标保证金。以联合体中牵头人名义提交的投标保证金，对联合体各成员具有约束力。

相关案例

1. 中国化学工程第十四建设有限公司与肇庆市中油天然气有限公司、天津市振津石油天然气工程有限公司建设工程施工合同纠纷案

审理法院：广东省四会市人民法院

案号：(2016)粤1284民初706号

裁判观点：EPC工程总承包合同中的合同价款是属于联合体的权益，联合体的一方不能单独向发包人主张自己所属部分的权益，只有在牵头人怠于行使自己权利的时候才可主张，而且在牵头人与联合体一方签订分包合同的情况下，联合体一方只能根据其与牵头人签订的合同向牵头人主张权利。

2. 深圳市朗飞实验室建设有限公司与沈阳市食品药品检验所建设工程施工合同纠纷案

审理法院：辽宁省沈阳市中级人民法院

案号：(2019)辽01民终8456号

裁判观点：我国《建筑法》第27条第1款规定："大型建筑工程或者结构复杂的建筑工程，可以由两个以上的承包单位联合共同承包。共同承包的各方对承包合同的履行承担连带责任。"该条中已明确规定"共同承包的各方对承包合同的履行承担连带责任"，因此，在规范的联合体承包模式下，如因承包合同产生纠纷，联合体各方应当共同作为原告或被告。依照《最高人民法院关于适用〈中华人民共和国民事诉讼法〉的解释》(2015年)第73条的规定，"必须共同进行诉讼的当事人没有参加诉讼的，人民法院应当依照民事诉讼法第一百三十二条的规定，通知其参加；当事人也可以向人民法院申请追加"，故本案应撤销原裁定，指令原审法院审理本案，追加中宇公司为本案的当事人。

3. 中冶成都勘察研究总院有限公司（以下简称中冶公司）与四川三岔湖建设开发有限公司（以下简称三岔湖开发公司）建设工程勘察合同纠纷案

审理法院：四川省成都高新技术产业开发区人民法院

案号：（2020）川0191民初706号

裁判观点：虽案涉合同是中冶公司及案外人第十一设计院公司组成承包联合体与发包人三岔湖开发公司共同签订的，但中冶公司与第十一设计院公司是不同的权利义务主体，合同约定中冶公司履行勘察义务，第十一设计院公司履行设计义务，双方在合同中各自的权利义务不相同，可以进行区分。同时三岔湖开发公司也是分别向设计承包方和勘察承包方支付费用，故即使案外人第十一设计院公司未对三岔湖开发公司提起诉讼，原告仍有权就与三岔湖开发公司之间的合同权利义务内容单独提起诉讼，其原告的主体身份适格。

4. 上海宝冶集团有限公司（以下简称上海宝冶）与重庆市渝北区体育发展有限公司（以下简称渝北体育公司）、重庆市渝北区文化委员会等建设工程施工合同纠纷案

审理法院：重庆市第一中级人民法院

案号：（2015）渝一中法民初字第00214号

裁判观点：首先，从原渝北体育局与上海宝冶、深圳三鑫三方签订的《设计及施工联合协议》第1条约定的工程内容和第5条约定的合同价款来看，上海宝冶和深圳三鑫各自负责的工程内容及所对应的工程价款完全不同，能够相互区分；其次，根据《设计及施工联合协议》第6条约定，上海宝冶与深圳三鑫签订的《联合协议》系《设计及施工联合协议》的组成文件，《联合协议》第3条明确约定“所有涉及赔款等相关事宜均由各自承担，不与另一方发生任何连带责任关系”；最后，虽然《设计及施工联合协议》专用条款第9条“竣工验收与结算”约定，工程竣工验收后45日历日内，由施工单位编制工程结算报告送业主和区审计局审计，但此处的施工单位并未明确约定为联合体施工单位，结合《设计及施工联合协议》专用条款第6条关于“工程进度款的支付”中分“钢结构部分”

和“屋面幕墙系统”约定工程竣工验收合格后45日内由施工单位编制工程结算报告送业主和区审计局审计，以及《联合协议》第4条约定“甲乙各自承担施工范围内的工程验收、交工、资料整理归档、签字盖章等事宜，不与另一方发生任何连带责任关系”来看，三方签订的《设计及施工联合协议》并未明确约定涉案工程需由联合体施工单位统一与发包人进行结算，上海宝冶、深圳三鑫可分别与发包人进行结算。因此，虽然原渝北体育局系与上海宝冶和深圳三鑫共同签订《设计及施工联合协议》，但从合同约定的内容来看，上海宝冶和深圳三鑫各自的施工范围、工程价款、责任承担以及竣工结算均完全独立，能够相互区分，上海宝冶单独提起本案诉讼符合法律规定。三被告认为本案漏列原告主体，法院应当依职权追加深圳三鑫作为当事人参加诉讼的辩解理由不成立，法院不予采纳；对渝北体育公司要求追加深圳三鑫作为第三人参加诉讼的申请，法院不予准许。

第六章　司 法 鉴 定

一、发包人未在约定的审核竣工结算期限内答复承包人，诉讼中又不认可承包人的单方结算文件的，应由谁申请工程造价鉴定？

律师解答

要看合同中是否约定“发包人逾期未予答复则视为认可承包人的竣工结算文件”的条款，如果合同中对此进行了约定，那么承包人可以将竣工结算文件作为结算工程价款的依据，如在（2019）最高法民再110号案中，法院认为，当事人对“发包人在约定期限内不予答复即视为认可竣工结算文件”这一内容有明确的约定，属于双方当事人协商一致的结果，那么可以将竣工结算文件作为结算工程价款的依据。合同中没有约定，但是竣工结算材料经双方一致确认的，也可以将竣工结算文件作为结算工程价款的依据。如在（2017）最高法民申1321号案中，法院认为，竣工结算材料经双方一致认可，可以作为认定工程价款的依据。若上述情形均不具备，那么不能直接以承包人的单方送审值认定工程造价，需要通过工程造价鉴定确定工程价款。

实务中，关于由谁提出工程造价鉴定的申请有以下两种观点：

第一种观点是，应当由发包人申请工程造价鉴定。鉴于发承包双方签订了建设工程施工合同，发包人受该合同的约束，对承包人提供的竣工结算文件附有审查义务，发包人对竣工结算文件既不认可也不答复，根据《最高人民法院关于适用〈中华人民共和国民事诉讼法〉的解释》第90条第1款的规定：“当事人对自己提出的诉讼请求所依据的事实或者反驳对方诉讼请求所依据的事实,应当提供证据加以证明,但法律另有规定的除外。”若发包人既不认可承包人提供的结算造价,也不申请鉴定据以确定工程造价,拒不提供反驳证据,应承担举证不能的法律后果,人民法院或仲裁机构可以依据承包方的结算文件确定工程造价。

第二种观点是,应当由承包人申请工程造价鉴定。在发包人对承包人提供的竣工结算文件这一证据不予认可的情况下,根据“谁主张,谁举证”的原则,承包人作为主张工程价款的主体,对主张的事实应当附有举证证明责任。

笔者认为,若在合同中明确约定“发包人逾期未予答复则视为认可承包人的竣工结算文件”具体条款或有双方一致确认的竣工材料等证据,承包人作为积极主张事实的主体,已提供能够证明结算工程款事实的证据。此时,发包人若不认可承包人提供的结算造价,应当向法院申请鉴定或提供相应的反驳证据;若在合同中未予以明确并且竣工材料未经双方一致确认,承包人应当向法院申请鉴定或另行提供其他证据予以佐证,否则,其将承担举证不能的法律后果。

参考依据

《最高人民法院关于审理建设工程施工合同纠纷案件适用法律问题的解释(一)》

第二十一条 当事人约定,发包人收到竣工结算文件后,在约定期限内不予答复,视为认可竣工结算文件的,按照约定处理。承包人请求按照竣工结算文件结算工程价款的,人民法院应予支持。

《民事诉讼法》

第六十七条第一款 当事人对自己提出的主张,有责任提供证据。

《最高人民法院关于适用〈中华人民共和国民事诉讼法〉的解释》

第九十条 当事人对自己提出的诉讼请求所依据的事实或者反驳对方诉讼请求所依据的事实,应当提供证据加以证明,但法律另有规定的除外。

在作出判决前，当事人未能提供证据或者证据不足以证明其事实主张的，由负有举证证明责任的当事人承担不利的后果。

相关案例

1. 福安市京典房地产有限公司(以下简称京典公司)、中建海峡建设发展有限公司(以下简称海峡公司)建设工程施工合同纠纷案

审理法院:最高人民法院

案号:(2019)最高法民再110号

裁判观点:关于海峡公司报送的《工程竣工结算报告》能否作为定案依据的问题。案涉《建设工程施工合同》第17.5.1条关于工程竣工价款结算约定:工程竣工验收报告经发包人认可后28天内,承包人出具公函向发包人递交竣工结算报告及完整的结算资料,双方按照协议书约定的合同价款及专用条款约定的合同价款调整内容,进行工程竣工结算。发包人应当自收到结算资料之日起7天内对资料的完整性进行审查,并将审查结果书面告知承包人。发包人未在7天内将审查结果告知承包人的,视为结算资料已完整。发包人应从收到完整结算资料之日起,在合同约定时限内向承包人出具书面审查意见,予以核减的,应在审查意见中逐项明确理由和依据;发包人未在合同约定时限内出具书面审查意见的,视同认可承包人的竣工结算报告。案涉《施工承包协议书》第7条第4项约定:单体工程竣工验收合格后30天内,承包人提供竣工结算书及结算资料,发包人收到结算书60天内提出审核意见,双方并在30天内核对完毕。工程竣工结算办理后7天内,发包人付至结算总造价的97%,结算总造价的3%作为工程保修金。工程保修金(除防水工程造价3%外)在工程竣工验收合格满2年后7天内付清。余下的防水工程造价3%待工程竣工验收合格满5年后7天内一次付清。海峡公司于2014年7月15日向京典公司提交了完整的结算资料,京典公司在60天内未予审核。2014年9月22日海峡公司与京典公司召开协调会,双方约定京典公司于2014年10月提出初审意见和双方就初审意见尽快落实相关的其他事宜,但京典公司亦未按该约定的期限提出初审意见。故京典公司未按合同约定期限审核,根据合同约定,海峡公司的《工程竣工结算报告》应作为结算依据,即案涉工程的总造价为306,591,837.9元。在60天届满之后,按报送价结算已经成就,之后的约定未明确海峡公司放弃该结果。一审法院认为合同约定的60天内没有答复则视为结算依据的约定已经被新的约定所代替,没有事实根据,适用法律亦不当,应予纠正。

2. 西藏江南桂湖国际大酒店有限公司(以下简称桂湖公司)、四川天工建设工程有限公司(以下简称天工公司)装饰装修合同纠纷案

审理法院:最高人民法院

案号:(2017)最高法民申1321号

裁判观点:关于原审判决以天工公司制作的《内、外装饰装修工程结算书》为依据认定案涉工程价款是否属于认定事实错误的问题。根据本案查明的事实,天工公司制作的《内、外装饰装修工程结算书》系以两份《建设工程施工合同》、产值清单核对表及双方确认的《工程现场签证表》为基本依据形成的。其中对于已完工工程单价的计取数额与双方当事人签约时的约定一致。对于未完工的工程量即半成品工程,该《内、外装饰装修工程结算书》中的数据较合同附件相比,均做了不同程度的下调。天工公司报送的2015年5月进度产值清单中不仅包含有已完工的工程价款(含工程量及单价),也包括半成品工程的工程价款(含工程量及单价等内容)。黄某对该份产值清单进行审核并签字认可,审核内容含括工程量及单价两部分内容,鉴于黄某系代表桂湖公司履行的职务行为,故其法律后果应当由桂湖公司承担,即应当认定桂湖公司已就天工公司施工的半成品工程之单价计取方式予以认可。原审中,桂湖公司虽对半成品工程的价款提出口头异议,但并未提供证据证明,原审判决据此判定桂湖公司承担举证责任并无不当。

二、当事人未在一审阶段提出司法鉴定申请的，能否在二审中提出？

律师解答

当事人未在一审阶段提出司法鉴定申请的，可以在二审中提出。

根据《最高人民法院关于审理建设工程施工合同纠纷案件适用法律问题的解释(一)》第32条第2款的规定，一审诉讼中负有举证责任的当事人未申请鉴定，虽申请鉴定但未支付鉴定费用或者拒不提供相关材料，人民法院认为确有必要的，应当按照原判决认定基本事实不清的情形处理。故当事人在二审诉讼时申请鉴定，只要二审法院认为确有必要进行鉴定，那么法院应当予以支持。如在(2021)最高法民申6301号案中，法院认为，申请鉴定属于当事人应有的诉讼权利，法律并未规定一审未申请鉴定的当事人不能在二审提出鉴定申请，只要在二审规定的举证期限内提出鉴定申请，法院便可准许鉴定申请。

参考依据

《最高人民法院关于审理建设工程施工合同纠纷案件适用法律问题的解释(一)》

第三十二条　当事人对工程造价、质量、修复费用等专门性问题有争议，人民法院认为需要鉴定的，应当向负有举证责任的当事人释明。当事人经释明未申请鉴定，虽申请鉴定但未支付鉴定费用或者拒不提供相关材料的，应当承担举证不能的法律后果。

一审诉讼中负有举证责任的当事人未申请鉴定，虽申请鉴定但未支付鉴定费用或者拒不提供相关材料，二审诉讼中申请鉴定，人民法院认为确有必要的，应当依照民事诉讼法第一百七十条第一款第三项的规定处理。

相关案例

厦门万杰隆集团有限公司(以下简称万杰隆公司)、厦门港务贸易有限公司(以下简称港务公司)质押合同纠纷案

审理法院:最高人民法院

案号:(2021)最高法民申6301号

裁判观点:关于二审法院允许港务公司申请鉴定是否适用法律错误。万杰隆公司作为一审原告,诉请港务公司赔偿质押物损毁造成的损失,则应当由万杰隆公司承担举证责任,证明已损毁质押物的价值。但万杰隆公司在一审中不愿申请司法鉴定,未承担举证责任。港务公司不服一审判决提起上诉,因此负有相应的举证责任,二审法院可以重新确定举证期,由港务公司申请鉴定。且申请鉴定属于当事人应有的诉讼权利,法律并未规定一审未申请鉴定的当事人不能在二审提出鉴定申请,港务公司亦在二审规定的举证期限内提出鉴定申请,并未违反《最高人民法院关于民事诉讼证据的若干规定》第27条的规定。故二审法院批准港务公司的鉴定申请并无不当。

三、在什么情况下可以对固定总价合同启动司法鉴定程序?

律师解答

固定总价也称"总价包干""一次性包死",是指合同当事人约定以施工图、已标价工程量清单或预算书及有关条件进行合同价格计算、调整和确认的建设工程施工合同,在约定的范围内合同总价不作调整。根据《最高人民法院关于审理建设工程施工合同纠纷案件适用法律问题的解释(一)》第28条的规定,当事人约定按照固定价结算工程价款,一方当事人请求对建设工程造价进行鉴定的,人民法院不予支持。结合实务案例,固定总价合同允许司法鉴定的情形主要有以下几种。

1. 施工范围、工程量、工程设计等因素发生变化导致实际履行内容与原合同约定不一致的,或符合情势变更情形的,可申请鉴定。在固定总价合同实际履行过程中,施工范围、工程量、工程设计等对合同履行有实质性影响的因素发生重大变化,或者原材料价格涨跌幅度已明显超出了当事人在订立合同时能够预测的风险范畴,继续履行合同将显失公平时,可依照情势变更原则诉请人民法院对合同价款进行合理调整,此时,当事人可通过申请鉴定确定价款。在(2019)最高法民申 4447 号案中,最高人民法院认为,建设工程施工合同签订时,发包方提供的是旧图纸,故合同约定的固定总价对应的为旧图纸的施工内容。合同签订后,发包方提供了新图纸,承包方亦是按照新图纸进行了施工,新图纸与旧图纸相比,发生了多处变化,同时根据已查明的事实,案涉工程的装饰装修工程发包给了第三方,故合同约定的施工范围也发生了变化。这种情形下,固定总价不能再直接适用,一审法院委托进行造价鉴定并无不当。在此案例中,施工范围与工程设计在施工合同签订前后发生了变化,导致签订合同时约定的固定总价无法适用,此时,双方当事人对工程价款无另行约定,只得通过司法鉴定确定工程价款。

2. 在固定总价合同中约定可以调整的因素的可以申请鉴定。固定总价合同中同时约定可调价因素,该部分可以申请鉴定。在(2019)最高法民申 5423 号案中,最高人民法院认为,发包方和承包方既约定采用固定总价方式确定合同价款,又在施工合同专用条款第 51.2 条(3)及第 77 条补充条款特别约定不同情形下可以调整工程价款。因发包方和承包方就变更和增加部分工程,以及工程延误损失结算发生争议,一审法院依法委托鉴定机构对案涉工程变更和增加项进行鉴定并无不当。

3. 同一个项目签订多份合同且约定的固定价款不同时,可申请鉴定全部工程。在(2018)最高法民申 3345 号案中,最高人民法院认为,关于合同价款,发包方与承包方共签订了两组《建设工程施工合同》,合同价款均约定以固定总价方式确定。承包方提供的第一组 6 份合同所涉土建造价为 2113.36 万元,发包方提供的第二组 3 份合同所涉土建造价为 9,631,535 元,双方分别以上述数额主张涉案工程价款。因两组合同价款差异较大,且双方亦不能证明两组合同实际履行状况,故依据承包方申请,一审法院委托鉴定机构依据双方确定的施工图纸对涉案工程实际工程量进行了计算,进而对涉案工程价款作出鉴定并以此作为认定涉案工程价款的依据并无不当。

4. 固定总价合同属于无效合同,且约定的工程价款缺乏事实基础,可以申请工程造价司法鉴定。在(2019)最高法民申2440号案中,审理的诉争合同被认定为无效合同,且工程并未全部完工,由于本案并未实现以固定总价确定工程造价的先决条件,故不能对施工范围以及工程量等基本事实进行确定,最高人民法院最终认定该无效施工合同所约定的固定总价缺乏事实基础并实际致使利益失衡。在此情形下,法院最终认为应通过司法鉴定程序据实结算工程价款。

5. 未完工的固定总价合同可申请鉴定已全部完成工程。在(2018)最高法民申6049号案中,最高人民法院认为,案涉工程虽然为固定价格合同,但固定价格合同并非绝对不需要鉴定,如工程存在未完工程,通过鉴定的方式确定未施工的工程量是合理的,故一审法院对案涉工程未完工工程进行鉴定并不违反司法解释的规定。

相关案例

1. 中国人民解放军河北省军区石家庄第三离职干部休养所(以下简称第三干休所)、南通苏中建设有限公司(以下简称苏中公司)建设工程施工合同纠纷案

审理法院:最高人民法院

案号:(2019)最高法民申4447号

裁判观点:关于应否进行工程造价鉴定。《建设工程施工合同》签订时,第三干休所作为发包方提供的是旧图纸,故合同约定的固定总价对应的为旧图纸的施工内容。合同签订后,第三干休所提供了新图纸,苏中公司亦是按照新图纸进行了施工,根据一审、二审法院查明的事实,新图纸与旧图纸相比,发生了多处变化,仅4号楼、5号楼的变化就达35处。同时根据已查明的事实,案涉工程的装饰装修工程由第三干休所发包给了第三方,故合同约定的施工范围也发生了变化。这种情形下,固定总价不能再直接适用,一审法院委托进行造价鉴定并无不当。

2. 黑龙江省七星农场(以下简称七星农场)与黑龙江垦区龙垦建设工程总公司(以下简称龙垦公司)建设工程施工合同纠纷案

审理法院:最高人民法院

案号:(2019)最高法民申5423号

裁判观点:原《最高人民法院关于审理建设工程施工合同纠纷案件适用法律问题的解释》第23条规定:"当事人对部分案件事实有争议的,仅对有争议的事实进行鉴定,但争议事实范围不能确定,或者双方当事人请求对全部事实鉴定的除外。"本案中,七星农场和龙垦公司既约定采用固定总价方式确定合同价款,又在施工合同专用条款第51.2条(3)及第77条补充条款特别约定不同情形下可以调整工程价款。因七星农场和龙垦公司就变更和增加部分工程,以及工程延误损失结算发生争议,一审法院依法委托鉴定机构对案涉工程变更和增加项进行鉴定并无不当。

3. 许昌市第二建设(集团)有限公司(以下简称许昌二建公司)、许昌卓越时代实业有限公司建设工程施工合同纠纷案

审理法院:最高人民法院

案号:(2019)最高法民申2440号

裁判观点:涉案司法鉴定意见书可以作为认定工程造价的依据。涉案两份《建设工程施工合同》均属于固定价款合同,其固定价款确定的依据是工程全部完工,工程未完工则无法适用固定价款方式计算。本案中,许昌二建公司并未将涉案工程施工完毕,因此本案不具备按该两份《建设工程施工合同》规定的固定总价计算工程造价的条件。此种情形下,一审法院启动鉴定程序并不违反原《最高人民法院关于审理建设工程施工合同纠纷案件适用法律问题的解释》第22条的规定,相应的工程价款按照据实结算进行鉴定,与实际完成工程量及对应的工程价款亦更为相符。涉案司法鉴定意见书系经法院委托有资质的鉴定机构作出,且经双方充分质证,可以作为认定涉案工程造价的证据使用。许昌二建公司主张鉴定人员未出庭接受询问,该司法鉴定意见书依法不应当作为合法有效的证据使用。经查,许昌二建公司在鉴定机构出具司法鉴定意见书初稿后,已就该初稿意见书提交书面意见,鉴定机构亦根据许昌二建公司的书面意见对工程造价进行了部分调整,此后许昌二建公司并未再就司法鉴定意见书具体内容提出意见,也未要求鉴定人员出庭接受询问,因此,许昌二建公司的相关申请理由不能成立。

第七章　责 任 归 属

一、委托代建情形下，委托人是否应对施工人承担责任？

律师解答

不应该，除非有另外的“可代理委托人签订施工合同”的代理授权。

委托人、代建人、施工人之间，是“委托代建合同—施工合同”的两层结构，施工人不得突破合同相对性要求委托人承担责任。首先，委托代建合同不可以适用建设工程合同的规定，委托人并非工程的发包人，不应对施工人承担责任。如(2018)最高法民终59号判决书载明：委托代建与工程施工是两个独立的法律关系，也不应由委托人对工程欠款承担连带责任。其次，委托代建合同可以参照适用承揽合同的规定，但因承揽合同中并无突破合同相对性的特殊规定，委托人也不应对施工人承担责任。持本观点的还有(2018)最高法民申4499号民事裁定书。最后，退一步说，即使委托代建合同可以参照适用委托合同约定，除非有另外的“可代理委托人签订施工合同”的代理授权，委托人与代建人之间并无代理关系，也不应适用《民法典》第925条的规定令委托人对施工人承担责任。

参考依据

《民法典》

第九百二十五条　受托人以自己的名义，在委托人的授权范围内与第三人订立的合同，第三人在订立合同时知道受托人与委托人之间的代理关系的，该合同直接约束委托人和第三人；但是，有确切证据证明该合同只约束受托人和第三人的除外。

相关案例

1. 美建建筑系统（中国）有限公司（以下简称美建公司）、青海明瑞房地产开发有限公司（以下简称明瑞公司）建设工程施工合同纠纷案

审理法院：最高人民法院

案号：(2018)最高法民终59号

裁判观点：代建模式下，业主和代建单位之间是委托代理关系，投资人是业主，代建单位承担项目管理责任，获取管理费、咨询费和相关提成。明瑞公司是案涉项目的唯一投资人，负责项目开发建设，承担整个项目的投资风险，本案并不符合代建法律关系的特征。即便从代建的角度讲，委托代建与工程施工是两个独立的法律关系，也不应由委托人对工程欠款承担连带责任。因此，美建公司以上理由均不能成立，对其要求西宁交投、西宁城投对明瑞公司的债务承担连带责任的上诉主张，法院不予支持。

2. 湖北东升建设有限公司（以下简称东升公司）、武汉市硚口区劳动就业管理局（以下简称硚口劳动就业局）建设工程施工合同纠纷案

审理法院：最高人民法院

案号：(2018)最高法民申4499号

裁判观点：首先，东升公司与治历公司具有建设工程施工合同关系，案涉建设工程由东升公司实际建设完成，现已竣工验收并交付使用，东升公司有权利向治历公司主张工程款。硚口劳动就业局与治历公司签订《委托代建协议书》后，东升公司与硚口劳动就业局签订《施工合同》并进行备案，与治历公司签订《补充合同》。从《委托代建协议书》与《补充合同》的内容以及组织施工过程中，治历公司进行了现场管理、办理设计变更、组织竣工验收及接受工程交付等的实际情况来看，东升公司组织施工实际履行的是与治历公司之间的《补充合同》。东升公司应依据《补充合同》向治历公司主张权利。同时,砾口劳动就业局与治历公司之间系委托代建法律关系,并非建设工程施工合同关系,双方签订相关合同时是否招投标不影响委托代建合同效力,委托代建合同等协议的效力与东升公司主张工程款无直接关联,原审法院未予明确并无不当。其次,东升公司与治历公司签订《补充合同》时明知砾口劳动就业局与治历公司存在委托代建关系及《委托代建协议书》中的相关约定,且在二审判决书中显示东升公司认可《补充合同》只约束治历公司和东升公司,根据原《合同法》第402条的规定,“受托人以自己的名义,在委托人的授权范围内与第三人订立的合同,第三人在订立合同时知道受托人与委托人之间的代理关系的,该合同直接约束委托人和第三人,但有确切证据证明该合同只约束受托人和第三人的除外”,在《补充合同》只能约束治历公司和东升公司的情形下,该合同并不能直接约束砾口劳动就业局和东升公司。最后,砾口劳动就业局与东升公司之间签订了《施工合同》并备案,但未依法进行招投标,违反了法律的强制性规定,应为无效合同。在砾口劳动就业局已经向治历公司支付工程价款的情况下,东升公司应当按照合同相对性原则向治历公司主张权利,要求砾口劳动就业局承担法律责任缺乏法律依据。因此,原审判决认为东升公司无权向砾口劳动就业局主张工程款并无不当。

二、当事人与上级政府签订框架协议后与下级政府签订总承包合同,下级政府欠付工程款的,总承包人能否要求两级政府承担连带责任?

律师解答

如果上一级政府未实际参与合同履行,合同及框架协议也没有连带责任约定,工程总承包人不能要求两级政府承担连带责任。如在(2020)黔民终1072号案中,法院认为,签订《框架协议》的双方是虎峰公司和独山县人民政府。虎峰公司又与作为发包人的影山镇政府签订了《合同文件》。在实际施工过程中，工程进度款均是由影山镇政府审核支付。综上所述，根据合同相对性及本案查明的事实可知，虎峰公司实际完成的工程的发包人即建设单位是影山镇政府，独山县人民政府并非涉案工程的实际发包人，故虎峰公司主张独山县人民政府连带支付涉案工程款的理由不成立。

参考依据

《民法典》

第四百六十五条 依法成立的合同，受法律保护。

依法成立的合同，仅对当事人具有法律约束力，但是法律另有规定的除外。

三、委托代建工程情形下，怎样确定支付工程款的义务主体？

律师解答

委托代建工程，是指建设单位作为委托人将建设工程委托代建单位，由代建单位与承包人另行签订建设工程施工合同。此模式下存在两个合同关系，包括建设单位与代建单位签订的委托代建合同与代建单位与承包人签订的建设工程施工合同。

在司法实践中，原则上由代建单位作为支付工程款的义务主体。如在(2018)最高法民申1191号案中，法院认为，委托代建合同关系与建设工程施工合同关系是两个独立的法律关系，根据合同相对性原则，代建单位应当向承包人承担支付工程款的责任。但也有例外，具体如下。

1. 若承包人明知代建单位与建设单位之间存在隐名代理关系，那么建设单位是支付工程款的义务主体。此处的隐名代理关系是指代建单位以自己的名义，在建设单位的授权范围内与第三人(承包人)订立的合同，承包人是知情的。

根据《民法典》第925条的规定，受托人以自己的名义，在委托人的授权范围内与第三人订立的合同，第三人在订立合同时知道受托人与委托人之间的代理关系的，该合同直接约束委托人和第三人。故此，若代建单位与建设单位之间存在隐名代理关系，并且承包人知晓，那么代建单位与承包人签订的施工合同直接约束建设单位和承包人，建设单位是支付工程款的义务主体。如在(2021)皖02民终287号案中，法院认为，发包人在与承包人签订工程承包合同时知晓发包人与委托人之间存在委托代建关系，承包人与发包人订立的工程承包合同直接约束委托人和承包人，委托人应按合同约定向承包人支付工程款。

2. 代建单位因建设单位原因无法向承包人支付工程款，代建单位在披露委托人后，承包人有权选择代建单位或委托人承担付款责任。根据《民法典》第926条第2款的规定，代建单位应当向承包人披露委托人(建设单位)，由承包人选择代建单位或建设单位作为相对人主张其权利，但是承包人不得变更选定的相对人。如在(2020)最高法民终848号案中，法院认为，委托人与代建人签订委托代建协议，而后代建人将委托人信息披露给承包人，按照《民法典》第926条的规定，承包人可以选择代建人或者委托人作为相对人主张其权利。

参考依据

《民法典》

第九百二十五条　受托人以自己的名义，在委托人的授权范围内与第三人订立的合同，第三人在订立合同时知道受托人与委托人之间的代理关系的，该合同直接约束委托人和第三人；但是，有确切证据证明该合同只约束受托人和第三人的除外。

第九百二十六条　受托人以自己的名义与第三人订立合同时，第三人不知道受托人与委托人之间的代理关系的，受托人因第三人的原因对委托人不履行义务，受托人应当向委托人披露第三人，委托人因此可以行使受托人对第三人的权利。但是，第三人与受托人订立合同时如果知道该委托人就不会订立合同的除外。

受托人因委托人的原因对第三人不履行义务，受托人应当向第三人披露委托人，第三人因此可以选择受托人或者委托人作为相对人主张其权利，但是第三人不得变更选定的相对人。

……

相关案例

1. 吉林省金豆房地产开发有限公司（以下简称金豆公司）委托代建合同纠纷案

审理法院：最高人民法院

案号：（2018）最高法民申1191号

裁判观点：本案委托代建合同关系与建设工程施工合同关系是两个独立的法律关系。根据合同相对性原理，金豆公司作为发包方向施工方支付工程款，与棚改办向金豆公司支付工程回购款（代建费用），是基于两个不同的法律关系产生的合同义务。法院询问时，金豆公司称其在本案中主张的预算外工程款，系案涉工程施工中因设计变更而增加的项目工程款。上述变更、增加的工程款，已经另案生效判决确认。

2. 中国五冶集团有限公司（以下简称五冶公司）、新疆精诚房地产开发有限公司（以下简称精诚公司）建设工程施工合同纠纷案

审理法院：最高人民法院

案号：（2020）最高法民终848号

裁判观点：关于神华公司的付款责任。法院认为，神华公司与龙润公司签订委托代建协议，神华公司系委托方，龙润公司系代建方，龙润公司作为代建方，将委托人信息披露给五冶公司，按照原《合同法》第403条的规定，五冶公司可以选择代建方或者委托方作为相对人主张其权利。同时，本案实际履行的四份合同均约定由龙润公司向五冶公司支付工程款，实际履行中亦均由龙润公司向五冶公司支付进度款，一审亦支持了五冶公司关于龙润公司支付工程款的请求，现五冶公司要求龙润公司和神华公司共同承担付款责任，缺乏理据，不予支持。精诚公司和龙润公司援引原《最高人民法院关于审理建设工程施工合同纠纷案件适用法律问题的解释》第 21 条和原《最高人民法院关于审理建设工程施工合同纠纷案件适用法律问题的解释(二)》第 1 条的规定,主张以备案合同确定付款责任主体,备案合同中神华公司和精诚公司是共同发包方,且建设单位和产权人是神华公司,故神华公司应为付款主体。对此,法院认为,如前所述,本案存在明招暗定、虚假招标的情形,致案涉几份施工合同均无效,五冶公司请求参照合同约定支付工程价款,一审法院予以支持,处理正确。精诚公司和龙润公司援引的法律条文不适用于本案中标合同无效的情形。两公司此项上诉理由缺乏法律依据,法院不予支持。

3. 芜湖市广达国裕房地产开发有限公司(以下简称广达公司)、安徽三新建筑安装有限责任公司(以下简称三新公司)建设工程施工合同纠纷案

审理法院:最高人民法院

案号:(2021)皖 02 民终 287 号

裁判观点:法院认为,综合双方当事人的诉辩意见,本案二审的争议焦点是广达公司应否向三新公司承担工程款给付义务以及三新公司可否就其施工的工程折价或者拍卖的价款优先受偿。根据三新公司与欧尚公司签订的《欧尚(南陵)购物广场工程承包合同》,三新公司承包工程范围为广达公司开发建设的原南天公司施工未完成部分;三新公司施工时的监理单位仍系广达公司原先聘请的安徽宇华建设项目管理有限公司;三新公司 2017 年向广达公司发送的《关于南陵中央广场 13#楼工程的函》,内容载明三新公司在与欧尚公司签订工程承包合同之前,查阅了欧尚公司与广达公司签订的代建合同和租赁合同。综合以上三方面情形及施工常识,可以认定三新公司在与欧尚公司订立工程承包合同时是知道欧尚公司与广达公司之间就案涉工程存在委托代建关系的。原《合同法》第 402 条规定,受托人以自己的名义,在委托人的授权范围内与第三人订立的合同,第三人在订立合同时知道受托人与委托人之间的代理关系的,该合同直接约束委托人和第三人,但有确切证据证明该合同只约束受托人和第三人的除外。因此,依据上述事实和法律规定,三新公司与欧尚公司订立的工程承包合同直接约束委托人广达公司和第三人三新公司,广达公司应按合同约定向三新公司支付工程款,故一审法院判决广达公司承担工程款给付责任,并无不当。

四、承包方因疫情原因停工,发包方可否以此主张解除合同且无须承担违约责任?

律师解答

承包方因疫情原因停工的,发包方不得据此主张解除合同。

因受疫情防控政策影响,在建工程项目随时面临停工以及工期延误的风险,对此非因承包人原因导致的违约情形,依据《最高人民法院关于依法妥善审理涉新冠肺炎疫情民事案件若干问题的指导意见(一)》第2条及《民法典》第180条、第590条之规定,新冠疫情作为突发的公共卫生事件属于"不能预见、不能避免并不能克服的客观情况",符合法律意义上的不可抗力。所以,发包人不能据此主张承包人违约且要求解除合同,发包人违反约定解除合同的,需按照合同约定承担相应违约责任。

参考依据

《民法典》

第一百八十条 因不可抗力不能履行民事义务的,不承担民事责任。法律另有规定的,依照其规定。

不可抗力是不能预见、不能避免且不能克服的客观情况。

第五百六十三条 有下列情形之一的,当事人可以解除合同:

(一)因不可抗力致使不能实现合同目的;

(二)在履行期限届满前,当事人一方明确表示或者以自己的行为表明不履行主要债务;

（三）当事人一方迟延履行主要债务，经催告后在合理期限内仍未履行；

（四）当事人一方迟延履行债务或者有其他违约行为致使不能实现合同目的；

（五）法律规定的其他情形。

以持续履行的债务为内容的不定期合同，当事人可以随时解除合同，但是应当在合理期限之前通知对方。

第五百九十条 当事人一方因不可抗力不能履行合同的，根据不可抗力的影响，部分或者全部免除责任，但是法律另有规定的除外。因不可抗力不能履行合同的，应当及时通知对方，以减轻可能给对方造成的损失，并应当在合理期限内提供证明。

当事人迟延履行后发生不可抗力的，不免除其违约责任。

《最高人民法院关于依法妥善审理涉新冠肺炎疫情民事案件若干问题的指导意见（一）》

二、依法准确适用不可抗力规则。人民法院审理涉疫情民事案件，要准确适用不可抗力的具体规定，严格把握适用条件。对于受疫情或者疫情防控措施直接影响而产生的民事纠纷，符合不可抗力法定要件的，适用《中华人民共和国民法总则》第一百八十条、《中华人民共和国合同法》第一百一十七条和第一百一十八条等规定妥善处理；其他法律、行政法规另有规定的，依照其规定。当事人主张适用不可抗力部分或者全部免责的，应当就不可抗力直接导致民事义务部分或者全部不能履行的事实承担举证责任。

五、业主方将承包方已承包的工程另行发包，是否须承担违约责任？

律师解答

业主方将承包方已承包的工程另行发包，需要承担违约责任。

业主方就某一建设工程项目与承包人签订《建设工程合同》,之后又与其他承包人签订合同,根据《民法典》第 465 条的规定,依法成立的合同,受法律保护,合同主体应当受法律的约束力。业主方将工程项目发包给承包方,应当按照合同约定就工程项目事宜配合承包方做好施工的前期工作,但是业主方又与其他承包方签订合同的行为构成预期违约。根据《民法典》第 578 条的规定,当事人一方明确表示或者以自己的行为表明不履行合同义务的,对方可以在履行期限届满之前要求其承担违约责任。故此,业主方将承包方已承包的工程另行发包,需要承担违约责任,承包方可根据合同约定向业主方主张进场所产生的施工费等成本损失,并且可向业主方主张违约金。如在(2018)辽 0293 民初 2499 号案中,法院认为,合同当事人受合同的约束,应当按照约定全面履行自己的义务,被告将案涉工程另发包给他人,并由第三人完成案涉工程,被告构成违约,应当承担违约责任。本案原告已为履行合同做了相应准备,同时考虑本案合同的性质和约定的合同价款,酌定赔偿原告相应的损失。

参考依据

《民法典》

第四百六十五条 依法成立的合同,受法律保护。

依法成立的合同,仅对当事人具有法律约束力,但是法律另有规定的除外。

第五百七十八条 当事人一方明确表示或者以自己的行为表明不履行合同义务的,对方可以在履行期限届满前请求其承担违约责任。

第五百八十四条 当事人一方不履行合同义务或者履行合同义务不符合约定,造成对方损失的,损失赔偿额应当相当于因违约所造成的损失,包括合同履行后可以获得的利益;但是,不得超过违约一方订立合同时预见到或者应当预见到的因违约可能造成的损失。

相关案例

辽宁峻唯建设有限公司大连分公司与大连宜君置业有限公司建设工程施工合同纠纷案

审理法院:辽宁省大连高新技术产业园区人民法院

案号:(2018)辽0293民初2499号

裁判观点:依法成立的合同,自成立时生效,对当事人具有法律约束力。当事人应当按照约定全面履行自己的义务。本案中,原告、被告双方签订的《宜君·联合汇项目消防工程施工合同》系双方的真实意思表示,双方均应依约履行。现双方均未履行合同主要义务,且庭审中双方均认可案涉工程已由他人施工完毕,导致案涉合同没有履行的必要。原告主张被告未按合同约定安排原告进场施工,而被告主张原告在合同签订后擅自提高合同报价导致双方就合同价款未达成一致意见,被告于2018年4月29日正式通知原告解除合同。应由被告对其主张的原告擅自提高合同报价及被告已于2018年4月29日正式通知原告解除合同的事实承担举证责任。被告提供的电话录音不能反映原告就合同报价擅自提高的事实,能够印证原告主张双方就合同增加通风工程后的报价进行协商的主张。同时,被告依据原告向被告发出的律师函,亦无法证明其已正式通知原告解除合同。因此,被告并未提供充足证据证明其主张的上述事实,应承担举证不能的不利后果。据此,法院认为,被告构成违约,应承担相应的违约责任。原《合同法》第113条第1款规定:"当事人一方不履行合同义务或者履行合同义务不符合约定,给对方造成损失的,损失赔偿额应当相当于因违约所造成的损失,包括合同履行后可以获得的利益,但不得超过违反合同一方订立合同时预见到或者应当预见到的因违反合同可能造成的损失。"综合本案原告已为履行合同做准备,并为被告办理消防设计备案的事实,同时考虑本案合同的性质和约定的合同价款,法院酌定被告赔偿原告损失10万元为宜。原告主张超出部分,法院不予支持。

六、工程总承包联合体成员如何对发包人承担责任?

律师解答

联合体各方应就承包合同的履行对发包人承担连带责任。

根据《建筑法》第27条第1款、《招标投标法》第31条、《政府采购法》第24条、《房屋建筑和市政基础设施项目工程总承包管理办法》第10条第2款的规定,以联合体方式承包工程的,联合体各方应共同与发包人签订合同,且应为履行合同向发包人承担连带责任。

此外,对于实践中存在的仅由联合体的某一方(主要是牵头方)与发包人签订合同的情形,考虑到上述法律规定以及联合体向发包人共同投标、共同施工等事实,也不影响联合体各方共同对发包人承担连带责任。在(2018)最高法民申2076号案中,最高人民法院同样认为,联合体应当对外承担连带责任。

参考依据

《建筑法》

第二十七条 大型建筑工程或者结构复杂的建筑工程,可以由两个以上的承包单位联合共同承包。共同承包的各方对承包合同的履行承担连带责任。

两个以上不同资质等级的单位实行联合共同承包的,应当按照资质等级低的单位的业务许可范围承揽工程。

《招标投标法》

第三十一条 两个以上法人或者其他组织可以组成一个联合体,以一个投标人的身份共同投标。

联合体各方均应当具备承担招标项目的相应能力;国家有关规定或者招标文件对投标人资格条件有规定的,联合体各方均应当具备规定的相应资格条件。由同一专业的单位组成的联合体,按照资质等级较低的单位确定资质等级。

联合体各方应当签订共同投标协议,明确约定各方拟承担的工作和责任,并将共同投标协议连同投标文件一并提交招标人。联合体中标的,联合体各方应当共同与招标人签订合同,就中标项目向招标人承担连带责任。

招标人不得强制投标人组成联合体共同投标,不得限制投标人之间的竞争。

《政府采购法》

第二十四条　两个以上的自然人、法人或者其他组织可以组成一个联合体,以一个供应商的身份共同参加政府采购。

以联合体形式进行政府采购的,参加联合体的供应商均应当具备本法第二十二条规定的条件,并应当向采购人提交联合协议,载明联合体各方承担的工作和义务。联合体各方应当共同与采购人签订采购合同,就采购合同约定的事项对采购人承担连带责任。

《房屋建筑和市政基础设施项目工程总承包管理办法》

第十条　工程总承包单位应当同时具有与工程规模相适应的工程设计资质和施工资质,或者由具有相应资质的设计单位和施工单位组成联合体。工程总承包单位应当具有相应的项目管理体系和项目管理能力、财务和风险承担能力,以及与发包工程相类似的设计、施工或者工程总承包业绩。

设计单位和施工单位组成联合体的,应当根据项目的特点和复杂程度,合理确定牵头单位,并在联合体协议中明确联合体成员单位的责任和权利。联合体各方应当共同与建设单位签订工程总承包合同,就工程总承包项目承担连带责任。

相关案例

1.四川蜀源茂林电气安装工程有限公司(以下简称蜀源公司)与四川公路桥梁建设集团有限公司建设工程施工合同纠纷案

审理法院:四川省甘孜藏族自治州中级人民法院

案号:(2020)川33民终141号

裁判观点:案涉《高海拔宇宙线观测站地方配套建设项目电建35千伏输变

电工程EPC总承包合同文件》的承包人为蜀源公司、西点公司和蜀通公司，三承包人共同签订《联合体协议》并组成联合体中标并承建案涉工程，依照《招标投标法》第31条第3款的规定，联合体各方应当签订共同招标协议，明确约定各方拟承担的工作和责任，并将共同投标协议连同投标文件一并提交招标人。联合体中标的，联合体各方应当共同与招标人签订合同，就中标项目向招标人承担连带责任。

2. 四川省冶金设计研究院（以下简称川冶设计院）、贵州省冶金建设公司（以下简称贵冶公司）建设工程施工合同纠纷案

审理法院：最高人民法院

案号：（2018）最高法民申2076号

裁判观点：川冶设计院和贵冶公司申请再审主张华硅公司无权代表“联合体”对外签订合同，原判决适用法律错误。但依据《联合体协议书》第2条、第4条的约定，华硅公司有权在招投标程序以及工程具体施工过程中代表“联合体”对外签订合同，华硅公司的代理具备合同依据，不属于无权代理。虽然本案中“联合体”投标、中标的行为因违反《招标投标法》第31条的规定属无效，华硅公司单方与德铁公司签订的《工程总承包合同》以及华硅公司与唐某、王某池签订的《土建工程施工承包合同》均属无效，但不影响川冶设计院和贵冶公司依据《联合体协议书》就“联合体”的对外行为承担责任。

第八章　优先受偿权

一、停窝工损失是否属于优先受偿权范围？

律师解答

停窝工损失，是指因一方违约或其他不可归责于双方的事由等导致停窝工，停窝工期间发生的现场施工机械停滞费、现场工人的工资及周转性材料的维护和价差费用等支出。因承包人原因造成的停窝工损失，应当由承包人自行承担，不应计算在工程款中，也不存在优先受偿的争议；因发包人原因或其他不可归责于双方的事由造成的停窝工损失，应由发包人承担，但关于是否属于建设工程价款优先受偿权的范围，存有争议。根据《最高人民法院关于审理建设工程施工合同纠纷案件适用法律问题的解释（一）》第40条的规定，“承包人就逾期支付建设工程价款的利息、违约金、损害赔偿金等主张优先受偿的，人民法院不予支持”。因此，如果将停窝工损失认为是发包人违约所造成的损失，则对其进行主张不属于建设工程价款优先受偿权的权利行使范围，承包人对此不应享有优先受偿权；如果将停窝工损失认为系承包人为建设工程所实际支出的价款，则应当将其纳入优先受偿权范围。

关于停窝工损失是否属于优先受偿权范围，司法实务中持否定的观点较多。最高人民法院在（2014）最高法民终字第56号案中，认定承包人主张的因发包人违约造成的停窝工损失，不属于建设工程价款优先受偿权的权利行使范围。在（2021）豫民终1296号案中，法院认为，窝工、停工损失等系因停工造成的人员、机械等现场停滞损失，不属于工程价款，按照上述法律规定，窝工、停工损失不属于优先受偿权范围。

需要注意的是，个别地方法院持有不同观点，认为因停窝工而增加的机械费、人工费是承包人实际支出的费用，并且也凝结在建设工程项目之中，属于可优先受偿的工程价款。《安徽省高级人民法院关于审理建设工程施工合同纠纷案件适用法律问题的指导意见(二)》第23条规定，因发包人原因导致承包人施工期间停窝工产生的工人工资、设备租赁等费用，承包人将该费用与工程价款一并主张优先受偿权的，应予支持。安徽法院判决时也据此认为停窝工损失不超出工程造价的内涵，并非违约损失赔偿而支持纳入优先受偿权范围，可参见(2018)皖民终238号案。

参考依据

《民法典》

第八百零七条 发包人未按照约定支付价款的，承包人可以催告发包人在合理期限内支付价款。发包人逾期不支付的，除根据建设工程的性质不宜折价、拍卖外，承包人可以与发包人协议将该工程折价，也可以请求人民法院将该工程依法拍卖。建设工程的价款就该工程折价或者拍卖的价款优先受偿。

《最高人民法院关于审理建设工程施工合同纠纷案件适用法律问题的解释(一)》

第四十条 承包人建设工程价款优先受偿的范围依照国务院有关行政主管部门关于建设工程价款范围的规定确定。

承包人就逾期支付建设工程价款的利息、违约金、损害赔偿金等主张优先受偿的，人民法院不予支持。

《建筑安装工程费用项目组成》

一、《费用组成》调整的主要内容：

(一)建筑安装工程费用项目按费用构成要素组成划分为人工费、材料费、施工机具使用费、企业管理费、利润、规费和税金(见附件1)。

（二）为指导工程造价专业人员计算建筑安装工程造价，将建筑安装工程费用按工程造价形成顺序划分为分部分项工程费、措施项目费、其他项目费、规费和税金（见附件2）。

……

《安徽省高级人民法院关于审理建设工程施工合同纠纷案件适用法律问题的指导意见（二）》

第二十三条　因发包人原因导致承包人施工期间停窝工产生的工人工资、设备租赁等费用，承包人将该费用与工程价款一并主张优先受偿权的，应予支持。

相关案例

1. 中铁二十二局集团第四工程有限公司（以下简称中铁公司）与安徽瑞讯交通开发有限公司（以下简称瑞讯公司）、安徽省高速公路控股集团有限公司建设工程施工合同纠纷案

审理法院：最高人民法院

案号：（2014）最高法民终字第56号

裁判观点：根据原《最高人民法院关于建设工程价款优先受偿权问题的批复》第3条的规定，“建筑工程价款包括承包人为建设工程应当支付的工作人员报酬、材料款等实际支出的费用，不包括承包人因发包人违约所造成的损失”，能够行使建设工程价款优先受偿权的权利范围不包括因发包人违约导致的损失。而从中铁公司在本案中被支持的诉请款项来看，包括因瑞讯公司违约给其造成的停窝工损失和材料价差损失两项，均不属于建设工程价款优先受偿权的权利行使范围，故中铁公司主张对案涉工程项目享有优先受偿权的该项上诉请求，无事实及法律依据，应予驳回。

2. 南阳市建发工程有限公司（以下简称建发公司）、河南省锦寓置业有限公司普通破产债权确认纠纷案

审理法院：河南省高级人民法院

案号:(2021)豫民终 1296 号

裁判观点:关于建发公司主张施工期间窝工、停工损失、管理人员费用、总包管理费、施工配合费、鉴定费等费用 137 万元应否确认为优先债权的问题。《最高人民法院关于审理建设工程施工合同纠纷案件适用法律问题的解释(一)》第 40 条规定:"承包人建设工程价款优先受偿的范围依照国务院有关行政主管部门关于建设工程价款范围的规定确定。承包人就逾期支付建设工程价款的利息、违约金、损害赔偿金等主张优先受偿的,人民法院不予支持。"该规定中的工程价款,是承包人在施工过程中关于人工、材料、机械等物化至建筑物的投入,而窝工、停工损失等系因停工造成的人员、机械等现场停滞损失,不属于工程价款,按照上述法律规定,窝工、停工损失不属于优先受偿权范围。同样地,总包管理费、施工配合费、鉴定费也不是物化至建筑物的投入,不属于法律规定的建设工程价款优先受偿权的范围,故建发公司的该上诉理由不能成立,法院不予支持。

3. 合肥建工集团有限公司、安徽东基房地产开发有限公司建设工程施工合同纠纷案

审理法院:安徽省高级人民法院

案号:(2018)皖民终 238 号

裁判观点:原《最高人民法院关于建设工程价款优先受偿权问题的批复》第 3 条规定,建筑工程价款包括承包人为建设工程应当支付的工作人员报酬、材料款等实际支出的费用,不包括承包人因发包人违约所造成的损失。安徽华普工程造价咨询有限公司鉴定的工程脚手架、机械租赁费、模板摊销及内支撑费用、停工人工费用等损失实质仍是承包人为案涉工程施工所支出的工作人员报酬、材料款等实际支付的费用,是工程施工的成本及内容,不超出工程造价的内涵,该费用并非承包人因履行合同对第三人的违约损失赔偿以及履行案涉建设工程施工合同的预期可得利益。故该 7, 726, 188. 58 元索赔损失应纳入建设工程价款优先受偿权范围,合肥建工集团有限公司该节上诉请求,法院予以支持。

二、承包人转让其工程款债权，优先受偿权是否随之转让？

律师解答

建设工程优先受偿权，是指承包人对于建设工程的价款就该工程折价或者拍卖的价款享有优先受偿的权利，优先于一般的债权。

关于承包人将工程价款债权转让给第三人后，所涉建设工程优先受偿权能否一并转让，目前并没有明确的法律予以规定，但从最新的最高人民法院判例可以得知，现有法律并未明确工程价款优先受偿权具有人身专属性，因此优先受偿权可以作为工程价款的从权利，工程款债权转让给他人的，优先受偿权应随之转让。如在（2021）最高法民终958号案中，法院认为，建设工程价款优先受偿权为法定优先权，功能是担保工程款优先支付，系工程款债权的从权利，不专属于承包人自身，可以随建设工程价款债权一并转让。又如在（2021）最高法民申33号案中，法院认为，现行法律并未明确建设工程价款优先受偿权具有人身专属性，承包人在转让建设工程价款主债权时，建设工程价款优先受偿权一并转让。

参考依据

《民法典》

第五百四十七条　债权人转让债权的，受让人取得与债权有关的从权利，但是该从权利专属于债权人自身的除外。

受让人取得从权利不因该从权利未办理转移登记手续或者未转移占有而受到影响。

第八百零七条　发包人未按照约定支付价款的，承包人可以催告发包人在合理期限内支付价款。发包人逾期不支付的，除根据建设工程的性质不宜折价、拍卖外，承包人可以与发包人协议将该工程折价，也可以请求人民法院将该工程依法拍卖。建设工程的价款就该工程折价或者拍卖的价款优先受偿。

《最高人民法院关于审理建设工程施工合同纠纷案件适用法律问题的解释(一)》

第三十五条 与发包人订立建设工程施工合同的承包人，依据民法典第八百零七条的规定请求其承建工程的价款就工程折价或者拍卖的价款优先受偿的，人民法院应予支持。

相关案例

1. 中建海峡建设发展有限公司(以下简称中建海峡公司)、厦门兴基伟业房地产开发有限公司(以下简称兴基伟业公司)等建设工程施工合同纠纷案

审理法院:最高人民法院

案号:(2021)最高法民终958号

裁判观点:关于中建海峡公司是否可就案涉工程折价或者拍卖的价款优先受偿的问题。原《最高人民法院关于审理建设工程施工合同纠纷案件适用法律问题的解释(二)》第17条规定,"与发包人订立建设工程施工合同的承包人,根据合同法第二百八十六条规定请求其承建工程的价款就工程折价或者拍卖的价款优先受偿的,人民法院应予支持"。案涉工程于2014年6月30日竣工验收合格,中建七局于2014年11月5日委托中建海峡公司向兴基伟业公司发函,主张案涉建设工程价款的优先受偿权,兴基伟业公司于当日签章确认收到该函件,对此未提出异议,故可以认定中建七局在法定期限内行使了建设工程价款优先受偿权。中建七局于2016年12月6日向中建海峡公司转让案涉债权,并于2017年2月20日将债权转让的通知送达兴基伟业公司,债权转让对兴基伟业公司发生法律效力。

建设工程款债权转让后,中建七局享有的建设工程价款优先受偿权可以随之转让予中建海峡公司,理由如下:第一,建设工程价款优先受偿权为法定优先权,功能是担保工程款优先支付,系工程款债权的从权利,不专属于承包人自身,可以随建设工程价款债权一并转让。原《合同法》第81条规定,债权人转让权利的,受让人取得与债权有关的从权利,但该从权利专属于债权人自身的除外。原《最高人民法院关于审理建设工程施工合同纠纷案件适用法律问题的解释(二)》第17条虽然规定由承包人主张优先受偿权,但是并不能得出建设工程价款优先受偿权具有人身专属性。故建设工程价款债权转让的,建设工程价款优先受偿权随之转让并不违反法律规定。第二,本案建设工程价款优先受偿权与工程款债权的一并转让,既不增加兴基伟业公司的负担,也不损害兴基伟业公司其他债权人的利益。综上所述,中建七局将案涉工程款债权转让给中建海峡公司后,中建海峡公司可以享有建设工程价款优先受偿权。

2. 王某燕、闫某毛建设工程施工合同纠纷案

审理法院:最高人民法院

案号:(2021)最高法民申33号

裁判观点:关于闫某毛对案涉房屋是否享有建设工程价款优先受偿权的问题。原《合同法》第81条规定:"债权人转让权利的,受让人取得与债权有关的从权利,但该从权利专属于债权人自身的除外。"本案中,根据已查明事实,黎阳公司对东成公司享有19,372,188.8元债权,并对东成公司温县新东未来城1号楼、2号楼、3号楼及人防、商铺、地下车库工程以折价或拍卖的价款在19,372,188.8元范围内享有的优先受偿权,黎阳公司已于2019年5月16日与闫某毛签订债权转让协议,将其对东成公司享有的债权及相关权利转让给闫某毛。原《最高人民法院关于审理建设工程施工合同纠纷案件适用法律问题的解释(二)》第17条规定:"与发包人订立建设工程施工合同的承包人,根据合同法第二百八十六条规定请求其承建工程的价款就工程折价或者拍卖的价款优先受偿的,人民法院应予支持。"该条虽然规定由承包人主张优先受偿权,但是并不能得出建设工程价款优先受偿权具有人身专属性的结论。本案中,闫某毛系作为黎阳公司承建案涉工程全额投资人受让案涉工程款债权及相关权利,一审、二审判决基于债权转让并结合闫某毛系全额投资人身份的事实,认定建设工程价款主债权转让,建设工程价款优先受偿权一并转让,闫某毛取得相关工程款债权优先受偿权并不违反上述法律规定。王某燕的相关申请理由不能成立。

三、房屋已办理网签备案,承包人是否仍有权就工程折价或者拍卖的价款优先受偿?

律师解答

建设工程价款优先受偿权不因工程建成的房屋已经办理商品房预售合同网签而消灭,如符合建设工程价款优先受偿权的成立要件,承包人仍有权就工程折价或者拍卖的价款优先受偿。

在一段时间内,由于司法实践中对商品房买卖时合同网签备案行为的定性争议,关于房屋网签备案情形下承包人优先受偿权的行使出现分歧。但目前司法实践观点已基本统一,即网签备案仅是房地产管理部门对买卖双方购房合同进行备案而采取的防范商品房预售的行政管理行为,并不发生物权变动的效果,不属民法规定的变动物权行为,不改变作为合同当事人仅享有请求交付之债权的客观事实,其债权亦不因合同办理网签备案而优于一般债权。而建设工程价款优先受偿权作为特立的一种法定优先权,依据《最高人民法院关于审理建设工程施工合同纠纷案件适用法律问题的解释(一)》第36条的规定,该承包人的优先受偿权优先于抵押权和其他债权。所以商品房预售合同网签并不影响承包人建设工程价款优先受偿权的行使。

在(2018)最高法民申429号案中,最高人民法院也认为,海为公司与骏高公司虽就涉案房产签订《商品房买卖合同》并办理了网签备案手续,但房产所有权仍登记在骏高公司名下。前述网签备案行为不属于民法规定的变动物权行为,不改变海为公司作为合同当事人仅享有请求交付之债权的客观事实,其债权亦不因合同办理网签备案而优于一般债权。同类裁判观点亦可见(2017)最高法民申4900号案、(2018)最高法民申350号案。

此外,对于该问题,最高人民法院民事审判第一庭2021年第21次专业法官会议纪要中也提出:"建设工程价款优先权是承包人的法定权利,在符合法律及司法解释规定的条件时,建设工程价款优先受偿权就已经成立。商品房预售合同网签是为规范商品房预售而采用的行政管理手段,并非法律规定的不动产物权设立、变更、转让和消灭的公示方式,不能产生物权变动的效力,亦不导致承包人原本享有的建设工程价款优先受偿权因此不成立或者消灭。”

参考依据

《民法典》

第八百零七条　发包人未按照约定支付价款的,承包人可以催告发包人在合理期限内支付价款。发包人逾期不支付的,除根据建设工程的性质不宜折价、拍卖外,承包人可以与发包人协议将该工程折价,也可以请求人民法院将该工程依法拍卖。建设工程的价款就该工程折价或者拍卖的价款优先受偿。

《最高人民法院关于审理建设工程施工合同纠纷案件适用法律问题的解释(一)》

第三十五条　与发包人订立建设工程施工合同的承包人,依据民法典第八百零七条的规定请求其承建工程的价款就工程折价或者拍卖的价款优先受偿的,人民法院应予支持。

第三十六条　承包人根据民法典第八百零七条规定享有的建设工程价款优先受偿权优于抵押权和其他债权。

相关案例

1. 海为公司与星禾公司、骏高公司案外人执行异议之诉案

审理法院:最高人民法院

案号:(2018)最高法民申429号

裁判观点:海为公司与骏高公司虽就涉案房产签订《商品房买卖合同》并办理了网签备案手续,但房产所有权仍登记在骏高公司名下。前述网签备案行为不属于民法规定的变动物权行为,不改变海为公司作为合同当事人仅享有请求交付之债权的客观事实，其债权亦不因合同办理网签备案而优于一般债权。原审期间，骏高公司认可已将涉案房产交付星禾公司指定受让人占有使用，二审法院现场勘查也确认房产实际由前述受让人控制利用。海为公司对于未曾实际合法占有使用涉案房产的事实，亦不否认。因此，海为公司关于针对涉案房产已经享有物权期待权并足以排除法院强制执行的主张，不符合法律规定。

2. 汤某安与星禾公司、骏高公司案外人执行异议之诉案

审理法院：最高人民法院

案号：(2017)最高法民申4900号

裁判观点：汤某安与骏高公司虽在签订《商品房买卖合同》后办理了网签备案手续，但涉案房产所有权仍登记在骏高公司名下，网签备案行为并未产生变动物权的法律效果，也不改变汤某安作为买受人仅享有请求交付房产之债权的客观事实，其基于前述合同享有的债权亦不因办理网签备案手续而具有优于一般债权的效力。

3. 刘某波、邓某与德州天翔置业有限责任公司及德州三沅工贸有限公司案外人执行异议之诉案

审理法院：最高人民法院

案号：(2018)最高法民申350号

裁判观点：刘某波、邓某仅进行了商品房网签登记，但商品房网签登记是政府部门依托其建立的商品房网上签约备案平台，规范房地产开发企业、房屋中介公司等相关主体进行商品房预售管理的网上备案登记行为，商品房网签登记并不具有物权变动性质，而是行政机关对于商品房买卖合同进行管理的一项措施，商品房网签登记并不直接产生不动产物权设立或变动的效力。故本案中刘某波、邓某对涉案房产只是享有债权请求权，而非物权请求权。

四、承包人对违章建筑是否享有建设工程价款优先受偿权？

律师解答

目前司法实践倾向于认为承包人对违章建筑不享有建设工程价款优先受偿权。

关于承包人对违章建筑是否享有建设工程价款优先受偿权，司法实践中存在两种观点：一种观点认为，违章建筑虽然违法，但其具有一定的使用价值，且承包人已实际投入相应的人力、财力，基于保护承包人的利益原则，应当认定其对违章建筑享有工程价款优先受偿权，部分地区法院在裁判中便持此观点如（2017）鄂0607民初163号案。

另一种观点认为，承包人享有建设工程价款优先受偿权的条件是建设工程宜折价、拍卖，但是违章建筑因违反《土地管理法》《城乡规划法》《村庄和集镇规划建设管理条例》等相关法律法规的规定，在无法转化为合法建筑的情况下，是需要限期拆除的，不具有可流转性，不宜折价、拍卖，故承包人不能享有工程价款优先受偿权。最高人民法院民一庭2021年第21次法官会议讨论亦认为，承包人享有建设工程价款优先受偿权的前提是其建设完成的建设工程依法可以流转，而违章建筑不宜折价、拍卖，故承包人对违章建筑不享有建设工程价款优先受偿权。司法实践中有大量案例如（2019）最高法民申1250号案、（2020）最高法民申1850号案均与此观点一致。

参考依据

《民法典》

第八百零七条　发包人未按照约定支付价款的，承包人可以催告发包人在合理期限内支付价款。发包人逾期不支付的，除根据建设工程的性质不宜折价、拍卖外，承包人可以与发包人协议将该工程折价，也可以请求人民法院将该工程依法拍卖。建设工程的价款就该工程折价或者拍卖的价款优先受偿。

《最高人民法院关于审理建设工程施工合同纠纷案件适用法律问题的解释(一)》

第三十八条 建设工程质量合格,承包人请求其承建工程的价款就工程折价或者拍卖的价款优先受偿的,人民法院应予支持。

《城乡规划法》

第六十四条 未取得建设工程规划许可证或者未按照建设工程规划许可证的规定进行建设的,由县级以上地方人民政府城乡规划主管部门责令停止建设;尚可采取改正措施消除对规划实施的影响的,限期改正,处建设工程造价百分之五以上百分之十以下的罚款;无法采取改正措施消除影响的,限期拆除,不能拆除的,没收实物或者违法收入,可以并处建设工程造价百分之十以下的罚款。

相关案例

1. 中建海峡建设发展有限公司(以下简称海峡公司)、和昌(福建)房地产开发有限公司建设工程施工合同纠纷再审案

审理法院:最高人民法院

案号:(2020)最高法民申1850号

裁判观点:关于海峡公司是否对案涉工程价款享有建设工程价款优先受偿权问题。原《合同法》第286条规定:"发包人未按照约定支付价款的,承包人可以催告发包人在合理期限内支付价款。发包人逾期不支付的,除按照建设工程的性质不宜折价、拍卖的以外,承包人可以与发包人协议将该工程折价,也可以申请人民法院将该工程依法拍卖。建设工程的价款就该工程折价或者拍卖的价款优先受偿。"承包人就工程折价或者拍卖的价款享有优先受偿权的前提是该工程不存在按照其性质不宜折价、拍卖的情形。根据《土地管理法》《城乡规划法》《村庄和集镇建设管理条例》等相关法律法规的规定,在城市规划区内,未取得建设工程规划许可证或者违反建设工程规划许可证的规定建设,严重影响城市规划的建筑,为违法建筑。案涉工程至今尚未取得建设工程规划许可证,应属于违法建筑。对于违法建筑,《城乡规划法》第64条明确规定了处理方式,即“由县级以上地方人民政府城乡规划主管部门责令停止建设;尚可采取改正措施消除对规划实施的影响的,限期改正,处建设工程造价百分之五以上百分之十以下的罚款;无法采取改正措施消除影响的,限期拆除,不能拆除的,没收实物或者违法收入,可以并处建设工程造价百分之十以下的罚款”。案涉工程因违反法律禁止性规定,无法取得不动产所有权,二审判决认定该工程系不可折价、拍卖的工程,海峡公司对案涉工程价款不享有优先权,并无不当。

2. 南通长城建设集团有限公司(以下简称南通公司)、儋州珠联璧合房地产开发有限责任公司建设工程施工合同纠纷再审案

审理法院:最高人民法院

案号:(2019)最高法民申1250号

裁判观点:关于南通公司是否就案涉建设工程价款享有优先受偿权。根据原《合同法》第286条的规定,承包人有权请求就所涉工程折价或者拍卖的价款优先受偿。然而,根据本案查明的事实,案涉工程至本案一审庭审时仍未办理建设工程规划许可证、建设工程施工许可证,属于违法建筑,其不能依法取得相应物权,且相关工程一直处于停工状态,原审判决据此认定案涉工程属于依现状不宜折价、拍卖的建设工程,进而对南通公司就案涉工程价款享有优先受偿权的主张不予支持,并无不当。

3. 湖北盛隆建设集团有限公司与襄阳华强照明科技有限公司建设工程合同纠纷案

审理法院:湖北省襄阳市襄州区人民法院

案号:(2017)鄂0607民初163号

裁判观点:关于建设工程价款的优先受偿权。首先,《城乡规划法》第64条规定:“未取得建设工程规划许可证或者未按照建设工程规划许可证的规定进行建设的,由县级以上地方人民政府城乡规划主管部门责令停止建设;尚可采取改正措施消除对规划实施的影响的,限期改正,处建设工程造价百分之五以上百分之十以下的罚款;无法采取改正措施消除影响的,限期拆除,不能拆除的，没收实物或者违法收入，可以并处建设工程造价百分之十以下的罚款。”由此可见，对未取得建设工程规划许可证建筑的法定处理机关为县级以上地方人民政府规划主管部门，处理方式包括停止建设、限期改正并处罚款、限期拆除、没收实物或违法收入等。在被法定部门行使公权力拆除、没收或自行拆除前，仍具有临时的使用价值。在我国当前形势下，很多类似未取得建设工程规划许可证的建筑都有可能补正，而在补正后的建筑上行使建设工程价款优先受偿权则并无任何障碍。其次，原《合同法》第 286 条将“不宜折价、拍卖的建设工程”排除在建设工程优先权的客体范围之外，但对何为“不宜折价、拍卖的建设工程”，立法未予明确。

法院认为，“不宜折价、拍卖的建设工程”主要包括两个方面，第一，承包人的优先受偿权劣后于其他价值目标，如公众的居住安全、社会公益事业的正常运营、公共事务的正常运营与国家安全，以及购房人的居住权与生存权。第二，特定情形下承包人优先受偿权因难以操作而无法行使，如无法独立存在或者分割后影响主建筑使用功能的附属工程。上述“不宜折价、拍卖”除外规定主要是从价值权衡和技术操作角度进行考量，并未从根本上否定承包人优先受偿权的法律基础。也就是说，建设工程不宜折价、拍卖并不会导致承包人优先权在权源意义上的湮灭，而是在权利行使层面，承包人的权利不能优先行使，抑或因难以操作而无法直接行使。本案在建工程尚未被行政部门确认为违法建筑且作出处罚决定限期拆除或者没收实物前，不宜适用“不宜折价、拍卖”除外原则排除承包人的优先权。若确认优先权后行政部门作出处罚决定限期拆除或者没收实物，则承包人的建设工程价款优先受偿权自然消灭，也不违立法本意。原《最高人民法院关于建设工程价款优先受偿权问题的批复》第 4 条规定：“建设工程承包人行使优先权的期限为六个月，自建设工程竣工之日或建设工程合同约定的竣工之日起计算。”本案建设工程尚未竣工，无法从建设工程竣工之日计算优先权的期限。虽然建设工程合同约定了竣工日期，但在建工程于 2015 年 11 月 12 日被行政部门责令暂停施工整改，至今也未恢复施工。庭审中被告辩解在建工程是边施工边办理报建手续，目前只是暂时停止施工，不同意解除《建设工程施工合同》。这说明承建双方都有继续履行《建设工程施工合同》的打算，此时双方的权利义务都没有履行完毕，工程价款也没有结算，承包人不可能行使优先权。故无论是从停工之日还是从合同约定的竣工之日计算优先权期限都有违立法本意。按照原《合同法》第286条之规定，建设工程优先权的效力起点应为发包人逾期不支付工程款时，当承建双方没有就工程款结算达成协议，亦应从双方明确《建设工程施工合同》终止履行之日起开始计算。本案第三人起诉时才提出解除《建设工程施工合同》，没有超过行使优先权的法定期限。原《最高人民法院关于建设工程价款优先受偿权问题的批复》第3条规定："建设工程价款包括承包人为建设工程应当支付的工作人员报酬、材料款等实际支出的费用，不包括承包人因发包人违约所造成的损失。"因本案工程尚未竣工，法院按照鉴定结论即工程造价16,767,357.85元确定建设工程价款优先受偿权的范围。利息属于法定孳息，系承包人实际支出费用而产生的孳息，与工程款本为一体，也应属于优先权的受偿范围。综上所述，本案的《建设工程施工合同》因自始没有效力，不受法律保护，原告、第三人再请求解除《建设工程施工合同》之诉讼请求，法院不予支持。原告要求被告支付工程款并主张工程价款优先受偿等诉讼请求，如前所述，原告并非实际施工人，无权提出上述请求，法院予以驳回，并在法律规定范围内支持第三人的诉讼请求。

五、建设工程上设有抵押权，承包人是否还可以行使工程价款优先受偿权？

律师解答

工程价款优先受偿权优先于抵押权和金钱债权等权利，故建设工程上设有抵押权时，承包人可以行使工程价款优先受偿权。

根据《民法典》第807条的规定，建设工程价款优先权，是指发包人未按约定支付工程款的情况下，承包人对于建设工程折价或者拍卖的价款享有优先受偿的权利。而抵押权，是指债权人对于债务人或第三人提供的、不移转占有而作为债务履行担保的财产，在债务人不履行债务或发生当事人约定的实现抵押权的情形时，可就该财产折价或者就拍卖、变卖该财产的价款优先受偿的权利。根据《最高人民法院关于审理建设工程施工合同纠纷案件适用法律问题的解释（一）》第36条的规定，承包人根据《民法典》第807条规定享有的建设工程价款优先受偿权优于抵押权和其他债权。所以，当在建设工程上同时存在建设工程优先受偿权与抵押权时，建设工程优先受偿权要先于抵押权和其他债权。

参考依据

《民法典》

第三百九十四条第一款 为担保债务的履行，债务人或者第三人不转移财产的占有，将该财产抵押给债权人的，债务人不履行到期债务或者发生当事人约定的实现抵押权的情形，债权人有权就该财产优先受偿。

第八百零七条 发包人未按照约定支付价款的，承包人可以催告发包人在合理期限内支付价款。发包人逾期不支付的，除根据建设工程的性质不宜折价、拍卖外，承包人可以与发包人协议将该工程折价，也可以请求人民法院将该工程依法拍卖。建设工程的价款就该工程折价或者拍卖的价款优先受偿。

《最高人民法院关于审理建设工程施工合同纠纷案件适用法律问题的解释（一）》

第三十六条 承包人根据民法典第八百零七条规定享有的建设工程价款优先受偿权优于抵押权和其他债权。

六、建设工程优先受偿权的行使是否以工程竣工为条件?

律师解答

建设工程优先受偿权的行使不以建设工程竣工为条件。

根据《民法典》第807条的规定,发包人未按照约定支付价款的,承包人可以催告发包人在合理期限内支付价款。发包人逾期不支付的,除根据建设工程的性质不宜折价、拍卖外,承包人可以请求人民法院将工程依法拍卖,并就工程折价或者拍卖的价款优先受偿。据此规定可知,建设工程价款的优先受偿权以发包人欠付工程款为前提,所以即便工程未竣工,只要发包人存在欠付工程款的事实,承包人就可以依法主张工程价款优先受偿权。这与《最高人民法院关于审理建设工程施工合同纠纷案件适用法律问题的解释(一)》第39条"未竣工的建设工程质量合格,承包人请求其承建工程的价款就其承建工程部分折价或者拍卖的价款优先受偿的,人民法院应予支持"的规定也相符[参考案例:(2017)最高法民终410号案]。

参考依据

《民法典》

第八百零七条　发包人未按照约定支付价款的,承包人可以催告发包人在合理期限内支付价款。发包人逾期不支付的,除根据建设工程的性质不宜折价、拍卖外,承包人可以与发包人协议将该工程折价,也可以请求人民法院将该工程依法拍卖。建设工程的价款就该工程折价或者拍卖的价款优先受偿。

《最高人民法院关于审理建设工程施工合同纠纷案件适用法律问题的解释(一)》

第三十九条　未竣工的建设工程质量合格,承包人请求其承建工程的价款就其承建工程部分折价或者拍卖的价款优先受偿的,人民法院应予支持。

相关案例

江苏弘盛建设工程集团有限公司(以下简称江苏弘盛公司)、山东华城金冠置业有限公司(以下简称华城金冠公司)建设工程施工合同纠纷案

审理法院:最高人民法院

案号:(2017)最高法民终 410 号

裁判观点:关于涉案工程优先受偿权问题。华城金冠公司上诉主张,涉案工程没有完工,江苏弘盛公司无权享有本案工程优先受偿权。法院认为,原《合同法》第 286 条的规定,是法律赋予承包人工程款优先受偿的权利,从该条规定的条文表述分析,没有要求承包人优先受偿工程款必须以工程完工为先决条件。在涉案合同终止履行的情形下,承包人江苏弘盛公司对未完工程也享有优先受偿的权利。虽然涉案工程未完工,但江苏弘盛公司在停止施工后 6 个月以内提起诉讼,根据原《最高人民法院关于建设工程价款优先受偿权问题的批复》第 4 条"建设工程承包人行使优先权的期限为六个月,自建设工程竣工之日或者建设工程合同约定的竣工之日起计算"的规定,江苏弘盛公司并未超过法定主张优先受偿权的期限。工程价款优先受偿权是以发包人欠付工程款为前提,亦无施工合同无效或工程未竣工不得行使优先权的禁止性规定,只要发包人有欠付工程款的事实,承包人就可以依照法律规定的程序主张工程价款优先受偿权。故华城金冠公司的主张缺乏事实和法律依据,法院不予支持。

第九章　履约保证与工程质量

一、发包人能否同时扣留履约保证金与质保金？

律师解答

发包人不能同时扣留履约保证金与质保金。

履约保证金和质保金的最终目的都是保障合同正常履行，顺利完成工程建设。建设工程合同的执行过程是一段相当长的时间，需要承包人严格按照合同条款履行承担的义务。首先我们要清楚两者的定义。履约保证金，是指招标活动中，中标人为确保履行合同向招标人提供的金钱保证，具有履约担保的性质。质保金，是指发包人从应付的工程款中预留一定金额，用以保证承包人在缺陷责任期内对建设工程出现的缺陷进行维修的资金。二者均是发包人对承包人极为有力的约束手段，有利于建设单位、监理单位对承包人实施有效的监督与控制，促使承包人认真履行合同。但根据《建设工程质量保证金管理办法》第6条的规定，在工程项目竣工前，已经缴纳履约保证金的，发包人不得同时预留工程质量保证金。

综上可知，发包人不能同时扣留履约保证金与质保金。

参考依据

《建设工程质量保证金管理办法》

第六条　在工程项目竣工前，已经缴纳履约保证金的，发包人不得同时预留工程质量保证金。

采用工程质量保证担保、工程质量保险等其他保证方式的，发包人不得再预留保证金。

二、履约保证金是否必须以现金形式提供？

律师解答

履约保证金除可以以现金形式提供外，也可以通过支票、汇票、本票或银行、担保机构出具的保函等非现金形式提交。

履约保证金是履约担保的形式之一，其本质是工程发包方要求承包人交付的用来弥补承包人违约造成的经济损失的费用。关于履约保证金提供的形式问题，根据《政府采购法实施条例》第48条的规定："采购文件要求中标或者成交供应商提交履约保证金的，供应商应当以支票、汇票、本票或者金融机构、担保机构出具的保函等非现金形式提交。履约保证金的数额不得超过政府采购合同金额的10%。"由此可知，对于政府采购项目，应当以非现金形式提交履约保证金；对于非政府采购项目，既可以通过现金形式也可以通过非现金形式提供。

参考依据

《政府采购法实施条例》

第四十八条　采购文件要求中标或者成交供应商提交履约保证金的，供应商应当以支票、汇票、本票或者金融机构、担保机构出具的保函等非现金形式提交。履约保证金的数额不得超过政府采购合同金额的10%。

《国务院办公厅关于清理规范工程建设领域保证金的通知》

二、转变保证金缴纳方式。对保留的投标保证金、履约保证金、工程质量保证金、农民工工资保证金，推行银行保函制度，建筑业企业可以银行保函方式缴纳。

三、承包人起诉工程款案件中，发包人对工程质量问题提出主张必须通过反诉吗？

律师解答

通常情况下，发包人主张在工程款金额中扣减费用的，一般以抗辩形式提出；另行要求承包方支付费用的则以反诉提出。

首先，反诉，是指在正在进行的诉讼中，本诉的被告以本诉的原告为被告提起的诉讼。抗辩，是针对请求权提出的一种防御方法，是指当事人对对方主张的事实进行辩解，从而达到排斥对方主张的事实的行为。两者在性质、目的、内容等方面都有较大区别。从性质上看，提起反诉是基于一种独立的请求权，而抗辩则是对抗请求权的权利；从目的上看，反诉的目的是抵销或者吞并原告的诉请请求，而抗辩的目的是否定原告的主张；从法律地位上看，反诉具有独立性，不会因本诉的撤回而消失，而抗辩则具有依附性，如果撤诉，抗辩也就失去了意义。

其次，发包人主张工程存在质量问题是以提起反诉还是抗辩形式应视具体诉求区别对待。在司法实践中，发包人另行要求承包方支付费用的诉求，一般会以提起反诉的方式主张权利，如发包人要求承包人支付违约金或赔偿损失等诉求。此类诉求明显超过了本诉中原告的诉讼请求范围，并具有独立的给付请求内容，具备反诉的构成要件，可以向法院提起反诉。如在（2021）最高法民终841号案中，法院认为，发包人认为工程质量存在问题，但并未提出明确的诉请，而是以抗辩的形式拒付利息，理由不能成立，应当以提起反诉的方式去主张。若发包人仅以工程质量问题扣除工程款，则一般会以抗辩的形式提出，此类诉求并未超出原告诉讼请求范围，属于同一法律关系，减少工程款的主张虽然有给付内容，但实质是在原告主张工程款欠款基础上的抵销主张，不属于新的独立给付内容，故适合以抗辩的形式提出。如在（2021）最高法民申2016号案中，发包人以抗辩的形式向法院提出工程质量存在问题，应当扣减相应的工程款。

法院认为,发包人未能提供相应证据证明工程质量存在问题,故其抗辩理由不成立。

参考依据

《最高人民法院关于审理建设工程施工合同纠纷案件适用法律问题的解释(一)》

第十六条 发包人在承包人提起的建设工程施工合同纠纷案件中,以建设工程质量不符合合同约定或者法律规定为由,就承包人支付违约金或者赔偿修理、返工、改建的合理费用等损失提出反诉的,人民法院可以合并审理。

相关案例

1. 新疆百富房地产开发有限公司(以下简称百富房产公司)、中兴建设有限公司建设工程施工合同纠纷案

审理法院:最高人民法院

案号:(2021)最高法民终 841 号

裁判观点:一审中,百富房产公司并未就 4 号楼、5 号楼及地库工程质量问题提出明确诉请,亦未就质量问题和漏项甩项提交充分证据予以证明,故百富房产公司以此作为抗辩拒绝支付利息,理由不能成立。

2. 黄冈市嘉晟房地产开发有限公司(以下简称嘉晟公司)、梅某旺建设工程施工合同纠纷案

审理法院:最高人民法院

案号:(2021)最高法民申 2016 号

裁判观点:原《最高人民法院关于审理建设工程施工合同纠纷案件适用法律问题的解释》第 13 条规定,“建设工程未经竣工验收,发包人擅自使用后,又以使用部分质量不符合约定为由主张权利的,不予支持;但是承包人应当在建设工程的合理使用寿命内对地基基础工程和主体结构质量承担民事责任”。嘉晟公司提交的检测报告并未对整个地下车库进行检测,不能证实整个地下车库均存在工程质量问题,且楚雄公司未参与检测,对检测结果亦不予认可。故嘉晟公司所举证据不足以证明案涉主体工程存在质量问题。嘉晟公司也未提交证据证明其已实际支付6,279,981.8元的维修费用。因此,二审法院对嘉晟公司提请的维修费用应在工程造价中予以扣减的上诉请求不予支持,并释明若嘉晟公司有充分的证据证实案涉工程在合理使用寿命内地基基础工程和主体结构工程存在质量问题,可另行主张,并无不当。

四、合同附随义务未完成(如竣工资料归档),是否影响履约保证金的退还?

律师解答

除非合同明确约定将完成合同附随义务作为退还履约保证金的成就条件,否则不影响履约保证金的退还。

履约保证金,是指招标活动中,中标人为确保履行合同向招标人提供的金钱保证,具有履约担保的性质。在建设工程领域,当事人完成履约往往以工程竣工验收为时间点,但根据具体约定情形或者实际履行情况,法院在认定返还履约保证金的条件成就时点时也可能采取其他标准。

在建设工程合同中,合同一方完成约定工程并进行交付、合同另一方支付相应工程款是合同的主义务,而开具发票、提交竣工结算资料或其他相应的材料等属于合同的附随义务。在司法实践中,若合同中并未明确约定以完成合同附随义务作为退还履约保证金的成就条件,当事人以工程存在质量问题、未移交竣工资料为由,拒不退还履约保证金的,法院不予支持。如在(2019)最高法民终237号案中,最高人民法院认为,工程质量的抗辩主要针对工程款项的支付,而履约保证金、利息、招标代理费均不属于工程款项,不能以工程存在质量问题或合同附随义务未完成为由退还履约保证金等费用。

参考依据

《政府采购法实施条例》

第四十八条 采购文件要求中标或者成交供应商提交履约保证金的，供应商应当以支票、汇票、本票或者金融机构、担保机构出具的保函等非现金形式提交。履约保证金的数额不得超过政府采购合同金额的10%。

《招标投标法实施条例》

第五十八条 招标文件要求中标人提交履约保证金的，中标人应当按照招标文件的要求提交。履约保证金不得超过中标合同金额的10%。

相关案例

中铁十九局集团第二工程有限公司（以下简称中铁十九局）、海西冰峰矿泉水开发有限公司（以下简称海西公司）建设工程施工合同纠纷案

审理法院：最高人民法院

案号：(2019)最高法民终237号

裁判观点：因案涉合同系海西公司要求解除，双方在关于结算问题的《会议纪要》中对于返还履约保证金、利息、招标代理费并无条件约束，且根据司法解释相关规定，对工程质量的抗辩主要针对工程款项的支付，而履约保证金、利息、招标代理费均不属工程款项，故海西公司以案涉工程存在质量问题、中铁十九局未移交施工资料为由，认为履约保证金、利息、招标代理费的支付条件尚不具备的上诉理由不能成立，法院不予支持。

五、未约定以工程质量合格为前提支付进度款，工程质量不合格的，发包人是否应支付进度款？

律师解答

如合同无相关约定，发包人仍应支付进度款。

工程价款，主要包括发包人与承包人按照合同约定进行工程预付款、工程进度款、工程竣工结算价款。工程进度款是按照合同约定的时间、程序和方式，发包人根据工程量计算与审核结果，向承包人支付的工程款。与工程结算价款支付需满足工程质量合格的条件不同的是，工程进度款支付的条件则是由发包人与承包人在建设工程施工合同中约定的。所以合同未约定以工程质量合格为支付工程进度款的前提条件的，发包人无权以工程质量不合格为由不予支付工程进度款。在(2020)最高法民终337号案中，最高人民法院同样认为，根据《建设工程施工合同》的约定，第一阶段进度款的支付并未设置除主体封顶外的其他前提条件。福建九鼎对于工程质量问题的整改义务是在佳鸿宇合支付第一阶段的工程进度款之后，不影响佳鸿宇合第一阶段进度款的支付，故佳鸿宇合的该项主张不能成立。

参考依据

《建设工程价款结算暂行办法》

第三条　本办法所称建设工程价款结算(以下简称“工程价款结算”)，是指对建设工程的发承包合同价款进行约定和依据合同约定进行工程预付款、工程进度款、工程竣工价款结算的活动。

第七条　发包人、承包人应当在合同条款中对涉及工程价款结算的下列事项进行约定：

(一)预付工程款的数额、支付时限及抵扣方式；

(二)工程进度款的支付方式、数额及时限；

（三）工程施工中发生变更时，工程价款的调整方法、索赔方式、时限要求及金额支付方式；

（四）发生工程价款纠纷的解决方法；

（五）约定承担风险的范围及幅度以及超出约定范围和幅度的调整办法；

（六）工程竣工价款的结算与支付方式、数额及时限；

（七）工程质量保证（保修）金的数额、预扣方式及时限；

（八）安全措施和意外伤害保险费用；

（九）工期及工期提前或延后的奖惩办法；

（十）与履行合同、支付价款相关的担保事项。

第十三条 工程进度款结算与支付应当符合下列规定：

（一）工程进度款结算方式

1. 按月结算与支付。即实行按月支付进度款，竣工后清算的办法。合同工期在两个年度以上的工程，在年终进行工程盘点，办理年度结算。

2. 分段结算与支付。即当年开工、当年不能竣工的工程按照工程形象进度，划分不同阶段支付工程进度款。具体划分在合同中明确。

（二）工程量计算

1. 承包人应当按照合同约定的方法和时间，向发包人提交已完工程量的报告。发包人接到报告后 14 天内核实已完工程量，并在核实前 1 天通知承包人，承包人应提供条件并派人参加核实，承包人收到通知后不参加核实，以发包人核实的工程量作为工程价款支付的依据。发包人不按约定时间通知承包人，致使承包人未能参加核实，核实结果无效。

2. 发包人收到承包人报告后 14 天内未核实完工程量，从第 15 天起，承包人报告的工程量即视为被确认，作为工程价款支付的依据，双方合同另有约定的，按合同执行。

3. 对承包人超出设计图纸（含设计变更）范围和因承包人原因造成返工的工程量，发包人不予计量。

(三)工程进度款支付

1. 根据确定的工程计量结果,承包人向发包人提出支付工程进度款申请,14天内,发包人应按不低于工程价款的60%,不高于工程价款的90%向承包人支付工程进度款。按约定时间发包人应扣回的预付款,与工程进度款同期结算抵扣。

2. 发包人超过约定的支付时间不支付工程进度款,承包人应及时向发包人发出要求付款的通知,发包人收到承包人通知后仍不能按要求付款,可与承包人协商签订延期付款协议,经承包人同意后可延期支付,协议应明确延期支付的时间和从工程计量结果确认后第15天起计算应付款的利息(利率按同期银行贷款利率计)。

3. 发包人不按合同约定支付工程进度款,双方又未达成延期付款协议,导致施工无法进行,承包人可停止施工,由发包人承担违约责任。

第十章　实际施工人

一、实际施工人直接起诉发包人索要工程款的诉讼中，应由谁举证证明发包人欠付工程款的金额？

律师解答

根据《最高人民法院关于审理建设工程施工合同纠纷案件适用法律问题的解释(一)》第43条第2款规定，实际施工人以发包人为被告主张权利的，人民法院应当追加转包人或者违法分包人为本案第三人，从而查明发包人欠付工程款金额。但关于违法分包人、转包人提交相关证据仍无法查清发包人欠付工程款金额的情况下，应由谁承担举证责任这一问题仍存在争议。司法实践中，对此存在以下两种观点。

第一种观点是，应由发包人对欠付工程价款数额承担举证责任。理由是实际施工人并非合同当事人，其无法提供发包人与承包人之间的工程价款结算与支付情况，故此由实际施工人承担举证责任，不符合公平原则。如在(2019)最高法民再89号案中，法院认为，发包人与承包人之间工程款是否结清涉及实际施工人的利益，不能仅凭发包人与承包人的主张认定案涉工程款已经结清，而应当根据当事人提供的证据予以认定。根据《最高人民法院关于适用〈中华人民共和国民事诉讼法〉的解释》第90条的规定，发包人与承包人应当对其主张已结清案涉工程款的事实负举证证明责任。

第二种观点是，应由实际施工人对欠付工程价款数额承担举证责任。理由是根据“谁主张,谁举证”原则,实际施工人是主张发包人欠付工程款事实的主体,应当由其承担举证责任。如在(2019)最高法民申788号案中,法院认为,实际施工人作为主张权利一方,负有举证证明发包人存在欠付工程款的责任,但其未能举示相应证据,其要求发包人承担连带责任无事实与法律依据。

目前司法实践的主流观点是第二种,即由实际施工人承担举证责任。笔者认为,对于发包人欠付工程款数额举证责任分配的问题,应当以发包人与承包人是否对工程款进行结算为依据进行探讨。若发包人与承包人已进行了工程款结算,发包人作为合同当事人,对结算数额已经确定,由发包人承担举证责任更为合理;若发包人与承包人未进行结算,且发包人并不存在故意拖延结算等行为,此时因发包人尚未对应付数额进行确定,由其举证有失公允,故应由主张者即实际施工人承担举证责任。

参考依据

《最高人民法院关于审理建设工程施工合同纠纷案件适用法律问题的解释(一)》

第四十三条　实际施工人以转包人、违法分包人为被告起诉的,人民法院应当依法受理。

实际施工人以发包人为被告主张权利的,人民法院应当追加转包人或者违法分包人为本案第三人,在查明发包人欠付转包人或者违法分包人建设工程价款的数额后,判决发包人在欠付建设工程价款范围内对实际施工人承担责任。

《民事诉讼法》

第六十七条第一款　当事人对自己提出的主张,有责任提供证据。

二、《最高人民法院关于审理建设工程施工合同纠纷案件适用法律问题的解释(一)》第43条规定的“实际施工人”是否包含借用资质及多层转包和违法分包关系中的实际施工人?

律师解答

《最高人民法院关于审理建设工程施工合同纠纷案件适用法律问题的解释(一)》第43条规定,实际施工人以发包人为被告主张权利的,人民法院应当追加转包人或者违法分包人为本案第三人,在查明发包人欠付转包人或者违法分包人建设工程价款的数额后,判决发包人在欠付建设工程价款范围内对实际施工人承担责任。从该条解释可以得知,实际施工人可以突破合同相对性原则要求发包人在欠付工程款范围内承担责任。但是该条解释仅涉及三方当事人,以及两个法律关系:一是发包人与承包人之间的建设工程施工合同关系;二是承包人与实际施工人之间的转包或者违法分包关系,并未包含借用资质及多层转包和违法分包关系中的实际施工人。在最高人民法院民事审判第一庭2021年第20次专业法官会议纪要中,关于上述问题,法官会议意见表示,《最高人民法院关于审理建设工程施工合同纠纷案件适用法律问题的解释(一)》第43条规定的实际施工人不包含借用资质及多层转包和违法分包关系中的实际施工人。主要理由为该规定为保护农民工等建筑工人的利益,允许实际施工人突破合同相对性原则,请求发包人在欠付工程款范围内承担责任,但是对该条解释的适用应当从严把握。因此,从理论上来说,该规定的“实际施工人”并不包含借用资质及多层转包和违法分包关系中的实际施工人,故此类人无权向发包人在欠付工程款范围内主张责任。

在司法实务中,借用资质及多层转包和违法分包关系中的实际施工人虽无法依此条主张工程款,但仍享有诉权。法院审理中会综合考虑,尽可能保障事实上已进行施工的施工人的权益。如在(2019)最高法民终353号案中,法院认为,本案现有证据足以证明中勤青海分公司未履行施工义务,只是名义上的合同主体，云天公司明知郑某平挂靠中勤青海分公司实际施工的事实。本案建设工程施工合同由云天公司与郑某平实际履行，故双方形成事实上的权利义务关系。本案郑某平作为垫资施工方，其投入的材料、劳务已物化为案涉工程，其价值已通过鉴定确定，云天公司应以向郑某平支付工程款的方式，完成合同无效后的返还财产义务。郑某平对云天公司享有债权请求权，有权直接请求云天公司支付工程款。

参考依据

《最高人民法院关于审理建设工程施工合同纠纷案件适用法律问题的解释(一)》

第四十三条 实际施工人以转包人、违法分包人为被告起诉的，人民法院应当依法受理。

实际施工人以发包人为被告主张权利的，人民法院应当追加转包人或者违法分包人为本案第三人，在查明发包人欠付转包人或者违法分包人建设工程价款的数额后，判决发包人在欠付建设工程价款范围内对实际施工人承担责任。

三、承包人已经起诉请求发包人支付工程款的，实际施工人能否申请作为第三人参加诉讼或者另行起诉请求发包人在欠付工程款范围内承担责任？

律师解答

承包人已起诉发包人支付工程款的，实际施工人可以在一审辩论终结前申请作为第三人参加诉讼，但不可以另行起诉请求发包人在欠付工程款范围内承担责任。

根据《最高人民法院关于审理建设工程施工合同纠纷案件适用法律问题的

解释(一)》第43条的规定可知,发包人、承包人与实际施工人之间存在两个法律关系,一是发包人与承包人之间的建设工程施工合同关系;二是承包人与实际施工人之间的转包或者违法分包关系。若因工程款纠纷,承包人起诉发包人,实际施工人作为对案件处理结果有利害关系的第三人,有权向法院申请参加诉讼。但为避免发包人重复偿还同一债务,实际施工人另行起诉发包人的,法院不予支持。另根据最高人民法院民事审判第一庭2021年第20次专业法官会议纪要,法官会议意见认为实践中存在承包人与实际施工人分别起诉请求发包人承担民事责任的情况。为防止不同生效判决判令发包人就同一债务分别向承包人和实际施工人清偿的情形,需要对承包人和实际施工人的起诉做好协调。在承包人已经起诉发包人支付工程款的情况下,实际施工人可以在一审辩论终结前申请作为第三人参加诉讼;其另诉请求发包人在欠付工程款范围内承担责任的,不应受理。实际施工人作为第三人参加诉讼后,如果请求发包人在欠付工程款范围内承担责任,应当将承包人的诉讼请求和实际施工人的诉讼请求合并审理。如在(2022)鲁01民终3289号案中,法院认为,在承包人已经起诉发包人支付工程款的情况下,作为实际施工人可以在一审辩论终结前申请作为第三人参加诉讼。发包人已被判令向承包人支付工程款,实际施工人另诉请求发包人在欠付工程款范围内承担责任,法院不予支持。

参考依据

《民事诉讼法》

第五十九条 对当事人双方的诉讼标的,第三人认为有独立请求权的,有权提起诉讼。

对当事人双方的诉讼标的,第三人虽然没有独立请求权,但案件处理结果同他有法律上的利害关系的,可以申请参加诉讼,或者由人民法院通知他参加诉讼。人民法院判决承担民事责任的第三人,有当事人的诉讼权利义务。

……

相关案例

贺某才、谢某军等建设工程施工合同纠纷案

审理法院:山东省济南市中级人民法院

案号:(2022)鲁01民终3289号

裁判观点:第一,中国六冶公司、六冶重工公司不是涉案工程的发包人,两公司也与贺某才、谢某军没有建设工程施工合同关系,贺某才、谢某军主张该两公司应就涉案工程欠款承担支付责任,没有相应的法律依据,法院不予支持。第二,关于高速材料公司应否承担责任问题。贺某才、谢某军于2021年6月1日向一审法院提起本案诉讼,而在此日期之前的2021年5月25日,中国六冶公司已向一审法院提起诉讼[一审案号:(2021)鲁0126民初2132号],诉请发包人高速材料公司支付工程款及利息。在承包人已经起诉发包人支付工程款的情况下,贺某才、谢某军作为实际施工人可以在一审辩论终结前申请作为第三人参加诉讼,其另诉请求发包人在欠付工程款范围内承担责任,法律依据不足。且(2021)鲁0126民初2132号民事判决已经判令高速材料公司向中国六冶公司支付工程款345,169.28元。在此情况下,贺某才、谢某军再行诉请高速材料公司在欠付工程款范围内承担责任,法院不予支持。

第十一章　其他问题

一、建设工程施工纠纷中，当事人能否通过约定仲裁的方式来排除人民法院专属管辖？

律师解答

建设工程合同纠纷中，当事人可以通过约定仲裁来排除法院对纠纷的专属管辖。

专属管辖，是指法律强制规定某些案件由特定的法院管辖，其他法院没有管辖权，当事人也不得协议变更管辖法院。根据《民事诉讼法》的相关规定，专属管辖案件类型主要包含因不动产纠纷提起的诉讼、因港口作业中发生纠纷提起的诉讼以及因继承遗产纠纷提起的诉讼，而建设工程施工合同纠纷属于不动产纠纷案件，适用专属管辖。

仲裁与诉讼均是法律规定的解决争议的方式，当事人基于意思自治，有权自由选择仲裁或诉讼。建设工程合同纠纷属于可仲裁事项，双方当事人若约定争议解决方式为向仲裁委员会申请仲裁，则可排除人民法院的管辖，除非仲裁条款存在无效情形。无效情形具体包括：约定的仲裁事项超出法律规定的仲裁范围；一方采取胁迫手段，迫使对方订立仲裁协议；仲裁协议对仲裁事项或者仲裁委员会没有约定或者约定不明确；同时约定仲裁和诉讼等。

参考依据

《仲裁法》

第三条　下列纠纷不能仲裁：

（一）婚姻、收养、监护、扶养、继承纠纷；

（二）依法应当由行政机关处理的行政争议。

第五条　当事人达成仲裁协议，一方向人民法院起诉的，人民法院不予受理，但仲裁协议无效的除外。

第十七条　有下列情形之一的，仲裁协议无效：

（一）约定的仲裁事项超出法律规定的仲裁范围的；

（二）无民事行为能力人或者限制民事行为能力人订立的仲裁协议；

（三）一方采取胁迫手段，迫使对方订立仲裁协议的。

第十八条　仲裁协议对仲裁事项或者仲裁委员会没有约定或者约定不明确的，当事人可以补充协议；达不成补充协议的，仲裁协议无效。

《最高人民法院关于适用〈中华人民共和国民事诉讼法〉的解释》

第二十八条　民事诉讼法第三十四条第一项规定的不动产纠纷是指因不动产的权利确认、分割、相邻关系等引起的物权纠纷。

农村土地承包经营合同纠纷、房屋租赁合同纠纷、建设工程施工合同纠纷、政策性房屋买卖合同纠纷，按照不动产纠纷确定管辖。

……

《最高人民法院关于适用〈中华人民共和国仲裁法〉若干问题的解释》

第七条　当事人约定争议可以向仲裁机构申请仲裁也可以向人民法院起诉的，仲裁协议无效。但一方向仲裁机构申请仲裁，另一方未在仲裁法第二十条第二款规定期间内提出异议的除外。

二、发包方能否将工程拆分发包?

律师解答

发包方可以通过工程总承包模式或平行发包模式对工程进行发包,但是对于应当由一个承包人完成的建设工程不能拆分发包。

工程总承包模式,是指建设单位与承包单位签订合同,对工程项目设计、采购、施工或者设计、施工等阶段实行总承包,并对工程的质量、安全、工期和造价等全面负责的工程建设组织实施方式。在此种情况下,发包人可以把工程的设计、采购、施工和开工服务工作全部托付给工程总承包商负责组织实施,发包人只负责整体的、原则的、目标的管理和控制。

平行发包模式,是指发包人将项目的勘察、设计、施工、设备材料供应等任务分别发包给不同的勘察、设计、施工和设备材料供应商(或者将施工中的土建、机电安装、装修等项目分别发包给不同的承包人),并分别与各承包人(供应商)签订合同,各承包人(供应商)之间是独立和平行的,不存在从属关系或者管理与被管理的关系。

发包方可以根据工程性质、工程技术复杂程度、建设周期的要求以及设计图纸的深度等因素自由选择工程总承包模式或平行发包模式,正确选择工程发包模式对维护项目发包人的利益具有非常重要的意义。

但是值得注意的是,发包人不得将应当由一个承包人完成的建设工程支解成若干部分发包给数个承包人,即发包人不得肢解发包。一方面,该行为违反法律强制性规定,所签订的合同属于无效合同;另一方面,该行为违反了相关的行政法规,会受到责令改正、处以罚款等行政处罚;对全部或者部分使用国有资金的项目,可以暂停项目执行或者暂停资金拨付。

参考依据

《民法典》

第七百九十一条第一款　发包人可以与总承包人订立建设工程合同，也可以分别与勘察人、设计人、施工人订立勘察、设计、施工承包合同。发包人不得将应当由一个承包人完成的建设工程支解成若干部分发包给数个承包人。

《建筑工程施工发包与承包违法行为认定查处管理办法》

第六条　存在下列情形之一的，属于违法发包：

……

（五）建设单位将一个单位工程的施工分解成若干部分发包给不同的施工总承包或专业承包单位的。

《建筑法》

第二十四条　提倡对建筑工程实行总承包，禁止将建筑工程肢解发包。

建筑工程的发包单位可以将建筑工程的勘察、设计、施工、设备采购一并发包给一个工程总承包单位，也可以将建筑工程勘察、设计、施工、设备采购的一项或者多项发包给一个工程总承包单位；但是，不得将应当由一个承包单位完成的建筑工程肢解成若干部分发包给几个承包单位。

第六十五条第一款　发包单位将工程发包给不具有相应资质条件的承包单位的，或者违反本法规定将建筑工程肢解发包的，责令改正，处以罚款。

《建设工程质量管理条例》

第五十五条　违反本条例规定，建设单位将建设工程肢解发包的，责令改正，处工程合同价款0.5%以上1%以下的罚款；对全部或者部分使用国有资金的项目，并可以暂停项目执行或者暂停资金拨付。

三、承包人未按合同要求开具发票,发包人该如何维权?

律师解答

首先,发包人可以向主管的税务机关进行投诉、举报。根据《税收征收管理法》第21条的规定,开具发票是从事经营活动或者提供服务的收款方应当向付款方履行的法定义务。无论合同有无开具发票的约定,付款人都可以基于此法定义务要求收款人开具发票。若承包人拒不开具、提供发票,发包人可以向主管的税务机关进行投诉、举报。根据《发票管理办法》第35条的规定,应当开具而未开具发票,由税务机关责令改正,可以处1万元以下的罚款。

其次,若发包人通过税务机关仍无法解决,可以向法院提起诉讼。在司法实践中,若合同中约定开具发票事宜,发包人主张出具发票的行为属于民事法律行为,可以向法院提起诉讼。如在(2021)最高法民申1337号案中,法院认为,协议中约定的提供发票并非指由税务机关提供发票,而是指在给付工程款时需由承包方向发包人给付税务机关开具的发票,当事人之间就一方自主申请开具发票与另一方取得发票的关系,属于民事法律关系范畴。即使合同中未约定开具发票事宜,也可以提起诉讼。又如在(2019)最高法民终917号案中,法院认为,民事合同中收款方在收到款项后开具相应的发票属于合同当事人应有的附随义务,具有民事性,人民法院可以受理。但需要注意,如果合同并未明确约定,不同地区司法机关观点仍有一定分歧。

参考依据

《税收征收管理法》

第二十一条第二款 单位、个人在购销商品、提供或者接受经营服务以及从事其他经营活动中,应当按照规定开具、使用、取得发票。

《发票管理办法》

第六条 对违反发票管理法规的行为,任何单位和个人可以举报。税务机关应当为检举人保密，并酌情给予奖励。

第十八条 销售商品、提供服务以及从事其他经营活动的单位和个人，对外发生经营业务收取款项，收款方应当向付款方开具发票；特殊情况下，由付款方向收款方开具发票。

第三十三条 违反本办法的规定，有下列情形之一的，由税务机关责令改正，可以处1万元以下的罚款；有违法所得的予以没收：

（一）应当开具而未开具发票，或者未按照规定的时限、顺序、栏目，全部联次一次性开具发票，或者未加盖发票专用章的；

（二）使用税控装置开具发票，未按期向主管税务机关报送开具发票的数据的；

（三）使用非税控电子器具开具发票，未将非税控电子器具使用的软件程序说明资料报主管税务机关备案，或者未按照规定保存、报送开具发票的数据的；

（四）拆本使用发票的；

（五）扩大发票使用范围的；

（六）以其他凭证代替发票使用的；

（七）跨规定区域开具发票的；

（八）未按照规定缴销发票的；

（九）未按照规定存放和保管发票的。

《民法典》

第五百零九条 当事人应当按照约定全面履行自己的义务。

当事人应当遵循诚信原则，根据合同的性质、目的和交易习惯履行通知、协助、保密等义务。

……

相关案例

1. 新疆天宇建设工程集团有限责任公司（以下简称天宇公司）建设工程施工合同纠纷案

审理法院：最高人民法院

案号：（2021）最高法民申 1337 号

裁判观点：关于开具发票是否属于民事案件的审理范围问题。根据《税收征收管理法》第 21 条第 1 款“税务机关是发票的主管机关，负责发票印制、领购、开具、取得、保管、缴销的管理和监督。单位、个人在购销商品、提供或者接受经营服务以及从事其他经营活动中，应当按照规定开具、使用、取得发票”，以及《发票管理办法》（2019 年）第 19 条“销售商品、提供服务以及从事其他经营活动的单位和个人，对外发生经营业务收取款项，收款方应当向付款方开具发票；特殊情况下，由付款方向收款方开具发票”的规定，收取工程款，开具工程款发票是承包方税法上的义务，承包人应当依据税法的相关规定向发包人开具发票。本案中，双方补充协议中约定的提供发票并非指由税务机关提供发票，而是指在给付工程款时需由承包方向发包人给付税务机关开具的发票，当事人之间就一方自主申请开具发票与另一方取得发票的关系，属于民事法律关系范畴，原判决认定开具发票属于民事案件的审理范围，并无不当。天宇公司该再审申请事由不能成立，法院不予支持。

2. 山东太阳控股集团有限公司、山东圣德国际酒店有限公司建设工程施工合同纠纷案

审理法院：最高人民法院

案号：（2019）最高法民终 917 号

裁判观点：关于济宁华邦公司开具发票的问题。济宁华邦公司上诉认为开具发票不属民事案件受理范围，其不应承担该义务，同时认为原审判决同时履行不当。法院认为，开具发票虽属纳税人税法上的义务，本案亦未就发票如何开具作出明确约定，但民事合同中收款方在收到款项后开具相应的发票属于合同当事人应有的附随义务，具有民事性，该民事行为性质与履行税法上的义务具有一致性，二者并不冲突和矛盾。对此，当事人提出诉讼请求的，人民法院予以受理，具有法律依据。关于发票的开具时间问题，因建筑业发票类型存在差异，属自开的，应在收款同时交付；属于税务机关代开的，需要完税才能开具，而收款是完税的前提，二者有一定时间差，故可在收款后依法及时开具。为便于双方履行，法院酌定济宁华邦公司在收款后对发票再行开具。

四、哪些工程允许专业分包？分别需要什么资质？

律师解答

建筑工程总承包单位承包工程中除主体工程以外的工程都可以进行分包。但是，除总承包合同中约定的分包外，工程分包必须经建设单位认可，且建筑工程主体结构的施工必须由总承包单位自行完成。

2014 年发布的《建筑业企业资质标准》中，将建筑业企业资质分为施工总承包、专业承包、施工劳务三个序列。施工总承包序列有 12 个类别，一般分为 4 个等级（特级、一级、二级、三级）；专业承包序列有 36 个类别，一般分为 3 个等级（一级、二级、三级），劳务施工序列不分类别和等级（见表 11－1）。（值得注意的是，住房和城乡建设部在 2022 年 2 月 23 日发布《建筑业企业资质标准（征求意见稿）》对此部分进行修改，相应资质标准及承包范围也进行了修改。）

具备施工总承包资质的企业，可以承揽总承包覆盖范围内的专业工程。施工总承包企业可以对所承接的施工总承包工程内各专业工程全部自行施工，也可以将专业工程或劳务作业依法分包给具有相应资质的专业承包企业或劳务分包企业。

具有专业承包资质的企业，可以承接施工总承包企业分包的专业工程和建设单位依法发包的专业工程。专业承包企业可以对所承接的专业工程全部自行施工，也可以将劳务作业依法分包给具有相应资质的劳务分包企业。

表 11－1　总承包资质及专业承包资质类别

序号	总承包资质	专业承包资质
1	房屋建筑工程施工总承包	(1)地基与基础;(2)机电设备安装;(3)建筑装修装饰;(4)钢结构;(5)高耸构筑物;(6)园林古建筑;(7)消防设施;(8)建筑防水;(9)附着脚手架;(10)起重设备安装;(11)金属门窗;(12)土石方
2	公路工程施工总承包	(1)公路路面;(2)公路路基;(3)桥梁工程专业承包;(4)隧道;(5)土石方
3	铁路工程施工总承包	(1)桥梁;(2)隧道;(3)铁路铺轨架梁;(4)土石方;(5)爆破与拆除
4	港口与航道工程施工总承包	(1)港口及海岸;(2)航道;(3)通航建筑;(4)通航设备安装;(5)土石方
5	水利水电工程施工总承包	(1)水工大坝;(2)水工建筑物基础处理;(3)水利水电机电设备安装;(4)水工金属结构制作与安装;(5)水工隧洞;(6)土石方;(7)河湖整治;(8)堤防
6	电力工程施工总承包	(1)火电设备安装;(2)送变电;(3)土石方;(4)防腐保温;(5)无损检测;(6)管道工程
7	矿山工程施工总承包	(1)土石方;(2)爆破与拆除;(3)隧道;(4)机电设备安装
8	冶炼工程施工总承包	(1)冶炼机电设备安装;(2)炉窑;(3)土石方;(4)高耸建筑物;(5)地基与基础;(6)防腐保温;(7)无损检测;(8)管道;(9)钢结构
9	化工石油工程施工总承包	(1)化工石油设备管道安装;(2)管道工程专业承包;(3)无损检测;(4)防腐保温;(5)土石方;(6)钢结构;(7)起重设备安装;(8)地基与基础
10	市政公用工程施工总承包	(1)城市及道路照明;(2)土石方;(3)桥梁;(4)隧道;(5)环保;(6)管道;(7)防腐保温;(8)机场场道
11	通信工程施工总承包	电信
12	机电安装工程施工总承包	(1)起重设备安装;(2)机电设备安装

参考依据

《房屋建筑和市政基础设施工程施工分包管理办法》

第八条 分包工程承包人必须具有相应的资质，并在其资质等级许可的范围内承揽业务。

严禁个人承揽分包工程业务。

第九条 专业工程分包除在施工总承包合同中有约定外，必须经建设单位认可。专业分包工程承包人必须自行完成所承包的工程。

劳务作业分包由劳务作业发包人与劳务作业承包人通过劳务合同约定。劳务作业承包人必须自行完成所承包的任务。

《建筑法》

第二十九条 建筑工程总承包单位可以将承包工程中的部分工程发包给具有相应资质条件的分包单位；但是，除总承包合同中约定的分包外，必须经建设单位认可。施工总承包的，建筑工程主体结构的施工必须由总承包单位自行完成。

建筑工程总承包单位按照总承包合同的约定对建设单位负责；分包单位按照分包合同的约定对总承包单位负责。总承包单位和分包单位就分包工程对建设单位承担连带责任。

禁止总承包单位将工程分包给不具备相应资质条件的单位。禁止分包单位将其承包的工程再分包。

《民法典》

第七百九十一条 发包人可以与总承包人订立建设工程合同，也可以分别与勘察人、设计人、施工人订立勘察、设计、施工承包合同。发包人不得将应当由一个承包人完成的建设工程支解成若干部分发包给数个承包人。

总承包人或者勘察、设计、施工承包人经发包人同意，可以将自己承包的部分工作交由第三人完成。第三人就其完成的工作成果与总承包人或者勘察、设计、施工承包人向发包人承担连带责任。承包人不得将其承包的全部建设工程转包给第三人或者将其承包的全部建设工程支解以后以分包的名义分别转包给第三人。

禁止承包人将工程分包给不具备相应资质条件的单位。禁止分包单位将其承包的工程再分包。建设工程主体结构的施工必须由承包人自行完成。

《建筑业企业资质管理规定》

第五条 建筑业企业资质分为施工总承包资质、专业承包资质、施工劳务资质三个序列。

施工总承包资质、专业承包资质按照工程性质和技术特点分别划分为若干资质类别,各资质类别按照规定的条件划分为若干资质等级。施工劳务资质不分类别与等级。

第六条 建筑业企业资质标准和取得相应资质的企业可以承担工程的具体范围,由国务院住房城乡建设主管部门会同国务院有关部门制定。

五、EPC 工程总承包与传统施工总承包有什么区别?

律师解答

EPC 即 Engineering(设计)、Procurement(采购)、Construction(施工)。EPC 即为工程总承包模式。工程总承包,是指工程总承包企业受业主委托,依据合同约定对建设项目的设计、采购、施工、试运行实行全过程或若干阶段的承包,是设计采购施工一体化。施工总承包即传统设计施工模式。此种模式总承包单位负责对整个项目工程的施工管理,并不参与项目设计,各方在施工过程中各自承担相应的责任。施工总承包与 EPC 工程总承包模式的区别如表 11 - 2 所示。

表 11－2　施工总承包与 EPC 工程总承包模式的区别

<table>
<tr><th>序号</th><th>差异</th><th>施工总承包模式</th><th>EPC 工程总承包模式</th></tr>
<tr><td>1</td><td>适用的项目类型</td><td>各类项目均可,适用广泛</td><td>建设内容明确、技术方案成熟的项目</td></tr>
<tr><td>2</td><td>承包范围</td><td>施工</td><td>设计、采购、施工</td></tr>
<tr><td rowspan="6">3</td><td rowspan="6">业主直接签署的合同的类型</td><td>方案设计合同</td><td>方案设计合同</td></tr>
<tr><td>施工图设计合同</td><td rowspan="5">EPC 工程总承包合同</td></tr>
<tr><td>专项设计合同 1、2、3……</td></tr>
<tr><td>施工合同</td></tr>
<tr><td>专业分包合同(如电梯、消防、幕墙……)</td></tr>
<tr><td>设备采购合同</td></tr>
<tr><td>4</td><td>设计、采购、施工的衔接</td><td>设计、施工分别由不同主体实施</td><td>设计、施工由总承包商一家实施,解决设计与施工的衔接问题</td></tr>
<tr><td>5</td><td>业主对工程的参与程度</td><td>业主参与施工各环节,控制力强</td><td>业主通过总包合同对承包商进行监管,参与程度低,控制力度较低</td></tr>
<tr><td>6</td><td>图纸提供</td><td>业主提供施工图,承包人按图施工、竣工后按图验收</td><td>承包人负责施工图设计,承包人按约设计、施工,承包人依据业主编制的“发包人要求”开展工作,竣工后按“发包人要求”验收</td></tr>
<tr><td>7</td><td>清单编制</td><td>业主依据图纸编制工程量清单(由分部分项工程项目、措施项目、其他项目、规费和税金组成)</td><td>业主依据“发包人要求”编制项目清单(计费项目有设计费、建筑安装工程费、设备购置费、暂估价、暂列金额、其他费用)</td></tr>
<tr><td>8</td><td>计价方式</td><td>一般单价合同</td><td>宜总价合同</td></tr>
<tr><td>9</td><td>计量规则</td><td>清单计价规范</td><td>工程总承包计价规则</td></tr>
<tr><td>10</td><td>风险分配</td><td>风险分配比较均衡,业主承担量的风险、承包人承担单价的风险</td><td>承包人承担大多数风险,包括应核实业主提供的基础资料的准确性而未能合理核实的风险</td></tr>
</table>

续表

序号	差异	施工总承包模式	EPC 工程总承包模式
11	价款调整	签证、变更、价款可调整	总价合同,只要“发包人要求”未变更,价款一般不调整(即使有设计变更)
12	索赔机会	承包商索赔机会多(低中标、勤签证、高索赔现象)	总价合同,且承包人承担大部分风险,索赔机会少
13	责任确定	责任来源多方(设计人、施工人、设备供应商、指定分包人)	责任来源单一(工程总承包人)

经过比对可见,EPC 工程总承包模式具有如下优点。

1. EPC 工程总承包模式有利于整个项目的统筹规划和协同运作,可以有效解决设计与施工的衔接问题、减少采购与施工的中间环节,顺利解决施工方案中的实用性、技术性、安全性之间的矛盾。

2. 工作范围和责任界限清晰,建设期间的责任和风险可以最大限度地转移给总承包商。

3. 合同总价和工期固定,业主的投资和工程建设期相对明确,利于费用和进度控制。

4. 能够最大限度地发挥工程项目管理各方的优势,实现工程项目管理的各项目标。

EPC 工程总承包模式的缺点有如下几点。

1. 业主主要是通过 EPC 合同对 EPC 承包商进行监管,对工程实施过程参与程度低,控制力度较低。

2. 业主将项目建设风险转移给 EPC 承包商,因此对承包商的选择至关重要,一旦承包商的管理或财务出现重大问题,项目也将面临巨大风险。

3. EPC 承包商责任大,风险高,因此承包商在承接总包工程时会考虑管理投入成本、利润和风险等因素,所以 EPC 总包合同的工程造价水平一般偏高。

4. 与传统的建设模式区别比较大,传统行业的业主比较难以理解和配合承包商的工作。

参考依据

《建筑法》

第二十四条　提倡对建筑工程实行总承包,禁止将建筑工程肢解发包。

建筑工程的发包单位可以将建筑工程的勘察、设计、施工、设备采购一并发包给一个工程总承包单位,也可以将建筑工程勘察、设计、施工、设备采购的一项或者多项发包给一个工程总承包单位;但是,不得将应当由一个承包单位完成的建筑工程肢解成若干部分发包给几个承包单位。

《房屋建筑和市政基础设施项目工程总承包管理办法》

第二条　从事房屋建筑和市政基础设施项目工程总承包活动,实施对房屋建筑和市政基础设施项目工程总承包活动的监督管理,适用本办法。

第三条　本办法所称工程总承包,是指承包单位按照与建设单位签订的合同,对工程设计、采购、施工或者设计、施工等阶段实行总承包,并对工程的质量、安全、工期和造价等全面负责的工程建设组织实施方式。

第六条　建设单位应当根据项目情况和自身管理能力等,合理选择工程建设组织实施方式。

建设内容明确、技术方案成熟的项目,适宜采用工程总承包方式。

《公路工程设计施工总承包管理办法》

第二条　公路新建、改建、扩建工程和独立桥梁、隧道(以下简称公路工程)的设计施工总承包,适用本办法。

本办法所称设计施工总承包(以下简称总承包),是指将公路工程的施工图勘察设计、工程施工等工程内容由总承包单位统一实施的承发包方式。

第三条　国家鼓励具备条件的公路工程实行总承包。

总承包可以实行项目整体总承包,也可以分路段实行总承包,或者对交通机电、房建及绿化工程等实行专业总承包。

项目法人可以根据项目实际情况,确定采用总承包的范围。